부동산
상식사전

부동산 상식사전
Common Sense Dictionary of Real Estate

초판	1쇄 발행	2008년 10월 13일
초판	12쇄 발행	2012년 3월 3일
1차 개정판	1쇄 발행	2012년 7월 31일
1차 개정판	9쇄 발행	2014년 11월 1일
2차 개정판	1쇄 발행	2015년 2월 25일
2차 개정판	10쇄 발행	2016년 10월 4일
3차 개정판	1쇄 발행	2017년 2월 28일
3차 개정판	8쇄 발행	2018년 11월 30일
4차 개정판	1쇄 발행	2019년 1월 30일
4차 개정판	14쇄 발행	2021년 8월 11일
5차 개정판	1쇄 발행	2022년 1월 10일
5차 개정판	8쇄 발행	2024년 8월 8일
6차 개정판	1쇄 발행	2025년 3월 5일
6차 개정판	2쇄 발행	2025년 6월 30일

지은이 백영록
발행인 이종원
발행처 (주)도서출판 길벗
출판사 등록일 1990년 12월 24일
주소 서울시 마포구 월드컵로 10길 56 (서교동)
대표전화 02)332-0931 | **팩스** 02)322-0586
홈페이지 www.gilbut.co.kr | **이메일** gilbut@gilbut.co.kr

담당 박윤경(yoon@gilbut.co.kr) | **표지·본문 디자인** 박상희
제작 이준호, 손일순, 이진혁 | **마케팅** 정경원, 김진영, 류효정
유통혁신 한준희 | **영업관리** 김명자, 심선숙, 정경화 | **독자지원** 윤정아

편집진행 김은혜 | **전산편집** 김정미 | **CTP 출력 및 인쇄** 정민 | **제본** 정민

▶ 이 책은 저작권법의 보호를 받는 저작물로 이 책에 실린 모든 내용, 디자인, 이미지, 편집 구성은
  허락 없이 복제하거나 다른 매체에 옮겨 실을 수 없습니다.
▶ 인공지능(AI) 기술 또는 시스템을 훈련하기 위해 이 책의 전체 내용은 물론 일부 문장도 사용하는 것을 금지합니다.
▶ 잘못 만든 책은 구입한 서점에서 바꿔 드립니다.

ⓒ 백영록, 2025
ISBN 979-11-407-1255-7 13320
(길벗도서번호 070554)

정가 22,000원

독자의 1초를 아껴주는 정성 길벗출판사

(주)도서출판 길벗 IT단행본&교과, 성인어학, 교과서, 수험서, 경제경영, 교양, 자녀교육, 취미실용 www.gilbut.co.kr
길벗스쿨 국어학습, 수학학습, 주니어어학, 어린이단행본, 학습단행본 www.gilbutschool.co.kr

백영록 지음

주거 형태별 간단 분류

✓ 나는 어떤 집과 맞을까?

누구는 빌라에 살고, 누구는 연립주택에 산다는데, 들어도 들어도 헷갈리기만 합니다. 건축법적 분류는 본문에서 다루고, 여기서는 거주 형태에 따라 집을 구분해보겠습니다. 나와 어떤 집이 맞는지 체크해보세요!

단독주택

☐ 단독주택
건축법상 면적 제한이 없고, 단일가구를 위해 단독택지 위에 건축하는 형태로, 개인의 취향에 맞게 건축할 수 있답니다. 자금만 있다면 예쁜 내 집을 지을 수 있겠죠!

☐ 다중주택
주방과 화장실을 다른 사람과 공동으로 사용하는 원룸이나 고시원이 이에 속합니다. 약간의 불편함을 감수할 수 있다면 주거 비용을 아낄 수 있습니다.

☐ 다가구주택
세대별로 주방과 화장실이 따로 설치된 집입니다. 함께 살지만 독립된 생활이 가능하죠. 하지만 단독주택에 속하므로 개인별 소유는 안 된다는 것!

공동주택 (세대별 소유 가능)

☐ 아파트
법적으로는 주택으로 쓰이는 층수가 5개 이상인 주택을 말합니다. 단지가 크고 세대수가 많아서 관리비가 저렴하지만, 층간 소음 등의 문제가 발생하기도 합니다.

☐ 오피스텔
업무와 주거를 겸할 수 있는 주택으로, 주거가 주목적이면 주거용 오피스텔이라고 불립니다. 쾌적하고 1인 가구가 살기 적당하나 일반 주택에 비해 주차장이 좁고 매매할 때 취득세가 높습니다.

☐ 다세대주택
흔히 빌라라고 불리는 주택입니다. 4층 이하의 건물로, 세대별 소유와 등기가 가능합니다. 비슷한 형태로 연립주택이 있는데 다세대주택보다 면적이 좀 더 넓습니다.

그밖에 1~2인 가구를 위한 **도시형생활주택**도 있습니다. 이제 누가 어디 산다고 해도 헷갈릴 일 없겠죠?

집과 관련된 비용

✓ 집과 관련된 돈, 언제 무엇을 내야 할까?

내 집에 살고 있을 때
관리비/재산세/주민세

집을 빌려서 살고 있을 때
관리비/임대료/주민세

집을 살 때
매매대금/인테리어 및 수리비
이사비/중개수수료/취등록세
등기비용(법무사비용)

집을 팔 때
중개수수료
양도소득세

집을 빌릴 때
보증금/중개수수료
이사비/전세권 등기비용

집을 빌려줄 때
중개수수료
수리비/인테리어비

내 땅에 집을 지을 때
토지매입비 / 중개수수료
취등록세 / 등기비용(법무사비용)
설계비 및 인허가비
건축비(측량, 전기 및 수도 인입)

경매로 집을 살 때
입찰대금(감정가의 10% 또는 20%)
잔금 /세입자 명도비 또는 이사비
취등록세(법무사 비용)
인테리어 및 수리비 / 미납관리비

전월세 프로세스 한눈에 보기

1 자금 확인
- 준비할 수 있는 자금 확인
- 대출 가능금액 확인
- 전세, 월세 결정

2 물건 검색
- 공인된 부동산정보 서비스 이용
- 직장과 가까운 지역 검색
- 자신의 생활 양식에 적합한 주택 선택
- 시세 확인

3 공인중개사사무소 방문
- 체크리스트로 꼼꼼하게 집 구경하기
- 관리비 확인
- 구경한 주택 서로 비교한 후 결정

4 계약하기
- 신분증으로 임대인 진위 확인
- 공부서류들 간 내용 일치여부 확인
- 선순위 임차인, 미납세금 등 확인

5 이사, 거주, 연장하기
- 손 없는 날, 주말 피해서 이사하기
- 전세보증금반환보증보험 가입
- 전입신고, 확정일자 받기
- 계약갱신요구권 1회, 2년

6 이사 나가기
- 최소 2개월 전에 이사 의사 통보
- 장기수선충당금 받기
- 임차권등기명령, 보증금반환소송

매수매도 프로세스 한눈에 보기

1 자금 확인
- 준비할 수 있는 자금 확인
- 대출 가능금액 확인
- 부동산정책 살펴보기

▼

2 물건 검색
- 공인된 부동산정보 서비스 이용
- 직장과 가까운 지역 검색
- 자신의 생활 양식에 적합한 주택 선택
- 시세 확인

▼

3 공인중개사사무소 방문
- 체크리스트로 꼼꼼하게 집 구경하기
- 관리비 확인
- 구경한 주택 서로 비교한 후 결정

▼

4 계약하기
- 신분증으로 소유자 진위 확인
- 공부서류들 간 내용 일치여부 확인
- 포괄근담보, 미납세금 등 확인

▼

5 잔금, 소유권이전등기
- 잔금 치르기
- 소유권이전등기 신청
- 중개수수료, 등기비용 지급
- 취득세 납부

▼

6 이사하기
- 인테리어, 리모델링 하기
- 폐기물 미리 버리기
- 손 없는 날, 주말 피해서 이사하기

경매공매 프로세스 한눈에 보기

1 자금 확인
- 준비할 수 있는 자금 확인
- 대출 가능금액 확인
- 부동산정책 살펴보기

2 물건 검색
- 대법원 법원경매정보 이용
- 거주지와 가까워 정보수집이 용이한 지역
- 주택, 상가, 토지 투자 종목 검색
- 배당분석, 권리분석, 임차인분석

3 현장답사
- 입지 확인
- 임대차 관계 등 공부서류 상 내용 확인
- 매매, 전월세 시세 확인

4 입찰
- 취하, 취소, 변경, 연기 확인
- 사건기록 열람
- 입찰하기

5 잔금, 소유권이전등기
- 잔금 치르기
- 소유권이전등기 신청
- 등기비용 납부
- 취득세 납부

6 이사 또는 세 놓기
- 점유자 내보내기(인도명령, 명도소송)
- 세 놓기
- 손 없는 날, 주말 피해서 이사하기

> 프롤로그

부동산 공부는 평생 도움이 되는 필수지식입니다

**대한민국에서 부동산 공부는 필수,
부동산 지식은 쌓을수록 재산!**

세상에 태어난 이상 우리는 부동산 지식을 가지고 있어야 합니다. 당장 부동산을 매매할 만한 큰돈이 없더라도, 월세로 살고 있더라도, 부동산 지식이 있어야만 자신의 전 재산이나 다름없는 보증금을 지킬 수 있기 때문입니다. 그동안 공인중개사로 일하면서 덜컥 도장을 찍었다가 막심한 손해를 본 사람들을 여러 번 만났습니다. 안타깝게도 그런 분들이 제게 와서 하소연한들 이미 엎질러진 물이라 돌이키기 어려운 경우가 대부분입니다. 제가 그분들에게 해줄 수 있는 것은, 손해가 더 늘어나지 않기만을 기도하는 것뿐이었습니다.

대부분의 사람이 부동산 공부는 돈 많은 부자나 하는 것으로 알고 있습니다. 절대 그렇지 않습니다. 오히려 가진 돈이 넉넉하지 않은 사람들이 더 열심히 해야 하는 것이 부동산 공부입니다. 그래야 자신의 소중한 재산을 지킬 수 있고, 더 나아가 월급만으로 이루기 힘든 재산증식의 기회도 잡을 수 있기 때문입니다.

'공인중개사는 경제 치료사'라는 마음으로
한데 모은 부동산 지식!

저는 2003년 6월 말 회사를 그만두고 그해 10월에 치른 공인중개사 시험에 덜컥 합격했습니다. 당시 내 집 계약서 딱 한 번 써본 부족한 경험만 갖고 공인중개사로 홀로서기를 시작했을 때는 정말 막막했습니다.

그렇다고 겁먹고 움츠러들 수만은 없었습니다. 무식하면 용감하다고, 발로 뛰면서 공인중개사라는 직업이 어떤 것인지 배워갔습니다. 일하면서 사소한 문제로 중개업자들끼리 싸우고, 서로 손님과 물건을 빼앗아가고, 자기들끼리 계약을 성사시킨 후 중개수수료를 몰래 챙기는 중개업자들의 모습에 환멸을 느낀 적도 있었습니다.

그러나 중개업을 계속하면서 공인중개사가 경제에서 얼마나 중요한 역할을 하는지 깨달았습니다. 의사가 사람의 육체적 생명을 치료하고 관리하듯이, 공인중개사는 사람의 경제적 생명을 치료하고 관리하는 역할을 하기 때문입니다. 우리가 살아가는 데 필수적인 의(衣)·식(食)·주(住) 중에서 주(집)를 다루는 직업이니까요.

이 책을 쓸 때 이러한 마음으로 썼습니다. 그동안 중개업을 하면서 배운 지식을 부동산에 대해 잘 모르는 사람들에게 하나라도 더 알려주고 싶은 마음으로, 그리고 중개업 시장이 한 단계 더 성숙하기를 바라는 마음을 담았습니다.

**최대한 쉽게,
초보자의 눈높이에 맞게!**

솔직히 부동산 공부는 쉽지 않습니다. 딱딱하고 낯선 용어도 어려운데, 적용되는 법률의 범위도 넓고 많습니다. 세금도 분야마다 다르죠. 그래서 이 책은 부동산 지식이 전혀 없는 초보자도 쉽게 익힐 수 있도록 최대한 초보자의 눈높이에 맞춰 썼습니다. 실제 계약하는 것과 똑같은 절차대로 책을 진행하고, 주변에서 실제로 보고 들은 사례들과 기억하면 좋은 팁까지 덧붙였습니다. 2024년은 주택공급이 부족한 상황에서 인플레이션과 금리 인상, 미·중 경제전쟁, 러·우 전쟁 등으로 부동산 시장이 불안정하였습니다. 그러나 이러한 상황 속에서도 영끌 투자는 지속되었습니다. 그리고 2025년 초부터 계속되는 고금리와 영끌 후폭풍으로 경매물건이 증가하고 있습니다. 이렇게 세계 경제가 불안정하고 부동산정책이 강화되는 상황에서 묻지미식 투자를 하는 것은 매우 위험합니다. 부동산 투자는 딥 데이터(deep data)와 그 자료를 제대로 파악할 수 있는 지식과 침착한 판단력에 기반해야 합니다.

숨 고르기가 필요한 상황에서 부디 이 책을 통해 평생의 필수 과목인 부동산에 대한 궁금점을 많이 해결하기 바랍니다. 더 나아가 이 책이 독자 여러분의 소중한 재산을 늘리는 데 도움이 되었으면 합니다.

나만의 자그마한 서재에서
백영록

차례

준비마당 부동산에 관한 기초 상식

번호	제목	페이지
001	부동산의 개념과 분류	022
(토막상식)	나중을 생각해서 세가 잘나가는 집을 얻어야 한다	025
002	주거와 투자의 차이	026
003	부동산 투자의 유형 수익형 vs. 시세차익형	029
(토막상식)	월세를 자꾸 밀리는 임차인이 상실하는 권리들	031
004	부동산 투자의 세부 종류	032
(토막상식)	다른 부동산 거래 사이트의 시세도 함께 살펴보세요	038
005	부동산 투자의 기대와 위험	039
(토막상식)	임대료 올리는 방법	042
006	부동산 정책과 변화	043
(토막상식)	2주택 1분양권 소유자가 취득세 중과 없이 1주택을 더 취득하고 싶다면?	048
007	부동산 시장 전망하는 방법	049
(토막상식)	궁금한 주택 가격을 바로 알 수 있다! 국토교통부 실거래가 정보	053
008	꼭 알아야 할 부동산 서류 5총사	054
(토막상식)	중개 사고가 터졌다! 얼마나 보상받을까?	056
009	부동산 필수 서류 1 등기사항전부증명서	057
(토막상식)	대한민국에서 가입할 수 있는 부동산 권리보험은?	063
010	부동산 필수 서류 2 건축물대장	064
(토막상식)	건축물대장 확인 시 주의 사항	068
011	부동산 필수 서류 3 토지대장	069
(토막상식)	토지대장 확인 시 주의 사항	071
012	부동산 필수 서류 4 지적도(임야도)	072
(토막상식)	지적도 확인 시 주의 사항	074
013	부동산 필수 서류 5 토지이용계획확인서	075

(토 막 상 식)	토지이용계획확인서 주의 사항	081
014	부동산 정보의 모든 것, 중개대상물 확인·설명서	082
(토 막 상 식)	임차한 주택의 건물주와 토지주가 다르다면?	085
015	온라인에서 매물 검색 고수 되기	086
(토 막 상 식)	온라인에서 매물 검색할 때 주의할 점	090

첫째마당 · 똑소리 나는 현명한 세입자 되기

016	한눈에 파악되는 전월세 구하기 절차	094
017	월세와 전세, 무엇이 더 나을까?	096
(토 막 상 식)	분양받은 공동주택에 하자가 발생했다면?	100
018	근린생활시설 괜찮을까?	101
(토 막 상 식)	전월세전환율 적용 전세보증금이란?	105
019	주거비용에 관한 자금계획을 세우자	106
(토 막 상 식)	공과금도 별도 납부가 많다!	108
020	역세권과 비역세권의 장단점과 선택 기준	109
(토 막 상 식)	역세권과 비역세권의 업무용 건축물 간 차이점	111
021	부동산 시세, 선 손품, 후 발품	112
(토 막 상 식)	정부에서 운영하는 임대주택을 원한다면 '마이홈'	116
022	어떤 공인중개사 사무소를 찾아가야 할까?	117
(토 막 상 식)	개업공인중개사인지 확인하고 싶다면 '브이월드'	121
023	집 보러 다닐 땐 체크리스트 준비는 필수	122
(토 막 상 식)	전월세 체크리스트에서 치명적인 'No'는 반드시 피하자	125
024	나에게 맞는 전월세자금대출 알아보기	126
(토 막 상 식)	신탁등기된 주택에서 전세자금대출을 받을 때 주의 사항	132

025	전세자금대출의 모든 것	133
(토막상식)	전월세자금대출을 받을 때 주의 사항	138
026	전세금 지켜주는 전세보증금반환보증	139
(토막상식)	전세자금대출보증과 전세보증금반환보증을 한번에 해결한다!	144
027	가계약, 무엇을 주의해야 할까?	145
(토막상식)	시행사의 분양보증 가입은 필수!	147
028	진짜 집주인이 맞을까? 진위 확인하기	148
(토막상식)	소유자가 아닌 대리인과 계약할 때	152
029	전월세 계약서, 꼼꼼하게 작성하기	153
(토막상식)	계약 또는 잔금 직전에 임대인이 등기 신청한 근저당권 확인하는 방법	165
030	전월세 계약 시 기재해야 할 특약	166
031	전월세 계약 기간에 관한 모든 것	173
(토막상식)	거짓 사유로 임차인의 갱신 요구를 거절했다면?	176
032	전전세와 전대차는 무엇? 주의할 점	177
(토막상식)	전전세, 전대차 사기 예방을 위한 계약서 작성 팁	181
033	똑똑하게 이사 준비하는 방법	182
034	중개수수료 정확하게 계산하기	191
(토막상식)	중개수수료도 소득공제가 된다!	196
035	보증금 지키는 전입신고와 확정일자	197
(토막상식)	보증금 돌려받을 수 있는 기간은 몇 년?	200
036	대항력? 대항력의 요건과 우선변제권 이해하기	201
(토막상식)	최우선변제금을 정확하고 손쉽게 알고 싶다면?	205
037	확정일자 vs. 전세권설정등기, 더 강력한 무기는?	206
(토막상식)	전세권설정등기 비용 손쉽게 계산하고 싶다면?	209
038	갑자기 보증금을 올려달라고요?	210
(토막상식)	공공임대주택 내 출산가구 임차인 거주 지원	214
039	임차인 권리의 모든 것	215
040	전월세 계약 끝날 때 알아야 할 상식	222

(토 | 막 | 상 | 식)	임대차 계약 종료 시 보증금 반환과 주택 인도는 동시 이행	224
041	보증금을 돌려주지 않을 때 대처하는 방법	225
(토 | 막 | 상 | 식)	깡통전세와 역전세	228
042	전세사기에 관한 모든 것	229
(토 | 막 | 상 | 식)	전세사기에 대한 정보를 한눈에 볼 수 있는 곳은?	238

둘째마당 - 내 집 계약할 때 알아야 할 필수 상식

043	내 집 장만하는 절차, 한눈에 쏙!	242
044	아파트 vs. 다세대주택 vs. 단독주택	244
(토 | 막 | 상 | 식)	유언 대용 신탁이란?	253
045	내 집 마련, 예산 짜기	254
(토 | 막 | 상 | 식)	6억 원 범위 내에서 배우자에게 자산을 증여하는 것이 좋다	256
046	예산 수립 전 꼭 알아야 할 LTV, DTI, DSR	257
(토 | 막 | 상 | 식)	추가 대출이 가능한 MCI, MCG	262
047	나에게 딱 맞는 대출상품 찾기	263
(토 | 막 | 상 | 식)	대출금리 더 낮출 수 있다! 금리인하요구권	271
048	초보자가 피해야 할 골치 아픈 등기들	272
(토 | 막 | 상 | 식)	당근마켓 앱을 통한 부동산 직거래는 안전한가?	279
049	건폐율, 용적률! 이게 뭔가요?	280
050	어떤 곳의 집이 좋나요? 입지 분석!	284
(토 | 막 | 상 | 식)	민간 주택연금도 있다	289
051	투기과열지구, 청약과열지역, 청약위축지역	290
(토 | 막 | 상 | 식)	고분양가 관리지역이란?	294
052	한눈에 파악하는 부동산 규제 정보	295

(토막상식)	청약 관련 궁금한 점을 질의응답 방식으로 해결하고 싶다면	298
053	아파트 종류도 많다고? 판상형, 타워형, 혼합형	299
(토막상식)	무순위 청약, 이제 무주택 거주자에게 공급	304
054	새 아파트 갖고 싶다면 주택청약종합저축부터	305
(토막상식)	미성년자 가입 인정 범위 확대	310
055	어떤 아파트가 좋을까? 새 아파트 결정하기	311
(토막상식)	거주지역 변경이란?	312
056	어떤 아파트인 거야? 분양공고 확인하기	313
(토막상식)	배우자 가입 기간 점수 합산	318
057	청약자격 확인하고 청약하기	319
(토막상식)	주택청약종합저축 해지가 무효로 되는 경우!	325
058	입주자 선정부터 입주까지	326
(토막상식)	과거 당첨된 후 계약하지 않았어도 재당첨 제한을 받을까?	334
059	분양 광고, 모델하우스 제대로 살펴보기	335
060	계약금, 중도금, 잔금 잘 치르는 전략	341
(토막상식)	부모님이 청약통장에 가입하여 보유 중일 경우 세대원인 자녀가 청약통장에 가입할 수 있을까?	343
061	돈 버는 매매계약서 작성법	344
062	매매계약 시 참고할 만한 특약사항	351
(토막상식)	누수로 인해 피해가 발생했다면?	359
063	집 사고 나서 꼭 해야 하는 행정절차	360
(토막상식)	제1종 국민주택채권 얼마나 매입해야 하는지 알고 싶디면	369
064	부동산 자금출처 조사를 한다고?	370
(토막상식)	자금조달계획서 제출 의무	372

셋째마당 부동산 세금에 관한 모든 상식

065	1세대 1주택 비과세? 세금 폭탄 피하려면 세대 공부!	376
(토막상식)	따로 거주하면서 주민등록상 주소만 같을 때 1세대 1주택자?	379
066	집을 사면 60일 이내에 취득세	380
(토막상식)	헷갈리는 세금 사이트 완전 정복! 홈택스, 위택스, 이택스	387
067	집을 소유하고 있다면 매년 2회 재산세	388
(토막상식)	토지만 있어도 주택분 재산세를 납부해야 하나?	393
068	부동산을 많이 가졌다면 종합부동산세	394
069	산 가격보다 비싸게 팔면 양도소득세	399
(토막상식)	분양권 '손피' 거래하면 양도소득세 폭탄 맞는다!	406
070	사망한 사람에게 재산을 물려받으면 상속세	407
(토막상식)	생명보험금도 상속재산이 된다	413
071	살아 있는 사람에게 재산을 물려받으면 증여세	414
(토막상식)	증여를 받았으면 증거를 남기자	418
072	임대소득이 있다면 임대소득세	419
(토막상식)	2026년부터 2주택자도 보증금 등 간주임대료에 대해서 납부	422
073	임대소득자가 꼭 알아야 할 세금과 법률상식	423
(토막상식)	청소비, 전기료도 임대소득 금액에 포함되나?	428
074	상가 세금의 모든 것	429
(토막상식)	오피스텔 및 상업용 건물의 기준시가는 어떻게 확인하나?	434
075	토지 세금의 모든 것	435
076	부동산 절세 비법	439
(토막상식)	세대를 건너뛰어 증여하면 세금을 30% 더 낸다	447

넷째마당: 대체 투자에 관한 알짜 상식

077	재개발·재건축 투자의 목적과 과정 완전정복	450
(토막상식)	서울시 우리 동네 정비사업 알아보기	457
부동산 비밀과외	재건축·재개발 용어 완전정복!	458
078	재개발·재건축의 투자 포인트, 토지의 면적과 수익률 계산	461
(토막상식)	상가조합원에 아파트 주려면 조합원 전원 동의 받아라?	467
079	헌집도 새집 만드는 리모델링	468
(토막상식)	리모델링도 문의하면 쉬워진다!	472
080	분양권 투자의 모든 것	473
(토막상식)	시전청약 당첨자 지위 유지 중 다른 주택 청약 가능할까?	477
081	상가 투자의 절차와 상식	478
(토막상식)	손해배상을 받으려면 계약서에 위약금의 약정이 기재되어 있어야 한다	485
082	상가 투자 시 반드시 알아야 하는 정보	486
(토막상식)	'상가 딱지'를 소개받았을 때는 신중하세요	491
083	임대수익 나는 오피스텔 투자하는 법	492
084	임장 노하우, 알고 모르고 천지 차이	496
(토막상식)	상가 중개수수료는 얼마?	503
085	토지 투자 일반 상식	504
부동산 비밀과외	헷갈리는 용도지역, 용도지구, 용도구역 완벽 해설!	509
086	돈 되는 토지 잘 고르는 핵심 노하우	512
(토막상식)	주인을 모르는 분묘도 이장할 수 있다	523
087	프로처럼 토지 현장답사하는 법	524
(토막상식)	편리하게 조상땅 찾는 방법, K-Geo플랫폼	527
088	경매의 개념과 절차 한눈에 살펴보기	528
(토막상식)	안전하고 간편한 경매보증보험증권	530

부동산 비밀과외	부동산 경매 필수 용어 10가지	531
089	경매를 시작한다면 이것부터	533
부동산 비밀과외	경매분석, 최소한 이 정도는 해야!	537
090	손해 안 보는 경매물건 고르는 핵심 노하우	539
(토|막|상|식)	잘못 낙찰받았다면?	551
091	실전 경매의 모든 것, 입찰부터 명도까지	552
(토|막|상|식)	경매보증보험증권으로 입찰보증금 대신할 때는 이렇게 하세요!	561
부동산 비밀과외	입찰서류, 혹시 잘못 작성했다면?	562
092	인터넷으로 하는 공매, 간편하지만 더 꼼꼼하게!	564
(토|막|상|식)	하나의 부동산이 경매와 공매로 동시에 진행된다면?	569
093	소액으로도 가능한 부동산 간접투자, 리츠	570
(토|막|상|식)	공시된 리츠가 궁금하다면 한국리츠협회	573
094	소액으로 가능한 부동산 지분투자, 조각투자	574
(토|막|상|식)	리츠의 여러 가지 유형	577

준비마당

부동산에 관한 기초 상식

**Common Sense Dictionary
of Real Estate**

001 부동산의 개념과 분류

이 세상에는 많은 사람의 관심을 받고 돈이 몰리는 대상이 여럿 있습니다. 그중에서도 부동산은 가장 큰돈이 들어가는 분야라 할 수 있는데요. 그렇다면 부동산이란 정확하게 무엇일까요?

부동산이란?

부동산을 좀 더 쉽게 이해하기 위해 동산과 비교해 설명하도록 하겠습니다. 민법에서는 토지 또는 토지에 붙어 있는 물건을 '부동산'이라고 하고 그 이외의 물건은 '동산'이라고 하는데요(『민법』 제99조). 일반적으로 부동산은 토지 또는 그 토지에 붙어서 스스로 움직일 수 없는 물건(토지, 건물, 아파트, 공장 등)을 말하고 동산은 스스로 움직이거나 사람의 힘으로 옮길 수 있는 물건(자동차, 가구, 전자제품, 가축 등)을 말합니다.

일반적으로 부동산은 등기가 필요하다!

부동산은 20년간 소유할 의사를 가지고 평온, 공연하게 물건을 사실상 점유했더라도 '등기'함으로써 소유권을 취득할 수 있습니다(「민법」 제245조). 그러나 동산은 10년간 소유할 의사를 가지고 평온, 공연하게 물건을 사실상 점유하고 있으면 소유권을 취득할 수 있습니다(「민법」 제246조).

비슷한 듯 서로 다른 주거용 부동산

단독주택

단독으로 생활할 수 있는 1~2층 규모의 주택입니다. 사생활을 보호받을 수 있고, 자신만의 넓은 마당이나 정원을 소유할 수도 있습니다. 그러나 가격이 상대적으로 비싸고 유지 보수 비용이 많이 들어갑니다. 대부분의 주택이 비교적 조용한 장소에 위치하다 보니 대중교통이 불편하고 주변 상권이나 시설이 부족할 수 있습니다. 전통적인 한옥부터 슬레이트 지붕의 오래된 주택, 깔끔한 전원주택, 크고 호화로운 저택까지 형태가 다양합니다.

다가구주택

주택으로 사용하는 층수(지하층은 제외)가 3개 층 이하이고(다만, 1층의 전부 또는 일부를 필로티 구조로 하여 주차장으로 사용하고 나머지 부분을 주택 외의 용도로 쓰는 경우 해당 층을 주택의 층수에서 제외), 1개 동의 주택으로 쓰이는 바닥면적의 합계가 660㎡ 이하이며, 19세대(대지 내 동별 세대수를 합한 세대) 이하가 거주할 수 있는 주택입니다. 3개 층 중 1~2층을 상가 또는 사무실로 사용하고 2~3층을 주택으로 사용하면 상가주택(겸용주택)으로 분류됩니다. 이런 경우 세제 혜택이나 대출 규제 등에서 다가구주택과 다를 수 있습니다.

아파트

주택으로 사용하는 층수(지하층은 제외)가 5개 층 이상인 주택입니다(1층의 전부를 필로티 구조로 하여 주차장으로 사용하는 경우 필로티 부분을 층수에서 제외). 1개 동의 규모가 작더라도 주택으로 쓰는 층수가 5개 층 이상이면 아파트입니다.

연립주택

주택으로 사용하는 1개 동의 바닥면적(2개 이상의 동을 지하 주차장으로 연결하는 경우 각 각의 동으로 봄) 합계가 660㎡를 초과하고, 층수(지하층은 제외)가 4개 층 이하인 주택입니다(다만, 1층의 전부를 필로티 구조로 하여 주차장으로 사용하는 경우 필로티 부분을 층수에서 제외). 규모가 크더라도 주택으로 쓰는 층수가 4개 층 이하이면 연립주택입니다.

다세대주택

주택으로 쓰는 1개 동의 바닥면적(2개 이상의 동을 지하 주차장으로 연결하는 경우 각 각의 동으로 봄) 합계가 660㎡ 이하이고, 층수(지하층은 제외)가 4개 층 이하인 주택입니다(1층의 전부 또는 일부를 필로티 구조로 하여 주차장으로 사용하고 나머지 부분을 주택 외의 용도로 쓰는 경우 해당 층을 주택의 층수에서 제외). 흔히 '빌라'라고 부르는 주택입니다.

오피스텔(주거용)

오피스텔은 업무를 주로 하는 시설로, 공간 중 일부에서만 숙식이 가능한 건물입니다. 주거용으로 사용하는 오피스텔은 준주택으로서 바닥난방이 가능하고 욕실 면적 제한도 없습니다. 그리고 발코니 설치도 가능하지요.

주로 도심 중심가에 있는 오피스텔은 출·퇴근과 편의시설 이용이 쉽고 빌트인 시설로 인해 생활이 편리하고 이삿짐 등을 줄일 수 있어 이사를 자주 다녀야 하는 젊은 1~2인 가구에게 인기가 많습니다.

> **토막상식**
>
> **나중을 생각해서 세가 잘나가는 집을 얻어야 한다**
>
> 보증금이나 월세가 조금 비싸더라도 다음 임차인을 구하기 쉬운 집을 얻어야 합니다. 집을 임차해 본 경험이 없는 학생이나 사회초년생은 내부 인테리어나 방 크기 등 외적 요인에 혹해 다음 임차인을 구하기 어려운 조건의 집을 얻는 경우가 많습니다. 그러면 제때 임대인에게 보증금을 되돌려 받지 못해 원하는 날 이사를 나가지 못할 수 있습니다. 지하철역, 버스정류장 등 교통시설이 가깝거나 주변에 대형마트, 편의점 등의 편의시설이 입점해 있으면 비교적 수월하게 다음 임차인을 구할 수 있습니다.

002 주거와 투자의 차이

여러분에게 주택은 사는(live) 곳인가요? 사는(buy) 것인가요? 아니면 사는 곳이면서 사는 것이기도 한가요? 주거용 부동산의 독특한 특징에 대해서 한번 살펴보겠습니다.

주거용 부동산이란?

주거용 부동산은 사람들이 거주하기 위한 목적으로 사용되는 부동산을 말합니다.

주거용 부동산의 종류로는 단독주택, 다가구주택, 다세대주택, 연립주택 등이 있습니다.

주거용 부동산의 장점으로는 개인이나 가족의 생활 공간으로 활용할 수 있으며(주거의 안전성) 임대료 대신 융자금 상환으로 자산을 형성합니다(자산 구축). 주택 매수 및 거주에 따른 세금 감면 혜택을 받을 수 있습니다(세금 혜택). 거주자의 취향에 맞게 공간을 구성할 수 있습니다(개인화).

주거용 부동산의 단점으로는 매수 시 잔금까지 자신의 자금으로 치러야 하므로 큰 자금이 필요합니다(초기 비용 부담). 장기적으로 보유하므로 수리, 보수 등에 지속적인 비용이 발생합니다(유지관리 비용). 개인화되고 세금 혜택을 본 주택이므로 필요 시 빠른 현금화가 어렵습니다(유동성 부족).

투자용 부동산이란?

투자용 부동산은 수익 창출을 주요 목적으로 구매하고 운용하는 부동산을 말합니다.

투자용 부동산의 종류로는 주거용, 상업용, 산업용 등 다양한 유형이 있습니다.

투자용 부동산의 장점은 임대료로 인해 안정적인 수입을 창출할 수 있고(현금흐름), 대출을 활용하여 투자 규모를 확대할 수 있습니다(레버리지 효과). 물가 상승에 대비한 자산가치를 보존할 수 있습니다(인플레이션 헤지).

투자용 부동산의 단점으로는 시장 변동에 따라 수익성이 급격하게 하락할 수 있습니다(높은 위험도). 임대료를 받는 부동산에 대한 임대인의 책임과 지속적인 관리가 필요합니다(관리 부담). 정부의 투기 억제 정책으로 인해 과도한 세금을 부담할 수 있습니다(세금 부담).

주거와 투자의 차이점

- 목적이 다릅니다. 주거의 목적은 안정적인 생활 공간 확보에 있습니다. 투자의 목적은 수익 창출 및 자산가치 증대입니다.
- 현금 흐름에 차이가 있습니다. 주거의 현금 흐름은 주로 대출 상환, 관리비 등 비용이 지출됩니다. 그러나 투자의 현금 흐름은 임대수익 등 현금

이 유입됩니다.

- 리스크 수준이 다릅니다. 주거의 리스크는 상대적으로 안정적입니다. 그러나 투자의 리스크는 매우 큽니다.
- 관리 이유에 차이가 있습니다. 주거는 개인 생활에 맞추어 주택을 관리합니다. 그러나 투자는 수익성과 자산가치 증대를 위해 부동산을 적극적으로 관리합니다.
- 세금 정책이 다릅니다. 주거는 거주 목적 주택에 대한 세금 혜택이 있습니다. 그러나 투자는 임대소득세, 양도소득세 등 다양한 세금 부담을 고려해야 합니다.
- 시장 접근성에 차이가 있습니다. 주거는 주로 지역 주택시장에 국한됩니다. 그러나 투자는 다양한 지역 및 부동산 유형을 고려합니다.
- 의사결정 기준에 차이가 있습니다. 주거는 생활 편의성, 교육환경, 교통 등이 의사결정 기준입니다. 그러나 투자는 수익률, 시장 전망, 개발계획 등이 의사결정 기준입니다.
- 자금조달 방법에 차이가 있습니다. 주거는 자금이 필요하면 주택담보대출과 개인 신용에 기반하여 조달합니다. 그러나 투자는 자금이 필요하면 다양한 금융상품을 활용할 수 있고, 투자자를 유치할 수도 있습니다.
- 보유기간에 차이가 있습니다. 주거는 주로 장기로 보유합니다. 그러나 투자는 시장 상황에 따라 단기적으로도 보유합니다.
- 가치 평가 기준에 차이가 있습니다. 주거는 삶의 질, 편의성 등 주관적 가치를 중요하게 생각합니다. 그러나 투자는 수익률, 자본 이득 등 객관적 수치를 중요하게 생각합니다.

003 부동산 투자의 유형
수익형 vs. 시세차익형

주거용 부동산은 아주 매력적인 투자 대상입니다. 주거용 부동산에 비하면 투자하기에 좀 까다롭긴 하지만 상업용 부동산이나 토지도 좋은 투자 대상입니다. 그렇다면 사람들은 부동산에서 어떠한 방식으로 돈을 버는 걸까요?

수익형

부동산에 투자해서 매달 월세를 받는 방식이 '수익형'입니다. 투자 대상은 주로 다가구주택, 다세대주택(빌라), 오피스텔, 상가 등이 있습니다. 그리고 간접 투자 상품으로는 리츠 등이 있습니다. 이들 '수익형' 부동산은 투자한 자금에 비해 월세 수익률은 높지만, 일반적으로 시간이 지나도 매매가격은 많이 오르지 않습니다. 그러하기에 매달 수입이 필요한 투자자가 선호하는 투자 방식입니다.

깔끔하고 독립적이면서 교통과 편의시설 이용이 수월한 소형 오피스텔의 수익률이 비교적 안정적이고 높은 편입니다.

수익률 비교 예시

구분	아파트(84m²)	오피스텔(33m²)
매매가격	3억 5,000만 원	2억 5,000만 원
대출	1억 원	7,000만 원
보증금	2,000만 원	2,000만 원
실제 투자 금액	2억 3,000만 원	1억 6,000만 원
대출이자 (연 5%)	42만 원	30만 원
월세 수입	110만 원	90만 원
실제 수익	68만 원	60만 원
연간 수익률	(68만 원 × 12개월) ÷ 2억 3,000만 원 = 3.6%	(60만 원 × 12개월) ÷ 1억 6,000만 원 = 4.5%

　수익형 방식은 수익률을 높이기 위해 투자 시 대출을 실행하는데, 이러한 방법은 인플레이션 상황에선 대출 금리 상승으로 수익률이 낮아질 수 있습니다. 또한 투자 비용을 절약하려고 가격이 저렴한 낡은 부동산을 매입하기도 하는데, 이러한 방법은 오히려 월세 수입은 적은 반면 수리 비용만 많이 들어갈 수 있습니다.

시세차익형

　부동산에 투자해서 매수 시 가격과 매도 시 가격의 차익을 얻는 방식이 '시세차익형'입니다. 투자 대상으로는 주로 아파트, 재개발·재건축, 분양권, 경매·공매, 토지 등이 있습니다. 간접 투자 상품으로는 NPL, 조각 투자 등이 있습니다. 이들 '시세차익형' 부동산은 일반적으로 시간이 지나면 매매가격이 많이 오릅니다. 그러므로 평상시에 현금 흐름이 좋고 현업에 종사하고 있는 투자자가 선호하는 투자 방식입니다.

아파트, 재개발·재건축, 분양권의 시세차익이 큰 편이며, 장기적으로는 토지도 많은 시세차익을 볼 수 있습니다. 최근엔 소액 투자가 가능한 조각 투자에도 관심이 쏠리고 있습니다.

시세차익 비교 예시

구분	하남 신도시	둔촌주공 재건축 분양권
매수 가격	8억 원	15억 원
보증금	4억 원	(건설 중) 0만 원
실제 투자 금액	4억 원	15억 원
매도 가격	10억 원	19억 원
시세 차익	2억 원	4억 원
수익률	2억 원 ÷ 4억 원 = 50% (3년 투자)	4억 원 ÷ 15억 원 = 27% (2년 투자)

이들 '시세차익형' 부동산은 일반적으로 초기 투자 비용을 낮추기 위해 전세를 끼거나 대출을 실행하는데, 이러한 방법은 부동산 침체기에는 매매 가격이 낮아져 차익이 적어지거나 손해를 볼 수도 있으며 인플레이션 상황에선 금리 상승으로 이자 부담이 커질 수 있습니다.

각각의 투자 방식에는 장단점이 있으므로 자신의 상황에 알맞은 투자 방식을 선택하는 것이 좋습니다.

> **토막상식**
>
> **월세를 자주 밀리는 임차인이 상실하는 권리들**
>
> 임차인이 월세를 연체하면(주택 임대차는 2기분, 상가 임대차는 3기분) 임대인은 임대차 계약을 해지할 수 있습니다. 그러나 해지 통보 전에 임차인이 월세를 지불하면 계약을 해지할 수 없습니다. 단, 계약갱신요구권과 권리금 회수권은 과거 연체 사실만으로도 임대인이 거절할 수 있습니다.

004 부동산 투자의 세부 종류

이번 장에서는 부동산 종류별 특징과 장·단점, 투자 방식에 대해서 자세하게 알아보겠습니다.

아파트

사람들이 가장 선호하는 주택 유형으로 다른 주택에 비해 비교적 안정적인 투자 상품입니다. 주거 형태가 정형화되어 있어 감정평가하기가 수월해 대출이 빠릅니다. 대단지일수록 편의시설이 잘 갖추어져 있어 거주하기 편리하고, 역세권, 학세권, 숲세권, 물세권 등 주거에 유리한 조건을 갖춘 '○○세권' 아파트는 인기가 많고 매매가격이 높습니다. 여러 부동산 중에서 가장 수월한 투자 대상입니다. 일반적으로 월세 수익보다는 시세차익에 집중하는 시세차익형 부동산입니다.

연립주택·다세대주택(빌라)

1970년대 후반부터 1980년대에 토지 활용도가 높고 비용 절감 효과가 있는 연립주택이 대량 공급되었습니다. 현재는 대부분이 노후화되어 주택으로서의 월세 수익보다는 주택이 깔고 있는 토지 가치를 활용해 재건축이나 재개발로 시세차익을 노리는 시세차익형 부동산입니다.

다세대주택은 일반적으로 아파트보다 저렴합니다. 요즘 건축되는 다세대주택은 승강기도 있고 지하 주차장 설치도 하는 등 아파트 못지않게 거주 조건이 많이 향상되었습니다. 그러나 지하철역에서 멀리 떨어져 있는 단독주택을 허물고 소규모 단지로 건축한 곳이라면 교통이나 편의시설 이용이 불편할 수도 있습니다. 또한, 대부분 높은 시세차익을 얻기가 어려워 월세 수익에 집중하는 수익형 부동산입니다.

다가구주택

다가구주택은 대학가 주변이나 도심지역 등 인구밀도가 높고 주택 수요가 많은 지역에서 흔히 볼 수 있는 주택입니다. 그러나 대학가 주변의 다가구주택은 대부분 노후화가 진행되어 월세 수익이 낮을 수 있으며, 대학생들의 거주 비율이 높아 학기 중에는 임차인 구하기가 쉬우나 방학 기간에는 임차인 구하기가 어려울 수 있습니다. 그러나 유동 인구가 많은 지역의 다가구주택은 상가주택으로 용도를 변경하여 수익률을 높이기도 합니다. 재개발 같은 대규모 개발 계획이 없으면 시세차익을 얻기 어려우므로 월세 수익에 집중하는 수익형 부동산입니다.

주거용 오피스텔

주거용 오피스텔은 1~2인 가구가 가장 선호하는 주거 형태입니다. 주로 지하철역 주변에 있어 교통과 편의시설 이용이 매우 편리합니다. 지하철역에서 도보로 5분 이내 있고 동선이 편리해야 공실 위험이 없습니다. 매매가격이 높더라도 빌트인(Built-in) 같은 내부 시설이 잘 갖추어져 있고 깔끔하며, 건물 안에 업무용 오피스텔 수가 적어야 높은 월세를 받을 수 있습니다. 주거용 오피스텔은 전형적인 수익형 부동산입니다.

근린상가, 스트리트형 상가, 단지 내 상가

주거지역 주변에 위치하여 주민들에게 생활편의를 제공하는 상가를 '근린상가'라 합니다. 저층의 상점들이 도로를 따라 일렬로 늘어선 형태인 '스트리트형 상가'나 아파트 단지 안에 있는 '단지 내 상가'도 넓은 범위에서 근린상가입니다. 근린상가는 주변에 주거지역이 있으므로 안정적인 매출을 기대할 수 있습니다. 그러나 근처에 대형마트나 기업형 슈퍼마켓이 있으면 매출에 큰 타격을 입을 수도 있습니다. 또한, 주변에 동종업종 상가가 많으면 서로 출혈 경쟁을 할 수 있습니다.

매매가격 측면에서 일반적으로 아파트 단지 내의 입주민이 자주 이용하는 단지 내 상가가 가장 비쌉니다. 쇼핑, 문화, 휴식 공간 등이 입점해 있어 다양한 기능을 수행하며 지역의 랜드마크(Landmark) 역할을 하는 스트리트형 상가의 매매가격도 높긴 하지만 주변 배후단지의 입주가 완료될 때까지 상권 형성이 어려울 수 있습니다. 근린상가, 스트리트형 상가, 단지 내 상가는 모두 상가인 만큼 수익형 부동산입니다.

테마 상가

하나의 주제 또는 업종을 중심으로 관련 점포들이 집단화된 형태의 상가를 '테마(Theme) 상가'라 합니다. 의류, 의료, 음식 등 특정 주제로 구성되었지만, 최근엔 한 가지 주제로는 고객 유치에 어려움이 있어 복합문화공간 등으로 진화하고 있습니다. 테마상가 역시 수익형 부동산입니다.

상가주택

아래층은 상가, 위층은 주거 공간으로 구성된 복합용도 건물을 '상가주택'이라 합니다. 상가주택은 임대인이 자신의 주거 공간을 마련하면서 임대수익을 얻을 수 있으며, 임차인 관리가 편리하다는 장점이 있습니다. 그러나 상가 면적과 주택 면적의 비율에 따라 세금 부담이 달라질 수 있으며, 상가 공실 발생 시 수익성이 하락할 수 있습니다. 상가에서 발생하는 소음 등으로 주거의 질이 떨어질 수 있습니다. 상가주택 역시 수익형 부동산입니다.

주상복합·오피스텔 상가

주로 지하철역 근처에 건축되는 주상복합아파트(주거 기능과 상업 기능이 하나의 건물 안에 복합적으로 구성된 건축물)나 오피스텔 안에 있는 상가를 '주상복합·오피스텔 상가'라고 합니다. 이들 상가는 주로 건물의 지하나 지상 1~3층에 있는 것이 특징입니다.

주상복합과 오피스텔 상가는 주거와 상업시설이 한 건물에 있으므로 큰 이동 없이 다양한 문화생활과 소비활동을 건물 내에서 해결할 수 있습니다.

출퇴근 및 생활반경이 짧아져 시간과 비용을 절감할 수 있습니다. 그러나 관리비가 비싸고 대지 지분이 작으며 용적률이 높아 과밀해질 수 있습니다. 그리고 아파트에 비해 자산가치 상승 폭이 작아 일반 아파트에 비해 환금성이 떨어질 수 있습니다. 주상복합과 오피스텔 상가 역시 수익형 부동산입니다.

토지

부동산 투자의 꽃은 아파트나 상가가 아닌 토지입니다. 토지는 제일 위험하고 가장 어려운 투자 대상입니다. 아파트나 상가는 이미 대지 위에 건물이 있으므로 눈에 보이고 각종 규제가 대부분 해결되어 있습니다. 그러나 토지는 개발 전까진 드러나지 않는 각종 규제를 예상하면서 아무것도 없는 맨땅에 개발 그림을 그려야 합니다.

토지는 물리적 공급이 제한되어 있어 장기적으로 가치가 꾸준하게 상승하며 주식이나 채권에 비해 가격 변동성이 낮아 안정적입니다. 그리고 물가 상승에 따른 가치 상승으로 인플레이션 대비 수단이 될 수 있습니다. 그러나 매수 시 대규모 자금이 필요하고 환금성이 부족합니다. 토지는 대표적인 시세차익형 부동산입니다.

재개발·재건축

재개발과 재건축은 모두 노후화된 주거환경을 개선하는 사업이지만, 차이가 있습니다. 재개발은 낡은 주택뿐만 아니라 지역 전체를 대상으로 도로, 상하수도 등 기반 시설 전반을 새롭게 정비하는 사업이고, 재건축은 기반 시설은 그대로 놔두고 낡은 주택만 새로 건설하는 사업입니다.

재개발은 소규모 주택이 많아 재건축에 비해 투자 금액 부담이 적습니다. 재건축은 재개발에 비해 투자 금액 부담이 큽니다. 재개발과 재건축은 대표적인 시세차익형 부동산입니다.

분양권

새로 건축되는 아파트나 주택 등의 건축물을 분양받을 수 있는 권리를 '분양권'이라 합니다. 입주자 모집공고 시 청약을 통해 얻을 수 있습니다. 분양권이 있으면 일반 매매가격보다 저렴하게 신규 아파트에 입주할 수 있습니다. 그러나 시공사 혜택이 적거나 아예 없을 수도 있고, 조합원 입주권보다 높은 가격으로 매매하는 경우가 많아 미래 가치 상승 폭이 작을 수 있습니다. 분양권도 시세차익형 부동산입니다.

경매·공매

경매와 공매는 모두 부동산을 강제 매각하는 제도입니다. 경매는 민사집행법에 근거하고 공매는 국세징수법에 근거합니다. 경매는 법원이 주관하고 공매는 국가기관(한국자산관리공사 등)이 주관하는데, 경매는 채권자의 채권 회수를 위해 진행하고 공매는 국세 체납 등으로 인한 강제 집행을 위해 진행합니다.

경매는 절차가 투명하고 공정성이 높지만, 권리관계가 복잡해 소유권 이전에 어려움이 있을 수 있고 경쟁 입찰로 인해 예상 낙찰가를 상회할 수 있습니다. 공매는 국가기관 주관으로 절차의 신뢰성이 높고 인터넷 입찰로 편리하며 권리관계가 비교적 단순하지만, 경매에 비해 물건이 많지 않습니다. 경매와 공매는 대부분 저렴하게 낙찰받아 시세차익을 얻고자 하는 시세차익형 부동산입니다.

> **토막상식**
>
> **다른 부동산 거래 사이트의 시세도 함께 살펴보세요**
>
> 주변 부동산의 시세를 파악할 때는 한 곳의 부동산 거래 사이트에서만 확인하고 끝내면 안 됩니다. 네이버부동산이나 다음부동산 같은 다른 부동산 거래 사이트의 시세도 꼭 함께 살펴보세요.

005 부동산 투자의 기대와 위험

주변에서 누가 부동산 투자로 많은 돈을 벌었다더라는 소문을 들을 때마다 '나도 하면 괜찮지 않을까?'라는 기대감에 사로잡힐 때가 있습니다. 그러나 아무런 준비 없이 부동산에 투자하면 예상하지 못한 큰 손해를 볼 수 있습니다. 이번 장에서는 부동산 투자 시 어떠한 위험들이 있으며 그러한 위험들을 잘 헤쳐 나갈 방안으로는 어떠한 것들이 있는지 살펴보겠습니다.

시장 위험

부동산 가격은 시장 상황에 따라 결정됩니다. 경기가 활성화되고 금리가 인하되면 부동산 투자수요 증가로 부동산 가격은 상승할 수 있습니다. 그러나 경기가 침체하고 금리가 인상되면 투자수요 감소로 부동산 가격은 하락할 수 있습니다. 또한, 경기 침체로 임차인 수가 감소하고 공실률이 높아지면 임대수익이 감소합니다.

정책 위험

대한민국은 부동산 정책이 자주 바뀌곤 합니다. 이러한 상황이 투자자에게는 시장 위험 못지않게 꽤 큰 부담이 됩니다. 대출 한도를 줄이거나 금리를 인상하는 '대출 규제 강화', 취득 시, 보유 시, 양도 시 납부하는 세금에 대한 '중과세 적용' 등의 부동산 정책은 부동산경기를 침체시킬 수 있습니다. 당연히 부동산 가격에도 영향을 미칩니다.

재무 위험

부동산 투자가 활발할 때는 투자만 하면 바로 돈을 벌 것 같은 기대감이 앞서 자신의 형편에 맞지 않는 무리한 투자를 하기도 합니다. 그러나 이런 경우 자금 부족으로 잔금을 치르지 못해 계약금을 손해 볼 수도 있습니다. 또한 운이 좋아 어찌어찌해서 많은 자금을 빌려 잔금을 치렀어도 이자 부담에 오랫동안 고통받거나 아니면 경매로 전 재산을 처분당할 수도 있습니다.

법적 위험

부동산을 거래하다 보면 소유권, 지상권, 분묘기지권, 점유권 등 부동산 소유에 관한 분쟁이 발생하기도 합니다. 임차인의 계약 불이행, 관리비 체납, 월세 미납 등 임대차에 관한 분쟁이 발생하기도 합니다. 또한, 공사비와 관련된 유치권이 발생하기도 합니다.

인구 위험

대한민국은 OECD 회원국 중 합계출산율이 가장 낮은 수준입니다. 인구가 감소하더라도 1~2인 가구 증가로 주택 수요가 감소하지는 않을 것이라는 시각도 있지만, 생산가능인구가 감소하게 되면 국가의 경제력이 약화되고, 이는 부동산 시장에도 좋지 않은 영향을 미칠 수밖에 없습니다.

그렇다면 부동산 투자에 있어 앞서 살펴본 여러 위험을 최소화하는 방법은 무엇일까요?

트렌드 분석 및 시장 조사

정부 정책, 경제 상황 등 부동산 시장에 영향을 미치는 요인들을 매일 성실하게 관찰해야 합니다. 또한, 지역별 부동산 수급 동향과 가격 변동 추이를 꼼꼼하게 분석해야 합니다.

철저한 자산 분석

투자 대상 부동산의 입지, 수익성, 개발 가능성 등을 철저하게 분석해야 합니다. 또한, 과도한 대출은 금리 변동에 따른 상환 부담 증가를 초래할 수 있으므로 자산의 현금 흐름도 정확하게 파악해야 합니다.

포트폴리오 다각화

한 종류의 부동산에만 투자하기보다는 다양한 종류의 부동산에 분산 투자하여 위험을 분산시켜야 합니다. 또한, 투자하는 지역 역시 다양하게 해야 합니다.

전문가 활용

개인적인 경험에만 의존하기보다는 부동산 전문가, 법률 전문가, 세금 전문가 등의 조언을 받은 후 투자해야 합니다.

토막상식

임대료 올리는 방법

임대료 인상은 전세의 경우 '전세보증금 × 인상률'로 계산하면 되지만 보증금과 월세를 모두 받는 경우는 환산보증금으로 계산합니다.

환산보증금 = 임대보증금 + [(월 임대료 × 12개월/(기준금리 + 2%)]

006 부동산 정책과 변화

대한민국의 부동산 정책은 정치적 입장과 시장 상황 등에 따라 자주 바뀌곤 합니다. 그러므로 항상 정책이 어떻게 변하는지 뉴스에 귀 기울여야 하고, 그러한 변화가 시장에 어떤 영향을 미칠지 예측해야 합니다. 다음과 같은 정부 부처별 사이트처럼 신뢰할 만한 곳의 정보를 얻어야 정확한 예측이 가능하겠죠.

국토교통부

국토교통부(www.molit.go.kr)는 주택정책을 수립하고 국토의 종합계획을 세우는 중앙행정기관입니다. 도로, 철도 등 국가 기간교통망 구축과 관리도 담당하고 있습니다. 그러므로 국토교통부 사이트만 잘 들여다보아도 토지, 주택, 건설, 교통 등에 관한 다양한 정보를 누구보다도 정확하게 접할 수 있습니다.

국토교통부에서 발표하는 유용한 정보는 두 종류로 이들을 확인하는 방법은 다음과 같습니다.

■ 국토교통부 '보도자료'를 확인하는 방법

국토교통부 홈페이지 상단의 '뉴스·소식' → '보도자료' → 궁금한 분야를 선택합니다.

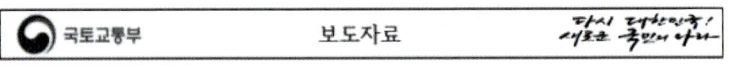

■ 국토교통부 '정책Q&A'를 확인하는 방법

국토교통부 홈페이지 상단의 '정책자료' → '정책Q&A' → 궁금한 내용을 선택합니다.

기획재정부

기획재정부(www.moef.go.kr)는 정부 재정 건전성을 나아지게 하고 경제 발전을 위한 정책을 수립하는 중앙행정기관입니다. 기획재정부에서는 부동산 관련 대출 및 세금 규제 등에 관한 정보를 누구보다도 정확하게 접할 수 있습니다.

기획재정부에서 발표하는 유용한 정보를 확인하는 방법은 다음과 같습니다.

■ 기획재정부 '보도자료'를 확인하는 방법

기획재정부 홈페이지 상단의 '뉴스' → '보도자료' → '보도·참고자료' → 궁금한 내용을 선택합니다.

> **기획재정부 보도자료**
>
> 보도시점 2024. 8. 27.(화) 11:00 배포 2024. 8. 27.(화) 09:00
>
> ## 「2024년 세법개정안」 정부안 확정
>
> - 7.25.(목) 발표한 세법개정안에 대해 입법예고, 부처협의 등 의견수렴을 거쳐 국무회의 의결
>
> 정부는 지난 7.25.(목) 세제발전심의위원회를 통해 「2024년 세법개정안」 발표 후 15개 법률안*에 대해 부처협의(7.26.~8.5.) 및 입법예고(7.26.~8.9.)를 실시하여 다양한 의견을 수렴하였으며, 금일 국무회의에서 정부안을 최종 확정하였다.

국세청

국세청(www.nts.go.kr)은 국세의 부과, 감면 및 징수에 관한 사무를 관장하는 중앙행정기관입니다. 매년 '개정세법 해설', '세금절약가이드', '주택과 세금' 등의 책자를 발간해 달라지는 정책을 안내하고 있습니다.

국세청의 세금 정책을 확인하는 방법은 다음과 같습니다.

■ 국세청 세금 정책을 확인하는 방법

국세청 홈페이지 상단의 '국세정책/제도' → '통합자료실' → '국세청 발간책자' → '세금안내 책자' → 궁금한 책자를 선택합니다.

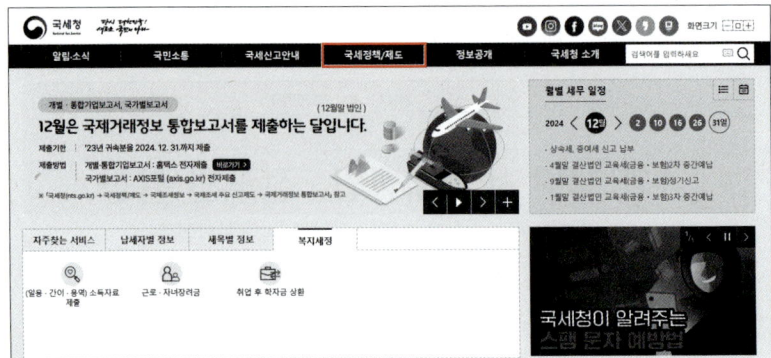

> **토막상식**
>
> **2주택 1분양권 소유자가 취득세 중과 없이 1주택을 더 취득하고 싶다면?**
>
> 2주택자가 분양업자로부터 최초로 주택 분양권을 취득한 상태에서 취득세 중과 없이 1주택을 더 취득하고 싶다면 먼저 기존 1주택을 처분합니다. 그리고 배우자에게 분양권을 분양권 전매 형식으로 증여합니다. 그런 후 1주택 상태에서 1주택을 추가로 취득합니다.

007 부동산 시장 전망하는 방법

　부동산 전문가들은 "앞으로는 부동산 시장이 회복할 것이다."라든지 "앞으로는 부동산 가격이 하락할 것이다."라든지 하는 전망을 내놓곤 합니다. 이들이 부동산 시장을 전망할 때는 여러 지표를 참고합니다.

　그럼, 전문가들이 참고하는 지표에는 어떠한 것들이 있으며 이를 통해 어떤 전망을 할 수 있는지 알아보겠습니다.

부동산 시장을 볼 수 있는 부동산 지표

- **주택매매가격지수** : 부동산 시장의 주택매매가격 동향을 파악하는 데 사용되는 지표입니다. 지수가 100보다 높으면 기준 시점보다 매매가격이 상승했음을 의미하고 지수가 100보다 낮으면 기준 시점보다 매매가격이 하락했음을 의미합니다. 주택매매가격지수가 상승했다면 일반적으로 투자 심리 개선, 시장 활성화, 매매거래량 증가, 매도자 우위 시장 등을 예상할 수 있습니다.
- **주택전세가격지수** : 부동산 시장의 주택전세가격 동향을 파악하는 데 사용되는 지표입니다. 지수가 100보다 높으면 기준 시점보다 전세가격

이 상승했음을 의미하고 지수가 100보다 낮으면 기준 시점보다 전세가격이 하락했음을 의미합니다. 주택전세가격지수가 상승했다면 전세가율 상승, 임대인 우위 시장, 매매가격 상승, 갭투자 증가 등을 예상할 수 있습니다.

- **매수우위지수** : 매수우위지수는 주택시장에서 매수자와 매도자의 상대적인 비중을 나타내는 지수입니다. 지수가 100을 초과하면 매수세가 매도세보다 강함을 의미하고, 지수가 100이면 매수세와 매도세가 균형 상태, 지수가 100 미만이면 매도세가 매수세보다 강함을 의미합니다. 매수우위지수가 높다면 투자 심리 개선, 시장 활성화, 가격 상승, 매수자 경쟁 심화, 매도자 우위 시장 등을 예상할 수 있습니다.

> 매수우위지수 = 100 + (매수세 우위 비중 - 매도세 우위 비중)

- **전세수급지수** : 전세수급지수는 전세 수요 대비 공급 물량의 상대적인 수준을 나타내는 지수입니다. 지수가 100을 초과하면 전세 공급이 부족함을 의미하고, 지수가 100이면 전세 수요와 공급이 균형을 이뤘음을 의미하며, 지수가 100 미만이면 전세 공급이 충분함을 의미합니다. 전세수급지수가 높다면 전세가격 상승 압력, 전세가율 상승, 임차인 경쟁 심화, 임대인 우위 시장, 매매량 증가 등을 예상할 수 있습니다.

> 전세수급지수 = 100 + (공급부족 비중 - 공급충분 비중)

- **매매거래지수** : 매매거래지수는 현재의 매매거래량을 상대적으로 나타내는 지수입니다. 지수가 100보다 높으면 기준 시점보다 거래량이 증가했음을 의미하고, 지수가 100보다 낮으면 기준 시점보다 거래량이 감소했음을 의미합니다. 매매거래지수가 높다면 투자심리 개선, 시장 활성화, 가격 상승 등을 예상할 수 있습니다.
- **전세거래지수** : 전세거래지수는 현재의 전세 거래량을 상대적으로 나타내는 지수입니다. 지수가 100보다 높으면 기준 시점보다 전세 거래량이 증가했음을 의미하고, 지수가 100보다 낮으면 기준 시점보다 전세 거래량이 감소했음을 의미합니다. 전세거래지수가 높다면 전세가격 상승, 전세 물건 부족, 임대인 우위 시장 등을 예상할 수 있습니다.
- **매매가격 전망지수** : 매매가격 전망지수는 향후 주택가격의 상승 또는 하락에 대한 시장 참여자들의 기대를 수치화한 지수입니다. 지수가 100을 초과하면 향후 주택가격 상승이 예상되고, 지수가 100이면 보합세가 예상되며, 지수가 100 미만이면 향후 주택가격 하락이 예상됩니다. 매매가격 전망지수가 높으면 투자 심리 강화, 시장 활성화, 가격 상승, 거래량 증가 등을 예상할 수 있습니다.

> 매매가격 전망지수 = 100 + (상승 예상 비중 - 하락 예상 비중)

- **전세가격 전망지수** : 전세가격 전망지수는 향후 주택 전세가격의 상승 또는 하락에 대한 시장 참여자들의 기대를 수치화한 지수입니다. 지수가 100을 초과하면 향후 전세가격 상승이 예상되고, 지수가 100이면 보합세가 예상되며, 지수가 100 미만이면 향후 전세가격 하락이 예상됩니다.

전세가격 전망지수가 높으면 전세 수요 증가, 전세 물건 부족, 전세가격 상승, 임대인 우위 시장, 매매로 수요 이동 등을 예상할 수 있습니다.

> 전세가격 전망지수 = 100 + (상승 예상 비중 - 하락 예상 비중)

- **매매가격 대비 전세가격 비(전세가율)** : 전세가율은 주택의 매매가격 대비 전세가격의 비율을 백분율로 나타낸 것입니다. 높은 전세가율은 매매가 대비 전세가가 비싸다는 것을 의미합니다. 전세 수요가 높거나 매매가격이 상대적으로 낮은 상황을 반영하며 갭투자 위험이 증가할 수 있습니다. 낮은 전세가율은 매매가 대비 전세가가 저렴하다는 것을 의미합니다. 매매가격이 상승했거나 전세 수요가 낮은 상황을 반영하며 신규 공급 물량이 많은 지역에서 자주 관찰됩니다. 전세가율이 높다면 갭투자, 깡통전세, 임대인 우위 시장, 매매로 수요 이동 등을 예상할 수 있습니다. 아파트 전세가격이 매매가격의 55~60%에 달하면 부동산 시장이 상승기에 진입한다는 신호입니다.

> 전세가율 = (전세가격 / 매매가격) × 100

- **KB선도아파트50** : KB선도아파트50은 전국 아파트 단지 중 시가총액 상위 50개 단지를 선정하여 만든 지수입니다. 대부분 서울 지역의 대형 아파트 단지들로 구성되며 일부 경기도와 부산 등의 대표 단지도 포함됩니다. 대장 아파트로 불리는 이 선도 아파트들의 가격 변동은 전체 부

동산 시장의 흐름을 선도하는 경향이 있습니다. KB선도아파트50이 높다면 투자심리 개선, 부동산 시장 활성화, 거래량 증가, 대장 아파트 가격 상승, 지역별 양극화를 예상할 수 있습니다.

위와 같은 부동산 지표는 한국감정원과 KB부동산에서 확인할 수 있습니다. KB부동산 → 메뉴(왼쪽 사이드바) → 데이터허브 → KB통계 → '월간 주택 보고서 통계표', '월간보도자료'를 내려받아 보세요.

토막상식

궁금한 주택 가격을 바로 알 수 있다! 국토교통부 실거래가 정보

국토교통부 실거래가 공개시스템(rt.molit.go.kr)에서는 아파트, 연립주택, 다세대주택, 단독주택, 다가구주택, 오피스텔, 입주권, 분양권, 상가, 공장, 창고의 전월세가격 및 실제 매매가격을 바로바로 확인할 수 있습니다.

008 꼭 알아야 할 부동산 서류 5총사

부동산 거래를 할 때는 거래 후 손해 보는 일이 없도록 반드시 해당 부동산의 '공부서류(公簿書類)'를 확인해 봐야 합니다.

그럼, 이번 장에서는 공부서류로는 어떠한 것들이 있는지, 그 공부서류에서 각각 확인할 내용은 무엇인지 간단하게 살펴보겠습니다.

부동산 서류 5총사의 종류와 내용

공부서류	발급처	확인할 수 있는 내용		사용 시기	
1. 건축물대장	동 행정복지센터, 정부24(www.gov.kr)	건물의 연면적, 주용도, 건폐율, 용적률, 건축물 현황, 위반건축물 등		건물만 거래할 때	건물 및 토지를 거래할 때
2. 등기사항전부증명서 (등기부등본)	관할 등기소, 대법원인터넷 등기소(www.iros.go.kr)	건물	소유자 이름, 소유권에 관한 제한 사항, 근저당권 설정 여부 및 금액 등		
		토지		토지만 거래할 때	
3. 토지대장	동 행정복지센터, 정부24(www.gov.kr)	토지의 소재지, 지번, 지목, 면적 등			
4. 지적도(임야도)	동 행정복지센터, 정부24(www.gov.kr)	토지의 소재지, 지번, 모양, 경계 등			
5. 토지이용계획확인서	동 행정복지센터, 정부24(www.gov.kr)	토지의 소재지, 지번, 지목, 면적, 용도지역, 용도지구, 용도구역, 도로, 공원, 토지이용 제한 사항 등			

토지의 모든 공부서류를 한눈에! 부동산종합증명서

정부는 2014년 1월 18일부터 등기사항전부증명서, 건축물대장, 토지대장, 지적도, 토지이용계획확인서 등 부동산 관련 공부서류 18종을 '부동산종합증명서' 하나로 통합했습니다.

아래 그림이 부동산종합증명서입니다. ❶은 '토지 등기사항전부증명서', ❷는 '건물 등기사항전부증명서', ❸은 '토지대장'과 '건축물대장', ❹는 '토지 등기사항전부증명서'와 '건물 등기사항전부증명서', ❺는 '토지이용계획확인서', ❻은 지적(임야)도의 일부 내용을 보여주고 있습니다.

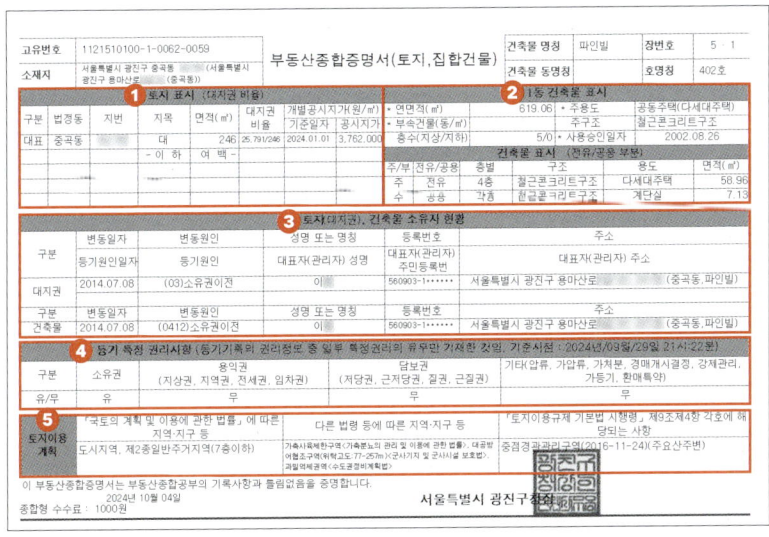

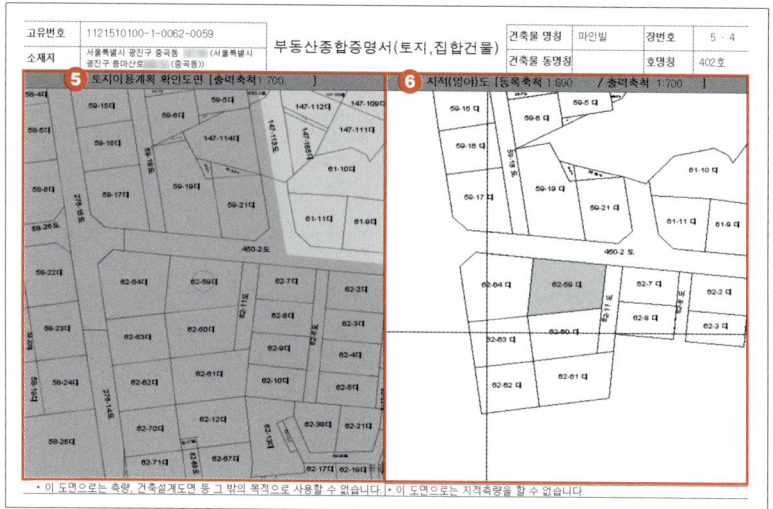

'부동산종합증명서'는 일사편리(www.kras.go.kr) 또는 동 행정복지센터에서 열람하거나 발급받을 수 있습니다. 관심 있는 부동산에 대한 다양한 정보를 간편하게 알고 싶은 경우라면 '부동산종합증명서'만 열람해서 보면 되지만, 등기신청을 할 때는 부동산종합증명서만으로는 안되고 각각의 공부서류를 반드시 발급받아야 합니다.

토막상식

중개 사고가 터졌다! 얼마나 보상받을까?

개업공인중개사는 실수로 중개 사고가 발생하면 한국공인중개사협회(서울보증)에서 임차인(매수인)에게 손해배상을 해줍니다. 그런데 이 제도는 공제기간 동안 발생한 사고마다 최대 2억 원(법인은 4억 원)씩 배상해 주는 게 아니라 최대 2억 원 내에서 모든 사고의 손해를 배상해 주는 것이며, 그것도 개업공인중개사의 과실 비율에 해당하는 만큼만 배상해 주는 것입니다. 그러므로 중개 사고가 발생하지 않도록 임대차계약(매매계약) 전에 임차인(매수인)도 임차(매수)할 부동산의 상태, 권리관계 등에 대해서 꼼꼼하게 확인해야 합니다.

009 부동산 필수 서류 1
등기사항전부증명서

자신이 매수한 부동산인데 갑자기 엉뚱한 사람에게 빼앗기게 된다면 생각만 해도 끔찍한 일입니다. 그러므로 부동산 거래를 할 때는 반드시 등기사항전부증명서를 열람하거나 발급받아 혹시라도 위험이 될 만한 사항은 없는지 확인해야 합니다.

등기사항전부증명서는 세 부분으로 구성

등기사항전부증명서는 '표제부', '갑구', '을구'의 세 부분으로 이루어져 있습니다. 참고로 아파트, 연립주택, 다세대주택 같은 집합건물은 표제부가 두 개입니다.

표제부 1

【 표 제 부 】	（1동의 건물의 표시）			
❶ 표시번호	❷ 접 수	❸ 소재지번, 건물명칭 및 번호	❹ 건 물 내 역	❺ 등기원인 및 기타사항
1	2018년10월25일	경상북도 포항시 남구 대잠동 [도로명주소] 경상북도 포항시 남구 상도남로	철근콘크리트구조 (철근)콘크리트지붕 34층 공동주택(아파트) 1층 110.494㎡ 2층 525.4601㎡ 3층 525.4601㎡	
표시번호	접 수	소재지번, 건물명칭 및 번호	건 물 내 역	등기원인 및 기타사항
			32층 525.4601㎡ 33층 525.4601㎡ 34층 373.2656㎡	
❻ （ 대지권의 목적인 토지의 표시 ）				
표시번호	소 재 지 번	지 목	면 적	등기원인 및 기타사항
1	1. 경상북도 포항시 남구 대잠동	대	67091.9㎡	2018년10월25일 등기

❶ **표시번호** : 등기한 순서를 매긴 번호입니다.

❷ **접수** : 여기에 기재된 날짜를 보면 거래하려는 부동산이 얼마나 오래된 물건인지 알 수 있습니다. 너무 오래된 물건은 재개발·재건축 투자 목적이 아니라면 거래하기 전에 심사숙고하는 것이 좋습니다.

❸ **소재지번, 건물명칭 및 번호** : 거래하려는 부동산의 정확한 주소를 알 수 있습니다. 여기에 있는 주소가 건축물대장과 토지대장에 있는 주소와 일치하는지 확인하고, 계약서에는 건축물대장과 토지대장 상의 주소를 기재해야 합니다.

❹ **건물내역** : 거래하려는 부동산의 총 층수와 층별 면적을 확인할 수 있습니다.

❺ **등기원인 및 기타 사항** : 등기하게 된 이유가 기록된 곳으로 그냥 확인하고 넘어가면 됩니다.

❻ **대지권의 목적인 토지의 표시** : 해당 아파트가 건축된 토지의 지목과 총

면적을 확인할 수 있습니다. 재개발·재건축 투자 목적이 아니라면 중요한 내용은 아닙니다. 총대지면적이 넓으면 많은 세대를 건축할 수 있어 조합원들의 분담금이 줄어들 수 있습니다.

표제부 2

【 표 제 부 】 (전유부분의 건물의 표시)			
표시번호	접 수	❼ 건 물 번 호 / ❽ 건 물 내 역	등기원인 및 기타사항
1	2018년10월25일	제6층 제602호 / 철근콘크리트구조 98.1682㎡	
❾ (대지권의 표시)			
표시번호	대지권종류	대지권비율	❿ 등기원인 및 기타사항
1	1 소유권대지권	67091.9분의 46.5681	2018년10월16일 대지권 2018년10월25일 등기

❼ **건물번호** : 거래하려는 부동산의 층수와 호수를 확인할 수 있습니다. 여기에 있는 층수와 호수가 건축물대장의 층수, 호수와 일치하는지 확인하고, 계약서에는 건축물대장의 층수와 호수를 기재합니다.

❽ **건물내역** : 거래하려는 부동산의 전용면적을 확인할 수 있습니다. 참고로 분양가격은 분양면적을 기준으로 결정되고 분양면적은 전용면적과 공용면적으로 구성되어 있습니다. 따라서 분양면적이 전용면적보다 15~25% 정도 더 넓게 표기됩니다.

❾ **대지권 비율** : 아파트, 다세대주택, 오피스텔, 상가와 같은 집합건물의 구분소유자가 자신이 전유하고 있는 건물이 소재한 대지에 대하여 가지는 권리를 대지권이라고 합니다. 그리고 총대지면적 중에서 구분소유자의 대지권이 얼마나 되는지를 나타낸 것을 '대지권 비율'이라 합니다. 대

지권 비율이 높을수록 재개발·재건축 시 평가금액이 높아 부동산의 재산적 가치는 상승합니다.

❿ **등기원인 및 기타 사항** : 대지권을 등기한 날을 확인할 수 있습니다.

갑구

부동산의 소유자가 누구인지, 매수한 부동산의 소유권을 잃게 될만한 권리가 있는지, 전 소유자가 얼마에 매수했는지 등을 확인할 수 있습니다. 만약 여기에 '소유권이전청구 가등기', '소유권이전금지 가처분', '환매등기' 등이 있으면 거래해서는 안 됩니다. 나중에 이러한 권리를 주장하는 사람에게 부동산을 뺏길 수 있습니다.

❶순위번호	❷등 기 목 적	❸접 수	❹등 기 원 인	❺권리자 및 기타사항
1	소유권보존	2018년10월25일 제71180호		소유자 주식회사하나자산신탁 110111-1714818 서울특별시 강남구 테헤란로 (역삼동,)

【 갑 구 】 (소유권에 관한 사항)

❶ **순위번호** : 등기 순서를 확인할 수 있습니다. 갑구 안에 있는 권리들끼리 순위 다툼이 있으면 순위번호로 순서를 가립니다.

❷ **등기목적** : 등기를 한 목적을 확인할 수 있습니다.

❸ **접수** : 등기를 접수한 연월일을 확인할 수 있는데 갑구에 있는 권리와 을구에 있는 권리들끼리 순위 다툼이 있다면 이 접수 날짜로 순서를 가립니다.

❹ **등기원인** : 등기하게 된 이유를 확인할 수 있습니다.

❺ **권리자 및 기타 사항** : 해당 부동산 소유자의 성명, 주소, 주민등록번호,

거래가격 등을 확인할 수 있습니다. 거래 시 반드시 확인해야 하는 부분입니다.

을구

【 을 구 】 (소유권 이외의 권리에 관한 사항)				
순위번호	❶ 등 기 목 적	접 수	등 기 원 인	❷ 권리자 및 기타사항
1	근저당권설정	2019년1월22일 제4539호	2019년1월18일 설정계약	채권최고액 금120,000,000원 채무자 신○○ 경상북도 포항시 북구 장량주택로 ○○○ ○○○○ (양덕동) 근저당권자 주식회사신한은행 110111-0012809 서울특별시 중구 세종대로 ○○ (태평로2가) (포항지점)

❶ **등기목적** : 등기를 한 목적을 확인할 수 있습니다.

❷ **권리자 및 기타 사항** : 해당 부동산의 채권최고액이 얼마인지를 확인할 수 있습니다. 은행에서 대출해 줄 때 대출금에 그 이자까지 합한 금액만큼 저당을 잡는데, 이를 '채권최고액'이라 합니다. 채무자는 대출금의 상당액을 상환했더라도 근저당권설정 기간에는 채권최고액의 범위 안에서 또다시 대출받을 수 있습니다. 그러므로 해당 부동산의 채무가 얼마인지를 계산할 때는 '채권최고액'으로 계산해야 합니다.

전자등기사항증명서

'대법원 인터넷등기소 앱'을 이용하면 언제 어디서든 스마트폰으로 '등기사항전부증명서'를 발급받을 수 있습니다. 그리고 열람할 때 '등기사항요약' 부분을 체크하면 매매계약을 할 때 또는 임대차계약을 할 때 확인해야 할 사항과 비용 등에 관한 내용을 매우 자세하게 알 수 있습니다.

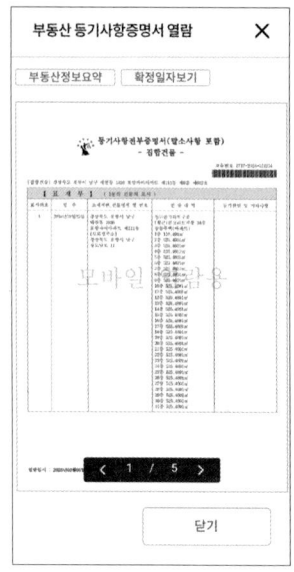
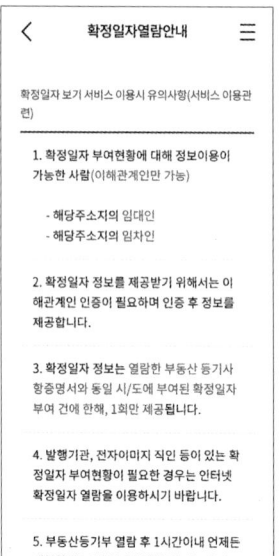

▲ 인터넷등기소 모바일 앱

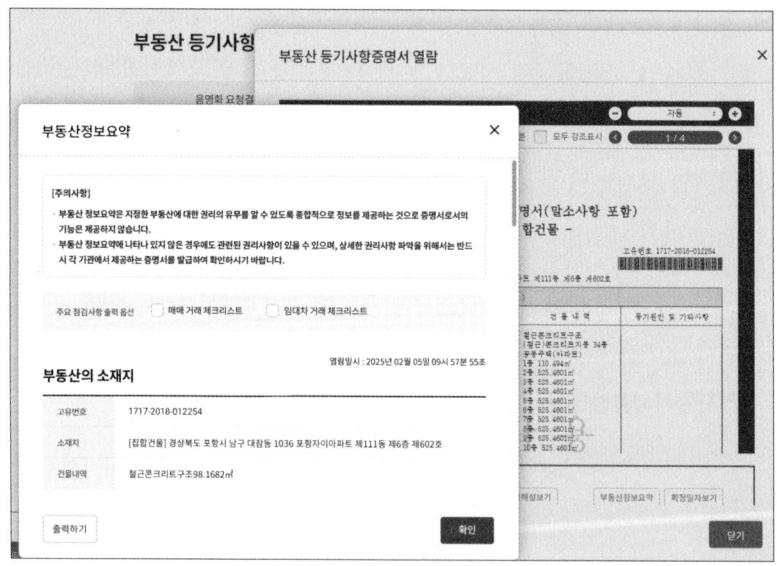

출처 : 대법원 인터넷등기소

토막상식

대한민국에서 가입할 수 있는 부동산 권리보험은?

하나손해보험 : 내집마련 부동산권리보험, 모바일로 간편하게 가입, 법무사 비용 포함, 매매계약만 가능

퍼스트 아메리칸 : 퍼스트 주거용 권리보험, 메일로 문의 후 가입, 법무사 비용 미포함, 매매계약, 전월세계약, 저당권계약 등 가능

010 부동산 필수 서류 2
건축물대장

건축물이 완성되면 특별자치시장·특별자치도지사 또는 시장·군수·구청장은 건축물대장을 만듭니다. 건축물대장에는 건축물의 구조, 용도, 면적, 층수, 호수, 허가일, 착공일, 사용승인일, 소유자 등이 기재되어 있습니다.

건축물 자체에 관한 내용은 건축물대장이 기준

건축물의 구조, 용도, 면적, 층수 등 건축물 자체에 대한 기준은 '건축물대장'의 내용이 우선입니다.

그러므로 계약서를 작성할 때 해당 주택의 호수는 건축물대장의 호수를 기재해야 합니다. 그래야 임차인은 주택임대차보호법을 적용받아 자신의 보증금을 보호받을 수 있습니다.

건축물대장은 두 종류

아파트, 연립주택, 다세대주택(빌라) 등의 건축물 및 대지에 관한 현황을 알고 싶을 때는 '집합건축물대장'의 표제부와 전유부를 확인해 보면 됩니다.

그리고 단독주택, 다가구주택, 상가주택 등의 건축물 및 대지에 관한 현황을 알고 싶을 때는 일반건축물대장을 확인하면 됩니다.

건축물대장 총괄표제부

아파트, 연립주택, 다세대주택(빌라) 등이 여러 동으로 이루어진 경우엔 '건축물대장 총괄표제부'도 추가로 확인하는 게 좋은데 여기에서 확인해야 할 사항은 다음과 같습니다.

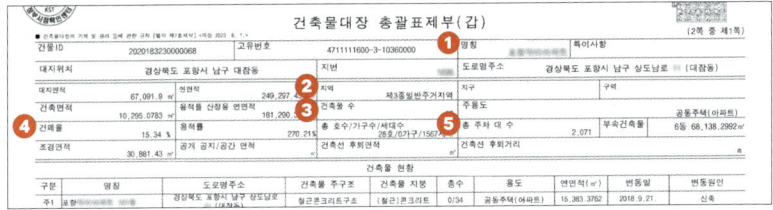

❶ **명칭** : '건축물대장 총괄표제부'는 건축된 단지 전체에 대한 정보를 확인할 수 있는 공부서류인 만큼 거래하고자 하는 건축물의 명칭을 여기에서 확인합니다. 발급 비용은 무료입니다.

❷ **지역** : 어떤 용도지역인지 확인합니다. 전용주거지역에서 일반주거지역으로 변경되거나 일반주거지역에서 준주거지역으로 변경되면 주택을 더 높게 건축할 수 있습니다.

❸ **건축물 수** : 전체 단지 안에 건축된 건축물의 동수를 정확하게 확인할 수 있습니다.

❹ **건폐율과 용적률** : 건폐율과 용적률은 부동산의 가치와 개발 가능성을 판단하는 데 매우 중요한 지표입니다. 그리고 용적률이 높으면 건축물을 고층으로 건축할 수 있어 사업성이 높아집니다.

❺ **총 주차대수** : 집합건축물 단지 전체에 주차가 가능한 차량 대수입니다. 매우 중요한 사항이므로 이것 때문에라도 '건축물대장 총괄표제부'를 발급받아 확인해야 합니다.

집합건축물대장 표제부

아파트, 연립주택, 다세대주택(빌라) 등의 일반적인 내용을 확인할 수 있습니다. 어떠한 사항들을 확인할 수 있는지 살펴볼까요? 참고로 단독주택, 다가구주택, 상가주택 등은 일반건축물대장을 확인해야 합니다.

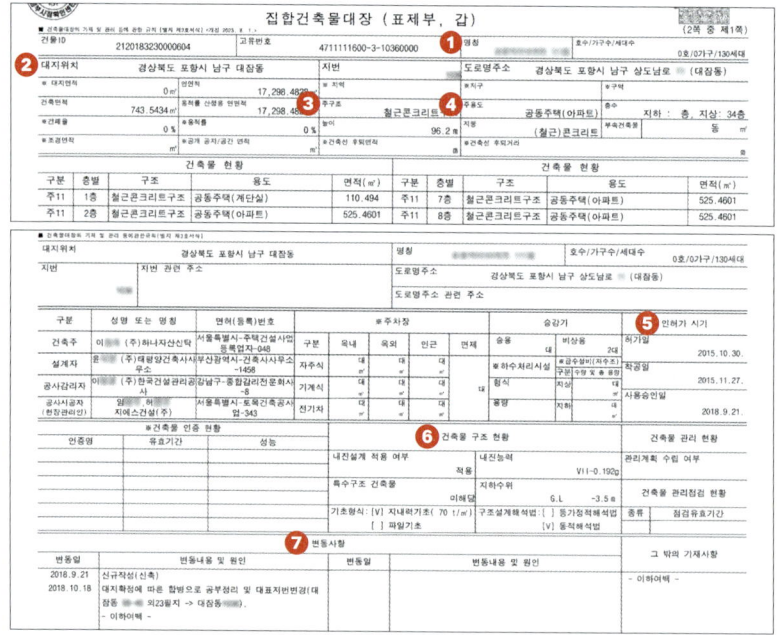

❶ **명칭** : 해당 부동산이 몇 동에 있는지 확인할 수 있습니다. 계약서를 작성할 때 여기에 있는 동명을 기재해야 합니다.

❷ **대지위치, 지번, 도로명주소** : 해당 부동산의 주소를 알 수 있습니다. 계약서를 작성할 때 여기에 있는 주소를 기재해야 합니다.

❸ **주구조** : 건축물의 구조를 확인할 수 있습니다. 벽식 구조는 슬래브(수평)에서 발생한 진동이 벽(수직)을 타고 아래층에 전달되어 층간소음에 매우 취약할 수 있습니다. 반면 기둥식 구조나 무량판 구조는 슬래브의 진동이 보와 기둥으로 분산되어 소음이 상대적으로 적게 발생합니다. 계약서를 작성할 때 주구조는 여기 것을 보고 기재해야 합니다.

❹ **주용도** : 주로 이용하는 용도를 확인할 수 있습니다. 임차인이 주택임대차보호법이나 상가건물임대차보호법의 적용을 받을 수 있는 용도란 공부서류에 기재되어 있는 용도가 아니라 실제 사용하고 있는 용도입니다. 그러나 계약서를 작성할 때 주용도도 여기 것을 기재해야 합니다.

❺ **인허가 시기** : 집합건축물 전체의 허가일, 착공일, 사용승인일을 확인할 수 있습니다. 일반적으로 착공 후 사용승인까지 3년 정도 걸립니다.

❻ **건축물 구조 현황** : 내진설계 등급과 지진가속도 수준은 건축물의 내진성능을 보여주는 중요한 지표입니다. VII-0.192g에서 VII는 내진설계 등급을 나타내는데, 이 정도면 내진성능이 우수한 등급입니다. 0.192g은 지진가속도 수준을 나타내는데, 지진 발생 시 건축물이 견딜 수 있는 최대 지진가속도 수준을 의미합니다.

❼ **변동 사항** : 한 동의 건축물에 하나의 소유권만 있는 다가구주택을 한 동의 건축물 호수마다 소유권이 있는 다세대주택으로 재건축했다든지, 위반건축물이 있다든지 등 건축물 관련 변동 사항이 기재되어 있습니다. 그러므로 계약할 땐 나중에 문제가 될 만한 일이 없는지 '변동 사항'도 확인해 봐야 합니다.

집합건축물대장 전유부

아파트, 연립주택, 다세대주택(빌라) 등의 전유 부분에 관한 내용을 확인할 수 있습니다. 단독주택, 다가구주택, 상가주택 등은 일반건축물대장을 확인해야 합니다.

❶ **호명칭** : 부동산물건이 몇 호인지를 확인할 수 있습니다. 계약서를 작성할 때 여기에 있는 호명칭을 기재해야 합니다.

❷ **소유자현황** : 부동산물건의 소유자, 소유자의 주소, 소유권 지분, 소유권 이전일 등을 확인할 수 있습니다. 계약서를 작성할 땐 여기에 있는 성명이 아니라 등기사항전부증명서에 있는 성명을 기재해야 합니다.

❸ **면적** : 해당 부동산의 전용면적을 확인할 수 있습니다. 계약서에 면적을 작성할 땐 여기에 있는 면적을 기재해야 합니다.

> **토막상식 건축물대장 확인 시 주의 사항**
>
> 허가일자, 착공일, 사용승인일자를 확인하여 불법 건축물 여부, 위반건축물 표시 여부, 시정명령, 이행강제금 부과 등의 행정처분 이력을 확인해야 합니다. 대지위치, 지번, 면적, 구조, 용도 등이 실제와 일치하는지, 특히 용도가 실제 사용 목적과 일치하는지 주의 깊게 봐야 합니다. 그리고 필요 시 평면도, 단위 세대별 평면도 등도 발급받아 실제와 일치하는지 확인해야 합니다.

011 부동산 필수 서류 3
토지대장

토지가 새로 조성되면 특별자치시장, 시장·군수·구청장(지적소관청)에서 토지대장을 작성하고 관리합니다. 토지대장에는 토지의 소재지, 지번, 지목, 면적, 토지 소유자의 성명과 주소 및 주민등록번호 등이 기재되어 있습니다.

토지 자체에 관한 내용은 토지대장이 기준

토지의 지목, 면적 등 토지 자체에 대한 기준은 '토지대장'의 내용이 우선입니다. 그리고 토지 소유자의 성명과 주민등록번호 등 소유권에 대한 기준은 '등기사항전부증명서'의 내용이 우선입니다.

토지대장

토지를 거래할 때는 물론, 건축물을 거래할 때도 토지대장을 발급받아 토지에 관한 사항을 살펴봐야 합니다. 아파트, 연립주택, 다세대주택 같은 집합건축물의 토지대장을 발급받을 땐 각각 호수의 '대지권 비율'을 확인할 수 있는 '대지권 등록부'도 같이 발급하는 것이 좋습니다.

고유번호	1121510100-10062-0059		토지 대장		도면번호	21	발급번호	20241215-06208-2239
① 토지소재	서울특별시 광진구 중곡동				장 번 호	1-1	처리시각	16시 34분 37초
지 번 ②		축 척	1:600		비 고		발 급 자	인터넷민원

(※ 본문에 따라 표의 상세 내용은 ①~⑤ 번호로 구분되어 있음)

- ③ 지목 ④ 면적(㎡) — 사유 / ⑤ 변동일자·변동원인 — 소유자(성명 또는 명칭, 등록번호)
- (08) 대 *246* (51) 1995년 03월 01일 성동구에서 행정관할구역변경
- 2002년 08월 28일 (21)대지권설정
- --- 이하 여백 ---

❶ **토지 소재** : 토지가 있는 지역을 확인할 수 있습니다. 계약서를 작성할 땐 여기에 있는 소재지를 기재해야 합니다.

❷ **지번** : 토지가 있는 위치를 확인할 수 있습니다. 계약서 작성할 땐 여기에 있는 지번을 기재해야 합니다.

❸ **지목** : 토지의 지목을 확인할 수 있습니다. 지목이란, 토지를 쓰이는 용도와 성격에 따라 구분 지은 것으로 대한민국에는 28개의 지목이 있습니다. 전, 답, 과수원, 임야, 대지, 잡종지, 공장용지, 창고용지 등이 주 거래 대상입니다. 계약서를 작성할 땐 여기에 있는 지목을 기재해야 합니다.

❹ **면적** : 토지의 면적을 확인할 수 있습니다. 계약서를 작성할 땐 여기에 있는 면적을 기재해야 합니다.

❺ **변동원인** : 여기에서는 아파트, 다세대주택, 오피스텔, 상가와 같은 집합건물의 구분소유자가 자신이 전유하고 있는 건물이 소재한 대지에 대하여 가지는 권리인 '대지권'이 설정된 날을 확인할 수 있습니다.

고유번호	1121510100-10062-0059		대지권 등록부		⑥ 전유부분 건물표시	4층 402호	장 번 호	1
토지소재	서울특별시 광진구 중곡동		지번	⑦	대지권비율	25.791/546	건물명칭	
지번								
대지권비율								
변동일자·변동원인	소유권 지분		⑧ 소유자 주소				등록번호 성명 또는 명칭	
2014년 07월 08일 (03)소유권이전			서울특별시 광진구 용마산로○○ ○○동 (중곡동, ○○○)				560903-1****** 이○	
--- 이하 여백 ---								

❻ **전유부분 건물표시** : 해당 부동산의 층수와 호수를 확인할 수 있습니다. 계약서를 작성할 땐 여기에 있는 층수와 호수가 아닌 '건축물대장'에 있는 층수와 호수를 기재해야 합니다.

❼ **대지권 비율** : 총대지면적 중에서 아파트, 다세대주택, 오피스텔, 상가와 같은 집합건물의 구분소유자가 자신이 전유하고 있는 건물이 소재한 대지에 대하여 가지는 권리가 얼마나 되는지 나타낸 것을 '대지권 비율'이라 합니다. 재개발이나 재건축 시 대지권 비율이 높을수록 그만큼 소유하고 있는 대지의 면적이 크다는 뜻이므로 넓은 아파트를 분양받을 수도 있습니다.

❽ **소유자** : 소유자의 주소, 성명, 주민등록번호를 확인할 수 있습니다. 등기사항전부증명서에 있는 내용과 비교해 보고 일치하면, 계약서엔 등기사항전부증명서에 소유자의 주소, 성명, 주민등록번호를 기재해야 합니다. 소유권 관련 내용은 등기사항전부증명서가 우선입니다.

토막상식

토지대장 확인 시 주의 사항

실제 토지 이용 현황과 지목이 일치하는지 확인해야 합니다. 불법 용도변경 여부를 확인해야 합니다. 실제 면적과 일치하는지 확인해야 합니다. 분할, 합병 등으로 인한 면적 변동 이력을 확인해야 합니다. 다른 공부(公簿)와 일치하는지 확인해야 합니다.

012 부동산 필수 서류 4
지적도(임야도)

 토지가 새로 조성되면 특별자치시장, 시장·군수·구청장(지적소관청)은 지적측량을 통해 지적도를 작성하고 관리합니다. 지적도에는 토지의 소재지, 지번, 지목, 경계 등이 기재됩니다.

 참고로 임야도란, 여러 토지 중 임야의 소재지, 지번, 지목, 경계 등을 나타내는 지적공부입니다.

지적도 확인 안 하면 토지의 실제 경계를 착각할 수도

 토지는 자연재해나 경작 등으로 토지의 원래 모양이나 경계가 바뀔 수 있습니다. 그러므로 토지를 거래하고자 할 때는 반드시 지적도(임야도)와 함께 직접 현장을 답사하여 토지의 모양과 경계를 확인해 봐야 합니다.

 O씨는 노후를 위해 서울 근교에 밭을 조금 매수하고 싶었습니다. 그래서 주말에 공인중개사 사무소를 방문했습니다. 그런데 때마침 밭 660㎡가 매물로 나와 있었습니다. O씨는 너무 기쁜 나머지 바로 해당 밭을 보러 갔습니다. 가서 보니 밭의 모양도 예쁘고 밭 일부가 계곡에 붙어 있어 경치도 좋았습니다. O씨는 바로 그날 밭을 2억 원에 매수했습니다.

그런데 1년 후 그곳에 주택을 건축하려고 지적도를 확인해 보니, 계곡과 붙어 있는 밭 220㎡는 다른 사람의 것이었습니다. O씨가 토지를 살 때 지적도를 발급받아 토지의 경계만 정확하게 확인해 보았어도 계곡과 붙어 있는 밭이 다른 사람의 것이라는 걸 알았을 것입니다. 결국, O씨는 660㎡가 아닌 440㎡를 2억 원에 매수한 것입니다.

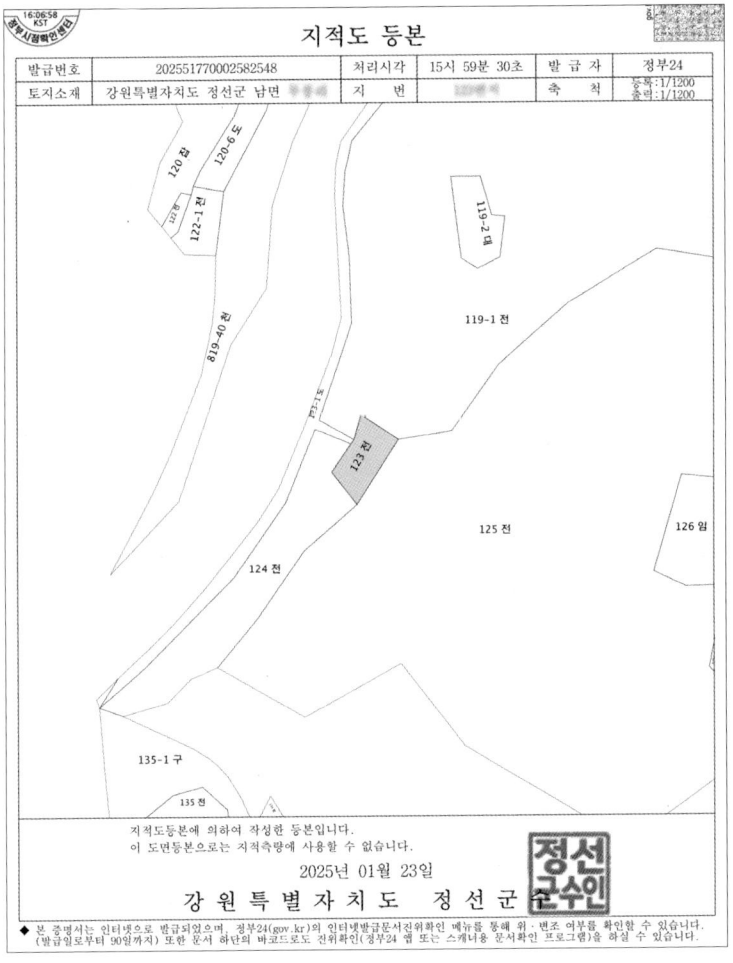

지적도 그림 속에서 잘 찾아봐야 하는 것

토지는 건물을 건축할 수 있는 토지와 그렇지 못한 토지로 나눌 수 있습니다. 그런데 그들 둘의 가치는 하늘과 땅만큼 차이가 납니다. 어떤 토지의 가치가 더 높은지는 굳이 설명하지 않아도 아시겠죠? 그러므로 토지 거래를 할 때는 [그림]에서처럼 토지의 모양이 네모반듯하게 생겼는지, 토지에 도로가 붙어 있는지 등을 지적도를 통해 꼼꼼하게 살펴봐야 합니다.

토지의 정확한 위치와 정보는 이렇게 찾아요!

관심 있는 토지를 답사하려고 막상 현장에 가보면 해당 토지를 찾기가 쉽지 않습니다. 그러므로 그럴 때는 토지 주변에 있는 공인중개사 사무소를 방문하여 현지 공인중개사의 도움을 받는 것이 좋습니다. 그리고 해당 토지에 대한 좀 더 깊은 내막이나 이력을 알고 싶다면 마을 어르신이나 동네 토박이에게 물어보는 재치도 필요합니다.

토막상식

지적도 확인 시 주의 사항

토지의 정확한 경계를 확인하고, 인접 토지와의 경계가 명확한지 살펴봐야 합니다. 토지의 모양과 지형을 파악하여 실제 이용 가능성을 판단해야 합니다. 실제 토지 이용 현황과 지목이 일치하는지 확인해야 하며 불법 용도변경 여부도 확인해야 합니다. 해당 토지가 도로와 접해 있는지, 진입로가 확보되어 있는지도 살피고, 등기사항전부증명서, 토지대장 등 다른 공부와 정보가 일치하는지 확인해야 합니다.

013 부동산 필수 서류 5
토지이용계획확인서

토지이용계획확인서에는 토지의 지목, 면적, 개별공시지가, 지역·지구 등 지정 여부, 지역·지구 등에서의 행위 제한 사항 등 토지를 이용 관련 다양한 정보를 확인할 수 있습니다. 그러므로 토지 거래할 때는 '토지이용계획확인서'를 발급받아 내용을 꼼꼼하게 확인해야 합니다.

나중에 큰 낭패를 볼 수 있다!

대한민국은 아무리 개인의 토지라도 토지 이용에 많은 제한이 있습니다. 그러므로 토지이용계획확인서를 발급받아 해당 토지를 원하는 목적대로 이용할 수 있는지 반드시 확인해야 합니다. 그렇지 않으면 나중에 큰 낭패를 볼 수 있습니다.

제출은 종이, 정확한 확인은 '토지이음'!

'토지이용계획확인서'의 발급(열람)받는 방법에는 여러 가지가 있습니다. 첫 번째로는 동 행정복지센터에 방문하여 FAX 민원을 신청하는 방법입니다. 두 번째로는 정부24(www.gov.kr)의 '자주찾는 검색'을 통해 '토지이용계획확인서'를 발급받는 방법입니다. 그리고 세 번째로는 '토지이음(www.eum.go.kr)을 통해 '토지이용계획확인서'를 열람하는 방법입니다.

그런데 동 행정복지센터나 정부24를 통해 종이로 발급받은 '토지이용계획확인서'로는 행위 제한 사항 등 토지 이용 관련 정보를 정확하게 이해할 수 없습니다. 그러므로 '토지이음'을 이용하는 것이 좋습니다.

토지 정보의 보고, 토지이음

토지이용계획, 도시계획, 규제안내서 등 토지에 관한 다양한 정보를 확인할 수 있는 '토지이음'에 대해 자세하게 살펴보도록 하겠습니다.

주소 검색

궁금한 토지의 주소를 입력한 후 '열람'을 클릭합니다. 만약에 주소를 입력했음에도 검색되지 않는다면 지번 입력 시 ❶ '일반'이 아닌 '산'을 선택해 봅니다. 토지의 지목이 '임야'일 수 있습니다. 그리고 확인하고 싶은 토지의 위치를 알고 있다면 ❷ '주소 지도로 찾기'를 이용해 보세요.

지정 현황

1. **소재지** : 확인하고 싶은 토지의 주소가 맞는지 확인합니다.
2. **지목** : 확인하고 싶은 토지의 지목을 확인할 수 있습니다. 자신이 원하는 지목인지 확인해 봅니다.

❸ **면적** : 확인하고 싶은 토지의 면적을 확인할 수 있습니다. 자신이 원하는 면적인지 확인해 봅니다.

❹ **개별공시지가** : 확인하고 싶은 토지의 공시가격을 확인할 수 있습니다. 개별공시지가란 실제 부동산 시장에서 거래되는 가격이 아닌 정부에서 정한 가격으로, 재산세나 종합부동산세의 기준이 되니 확인해야 합니다.

❺ **지역·지구 등 지정 여부** : 확인하고 싶은 토지에 어떠한 '지역·지구 등'이 지정되어 있는지를 확인할 수 있습니다. '지역·지구 등'이란 토지를 개발하거나 이용하거나 보전하는 것 등을 제한하기 위하여 지역, 지구, 구역, 권역, 단지, 도시·군 계획시설 등의 이름으로 지정한 일정 구획을 말합니다. 「국토의 계획 및 이용에 관한 법률」에 따른 것이든 다른 법령 등에 따른 것이든 대부분 토지 이용에 제한을 가하는 내용입니다. 그러므로 이해가 잘 가지 않더라도 잘 기억해야 합니다.

❻ **「토지이용규제 기본법 시행령」 제9조 제4항 각호에 해당되는 사항** : 해당 토지에 토지거래허가구역(토지 거래 시 토지 소재지 시장·군수·구청장에게 사전 허가를 받아야 하는 지역), 영농여건불리농지(평균 경사율이 15% 이상으로 생산성이 낮은 농업진흥지역 밖의 농지), 중점경관관리구역(중점적으로 경관을 보전, 관리 및 형성해야 할 필요가 있는 지역) 등의 지정 여부를 확인할 수 있습니다. 토지의 가치를 결정짓는 요소인 만큼 잘 기억해 둬야 합니다.

❼ **확인도면** : 토지의 위치와 모양과 경계 확인은 물론 지역·지구 등을 다양한 색의 그림으로 구분 지어 볼 수 있습니다. 도면 오른쪽 위의 사각형 돋보기나 그림 하단의 오른쪽 '도면크게보기'를 이용하여 그림을 크게 볼 수도 있습니다.

지역·지구 등 안에서의 행위 제한 내용

지역·지구 등 안에서의 행위제한내용	행위제한내용 설명
제2종일반주거지역 국토의 계획 및 이용에 관한 법률 제56조(개발행위의 허가) 국토의 계획 및 이용에 관한 법률 제78조(용도지역에서의 용적률) 국토의 계획 및 이용에 관한 법률 제83조(도시지역에서의 다른 법률의 적용 배제)	새창보기

해당 토지에 지정된 지역·지구 등에서는 어떠한 행위를 제한하는지, 그리고 그 근거 법령은 무엇인지를 확인할 수 있습니다. 특히, 오른쪽 위의 '상세 보기'를 클릭하면 행위 제한 내용에 대해 더욱 자세하게 알 수 있습니다.

행위 제한 내용 설명 : 행위 가능 여부

확인하고 싶은 토지를 어떻게 이용하겠다거나 어떠한 건축물을 건축하겠다고 검색 창에 입력하면 그 가능 여부를 바로 확인할 수 있습니다. 그러나 여기에서 이용할 수 있다고 했더라도 정확한 가능 여부는 반드시 관할 시·군·구청 담당 공무원에게 확인해야 합니다.

참고로 검색 결과에서 'O'는 가능하다는 뜻이고, '△'는 일정한 조건을 충족했을 때 가능하다는 뜻입니다.

행위 제한 내용 설명 : 건폐율·용적률

확인하고 싶은 토지에 얼마나 넓게, 얼마나 높게 건축물을 건축할 수 있는지를 확인할 수 있습니다. 건폐율이란, 대지면적 대비 건물 바닥면적의 비율을 말합니다. 용적률이란 대지면적 대비 건물 연면적(건물의 층별 바닥면적을 모두 합친 것)의 비율을 말합니다. 용적률이 높을수록 대지에 더 높은 건물을 건축할 수 있습니다. 건축물의 층수는 '용적률 ÷ 건폐율'로, 건폐율이 줄어들면 층수는 반대로 높아집니다.

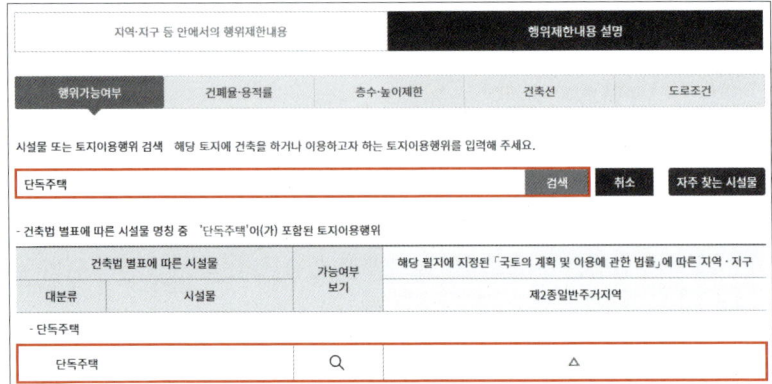

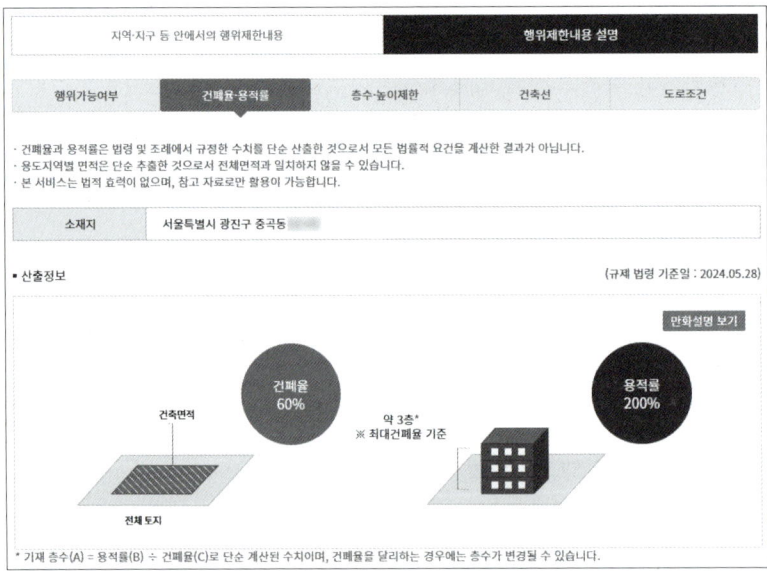

행위 제한 내용 설명 : 층수·높이 제한

해당 토지에 몇 층까지 얼마나 높게 건축물을 건축할 수 있는지를 확인할 수 있습니다. '건폐율·용적률'에서 계산된 만큼이 아닌 '시·군 도시계획 조례'나 '시·군 건축조례'에서 정한 층수와 높이까지만 건축할 수 있습니다. 그러므로 건축할 수 있는 정확한 건축물의 층수와 높이는 반드시 관할 시·군·구청 담당 공무원에게 확인해야 합니다.

용도지역	제한규정	조건
제2종일반주거지역 (조례)	5층 이하의 건축물이 밀집한 지역으로서 스카이라인의 급격한 변화로 인한 도시경관의 훼손을 방지하기 위하여 시 도시계획위원회의 심의를 거쳐 시장이 지정·고시한 구역 안에서의 건축물의 층수는 7층 이하로 한다	다음 각 목의 어느 하나에 해당하는 경우에는 시도시계획위원회, 시공동위원회, 시도시재정비위원회, 시도시재생위원회 또는 시시장정비사업 심의위원회 등 시도시계획 관련 위원회의 심의를 거쳐 그 층수를 완화할 수 있다 가. 「전통시장 및 상점가 육성을 위한 특별법」 제37조에 따른 시장정비사업 추진계획 승인대상 전통시장에서는 15층 이하 나. 균형발전особ구·산업개발진흥지구 또는 「재난 및 안전관리기본법」 제27조에 따른 특정관리대상시설중 「건축법 시행령」 별표 1 제2호가목에 따른 아파트(이하 "특정관리대상 아파트"라 한다)에서는 10층 이하 다. 「건축법 시행령」 별표 1 제2호가목에 따른 아파트를 건축하는 경우에는 평균층수 13층 이하

행위 제한 내용 설명 : 건축선과 도로 조건

토지에 건물을 건축할 때 건축선(건축물을 건축할 수 있는 도로와 대지의 경계선)은 이디로 정해야 하는지, 대지가 도로에 몇 m 이상 접해야 하는지, 대지와 접한 도로의 폭은 몇 m 이상이어야 하는지 등에 관한 내용입니다. 만약에 건축에 관심이 있다면 참고할 만한 내용입니다.

앞서 언급한 내용들 이외에도 '토지이음'에서는 다양한 정보를 확인할 수 있습니다. 그러므로 '토지이음'을 자주 이용해 보세요.

> **토막상식**
>
> **토지이용계획확인서 주의 사항**
>
> 해당 토지의 용도지역과 용도지구를 정확히 파악해야 합니다. 이를 통해 토지의 개발 가능성과 법적 규제를 평가해 봐야 합니다. 해당 토지에 건축할 수 있는 건축물의 크기와 밀도를 파악해야 합니다. 개발제한구역, 농업진흥구역 등 특별한 규제가 적용되는지 확인해야 합니다.

014 부동산 정보의 모든 것, 중개대상물 확인·설명서

부동산을 거래하다 보면 수많은 사건·사고가 발생합니다. 사건·사고를 예방하고 싶다면 부동산 거래계약서 작성 시 중개대상물 확인·설명서를 철저하게 작성합니다.

중개대상물 확인·설명서 작성 시 함께 해야 할 일

개업공인중개사는 중개대상물에 관한 사항이 담긴 중개대상물 확인·설명서 3부를 작성하여 자필서명하고 날인한 다음 중개 의뢰인 각자에게 1부씩 주고, 1부는 자신의 사무실에 3년 동안 잘 보존해야 합니다. 공인중개사 사무소의 직원인 소속 공인중개사가 중개했다면 그 소속 공인중개사도 중개대상물 확인·설명서에 자필서명하고 날인해야 합니다.

개업공인중개사가 중개 의뢰인에게 중개대상물을 설명할 때는 해당 부동산의 등기권리증, 등기사항전부증명서, 건축물대장, 토지대장, 지적도(임야도), 토지이용계획확인서 등과 같은 근거자료를 제시해야 합니다. 반드시 개업공인중개사는 중개대상물을 확인하고 이를 해당 중개대상물에 관한 권리를 취득하고자 하는 중개의뢰인에게 성실·정확하게 설명해야 합니다

(「공인중개사법 제25조」).

개업공인중개사의 자료 요구에 협조해야

개업공인중개사는 필요한 경우 중개대상물의 매도 의뢰인·임대 의뢰인에게 해당 중개대상물의 상태에 관한 자료를 요구할 수 있습니다. 신분을 확인할 수 있는 주민등록증 등도 요구할 수 있습니다. 만약에 개업공인중개사의 요구에도 불구하고 매도 의뢰인·임대 의뢰인이 제출을 거부하면 개업공인중개사는 그 거부 사실을 중개대상물 확인·설명서에 기재해야 합니다(「공인중개사법 제25조, 공인중개사법 제25조의2」).

임대차 중개 시 개업공인중개사의 설명 의무

개업공인중개사는 주택의 임대차계약을 체결하려는 중개 의뢰인(임차인이 되려는 사람)에게 동 행정복지센터(상가는 세무서)에 확정일자 부여일, 차임 및 보증금 등의 정보제공을 요청할 수 있다는 사실과, 세무서에 임대인이 납부하지 아니한 국세 및 지방세의 열람을 신청할 수 있다는 사실을 설명해야 합니다(「공인중개사법 제25조의3」).

중개대상물 확인·설명이 잘못됐다면?

개업공인중개사가 중개대상물 확인·설명서에 자신의 이름은 기재했으나 도장을 찍지 않았다거나 중개대상물 확인·설명서를 중개 의뢰인에게 주지 않았다거나 사무실에 3년 동안 보관하지 않았다면 6개월의 범위 안에서 업무정지를 받을 수 있습니다(공인중개사법 제39조 ①항 6호, 7호).

소속 공인중개사가 중개대상물 확인·설명서에 자필서명은 했으나 날인하지 않았다면 6개월의 범위 안에서 자격정지를 받을 수 있습니다. 그리고 중개대상물 확인·설명서를 성실·정확하게 확인·설명을 하지 않았거나 설명의 근거자료를 제시하지 않았으면 6개월의 범위 안에서 자격정지와 함께 500만 원 이하의 과태료를 납부할 수 있습니다(공인중개사법 제36조 ①항 3호, 4호, 공인중개사법 제51조 ②항 1의6호).

중개대상물 확인·설명서를 잘 작성해야 하는 이유

공인중개사 사무소를 점검할 때 주로 확인하는 사항 중 하나가 중개대상물 확인·설명서를 제대로 작성·보관하고 있는지입니다. 그러므로 개업공인중개사는 중개대상물 확인·설명서를 반드시 성실·정확하게 설명하고 작성해야 합니다.

중개대상물 확인·설명서의 작성 의무가 개업공인중개사에게 있으니 중개대상물 확인·설명이 잘못되면 개업공인중개사만 손해를 보는 것으로 생각하기 쉽습니다. 그러나 중개대상물 확인·설명이 잘못되면 중개 사고로 이어져 결국 중개 의뢰인도 손해를 보게 됩니다. 그러므로 부동산 거래 시 개업공인중개사나 중개 의뢰인 모두 중개대상물 확인·설명서를 성실·정확하게 작성해야 합니다. 공인중개사의 중개대상물에 관한 확인 소홀로 중개 사고가 발생한 사건에서 법원은 중개 의뢰인의 책임을 20%로, 개업공인중개사와 한국공인중개사협회의 책임은 각각 40%로 판결(대구지방법원 2014. 12.

12. 선고 2014가단20483 판결)하였습니다. 이 판례에서 눈여겨볼 점은 중개 의뢰인에게도 20%의 중개 사고 책임을 물었다는 점입니다.

토막상식

임차한 주택의 건물주와 토지주가 다르다면?

임차할 주택을 구하러 다니다 보면 해당 주택의 건물주와 토지주가 서로 다를 때가 있습니다. 이는 주택을 건축할 당시부터 건물주와 토지주가 달랐거나 아니면 건축할 당시에는 건물주와 토지주가 같다가 나중에 달라졌기 때문입니다. 이유야 어찌 되었든 이러한 주택을 임차할 때는 계약서의 임대인란에 건물주의 서명과 도장을 받아야 주택임대차보호법의 적용을 받을 수 있습니다. 주택임대차보호법은 이름에서처럼 '주택'을 임차한 임차인을 보호하기 위한 법입니다.

015 온라인에서 매물 검색 고수 되기

어느 곳에서든 자신이 원하는 부동산을 검색하고 싶다면 스마트폰에서 관련 앱을 내려받으면 됩니다. 대한민국에는 매물, 분양, 뉴스, 부동산금융 등 다양한 정보를 편리하게 살펴볼 수 있는 다방, 직방, 호갱노노, KB부동산 등과 같은 훌륭한 부동산 앱(App)이 많습니다. 이번 장에서는 대표적으로 '네이버부동산'에 대해서 살펴보도록 하겠습니다.

네이버부동산

네이버부동산(land.naver.com) 앱에서는 임대인에게 직접 확인한 '확인매물'을 검색할 수 있습니다. 네이버부동산 앱에는 어떤 편리한 기능들이 있는지 살펴볼까요?

❶ 네이버페이 앱을 터치하면 네이버부동산 앱에 자동으로 접속됩니다. 네이버부동산 앱 첫 화면 상단의 ❷ 검색창을 터치하면 자신이 원하는 매물을 쉽고 편리하게 찾을 수 있는 ❸ 새로운 검색창으로 이동합니다.

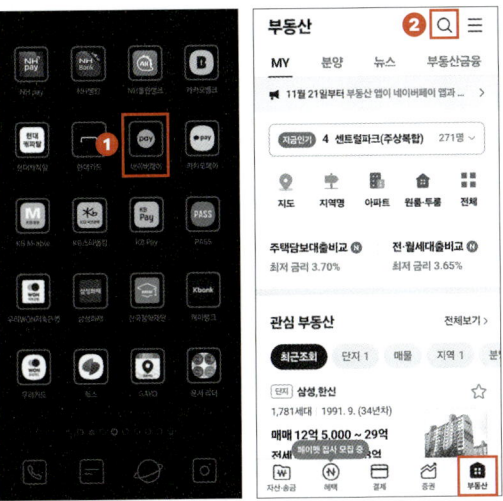

이 검색창에 자신이 원하는 조건을 입력하고 검색 버튼을 터치합니다
(예. "서현역 근처 남향 아파트 4억 이하").

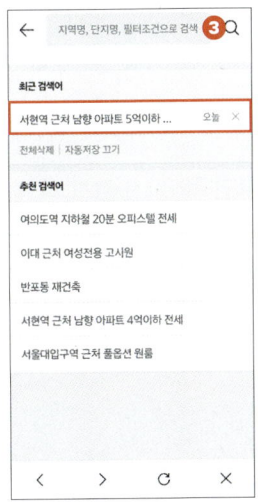

원하는 ❹ 단지를 터치하고 단지 내 여러 매물 중에서 ❺ 5억 원 이하 매물을 선택했습니다. 선택한 ❻ 매물에 거주했을 때 초등학생 자녀가 어느 학교로 배정되는지 궁금하다면 먼저 선택한 매물을 터치합니다. 그리고 스마트폰 화면을 아래로 스크롤 하면 초등학생 자녀가 다닐 초등학교에 대한 자세한 정보를 확인할 수 있습니다.

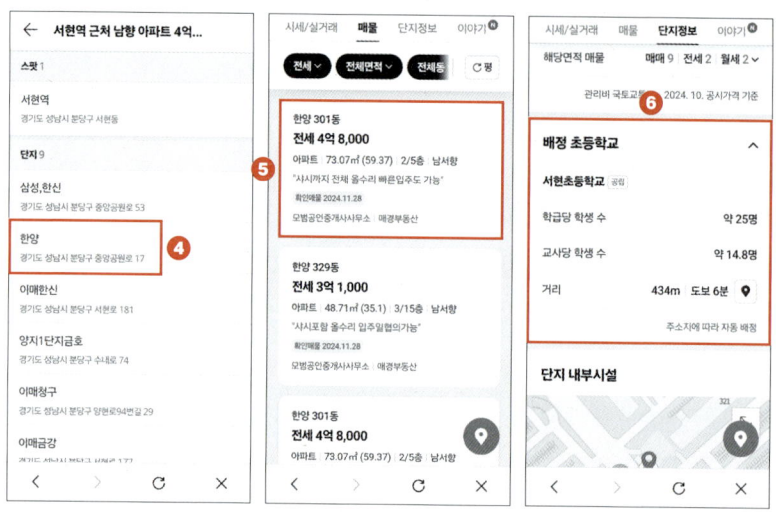

매물 주변에 필요한 편의시설이 있는지 궁금하다면 ❼ '단지 정보'의 지도를 터치합니다. 그러면 화면 아래에 편의시설 아이콘이 보이는데, 확인하고 싶은 편의시설의 ❽ 아이콘을 선택합니다. 그러면 선택한 편의시설의 ❾ 위치를 지도에서 확인할 수 있습니다.

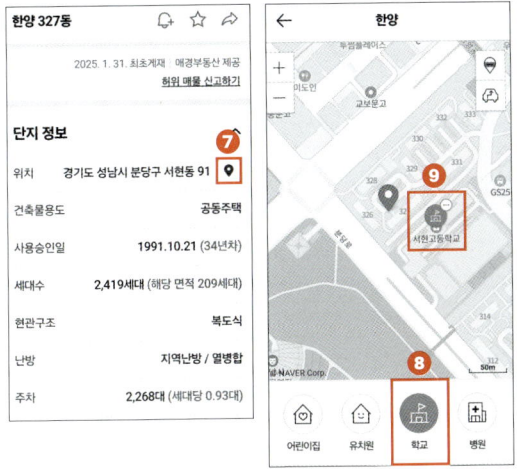

　거주하고 싶은 지역과 단지, 매물을 발견했다면 매물지도 상단의 오른쪽 ⑩ 'MY'를 클릭합니다. 그리고 ⑪ 단지, ⑫ 매물, ⑬ 지역을 등록합니다. 이렇게 하면 관심단지, 관심매물, 관심지역 정보를 간편하게 확인할 수 있습니다. 또한 원하는 조건의 매물을 매번 하나하나 찾는 것이 번거롭다면 ⑭ '알림 설정' 기능을 활용해 보세요. 네이버페이 앱으로 푸시 알림을 받을 수 있습니다.

전세보증금 반환이 걱정된다면 주택도시보증공사(HUG)의 '전세금 반환 보증'에 가입합니다. 네이버부동산 상단 오른쪽 ❺ 부동산금융에서 ❻ 전세보증을 선택합니다. 네이버부동산을 통해 예상 보증 금액을 확인하고, 필요한 서류를 모바일로 촬영하여 제출합니다.

온라인에서 매물 검색할 때 주의할 점

자신의 필요와 예산에 맞는 구체적인 검색 조건을 설정해야 합니다. 지역, 가격, 면적, 방수 등 중요한 조건을 명확히 합니다. 허위 매물이나 사기 위험이 낮은 신뢰할 수 있는 플랫폼을 선택합니다. 시세보다 현저히 낮은 가격의 매물은 의심해 봐야 합니다. 매물의 정확한 위치, 면적, 층수, 방향 등 세부 정보를 꼼꼼히 확인해야 합니다. 매물 정보가 최신인지 확인하고, 오래된 정보는 신뢰하지 않습니다. 주변 편의시설, 교통, 학군 등을 온라인 지도나 로드뷰를 통해 사전에 확인해야 합니다. 해당 지역의 실제 거래 가격을 조사하여 매물 가격의 적정성을 판단해야 합니다. 재개발·재건축 계획, 용도 제한 등 법적 사항을 확인해야 합니다. 부동산 커뮤니티나 카페에서 실제 거래 경험담과 정보를 수집합니다.

MEMO

첫째 마당

똑소리 나는 현명한 세입자 되기

Common Sense Dictionary
of Real Estate

016 한눈에 파악되는 전월세 구하기 절차

입학, 취업, 결혼 등으로 거주할 주택을 마련해야 한다면 사람들은 바로 주택을 매수하기보다 전월세를 먼저 살아보는 경우가 많습니다. 전세와 월세 구하는 절차는 다음과 같습니다.

step 1 마련할 수 있는 자금 확인하기
- 자신이 가지고 있는 자금이 얼마인지 확인
- 전월세보증금·월세 대출 등이 가능한지와 한도 확인
- 전세 또는 월세 선택

step 2 거주할 지역과 주택의 종류 결정하기
- 직장(학교)과 가깝고, 주변 환경이 쾌적하며 치안이 좋은 곳
- 자신의 생활방식에 맞는 면적과 구조를 갖춘 주택
- 공공에서 공급하는 임대주택 확인(마이홈)

step 3 인터넷을 통해 시세 및 주택 검색하기
- 네이버페이 부동산, 다방, 직방, 한방, 호갱노노, KB부동산 등 공인된 부동산 정보서비스 앱(App) 이용

step 4 공인중개사 사무소 방문하여 주택 구경하기
- 체크리스트 활용하기, 관리비까지 꼼꼼하게 확인
- 바로 계약은 금물, 구경한 주택 서로 비교한 다음 결정
- 서울시의 '1인가구 전월세 안심계약 도움서비스' 활용

step 5 임대인 및 공부서류 확인 후 계약하기

- 주민등록증, 운전면허증으로 임대인 확인
- 공부서류 상의 내용이 서로 일치하는지 확인
- 경매 가능성, 선순위 임차인, 채권최고액, 미납세금 등 확인
- 전월세 신고(부동산 거래관리시스템, 동 행정복지센터)

step 6 잔금 치르고 이사하기

- 등기사항전부증명서상 임대인(소유자)에게 계좌이체
- 전세보증금 반환 보증보험 가입
- 전입신고(정부24, 동 행정복지센터)
- 이사업체 홈페이지 하단에서 '화물운송주선 허가번호' 확인
- 손 없는 날 등 피해서 이사하기, 못 쓰는 이삿짐 미리 버리기

step 7 거주하기

- 월세, 관리비, 공과금 등은 자동이체 신청
- 월세 세액공제 받기
- 임대차계약서 분실 시 '임대차 정보제공 요청서' 이용

step 8 계약 연장하기

- 재계약 후 임차인 중도 계약 해지 시 중개수수료 부담
- 묵시적갱신 후 임차인 중도 계약 해지 시 중개수수료 부담 없음
- 계약갱신청구권 1회, 2년 더 임대인에게 연장 요구 가능

step 9 이사 나가기

- 임대인에게 최소 2개월 전에 이사 의사 통보
- 보증금 반환 못 받을 땐 '임차권등기명령', '보증금반환소송'
- 이삿날과 잔금일이 안 맞을 땐 '이사시기불일치 보증금대출'
- 장기수선충당금 챙기기

각 절차에 해당하는 내용은 이후의 장들에서 설명하겠습니다. 위의 절차도를 보며 주택 구하는 순서에 대해 감을 잡은 후 이후의 내용을 보면 이해가 쉽습니다.

017 월세와 전세, 무엇이 더 나을까?

국토교통부에 따르면 2022년 기준 전세가구는 48.1%, 월세가구는 51.9%로 월세로 거주하는 가구의 수가 약간 많았는데, 최근에는 월세로 전환하는 가구가 확연히 늘고 있습니다. 1~2인 가구가 증가하고 금리가 상승할수록 월세가구는 더 늘어날 것으로 보입니다. 그렇다면 임차인에겐 전세와 월세 중 어떤 게 더 유리할까요?

전월세의 장단점

전세는 보증금과 관리비 외에 추가로 지출되는 돈이 없고 계약기간이 끝나면 목돈인 보증금을 돌려받을 수 있는 장점이 있습니다. 그러나 보증금으로 목돈이 필요하다는 점, 선택할 수 있는 매물이 적으며 깡통전세 부담이 있다는 단점도 있습니다.

월세는 보증금 부담이 적고 단기간 거주하기에 편리하다는 장점이 있습니다. 그러나 시중은행 금리보다 높은 이율(연 12% 또는 18%)의 임대료를 부담해야 하고 일부 오피스텔에서는 관리비 부담까지 클 수 있다는 단점이 있습니다.

오피스텔은 부가가치세 10%도 부담

오피스텔은 월세의 10%에 해당하는 부가가치세도 부담해야 합니다. 따라서 오피스텔 임대차계약을 할 때는 월세에 부가가치세가 포함되는지 별도인지를 반드시 확인해야 합니다.

그리고 관리비는 한 달에 적게는 5만 원 많게는 30만 원 이상으로 차이가 큽니다. 간혹 임대인이 임차인을 쉽게 구하기 위해 월세를 저렴하게 내놓는 대신 부족한 금액을 관리비 명목으로 요구하기도 합니다. 그러므로 계약 전에 관리비가 얼마인지도 꼼꼼하게 확인해야 합니다.

월세 금액을 정할 때 1부, 1.5부가 뭘까?

'월세가 1부'라고 할 때의 '부'는 할·푼·리에서 푼의 잘못된 표현으로, 이를 백분율로 나타내면 1%입니다. 즉, 월 1% 이율로 월세를 받는다는 의미입니다. 이것을 식으로 나타내면 다음과 같습니다.

> (전세보증금-월세보증금) × (1% 또는 1.5%) = 월세 금액

> **예시** 전세보증금이 3억 원인 주택을 임차보증금 5천만 원에 나머지 2억 5천만 원은 월세로 받는다면? (시장 전월세전환율 적용)
> · **1부**: 2억 5천만 원 × 1% = 250만 원
> · **1.5부**: 2억 5천만 원 × 1.5% = 375만 원

참고로 주택임대차보호법에서 정한 '전월세전환율'은 전세보증금의 연

10%나 '기준금리+연 2%' 중에서 낮은 비율을 곱하여 월세로 전환합니다(「주택임대차보호법 제7조의2」). 이것을 식으로 나타내면 다음과 같습니다.

{(전세보증금-월세보증금) × (연 10% 또는 기준금리+연 2%)}/12 = 월세 금액

예시 전세보증금이 3억 원인 주택을 임차보증금 5천만 원에 나머지 2억 5천만 원은 월세로 받는다면? (주택임대차보호법 적용 시)
- **기준금리+연 2%**: {2억 5천만 원 × 연 5.5%(연 3.5%+연 2%)}/12
  = 114만 6천 원
- **연 10%**: (2억 5천만 원 × 연 10%)/12
  = 210만 원

연 5.5%가 연 10%보다 낮은 비율이므로 주택임대차보호법상 전월세 전환율에 따른 월세는 114만 6천 원입니다. 부동산 시장에서 적용하는 1부(250만 원), 1.5부(375만 원)와는 큰 차이가 나니 계산법을 꼭 알아두세요.

정확한 임대료 인상률은?

주택임대차보호법이나 상가건물임대차보호법에 따르면 임차보증금이나 월세가 임차한 주택에 관한 조세, 공과금, 그 밖의 경제 사정 등으로 인하여 적절하지 아니할 때는 인상할 수 있습니다. 단, 증액 청구는 약정한 임차보증금이나 월세의 5%를 넘을 수 없습니다(「주택임대차보호법 제7조」, 「상가건물임대차보호법 시행령 제4조」).

그러나 실제로는 세제 혜택을 받아야 하는 등록임대주택은 5% 상한선

을 지키지만 그렇지 않은 일반 임대주택은 5%를 훨씬 넘게 임차보증금이나 월세를 인상하고 있습니다.

전세와 월세 중 임차인에게 유리한 것은?

일반적으로 임차인에겐 월세보다 전세가 경제적으로 유리합니다. 임차인이 전세보증금이 부족하여 전세자금대출을 받는다 하더라도 대출이자가 월세보다 많지 않으면 월세보다 전세가 유리합니다. 특히, 고물가 시대엔 월세보단 전세가 주거비를 낮출 수 있습니다.

전월셋집에 생긴 하자, 수리 비용은 누구 부담?

일반적으로 난방, 상하수도, 전기 시설 등 주요 설비의 노후·불량으로 인한 수선은 임대인이 부담합니다. 그러나 임차인의 고의·과실에 기한 파손, 샤워 헤드, 전구 등 간단한 수선이나 소모품 교체 비용은 임차인이 부담합니다.

만약 수리해야 하는 일이 발생하면 이렇게 하세요. 첫 번째, 모바일을 이용해 수리가 필요한 부분을 사진이나 동영상으로 찍어서 임대인에게 전송합니다. 그리고 수리를 요구합니다. 임대인에게 알리지 않고 임차인 마음대로 수리하게 되면 수리 비용을 임대인에게 청구할 수 없을 뿐만 아니라 더 나아가 원상회복을 해야 할 수도 있습니다. 두 번째, 임대인이 수리를 허락하면 수리공을 불러 수리합니다. 그리고 반드시 영수증을 받아놓습니다. 영수증이 없으면 임대인이 정확한 수리 비용을 알 수 없고 이는 분쟁의 소지가 될 수 있습니다. 세 번째, 수리공으로부터 받아놓은 영수증을 모바일로 촬영하여 임대인에게 보냅니다. 그리고 수리 비용을 청구합니다. 임대차계약이 종료되었더라도 6개월 이내까지 청구할 수 있습니다.

토막상식

분양받은 공동주택에 하자가 발생했다면?

국토교통부에서 관리하는 하자관리정보 시스템(www.adc.go.kr)의 '하자심사·분쟁조정위원회'에 분쟁 해결을 신청해 보세요. 소송 없이 신속하게 분쟁을 해결할 수 있습니다.

018 근린생활시설 괜찮을까?

전세나 월세를 구하러 다니다 보면 단독주택, 다가구주택, 연립주택, 아파트, 오피스텔 등 다양한 종류의 건물을 구경할 수 있습니다. 그중에는 일명 '근생주택'이라고 하는 건물도 있습니다. '근생주택'은 근린생활시설(주택지 인근에 있는 편의점, 미용실, 세탁소, 약국, 식당 등 일상생활에 필요한 상업용 시설)을 주택으로 개조한 건축물을 말합니다. 그럼 근생주택을 임차해도 괜찮을까요?

근린생활시설을 왜 주택으로 개조할까?

근린생활시설은 주택보다 건물을 더 높게 건축할 수 있으면서 주차 공간은 더 적게 확보해도 된다는 장점이 있습니다. 그러나 취사 시설이나 바닥난방 등을 설치할 수 없다는 단점도 있습니다. 그런데 이런 근린생활시설에 취사 시설이나 바닥난방 등을 설치해 주택으로 개조한 뒤 주거용으로 세를 놓으면 수익률을 높일 수 있습니다. 그리고 이러한 점이 바로 근린생활시설을 무단으로 개조하는 이유입니다.

전입신고와 확정일자 가능한가?

근린생활시설이라도 실제로 주거용으로 사용하면 전입신고를 하고 확정일자를 받을 수 있습니다(「주택임대차보호법 제2조」).

주택임대차보호법 적용

단독주택, 다세대주택, 연립주택, 아파트 등 소유권보존등기가 된 건축물의 임차인은 주택임대차보호법 적용을 받을 수 있습니다. 그리고 소유권보존등기가 아직 안 된 미등기 건축물, 사용승인을 받지 못한 건축물, 허가받지 않고 건축한 무허가 건축물, 임대인이 주거용으로 개조한 용도변경 건축물, 주거용 일부를 점포로 개조한 주택의 임차인도 주택임대차보호법 적용을 받을 수 있습니다.

그러나 보증금이나 월세를 내지 않은 무료 사용 건축물, 여관·호텔·민박처럼 일시적으로 사용하는 건축물, 비주거용 일부를 주거용으로 개조한 건축물의 임차인은 주택임대차보호법 적용을 받을 수 없습니다.

근린생활시설을 주택으로 개조한 근생주택은 임대인이 주거용으로 개조한 용도변경 건축물에 해당하므로 주택임대차보호법 적용을 받을 수 있습니다.

전세자금 대출, 전세보증금반환보증 가입

전세자금 대출은 건축물관리대장상의 용도가 '주택' 또는 '공동주택'으로 표시된 건축물로 단독주택, 다가구주택, 다세대주택, 연립주택, 아파트,

노인복지주택과 주거용 오피스텔(건축물관리대장상에 오피스텔로 등재되어 있고, 주거용으로 임대차계약을 체결할 수 있으며, 주민등록 전입신고가 가능한 것)만 가능합니다.

또한, 전세보증금반환보증 가입도 건축물관리대장상의 용도가 '주택' 또는 '공동주택'으로 표시된 건축물과 주거용 오피스텔(전세 계약서 또는 중개대상물 확인·설명서에 주거용 표기가 있는 것)만 가능합니다. 공관, 가정어린이집, 공동생활가정, 지역아동센터, 근린생활시설 등은 전세보증금반환보증 대상이 아닙니다. 그러므로 근생주택은 전세자금 대출이나 전세보증금반환보증 가입이 불가능합니다.

월세 세액공제

정부에서는 월세 임차인들의 경제적 부담을 조금이나마 덜어주기 위해 임대인에게 지급한 월세를 세액공제 해주고 있습니다. 총급여액이 연간 8,000만 원 이하(종합소득세 기준 7,000만 원 이하)로, 근로소득이 있는 무주택 세대주 또는 세대원이어야 합니다. 그리고 전용면적 85㎡ 이하 또는 기준시가 4억 원 이하인 아파트, 단독주택, 다세대주택, 다가구주택, 주거용 오피스텔, 고시원에 거주해야 합니다. 그러므로 근생주택의 임차인은 월세 세액공제를 받을 수 없습니다.

중개수수료

주택 임대차 중개수수료율은 거래금액에 따라 0.3~0.6%입니다. 그러나 근린생활시설은 상가이므로 0.9% 이내에서 조율해야 하는데 대부분 개업공인중개사는 0.9%를 요구합니다. 근생주택의 중개수수료는 주택의 중개수수료에 비해 비쌉니다.

근린생활시설을 임차하면 안 되는 이유

　근린생활시설은 전세자금 대출을 받을 수 없습니다. 그러므로 임차인이 근생주택을 임차하려면 전세보증금 전부를 자신이 부담해야 합니다. 그리고 이것은 후임 임차인에게도 적용되므로 새로운 임차인을 구하기 어렵습니다. 그래서 선임 임차인은 임대차 기간이 만료되어도 제때 이사 나가지 못할 수 있습니다.

　허가를 받지 않고 근린생활시설을 주택으로 개조한 근생주택은 엄연한 불법이므로 단속에 걸리게 되면 원상회복을 해야 합니다, 이런 경우 임차인은 거주하던 근생주택에서 나가야 합니다. 그러므로 어쩔 수 없이 근생주택을 임차해야 한다면 이때는 임대차계약 시 특약사항 란에 "임차목적물의 불법용도 변경으로 인한 원상회복 명령을 받고, 이에 따라 임차인에게 계약 만료 전 퇴거 등 불이익 발생한다면, 임대인은 임차인에게 즉시 보증금을 반환하고 이사비용과 중개수수료를 지급하기로 한다."라는 특약사항을 기재해야 합니다.

　공부서류 확인 결과 건축물대장상에 용도가 '근린생활시설 및 주택'으로 기재되어 있다면 가능하면 임대차계약을 체결하지 않는 것이 좋습니다.

토막상식

전월세전환율 적용 전세보증금이란?

주택도시보증공사는 월세 임차인의 전세보증 가입 시 전월세전환율을 적용합니다 (2024년 12월 30일 신규 신청 건부터). 전세는 수도권 7억 원 이하, 그 외 지역 5억 원 이하이면 전세보증에 가입할 수 있습니다. 그러나 월세는 '전월세전환율 적용 전세보증금'이 수도권 7억 원 이하, 그 외 지역 5억 원 이하여야 가입할 수 있습니다.
계산식은 '전월세전환율 적용 전세보증금 = 전세보증금 + [(월세×12) ÷ 전월세전환율]'입니다. 예를 들어 보증금 2억 원, 월세 300만 원인 임차인이라면 '전월세전환율 적용 전세보증금'은 8억 원입니다. 7억 원을 초과하므로 전세보증에 가입할 수 없습니다.
전월세전환율 적용 전세보증금 8억 원 = 보증금 2억 + [(월세 300만 원×12) ÷ 전월세전환율(기준금리 4%+2%)]

019 주거비용에 관한 자금계획을 세우자

임차할 주택을 구하기 전에 먼저 해야 할 일은 자신이 가지고 있는 자금이 얼마인지를 확인하는 것입니다. 그렇다면 전세나 월세의 주거비용에 관한 자금계획은 어떻게 세워야 할까요?

확실한 돈만 자금계획에 넣자

자신이 가지고 있는 자금이 얼마인지를 확인할 땐 채무자가 돌려주기로 한 돈이나 부모님이 빌려주기로 한 돈처럼 불확실한 자금은 자금계획에 포함하면 안 됩니다. 약속한 돈을 받지 못해 잔금을 내지 못하면 계약금을 임대인에게 몰수당하는 등 큰 낭패를 볼 수 있습니다.

부족한 자금은 대출로 충당하자

자신이 가지고 있는 자금이 부족하다면 전월세자금대출 상품을 알아봐야 합니다. 전월세자금대출 상품은 정부에서 설계한 상품과 시중은행에서 설계한 상품이 있고, 시중은행 상품은 1금융권과 2금융권 상품이 있습니다.

전월세자금대출 가능? 한도는?

정부 상품, 1금융권 상품, 2금융권 상품 간 대출 가능 여부, 대출 한도, 중도상환수수료, 이자, 대출 기간 등을 서로 비교해 보고 자신에게 가장 유리한 상품을 선택합니다. 전세자금대출에 대해 더 자세히 알고 싶다면 '024 나에게 맞는 전월세자금대출 알아보기'를 참조하세요.

전세 또는 월세 선택하기

1~2년 미만으로 단기간 세를 살 계획이고 보증금이 부담된다면 월세도 괜찮습니다. 그러나 2년 이상 장기간 세를 살 계획이고 목돈을 마련할 수 있다면 월세보단 전세가 낫습니다.

보증금만 준비하면 끝일까?

전월세 자금계획을 세울 때 꼭 넣어야 하는 항목이 있습니다. 바로 중개수수료 같은 경비입니다. 전월세 경험이 적은 임차인 중에는 간혹 이 비용을 생각하지 못해 돈이 부족하니 중개수수료를 조금만 깎아 달라고 개업공인중개사에게 사정하기도 합니다. 그러므로 이사, 입주청소, 에어컨 설치, 인터넷 설치, 도시가스 설치비용, 커튼·식탁·소파 같은 가구 구매 비용 등도 이사 시 자금계획에 포함해야 합니다.

전월세 임차 시 부대비용 체크리스트

	내역	비용		내역	비용
☐	대출이자	₩	☐	에어컨 설치비용	₩
☐	중개수수료	₩	☐	인터넷 설치비용	₩
☐	이사 비용	₩	☐	도시가스 설치비용	₩
☐	입주청소비	₩	☐		
☐	가구 구매 비용	₩	☐		
☐			☐		
☐			☐		
☐			☐		

토막상식

공과금도 별도 납부가 많다!

관리비와 별도로 가스나 수도 요금, 전기 요금 등을 임차인이 별도로 납부해야 할 수 있으니 관리비 항목을 꼼꼼히 따져봐야 합니다. 월세 이외에 추가로 지출되는 비용 항목에 어떤 것들이 있는지 꼭 확인해야 합니다.

020 역세권과 비역세권의 장단점과 선택 기준

매매든 전월세든 자신이 거주할 주택을 선택해야 합니다. 그렇다면 역세권이 좋을까요? 비역세권이 좋을까요? 여러분이라면 어디에 있는 주택을 선택하실 건가요?

역세권, 비역세권의 기준은?

'역세권'이란 지하철역 주변의 일정한 범위를 의미하는 용어로, 흔히 지하철역에서 도보로 10분 이내 거리를 말합니다. 그리고 '비역세권'이란 역세권의 반대되는 개념으로, 지하철역으로부터 도보로 10분 이상 걸리는 지역을 말합니다. 그리고 지하철역에서 도보로 5분 이내 거리는 초역세권이라 합니다.

역세권과 비역세권의 장단점

'지하철역과 가까워 지하철이나 버스 등 대중교통을 쉽게 이용할 수 있다는 점, 출퇴근 시간이 단축되고 편리하다는 점, 다양한 상점, 음식점, 문화시설 등 상업시설이 많아 오가는 길에 편리하게 이용할 수 있다는 점 등이 역세권의 장점입니다. 그러나 소음, 진동, 먼지 등이 발생할 수 있다는 점, 유동 인구가 많아 사생활 보호가 어려울 수 있다는 점 등이 역세권의 단점입니다.

이에 반해 비역세권은 소음, 진동, 먼지 발생이 적어 주거환경이 쾌적하다는 점, 프라이버시 보호를 받을 수 있다는 점, 주변에 주거시설이 잘 갖추어져 있다는 점 등이 장점입니다. 그러나 대중교통 접근성이 좋지 않다는 점, 그래서 출퇴근이 불편할 수 있다는 점, 이 때문에 스트레스를 받을 수 있다는 점, 상업시설이나 편의시설이 부족할 수 있다는 점 등이 비역세권의 단점입니다.

역세권과 비역세권 주택의 선택 기준은?

앞서 역세권과 비역세권의 장단점에 대해서 살펴보았듯이 단순히 지하철역과의 거리가 먼지 가까운지만을 가지고 일방적으로 역세권이 비역세권보다 좋다고 판단할 수 없습니다. 주택의 면적이 넓어야 하는지 좁아도 괜찮은지, 오래된 주택도 괜찮은지 새로 건축한 주택을 원하는지, 주거환경이 중요한지 그렇지 않아도 괜찮은지, 시세차익이 우선인지 그렇지 않은지, 직주근접을 바라는지 그렇지 않아도 괜찮은지, 커뮤니티 시설을 중요하게 생각하는지 그렇지 않은지 등 거주자 자신의 선호도에 따라 역세권 주택이 좋을 수도 있고 비역세권 주택이 좋을 수도 있습니다.

예를 들어 수험생이나 어린아이가 있는 가정이라면 유흥주점이 많은 역세권보다는 주거환경이 쾌적한 비역세권 주택이 좋을 수 있습니다. 출퇴근에 대한 스트레스 없이 일상생활에서 충분한 휴식과 여가 활동을 누리고 싶다면 대중교통을 쉽게 이용할 수 있는 역세권 주택이 좋을 수 있습니다. 조금이라도 더 빠르게 시세차익을 보고 싶다면 역세권 소규모 재건축 아파트보다는 비역세권의 신축 대단지 아파트를 선택하는 것이 좋을 수도 있습니다. 대단지 아파트는 가끔 급매가 나올 수도 있습니다. 급매물을 저렴하게 매수했다면 이후 부동산 시장 활황기에 매도할 경우 많은 시세차익을 볼 수 있습니다.

참고로 아파트를 비교할 땐 최고가가 얼마였는지를 확인해야 합니다. '고기도 먹어본 사람이 잘 먹는다'라고, 매매가격이 상승했던 적이 있는 아파트가 나중에 또 상승합니다.

> **토막상식**
>
> **역세권과 비역세권의 업무용 건축물 간 차이점**
> - 역세권은 오피스텔과 같은 주거와 업무 기능이 복합된 건물이 많으며 비역세권은 업무용 건물이 상대적으로 적습니다.
> - 역세권은 대체로 고층 건물이 많습니다. 비역세권은 중·저층 건물이 많습니다.
> - 역세권은 비역세권에 비해 높은 임대료와 가격을 형성합니다. 비역세권은 상대적으로 저렴한 임대료와 가격을 보입니다.
> - 역세권은 주변에 다양한 상업시설과 편의시설이 밀집해 있습니다. 비역세권에도 편의시설은 있지만 역세권에 비해 다양하지는 않습니다.
> - 역세권은 1~2인 가구의 수요가 높아 오피스텔을 주로 주거용으로 활용합니다. 비역세권은 오피스텔의 분포가 상대적으로 적으며, 있더라도 업무용으로 활용되는 비율이 더 높습니다.
> - 역세권은 주차 공간이 제한적일 수 있습니다. 비역세권은 상대적으로 여유로운 주차 공간을 제공할 가능성이 높습니다.

021 부동산 시세, 선 손품, 후 발품

자신이 마련할 수 있는 자금이 얼마인지 확인했습니다. 그리고 임차할 주택이 전세인지 월세인지도 결정했습니다. 그렇다면 이제는 거주할 지역과 주택의 종류를 결정해야 합니다.

자신이 거주할 지역과 주택 찾기, 손품 편

자신이 거주할 지역과 주택을 손쉽게 찾고 싶다면 부동산 정보 서비스 앱을 이용하면 됩니다. 대표적인 부동산 정보 서비스 앱으로는 네이버부동산, 다방, 직방, 호갱노노, 한방, KB부동산 등이 있습니다. 이 장에서는 다방(www.dabangapp.com) 앱을 이용하여 손품으로 원하는 지역과 주택을 검색해 보도록 하겠습니다.

1. 물건 검색

다방 메인 화면에서 ❶ 원하는 주택의 종류를 선택합니다. 그리고 다음 화면에서 ❷ 월세, 전세, 매매 중 원하는 거래유형을 선택합니다. 그런 다음 월세면 보증금과 임대료의 범위를, 전세면 보증금의 범위를, 매매면 매매가격의 범위를 선택합니다. 다음으로 ❸ 방 크기(공급면적)를 선택합니다. ❹ 검색창을 클릭합니다. 다음 화면에서 ❺ 검색창에 거주할 지역을 입력합니다. ❻ 입력한 지역 안에서 주택을 검색하고 싶으면 '지역'을 클릭하고, 관심 있는 단지 안에서 주택을 검색하고 싶으면 '단지'를 선택하며, 입력한 지역 안에서 분양하는 주택을 검색하고 싶으면 '분양'을 클릭합니다.

❻ '지역'을 클릭하면 조건(월세·전세·매매, 보증금, 임대료, 공급면적)에 맞는 여러 주택을 지도 위에서 확인할 수 있습니다. 그중에서 ❼ 관심 있는 주택을 선택합니다. 지도 오른쪽 사이드바 상단의 ❽ '도구'를 선택하여 ❾ 지도상에 거주할 지역의 범위를 그리는 방법으로도 ❿ 원하는 주택을 찾아볼 수 있었습니다.

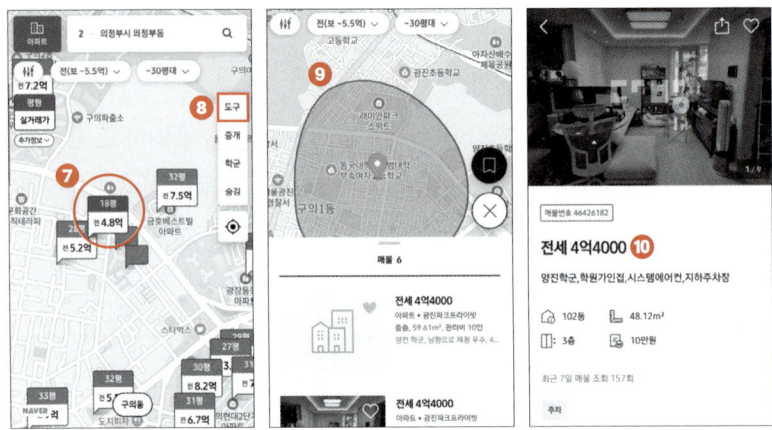

2. 주변 시설, 상세 정보 확인

그런데 이대로 매물 검색을 끝낸다면 조금은 아쉬운 점이 있습니다. 다방 앱에서 ⑪ '위치 및 주변 시설 더보기'를 클릭하면 ⑫ 편의시설 ⑬ 버스정류장, 지하철역, 마트, 편의점, 은행, 약국, ⑭ 안전시설 ⑮ 치안, CCTV, ⑯ 학군정보 ⑰ 어린이집, 유치원, 초등학교, 중학교, 고등학교를 지도에서 바로 확인할 수 있습니다.

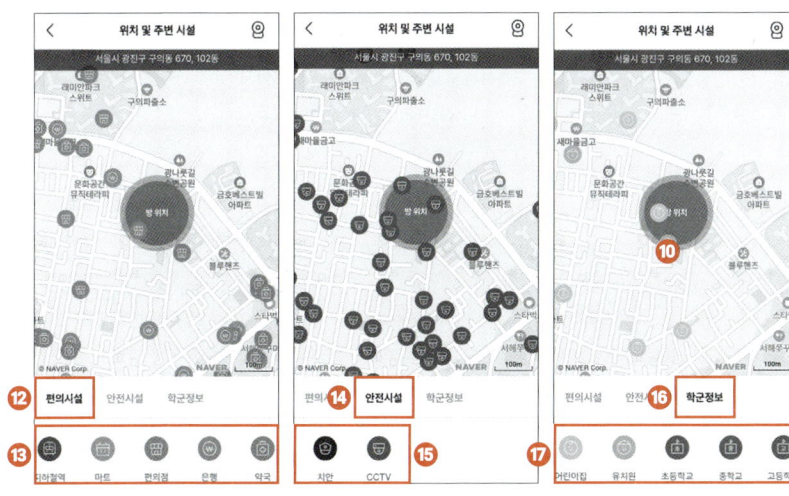

자신이 거주할 지역과 주택 찾기, 발품 편

다방 앱을 통해서 자신이 거주할 지역과 주택을 찾았습니다. 그리고 선택한 주택 주변의 편의시설, 안전시설, 학군 정보까지 두루두루 확인하였습니다. 그러나 이런 정보만으론 부족합니다. 그 부족함을 채우기 위해 자신이 선택한 지역과 주택을 보러 직접 가봐야 합니다. 현장답사를 통해 확인한 사항은 다음과 같습니다.

현장답사 체크리스트

확인할 사항	확인한 내용	기타
1. 지하철역까지 걸리는 시간	선택한 아파트에서 도보로 2호선 구의역까지 6분 소요	구의역까지 건널목이나 신호등 없음
2. 주택에서 지하철까지 오가는 길	4차선 도로로 큰길이고, 주변에 상가가 많아 밤에도 유동 인구가 많음.	길가에 가로등이 있어 밤 늦게까지 환해 안전함.
3. 학교	초등학교까지 도보로 15분 소요, 아이가 등굣길엔 힘들고 하굣길엔 사고 위험이 있음.	경사가 심함

확인할 사항	확인한 내용	기타
4. 동네 분위기	윗동네는 주택이 매우 낡고 동네 분위기가 가라앉아 있음. 그러나 아랫동네는 새로운 주택이 많고 동네 분위기도 밝음.	선택한 주택은 아랫동네에 새로운 주택임.
5. 우범지대	윗동네와 아랫동네 사이에 작은 놀이터가 있음. 밤에는 지나다니는 사람들이 거의 없고 동네 불량배들이 모여 흡연하고 술을 마시곤 함.	해가 지면 그곳에 가지 않는 것이 좋음
6. 소음, 먼지	걱정했던 것만큼 심하지는 않음.	선택한 주택은 길가에 있는 주택임
7. 운동시설, 공원	주택 주변으로 운동시설은 없음. 윗동네를 돌아가면 산이 있음.	너무 이르거나 늦은 시간만 아니라면 등산해도 괜찮을 것 같음
8. 대형 할인점	주변에 대형 할인점 있음. 그러나 웬만한 물건은 재래시장에서 구매함.	대형 할인점까진 자동차로 15분, 재래시장은 5분
9. 편의시설	지하철역, 편의점, 카페, 은행, 관공서, 병원, 약국, 식당, 미용실 등이 있음.	주택가와 구의역 사이에 많이 분포되어 있음.

토막상식

정부에서 운영하는 임대주택을 원한다면 '마이홈'

정부에서 운영하는 임대주택을 찾고 있다면 '마이홈(www.myhome.go.kr)'을 이용해 보세요.

마이홈 → 주거복지서비스 → 주거복지제도 → 주택공급 → 임대주택

022 어떤 공인중개사 사무소를 찾아가야 할까?

구두 공장에서 수제화를 맞출 때 어떤 장인을 만났느냐에 따라 구두의 품질이 달라질 수 있습니다. 부동산 물건을 찾는 것도 마찬가지입니다. 어떤 공인중개사를 만나느냐에 따라 좋은 부동산을 선택할 수도 있고 나쁜 부동산을 선택할 수도 있습니다.

전문성 있는 공인중개사 구별하기

부동산 거래 시 전문성 있는 공인중개사를 선택한다는 것은 매우 중요한 일입니다. 다음과 같은 몇 가지 방법으로 전문성 있는 공인중개사를 구별할 수 있습니다.

1. 자격증, 등록증

진정한 공인중개사라면 '공인중개사 자격증'이 있어야 합니다. 공인중개사사무소를 운영하는 개업공인중개사라면 '중개사무소의 개설등록증'이 있어야 합니다. 고객의 대리인으로서 경매 관련 절차를 진행(매수신청대리) 하는 공인중개사라면 '매수신청대리인 등록증'이 있어야 합니다. 이러한 자격증과 등록증은 공인중개사의 전문성을 확인할 수 있는 가장 기초적이면서도 객관적인 자료입니다.

2. 오랜 경험

공인중개사사무소 벽에 걸려 있는 '중개사무소 등록증'의 발급일을 보면 경력을 알 수 있는데요. 한 장소에서 오랫동안 영업을 한 공인중개사는 다양한 거래를 성공적으로 처리한 경험이 많을 것입니다. 자신이 관심 있는 부동산에 대한 경험이 많은지 확인해 보세요.

3. 지역에 대한 깊은 이해도와 풍부한 지식

지역에 대한 깊은 이해도와 풍부한 지식이 있는지 확인해 봐야 합니다. 전문성이 매우 높은 공인중개사는 현지 부동산 시장 동향, 가격 변화, 지역 개발계획, 지역 내 규제, 법규 등에 대한 이해도가 깊고 지식이 풍부합니다.

4. 전문적인 기술과 지식 제공

전문적인 기술과 지식을 제공하는지 확인해 봐야 합니다. 눈에 띄는 광고 전략, 가격 협상 능력, 필요한 법적 절차와 법률 상식 등을 갖추고 있는지 확인해 봐야 합니다.

5. 부동산 관련 단체 가입

공인중개사사무소 안에 부동산 관련 단체 회원증이나 감사패 등이 있는지 확인해 봅니다. 부동산 관련 단체나 모임 등에 가입한 공인중개사는 지속적인 교류와 교육을 받을 수 있어 업계 표준을 유지할 가능성이 높습니다.

6. 소통 능력

공인중개사와의 초기 대화에서 그들의 소통 방식을 평가해 봐야 합니다. 전문적이고 명확한 소통은 거래 과정에서 큰 도움이 됩니다.

7. 주변 평판

주변 친구나 지인의 평판을 들어 봐야 합니다. 좋은 평판은 공인중개사의 전문성과 신뢰도를 나타냅니다.

이러한 기준들을 통해 공인중개사의 전문성을 평가해 보고 자신에게 가장 잘 맞는 공인중개사를 선택한다면 부동산 거래에 있어 좀 더 전문적인 서비스를 받을 수 있습니다. 만약에 공인중개사의 전문성을 평가하기 힘들다면 부동산 거래 경험이 많은 사람과 동행하는 것이 좋습니다.

피해야 할 공인중개사 구별하기

공인중개사 중에도 반드시 피해야 할 공인중개사가 있습니다. 사전에 알아두고 이런 공인중개사를 만난다면 거래해서는 안 됩니다.

1. 고객의 나이가 어리다고 반말이나 막말하는 공인중개사

이러한 공인중개사는 나이 어린 고객을 심리적으로 위축시켜 분위기를 자신에게 유리한 쪽으로 이끌어가려는 자입니다. 이러한 공인중개사는 고객의 이익보다는 자신에게 이익이 되는 부동산 물건을 선택하게 만들고, 법에서 정한 한도보다 더 많은 중개수수료를 요구할 수 있습니다.

2. 생각해 주는 척하면서 여성 고객에게 능글맞은 공인중개사

이러한 공인중개사는 은연중에 여성 고객을 무시하는 경향이 있으며, 염불보다 잿밥에만 관심이 많은 자입니다. 이러한 공인중개사에게서 성실하고 정확한 중개 서비스를 받는 것은 무리이므로 애초에 상대하지 말아야 합니다.

3. 계약 때, 중도금 때, 잔금 때 공부서류 발급을 꺼리는 공인중개사

이러한 공인중개사는 고객에게 중개수수료를 받는 이유를 모르는 자입니다. 이러한 공인중개사에게서는 등기사항전부증명서 이외에 다른 공부서류들을 받아 보기 어렵고, 그 밖에 필요한 서비스도 받기 어렵습니다. 그런 서비스를 요구하면 오히려 "젊은 사람이 세상 물정 모르고 왜 이렇게 빡빡하게 굴어!"라는 면박을 당할 수도 있습니다.

4. 주택의 장점만 설명하는 공인중개사

건축한 지 얼마 되지 않은 신축 주택도 수리가 필요할 수 있습니다. 또한 임차한 주택이 나중에 경매로 넘어갈 수도 있고, 주택 주변에 고물상이나 쓰레기 소각장이 있어 소음과 악취에 시달릴 수도 있습니다. 그럼에도 임차할 주택의 장점만 설명하는 공인중개사는 오히려 주택의 중대한 하자를 숨기려는 의도를 가진 것으로 볼 수 있습니다. 이러한 공인중개사는 임차인에게 좋은 주택을 소개해 주기보다는 빨리 계약을 마무리하고 중개수수료를 챙기려는 욕심만 앞서는 자라고 할 수 있습니다.

5. 본인이 다 알아서 해주겠다고 큰소리치는 공인중개사

부동산을 중개하다 보면 보증금이나 월세 조정, 방범창 설치나 보조키 설치 등의 문제로 중개에 어려움이 있을 수 있습니다. 그런데도 무조건 다 된다며 큰소리를 치는 공인중개사는 계약을 마무리하기 위해 허세를 부리는 것일 수도 있고, 나중에 그 부담을 임차인에게 전가할 가능성이 있는 자라고 할 수 있습니다.

공인중개사 사무소를 방문하다 보면 여러 가지 이유로 믿음이 가지 않는 공인중개사를 만날 때가 있습니다. 불편한 마음이 들거나 무례한 언행을 하는 공인중개사에게 굳이 중개수수료를 줘가며 중개를 부탁할 필요는 없습니다. 세상에는 성실하고 능력 있는 공인중개사가 더 많습니다. 여러 공인중개사 사무소를 방문하다 보면 신뢰가 가는 전문적인 공인중개사를 만날 수 있고, 그런 공인중개사에게 중개 의뢰를 하면 만족할 만한 중개 서비스를 받을 수 있습니다.

토막상식

개업공인중개사인지 확인하고 싶다면 '브이월드'

'브이월드(www.vworld.kr)' → '서비스' → '부동산서비스' → '부동산중개업'에서 현재 중개 의뢰를 하려는 공인중개사가 개업공인중개사인지 반드시 확인해 보세요.

023 집 보러 다닐 땐 체크리스트 준비는 필수

　임차할 주택을 보러 다닐 때는 일반적으로 주택의 면적은 알맞은지, 구조는 적합한지, 누수 흔적은 없는지, 통풍은 잘되는지, 햇볕은 잘 들어오는지 등을 눈으로 대충 살펴봅니다. 이렇게 하루에 여러 채를 보고 나면 머릿속에서 보고 온 주택들이 헷갈리기 시작합니다.
　이러한 상태에서 공인중개사가 독촉하면 지금까지 본 주택 중에서 막연히 느낌상 괜찮았다고 생각한 주택을 골라 계약하게 됩니다. 과연 이렇게 하면 좋은 선택을 할 수 있을까요?

어림짐작으로 주택을 고르면 나중에 곤욕을 치를 수 있다

　장단점을 꼼꼼히 따져보지 않고 막연히 괜찮다고 생각되는 주택을 골라 이사하게 되면 주변 공장 소음으로 잠을 잘 수 없다든지, 근처 고물상의 벌레와 고약한 냄새 때문에 창문을 열어둘 수 없다든지, 주택이 오래되어 겨울에 외풍이 심하다든지 하는 예상치 못한 문제들과 마주할 수 있습니다. 이렇게 되면 하루하루 사는 것이 고통일 수밖에 없습니다.

똑똑한 집 고르기를 도와주는 체크리스트

그럼, 심각한 문제들이 없고 편안하게 생활할 수 있는 주택을 선택하는 방법은 무엇일까요? 그 방법은 주택을 보러 다닐 때 '체크리스트'를 가지고 다니는 것입니다. 그리고 주택을 보면서 발견한 특징들을 체크리스트에 기록하는 것입니다. 그러면 비교적 하자가 적은 좋은 주택을 선택할 수 있습니다.

그러나 현실적으로 임대인이나 거주 중인 임차인의 시선을 의식하면서 그 와중에 공인중개사의 설명까지 들어가면서 체크리스트를 작성한다는 게 쉽지는 않습니다. 이럴 땐 녹음된 음성을 문자로 바꿔주는 스마트폰의 '음성 메모' 기능을 활용하면 좋습니다. 여러 곳을 본 뒤에 녹음된 내용을 참고하여 장단점 체크리스트를 만들면 됩니다.

체크리스트의 'Yes'가 20개 이상인 주택은 계약해도 무방!

체크리스트의 모든 항목이 'Yes'라면 좋겠지만, 현실적으로 그런 주택을 구하기는 매우 어렵습니다.

다음의 체크리스트에 있는 사항 중 'Yes'가 20개 이상이면 양호한 편이므로 그런 주택은 계약해도 괜찮습니다. 그러나 체크리스트의 01, 02, 03, 04번은 매우 중요한 사항이므로 여기에 'No'라고 체크되는 주택은 웬만하면 피해야 합니다. 그리고 주택을 구경할 때 대충이라도 주택의 구조를 그려놓으면 선택하는 데 도움이 됩니다.

체크리스트 활용해서 월세 흥정하기!

주택을 보러 다닐 때 체크리스트를 가지고 다니면서 여기저기를 체크해보면 여러 주택의 장단점을 비교하기 쉽습니다. 이렇게 해서 마음에 드는 주택을 찾았다면 한 번 더 방문하여 싱크대, 가스레인지, 후드(환기장치), 방문, 창문, 양변기, 수도꼭지, 보일러 등이 고장나거나 파손되지 않았는지 다시 한번 꼼꼼하게 확인합니다. 그래야만 계약할 때 고장 나거나 파손된 부분을 임대인에게 수리해달라고 요구할 수 있고, 수리가 어려운 부분을 내세워 월세를 단 몇만 원이라도 깎을 수 있습니다.

당장 몇만 원이 푼돈처럼 느껴지겠지만 1~2년 동안의 금액을 합치면 상당한 액수가 됩니다. 부지런한 발품과 작은 절약이 재테크의 시작입니다.

전월세 체크리스트(준비물: 줄자, 펜)

번호	체크 사항	네	아뇨	결과
01.	햇빛은 잘 들어오는가?	☐	☐	
02.	물이 샌(누수) 흔적은 없는가?	☐	☐	
03.	곰팡이가 핀 곳은 없는가?	☐	☐	
04.	환기가 잘 되는가?	☐	☐	
05.	방범창이 있는가?	☐	☐	
06.	수도는 잘 나오는가?	☐	☐	
07.	배수는 잘 되는가?	☐	☐	
08.	악취가 나지 않는가?	☐	☐	
09.	파손된 시설은 없는가?	☐	☐	
10.	외풍이 심하지 않은가?	☐	☐	
11.	냉장고 공간이 있는가?	☐	☐	
12.	세탁기 공간이 있는가?	☐	☐	
13.	건조기 공간이 있는가?	☐	☐	

14.	발코니가 있는가?	☐	☐	
15.	다용도실 공간이 있는가?	☐	☐	
16.	전기와 수도 계량기가 별도로 있는가?	☐	☐	
17.	주 출입구에 CCTV가 있는가?	☐	☐	
18.	주차장이 있는가?	☐	☐	
19.	주변에 혐오시설은 없는가?	☐	☐	
20.	주변에 대형 마트가 있는가?	☐	☐	
21.	주변에 공원이 있는가?	☐	☐	
22.	걸어서 학교, 어린이집까지 거리는?	도보	분	
23.	걸어서 지하철역까지 거리는?	도보	분	
24.				
25.				

토막상식

전월세 체크리스트에서 치명적인 'No'는 반드시 피하자

체크리스트에서 'Yes'가 많이 나오는 것도 중요하지만, 무엇보다도 자신의 생활방식과 밀접한 부분에서 'No'가 나오지 않아야 합니다. 예를 들면, 개인적인 사정으로 지하철역에서 가까운 주택을 반드시 구해야 하는데 23번이 '15분 이상'인 주택이라면 선택하지 않는 것이 좋습니다.

024 나에게 맞는 전월세자금대출 알아보기

경기가 좋지 않을 때 전월세 가격이 상승하면 임차인의 경제적 부담은 클 수밖에 없습니다. 경제적 부담을 조금이나마 덜어줄 수 있는 것이 바로 전월세자금대출입니다. 전월세자금대출은 정부에서 설계한 상품과 금융권에서 설계한 상품이 있습니다. 이번 장에서는 기금e든든 플랫폼을 통해 신청 및 관리되는 주택도시기금의 정책대출 상품들에 대해 살펴보겠습니다.

버팀목전세자금

무주택 근로자와 서민에게 낮은 금리의 전세자금을 대출해 주고자 만든 상품입니다.

임차 전용면적이 85㎡(수도권을 제외한 도시지역이 아닌 읍·면은 100㎡) 이하 주택(주거용 오피스텔은 85㎡ 이하) 및 기숙사(채권양도협약기관 소유의 호수가 구분되어 있고 전입신고가 가능한 기숙사)여야 합니다.

임차보증금이 일반 가구는 수도권은 3억 원 이하, 수도권 외 지역은 2억 원 이하고 신혼가구는 수도권 4억 원 이하, 수도권 외 3억 원 이하며, 다자녀·2자녀 이상 가구는 수도권 4억 원 이하, 수도권 외 3억 원 이하여야 합니다.

대출 대상	· 부부합산 연소득 5천만 원(2자녀 이상 6천만 원, 신혼가구 7천5백만 원) 이하 · 무주택 세대주
대출 금리	· 2.5~3.5%
대출 한도	· 수도권(서울, 인천, 경기도) 1억 2천만 원, 그 외 8천만 원 · 신혼가구, 2자녀 이상 가구이면 수도권 3억 원, 그 외는 2억 원
대출 기간	· 2년(2년 단위로 4회 연장하여 최장 10년 이용 가능)

신혼부부 전용 전세자금

전세자금이 부족한 신혼부부에게 전세자금을 대출해 주고자 만든 상품입니다.

임차 전용면적이 85㎡(수도권을 제외한 도시지역이 아닌 읍·면은 100㎡) 이하 주택(주거용 오피스텔은 85㎡ 이하) 및 기숙사(채권양도협약기관 소유의 호수가 구분되어 있고 전입신고가 가능한 기숙사)여야 합니다.

임차보증금이 수도권은 4억 원 이하, 수도권 외 3억 원 이하여야 합니다.

대출 대상	· 부부합산 연소득 7천5백만 원 · 무주택 세대주인 신혼부부 ※ 신혼부부 : 혼인 기간 7년 이내 또는 3개월 이내 결혼예정자
대출 금리	· 1.9~3.3%
대출 한도	· 수도권(서울, 인천, 경기도) 3억 원, 그 외 2억 원
대출 기간	· 2년(2년 단위로 4회 연장하여 최장 10년 이용 가능)

전세 피해 임차인 버팀목전세자금

전세 피해 임차인의 주거 이전을 위한 보증금을 대출해 주고자 만든 상품입니다. 임차 전용면적이 85㎡(수도권을 제외한 도시지역이 아닌 읍·면은 100㎡) 이하 주택(주거용 오피스텔은 85㎡ 이하) 및 기숙사(채권양도협약기관 소유의 호수가 구분되어 있고 전입신고가 가능한 기숙사)여야 합니다. 단, 셰어하우스(채권양도협약기관 소유주택에 한함)는 예외적으로 면적 제한이 없습니다. 임차보증금이 3억 원 이하여야 합니다.

대출 대상	· 부부합산 연소득 1억 3천만 원 이하 · 전세 피해주택의 보증금이 5억 원 이하이며, 보증금의 30% 이상을 피해본 자 · 무주택 세대주
대출 금리	· 연 1.2~2.7%
대출 한도	· 2억 4천만 원, 전세 금액의 80% 이내
대출 기간	· 2년(2년 단위로 4회 연장하여 최장 10년 이용 가능)

청년 전용 버팀목전세자금

전세자금이 부족한 청년들에게 전세자금을 대출해 주고자 만든 상품입니다.

임차 전용면적이 85㎡ 이하 주택(주거용 오피스텔은 85㎡ 이하) 및 기숙사(채권양도협약기관 소유의 호수가 구분되어 있고 전입신고가 가능한 기숙사)여야 합니다. 단, 만 25세 미만 단독 세대주면 전용면적 60㎡ 이하여야 하고 셰어하우스(채권양도협약기관 소유주택에 한함)는 예외적으로 면적 제한이 없습니다.

임차보증금이 3억 원 이하여야 합니다.

대출 대상	· 부부합산 연소득 5천만 원(2자녀 이상 6천만 원, 신혼가구 7천5백만 원) 이하 · 무주택 세대주
대출 금리	· 2.2~3.3%

대출 한도	· 2억 원
대출 기간	· 2년(2년 단위로 4회 연장하여 최장 10년 이용 가능)

청년 전용 보증부월세대출

청년들에게 낮은 금리로 전월세보증금과 월세 모두를 대출해 주고자 만든 상품입니다.

임차 전용면적이 60㎡(주거용 오피스텔은 60㎡ 이하) 이하여야 합니다. 임차보증금이 6천5백만 원 이하, 월세금이 70만 원 이하여야 합니다.

대출 대상	· 부부합산 연소득 5천만 원 이하 · 무주택 단독 세대주
대출 금리	· 보증금 1.3% · 월세금 0~1.0%
대출 한도	· 보증금 4천5백만 원 · 월세금 1천2백만 원
대출 기간	· 25개월(2년 단위로 4회 연장하여 최장 10년 5개월 이용 가능)

신생아 특례 버팀목대출

신생아를 출산한 가구에게 낮은 금리로 전세자금을 대출해 주고자 만든 상품입니다.

임차 전용면적이 85㎡(수도권을 제외한 도시지역이 아닌 읍·면은 100㎡) 이하 주택(주거용 오피스텔은 85㎡ 이하) 및 기숙사(채권양도협약기관 소유의 호수가 구분되어 있고 전입신고가 가능한 기숙사)여야 합니다. 단, 셰어하우스(채권양도협약기관 소유주택에 한함)는 예외적으로 면적 제한이 없습니다.

임차보증금은 수도권 5억 원 이하, 수도권 외 4억 원 이하여야 합니다.

대출 대상	· 부부합산 연소득 1억 3천만 원(맞벌이의 경우 2억 원 이하) · 대출신청일 기준 2년 내 자녀를 출산(2023년 1월 1일 이후 출생아부터 적용) · 무주택 세대주
대출 금리	· 1.3~4.3%
대출 한도	· 3억 원
대출 기간	· 2년(2년 단위로 5회 연장하여 최장 12년 이용 가능)

주거안정월세대출

월세 부담으로 고민인 청년들에게 월세 자금을 대출해 주고자 만든 상품입니다.

임차 전용면적이 85㎡(수도권을 제외한 도시지역이 아닌 읍·면은 100㎡) 이하 주택(주거용 오피스텔은 85㎡ 이하)이어야 합니다.

임차보증금 1억 원 이하 및 월세 60만 원 이하여야 합니다.

대출 대상	· (우대형) 취업준비생, 희망키움통장 가입자, 근로장려금 수급자, 사회초년생, 자녀장려금 수급자, 주거급여수급자 · (일반형) 부부합산 연소득 5천만 원 이하로 우대형에 해당하지 않는 경우 · 무주택 세대주
대출 금리	· (우대형) 연 1.3% · (일반형) 연 1.8%
대출 한도	· 1,440만 원(월 60만 원)
대출 기간	· 2년(2년 단위로 4회 연장하여 최장 10년 이용 가능)

관심 있는 대출상품이 있다면 좀 더 꼼꼼하게 살펴봅니다. 그리고 만약에 이해하기 어려운 내용이 있으면 '주택도시기금 대출 관련 상담 콜센터 1566-9009'로 문의하세요. 상세한 안내를 받을 수 있습니다.

은행에서 전세자금대출 받고 싶다면 보증은 필수!

은행에서 전세자금 대출을 받고 싶다면 한국주택금융공사(HF)에서 보증서를 발급받아야 합니다.

한국주택금융공사(HF)의 '보증대상자'가 되려면 다음 요건을 모두 충족해야 합니다.

- 임차보증금이 7억 원(서울, 경기, 인천 이외는 5억 원) 이하일 것
- 임차보증금의 5% 이상을 지급한 세대주일 것
- 본인과 배우자가 소유한 모든 주택 수가 1주택 이내일 것
- 본인과 배우자(배우자 예정자 포함)가 투기지역·투기과열지구 내 3억 원을 초과하는 아파트의 소유권을 취득하지 않을 것
- 보증 대상 목적물이 노인복지주택이면 노인복지법에서 정한 입소자일 것

한국주택금융공사(HF)의 '보증 대상 자금'은 다음 중 하나여야 합니다.

- 임대차계약을 체결하고 임차보증금으로 지급했거나 지급할 자금
- 이미 받은 전세자금대출 상환 용도로 사용하는 전세자금대출

한국주택금융공사(HF)의 '보증 비율'은 대출금액의 90%입니다. 전세자금 대출을 받은 자가 대출금을 상환하지 못하면 한국주택금융공사가 90%를 대출 기관에 지급하고, 나머지 10%는 대출 기관이 부담합니다.

한국주택금융공사(HF)에서 '보증 대상 목적물'이 되려면 다음 요건을 모두 충족해야 합니다.

- 부동산 등기사항전부증명서상 용도가 주택일 것, 업무용 오피스텔이거나 지자체에 노인복지주택으로 신고된 건축물이면 실제 주거용으로 이용할 것
- 부동산 등기사항전부증명서상 전세보증금 회수에 방해되는 소유권에 권리침해가 없을 것

한국주택금융공사(HF)의 '보증료율'은 임차보증금액, 소득 등에 따라 연 0.02% ~ 0.40% 사이에서 차등 적용됩니다.

토막상식

신탁등기된 주택에서 전세자금대출을 받을 때 주의 사항

전세계약을 하려는 주택의 등기사항전부증명서를 통해 신탁등기 여부를 반드시 확인해야 합니다. 관할 등기소를 방문하여 신탁원부를 발급받아 신탁계약의 상세 내용을 확인해야 합니다. 신탁등기가 설정된 주택을 대상으로 전세대출을 받으려면 수탁자(신탁회사)와 우선수익자(금융회사)의 사전동의가 필요하므로, 이들의 사전 동의서를 받아 은행에 제출해야 합니다. 그러지 않으면 추후 대출기한 연장이 불가능할 수 있습니다.

신탁등기 후에는 소유권이 신탁회사로 이전되므로, 원칙적으로 신탁회사와 임대차계약을 체결해야 합니다. 보증금은 신탁회사에 지급해야 임대차계약의 효력이 있습니다. 신탁등기 후 위탁자(원 소유자)는 처분 권한이 없으므로, 위탁자와의 직접 계약한 임차인은 대항력을 갖지 못할 수 있습니다.

025 전세자금대출의 모든 것

자신에게 적합한 전세자금대출 상품을 선택하였다면 그다음 절차는 어떻게 될까요? 이번 장에서는 전세자금대출 진행 과정과 유의 사항에 대해서 살펴보겠습니다.

전세자금대출, 이렇게 진행된다!

- 임차인은 임대차계약 전 은행에 방문하여 대출 가능 여부 및 대출 한도 확인

▼

- 임대인과 임대차계약 체결

▼

- 임차인은 은행에 방문하여 대출 신청

▼

- 은행은 임대인에게 임차인의 대출 사실 통지 및 임대차계약 사실을 확인

▼

- 전세자금대출에 대한 보증기관의 보증서 발급

▼

- 임차인과 은행 간 전세자금대출계약 체결
- 은행은 임차인의 동의를 거쳐 대출금을 임대인 통장에 입금

▼

- 계약 만기 시 은행에 대출금 상환

임대인에게 미리 전세자금대출 사실을 알릴 것

전세자금대출 계획이 있다면 미리 임대인에게 이 사실을 알려야 합니다. 그래야 대출 시 임대인의 협조를 수월하게 받을 수 있습니다.

조금이라도 저렴한 전세자금대출을 찾아라!

전세자금대출은 제1금융권과 제2금융권 모두에서 가능합니다. 제1금융권이란 KB국민은행, IBK기업은행, NH농협은행, 우리은행, 신한은행, 하나은행과 같은 시중은행을 말합니다. 대출이자가 저렴한 대신 대출 조건이 까다롭습니다.

제2금융권은 시중은행을 제외한 금융기관을 말하는데, 상호저축은행, 보험회사, 증권사, 카드사, 리스사, 캐피탈사 등이 해당합니다. 제1금융권에 비해 이자가 비싼 대신 대출조건은 덜 까다롭습니다.

제3금융권은 사채업입니다. 이곳에선 대출받지 않는 것이 좋습니다.

계약서에 확정일자 챙기는 것은 필수

전세자금대출 시 확정일자를 받은 계약서 사본이 필요합니다. 통상 전입신고를 해야만 확정일자를 받을 수 있지만, 동 행정복지센터에 방문하여 전세자금 대출 때문에 확정일자를 받아야 한다고 말하면 전입신고를 하지 않고서도 확정일자를 받을 수 있습니다.

참고로 임차인이 이사하기 전에 미리 이사 갈 주택에 전입신고를 하면 현재 거주 중인 주택에 대한 대항력을 상실합니다. 그리고 보증금을 돌려받기 어렵게 됩니다. 그러므로 전입신고는 반드시 이사한 후에 해야 합니다.

각종 서류 제출하면 대출 완료!

임대차계약서에 확정일자까지 받았으면 다음의 서류들도 반드시 은행에 제출해야 합니다.

- **주민등록등본, 신분증** : 대출 신청자 본인의 인적 사항을 확인하기 위함입니다.
- **연간 소득 확인 서류, 사업자등록증(사업자), 재직증명서(근로자)** : 대출신청자 본인이 사업자라면 소득이 있는지, 근로자라면 재직하고 있는지를 확인하기 위함입니다.
- **확정일자부 임대차계약서, 계약금 등 지급 영수증** : 임대차계약 사실을 확인하기 위함입니다.

필요한 서류제출이 완료되면 이삿날에 은행에서 전세자금 대출이 실행됩니다. 이때 대출금이 임차인의 통장으로 입금되었다면 임차인이 이사 나갈 때 임대인은 임차보증금 전액을 임차인에게 그대로 반환해주면 됩니다.

그러나 대출금이 임대인의 통장으로 입금되었다면 임차인이 이사 나갈 때 임대인은 대출금을 은행에 반환해야 합니다. 절대로 임차인에게 반환해서는 안 됩니다. 만약에 임차인에게 반환하면 임대인은 대출금 전액을 은행에 배상해야 합니다.

그러므로 전세자금 대출을 받은 임차인이 이사 나갈 땐 전세자금대출 상품의 약관을 확인해 보거나 전세자금 대출을 해준 은행에 문의해야 합니다.

수수료 없고 편리한 대출모집인을 이용하세요!

시중은행에서 대출받으려는데 직장에 다니거나 개인 업무가 바빠 평일에 시간을 내기 어렵다면 대출모집인(대출상담사)을 이용해 보세요. 대출모집인이란 은행과 대출 모집업무 위탁계약을 체결하고 해당 금융업협회에 등록한 개인이나 법인을 말합니다. 조건에 맞는 대출상품을 소개해 주고, 대출업무까지 무료로 대행해 줍니다. 일반적으로 공인중개사사무소를 통해 소개받을 수 있습니다. 그런데 간혹 대출상담사의 명의를 도용한 대출사기가 발생하기도 합니다. 그러므로 대출상담사를 이용할 땐 대출상담사와 직접 만나 본인 여부를 확인해야 합니다. '대출성 금융상품판매대리·중개업자 통합조회(www.loanconsultant.or.kr)'에 접속 후 대출모집인 등록번호와 성명을 입력하여 은행연합회, 저축은행중앙회, 여신금융협회, 생명보험협회, 손해보험협회, 신협중앙회에 등록된 대출모집인인지 반드시 확인해야 합니다. 만약에 조회가 되지 않거나, 등록 증명사진과 얼굴이 일치하지 않거나,

대출을 조건으로 선납금 또는 수수료를 요구하면 이용하지 말고 금융회사나 금융감독원(☎1332)으로 신고하세요.

농·축협 상호금융, 수협 상호금융, 산림조합중앙회, 새마을금고중앙회 등에 등록된 대출모집인은 '대출성 금융상품판매대리·중개업자 통합조회'에서 조회가 되지 않으니 업권별 조회 홈페이지를 통해서 조회해야 합니다.

▲ 대출모집인 포털 사이트(www.loanconsultant.or.kr)

전국은행연합회 소비자포털(portal.kfb.or.kr)을 이용하면 자신에게 적합한 대출상품과 대출조건을 편리하게 검색할 수 있습니다. 신용점수를 올리면 좀 더 낮은 금리로 다양한 대출을 받을 수도 있습니다.

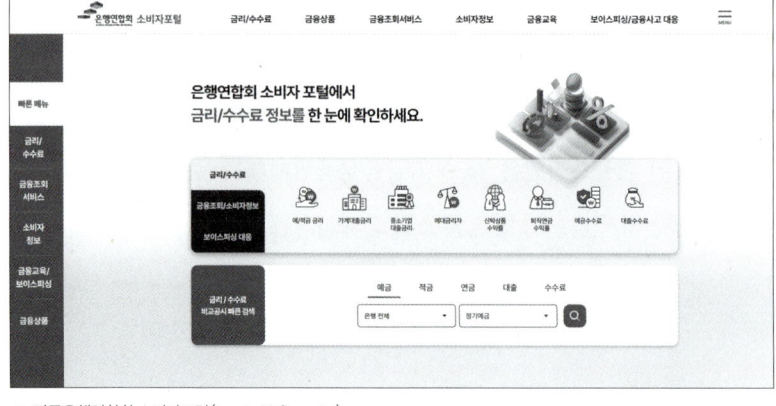

▲ 전국은행연합회 소비자포털(portal.kfb.or.kr)

전월세자금대출을 받을 때 주의 사항

전월세 계약서상의 임차인과 보증신청인이 반드시 일치해야 합니다. 또한, 허위로 작성한 임대차계약서로 보증받은 사실이 적발되면 향후 일정 기간 신용보증을 받지 못합니다. 그리고 소득 입증이 어려워 건강보험료 납부액을 기준으로 소득 추정 시에는 연간소득을 최대 2,000만 원까지 인정하며, 신청일 기준 최근 3개월 이상 건강보험료를 납부한 사실이 있어야 하고 미납한 사실이 없어야 합니다.

026 전세금 지켜주는 전세보증금반환보증

임차한 주택이 경매로 넘어가 배당요구를 하였으나 배당받지 못하거나, 임대차계약 만료 시 깡통전세가 되어 보증금을 반환받지 못할 수 있습니다. 이러한 일은 임차인에게 엄청난 재앙입니다. 그래서 임차인이 대비할 수 있도록 등장한 상품이 있는데 바로 '전세보증금반환보증'입니다.

임차인이 자신의 전세보증금을 반환받지 못할 때 보증기관이 임대인을 대신해 전세보증금을 반환해 주는 상품입니다. 주택도시보증공사(HUG), 한국주택금융공사(HF), 서울보증(SGI)에서 취급합니다.

전세보증금반환보증 종류

보증기관	주택도시보증공사 (HUG)	한국주택금융공사 (HF)	서울보증(SGI)
상품명	전세보증금반환보증	전세지킴보증	전세금반환보증보험
대상주택	아파트, 연립·다세대주택, 단독·다가구·다중주택, 주거용 오피스텔, 노인복지주택	아파트, 연립·다세대주택, 단독·다가구주택, 주거용 오피스텔, 노인복지주택	아파트, 연립·다세대·도시형생활주택, 단독·다가구주택, 주거용 오피스텔
대상 전세보증금	수도권 7억 원 그 외 지역 5억 원 이하	수도권 7억 원 그 외 지역 5억 원 이하	아파트: 제한 없음, 아파트 외 주택: 10억 원 이내

취급기관	신한·국민·우리·광주·KEB하나·IBK기업·NH농협·경남·수협·iM뱅크·부산은행, 네이버부동산, 카카오페이, 토스	경남·국민·광주·기업·농협·iM뱅크·부산·수협·신한·우리·제주·하나은행, 토스뱅크	서울보증 영업지점
보증료율	연 0.097 ~ 0.211% 차등 적용	연 0.04% ~ 0.18% 차등 적용	아파트 연 0.183%, 기타 주택 연 0.208%

주택도시보증공사(HUG)의 '전세보증금반환보증'에 가입하려면 임차한 주택에 거주하면서 전입신고와 확정일자를 받아야 합니다. 그리고 신규 임대차계약은 임대차계약서 상 잔금 지급일과 전입신고일 중 늦은 날로부터 임대차계약 기간의 1/2이 지나기 전까지, 갱신하는 임대차계약은 계약서 상 임대차계약 기간의 1/2이 지나기 전까지 신청하면 됩니다. 예를 들어 신규 임대차계약이고 잔금 지급일은 2025년 1월 23일, 전입신고일은 2025년 1월 24일, 전세계약기간은 2025년 1월 23일~2027년 1월 22일까지라면 2025년 1월 24일(전입신고일)부터 늦어도 2026년 1월 22일까지 가입하면 됩니다.

전세보증금과 선순위채권을 더한 금액이 '주택가액(주택가격×담보인정비율)' 이내여야 가입할 수 있습니다.

예를 들어 시세가 1억 원인 주택인데 임차인의 전세보증금이 9천5백만 원이라면 가입할 수 없습니다. 전세보증금(9천5백만 원)이 주택가액 9천만 원(1억 원×90%)보다 크기 때문입니다.

또한 시세 1억 원에 선순위채권 금액이 5천5백만 원인 주택인데 임차인의 전세보증금이 4천만 원이라면 가입할 수 없습니다. 전세보증금과 선순위채권 금액을 합한 값(9천5백만 원)이 주택가액 9천만 원(1억 원×90%)보다 크고 선순위채권(5천5백만 원) 금액도 주택가액 9천만 원(1억 원×90%)의 60%(5천4백만 원)를 초과하기 때문입니다.

주택도시보증공사(HUG)에서는 아파트·연립·다세대·단독·다중·다가구주택은 공시가격의 140%를 주택가격으로 산정합니다. 그리고 담보인정비율은 90%를 적용합니다. 예를 들어 공시가격이 1억 원인 다세대주택이라면 전세보증금이 공시가격의 126%(140%×90%)인 1억 2천6백만 원 이내이어야 가입할 수 있습니다. 그런데 다세대주택의 공시가격은 대부분 시세보다 매우 낮기 때문에 가입할 수 있는 다세대주택을 찾기가 쉽지 않습니다. 참고로 조건을 만족하여 전세보증금반환보증에 가입하더라도 전세보증금의 90%까지만 보증기관(HUG, HF, SGI 등)이 책임집니다. 나머지 10%는 은행이 자체적으로 리스크를 관리하며 대출을 실행하거나, 대출 자체를 줄이거나 거절할 수 있습니다.

외국인도 보증가입 가능하다

개인, 법인, 외국인도 '전세보증금반환보증'에 가입할 수 있습니다.

대리인도 보증가입 가능할까?

대리인 또는 우편으로 신청하면 약관상의 채권양도계약서 등 중요사항의 설명의무를 이행한 것으로 보기 어렵습니다. 그러므로 반드시 본인이 직접 지사를 방문하여 신청해야 합니다.

전세보증금 일부도 '전세보증금반환보증' 가입이 가능하다

'전세보증금반환보증'은 전세보증금의 일부라도 가입할 수 있습니다.

보증 조건은?

공인중개사를 통해 체결하고 그 공인중개사의 도장이 찍힌 전세계약서여야 합니다. 임차한 주택에 이사한 후엔 반드시 그날 전입신고와 확정일자를 마쳐야 합니다. 보증 대상 주택의 건물과 토지는 모두 동일 임대인의 소유여야 하고, 보증 대상 주택에 경매신청, 압류, 가압류, 가처분 및 가등기 등이 없어야 합니다. 건축물대장에 위반건축물로 기재되어 있지 않아야 하며 계약기간은 1년 이상이어야 가입할 수 있습니다.

묵시적 계약갱신인 경우는?

묵시적 계약갱신인 경우엔 별도의 갱신 계약서를 작성하지 않아도 되며, 종전 계약과 동일한 조건에 보증기간을 2년으로 하는 신청이 가능합니다. 또한, 최초 전세계약 시 공인중개사를 통해 이미 확정일자를 받았다면 별도의 확정일자를 받지 않아도 됩니다.

기존 계약 시 공인중개사를 통해 전세계약을 체결했다면 갱신하는 계약은 공인중개사를 통해 체결한 계약서가 아니어도 신청할 수 있습니다.

편리한 모바일 앱을 이용해 보세요

우리은행, 국민은행은 해당 은행 모바일 앱을 통해 보증가입이 가능합니다. 네이버부동산, 카카오페이, 토스에서도 비대면으로 가입할 수 있습니다.

- 네이버부동산 → 금융상품 → 전세보증금반환보증
- 카카오페이 → 간편보험 → 전세보증금반환보증
- 토스 → 전체 → 부동산 → 전세보증금반환보증

임차한 주택의 임대인이 바뀌었다면?

임차한 주택의 임대인이 바뀌었다면 임대인 변경을 신청하면 됩니다. 은행에서 최초 보증 발급받았다면 은행을 방문하여야 하고, 공사 영업지사에서 신청하였으면 영업지사를 방문하거나 인터넷보증(https://khig.khug.or.kr)을 이용할 수 있습니다. 모바일 전세보증금반환보증(카카오페이)을 이용하였어도 인터넷보증을 통해 임대인 변경을 신청할 수 있습니다.

한국주택금융공사의 '일반전세지킴보증'

한국주택금융공사(HF)의 '일반전세지킴보증'은 전세자금 대출 시 한국주택금융공사에서 '전세자금보증'을 받은 임차인만 이용할 수 있습니다. 그러나 신청일 현재 한국주택금융공사 전세자금보증 이용 중이 아니더라도 '전세자금보증'과 '일반전세지킴보증'을 동시에 신청하고 전세자금대출도 실행한다면 '일반전세지킴보증'에 가입할 수 있습니다.

가입 대상, 가입 제한 사유, 가입 금액, 보증 한도, 보증료율, 할인·할증률, 취급 기관 등이 보증기관마다 조금씩 다릅니다. 그러므로 가입할 때는 약관을 반드시 꼼꼼하게 확인한 후에 가입해야 합니다.

전세보증금반환보증 보증료 변경

전세보증금과 선순위채권 합계액을 주택가액으로 나눈 '전세가율'이 70% 이하면 보증료가 인하되고 70%를 초과하면 인상됩니다. 보증금 구간을 1억 원 이하, 1억 원 초과~2억 원 이하, 2억 원 초과~5억 원 이하, 5억 원 초과로 세분화하여 보증금이 비쌀수록 보증료를 많이 내야 합니다. 보증료 할인은 무주택자만 가능합니다.

토막상식

전세자금대출보증과 전세보증금반환보증을 한번에 해결한다!

주택도시보증공사(HUG)의 '전세금안심대출보증'에 가입하면 임차인은 금융기관에 전세자금대출의 원리금 상환(전세자금대출특약보증)과 전세보증금 반환(전세보증금반환보증)을 함께 해결할 수 있습니다. 대상 주택은 단독·다중·다가구, 연립·다세대, 아파트, 주거용 오피스텔입니다. 자세한 사항은 HUG의 개인보증을 참고하세요.

027 가계약, 무엇을 주의해야 할까?

부동산 계약은 통상 본계약보다는 가계약이 먼저 이루어집니다. 거래 당사자 모두 바쁘기도 하고 소유자가 자신의 부동산 주변에 거주하고 있지 않아서이기도 합니다. 이번 장에서는 가계약이란 무엇이고, 가계약을 할 때 손해 보지 않으려면 어떻게 해야 하는지 살펴보도록 하겠습니다.

가계약, 본계약과 어떻게 다른가

가계약이란 본계약을 체결하기 전에 계약자의 우선적 지위를 확보하기 위해 체결하는 계약입니다. 가계약은 본계약을 체결하기 전에 거래 의사와 기본 조건을 확인하기 위해서 합니다. 그래서 가계약서에는 상세한 내용보다는 일반적으로 계약 당사자, 거래 부동산의 위치, 본계약일, 계약금의 액수 및 지급 방법 등이 들어갑니다. 주로 말이나 간단한 문서로 이루어집니다.

본계약이란 거래 당사자 간의 최종적인 합의와 세부 조건을 담은 정식 계약입니다. 그래서 본계약서에는 계약 당사자, 거래 부동산의 상세 정보, 임차보증금(매매대금), 계약금·중도금·잔금의 액수 및 지급 일정, 소유권 이전 절차, 거래조건 등이 자세히 포함됩니다.

가계약금은 얼마를 내야 하나?

"가계약을 맺을 때 한쪽이 상대방에게 지급하는 돈"을 가계약금이라고 합니다. 그리고 이 가계약금은 통상 정식 계약이 체결될 때 계약금의 일부로 봅니다. 사실 가계약이라는 건 민법에 없는 용어입니다. 그래서 가계약금으로 얼마를 지급해야 하는지 정해진 건 없습니다. 일반적으로 임대인과 임차인 간의 동의하에 임차보증금(매매대금)의 1%도 안 되는 아주 적은 금액을 가계약금으로 지급하곤 합니다. 예를 들어 전세보증금이 5억 원인데 거래 당사자 간에 서로 동의하면 전세보증금의 0.2%도 안 되는 100만 원 이하로도 가계약금을 지급할 수 있습니다.

가계약이 깨지면 임차인은 가계약금을 돌려받을 수 있나?

가계약이 깨지면 임차인(매수인)은 가계약금을 임대인(매도인)에게서 돌려받을 수 있을까요?

가계약 시 나중에 계약서를 작성하기로 하고 임차인이 임대인에게 다른 것 없이 가계약금만 송금했다면 이때의 가계약금은 단순한 증거금으로 볼 수 있습니다. 그러므로 이런 경우엔 가계약이 파기되면 임대인은 임차인에게 가계약금을 그대로 돌려줘야 합니다. 이것이 가계약의 가장 일반적인 경우입니다.

그러나 가계약 시 임대인과 임차인 당사자 간에 "계약금을 손해배상액의 예정으로 한다."라는 특약을 했거나, 가계약서에 "제○조(계약의 해제) 임차인이 임대인에게 중도금을 지급하기 전까지, 임대인은 계약금의 배액을 상환하고, 임차인은 계약금을 포기하고 이 계약을 해제할 수 있다."라는 조문이 있다면 이럴 땐 가계약을 파기한 당사자가 상대방에게 배상해주어야 합니다. 만약에 가계약을 파기한 당사자가 임대인이면 임차인에게 가계약금의 배액을 돌려줘야 하고 가계약을 파기한 당사자가 임차인이면 자신이 임대인에게 지급한 가계약금을 포기해야 합니다([대법원 2021.9.30. 선고 2021다248312 약정금 반환 판결]).

가계약 시 손해 보지 않으려면

앞에서 살펴본 것처럼 가계약 시 다른 것 없이 가계약금만 송금했는데 파기되면 매도인은 가계약금을 매수인에게 그대로 돌려줘야 합니다, 그런데 현실에서는 가계약 파기 시 임차인이 자신이 지급한 가계약금을 돌려받지 못하는 경우가 종종 있습니다. 그러므로 가계약을 하기 전에 개업공인중개사에게 가계약 파기 시 가계약금을 돌려받을 수 있는지를 확인해 보고 돌려받을 수 있다고 할 때 가계약을 하는 것이 좋습니다.

그런데 구경한 주택에 꼭 가계약을 하고 싶고, 그 가계약이 파기되지 않고 본계약까지 이어지기를 바란다면 가계약 시 특약이나 배액 상환 문구를 계약서에 넣는 것이 좋습니다.

> **토막상식**
>
> **시행사의 분양보증 가입은 필수!**
>
> 시행사 부도 시 HUG가 건물을 완공하고 입주까지 책임지거나, 또는 입주예정자가 납입한 계약금, 중도금을 반환해 줍니다. 보증기간은 입주자 모집공고 승인일부터 건물소유권 보존 등기일(사용검사 포함)까지입니다.

028 진짜 집주인이 맞을까? 진위 확인하기

주택을 임차하는 사람에게 전월세보증금은 큰 재산입니다. 그런데 임대인이 아닌 자와 임대차계약을 하여 보증금을 모두 잃어버리면 엄청난 재앙이 될 것입니다. 임대차계약을 할 때 임대인이라며 나타난 자가 진짜 임대인인지 확인하는 방법은 없을까요?

임대차계약서를 작성하기 전에 임대인이라는 자가 내민 주민등록증이나 운전면허증이 위조된 것인지 아닌지 진위 확인을 해보면 됩니다.

방법 1: ARS 전화 '1382'로 주민등록증 진위 확인하기

ARS 전화 서비스로 주민등록증 진위를 확인할 수 있습니다. 국번 없이 '1382'를 누르고 안내 멘트에 따라 주민등록번호와 발급일자를 입력하면 됩니다.

예를 들어 주민등록번호가 001225-1454321이고, 발급일자가 2023년 8월 17일이라면, 안내 멘트에 따라 0012251454321과 20230817을 차례대로 입력하면 됩니다.

방법 2: 정부24 홈페이지에서 주민등록증 진위 확인하기

인터넷으로 주민등록증 진위를 확인할 수 있습니다. 정부24(www.gov.kr)에 접속한 후 다음과 같이 따라 하세요.

❶ 정부24 홈페이지 중앙 상단의 '민원서비스'를 클릭합니다.

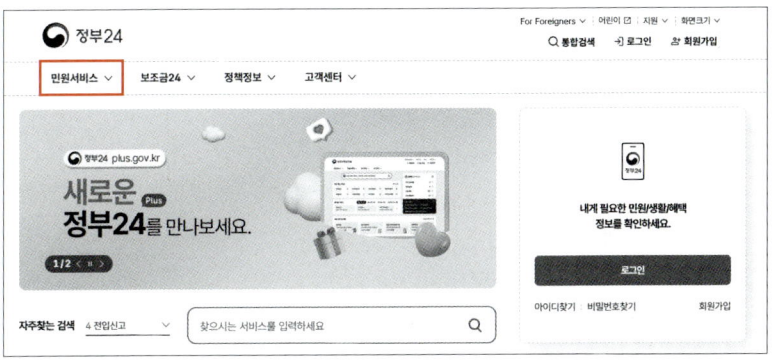

❷ '민원서비스'에서 '사실/진위 확인'을 클릭한 후 '주민등록증 진위 확인/잠김해제'를 클릭합니다.

❸ 화면 중앙의 '인증서 인증하고 진위 확인하기'를 클릭합니다.

❹ 정부24는 개인정보 보호를 위해 간편인증과 공동인증서와 금융인증서를 운영하고 있습니다. 편리한 것을 이용하세요.

❺ 진위를 확인하고자 하는 주민등록증의 성명, 주민등록번호, 주민등록 발급일자를 입력한 후, '입력확인' 칸의 숫자를 입력란에 똑같이 입력하고 '확인'을 클릭합니다.

❻ 다음 페이지의 화면처럼 "입력하신 내용은 등록된 내용과 일치합니다."라는 문구가 나타나면 진짜 주민등록증 소유자이므로 계약해도 무방합니다. 하지만 "일치는 하지만 분실신고된 증입니다." 또는 "일치하지 않습

니다."라는 문구가 나타나면 그 주민등록증을 제시한 사람과 계약해서는 안 됩니다.

```
주민등록증 진위확인/잠김해제

        주민등록증 진위확인              주민등록증 잠김해제

진위 확인 결과

성명            백영록
주민등록번호     720719-·······
발급일자         ········

입력하신 내용은 등록된 내용과 일치합니다.

목록으로                                      진위확인 다시하기
```

방법 3: 스마트폰에서 주민등록증 진위 확인하기

스마트폰으로도 언제 어디서나 주민등록증 진위를 확인할 수 있습니다.

❶ '정부24' 앱을 열어 로그인합니다.

❷ 앱 화면의 왼쪽 상단에 메뉴 아이콘을 터치합니다.

❸ '민원서비스' → '사실/진위 확인'을 터치합니다.

❹ '주민등록증 진위 확인/잠김해제'를 터치합니다.

❺ '인증서 인증하고 진위 확인하기'를 터치합니다.

❻ 성명, 주민등록번호, 발급일자, 입력확인 숫자를 입력하고 '확인'을 클릭합니다.

❼ "입력하신 내용은 등록된 내용과 일치합니다."라는 문구가 나타나면 진짜 주민등록증 소유자이므로 계약해도 무방합니다.

방법 4: 스마트폰에서 운전면허증 진위 확인하기

가끔 주민등록증이 아닌 운전면허증을 가지고 오는 임대인이 있습니다. 이런 경우에는 운전면허증의 진위 확인을 확인해야 하는데요. 방법은 다음과 같습니다.

❶ '경찰청 교통민원24' 앱을 열어 로그인합니다.

❷ 앱 화면의 왼쪽 상단에 메뉴 아이콘을 터치합니다.

❸ '운전면허·조사예약'을 터치합니다.

❹ '운전면허증 진위여부조회'를 터치합니다.

❺ 생년월일, 성명, 면허번호, 식별번호를 입력하고 조회를 터치합니다.

❻ "전산 자료와 일치합니다. 식별번호가 일치합니다."라는 문구가 나타나면 진짜 운전면허증 소유자이므로 계약해도 무방합니다.

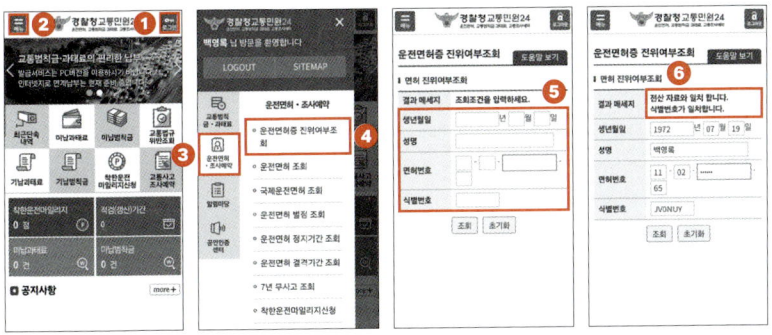

참고로 임대인이 모바일 신분증을 제시하는 경우에는 반드시 '모바일 신분증 검증' 앱이나 '정부24' 앱(메뉴 → 민원서비스 → 사실/진위확인 → 주민등록증 모바일 확인 서비스)으로 진위확인을 해야 합니다.

배우자가 대리인이더라도 조심해야 한다!

부부 중 배우자가 대리인이면 위임장만 확인하고 임대인 본인의 위임 사실을 확인하지 않는 경우가 많은데 이것은 매우 위험한 행동입니다. 이혼 직전에 있거나 별거하는 부부가 많은 요즘 더욱 주의해야 합니다. 판례에서는 임대인과 대리인이 부부(夫婦)나 부자(父子) 관계면 인감도장과 인감증명서 입수가 수월하다는 이유로 사고 발생 시 다른 사례보다 임대인 본인의 책임을 잘 인정해 주지 않습니다. 그러므로 임대인 배우자가 대리인으로 나오면 위임장이 올바르게 작성되었는지, 위임장의 인장과 인감증명서의 인장이 일치하는지 등을 확인해야 합니다.

> **토막상식**
>
> **소유자가 아닌 대리인과 계약할 때**
>
> 임차한 주택의 소유자가 아닌 대리인과 임대차계약을 해야 한다면 진위를 어떻게 확인해야 할까요? 가장 좋은 방법은 대리인이 소유자의 인감증명과 위임장을 가지고 계약하러 올 때 소유자의 주민등록증도 함께 가지고 오도록 하는 것입니다. 만약 이것이 여의치 않다면 소유자와 전화 통화를 해서 소유자의 성명과 주민등록번호, 발급 날짜를 직접 확인해야 합니다. 그리고 대리인이 가지고 온 인감증명이 소유자 본인이 직접 서명하여 발급한 것인지 정부24 홈페이지 '민원서비스 → 사실/진위 확인 → 본인서명발급 사실확인'을 통해 반드시 확인해 봐야 합니다. 또한, 잔금을 치를 때 반드시 출석을 요구하여 소유자를 만나봐야 합니다. 참고로 부부 공동명의 주택을 임차할 때는 부부 모두와 계약해야 합니다.

029 전월세 계약서, 꼼꼼하게 작성하기

학생이나 직장인 또는 신혼부부가 혼자 계약서를 작성해야 할 때가 있습니다. 이런 경우 임대차계약 경험이 별로 없는 초보 임차인이라면 떨리고 당황할 수밖에 없습니다. 임대차계약을 할 때 챙겨야 할 준비물과 계약서 작성 방법에 대해 자세하게 살펴보도록 하겠습니다.

계약하러 갈 때 준비물

- **임차인**: 도장, 주민등록증 또는 운전면허증
- **임대인**: 도장, 주민등록증 또는 운전면허증, 위임장(필요 시), 인감증명(필요 시)

완벽한 계약서 작성을 위해서는 친필 서명이 필요합니다. 계약서를 컴퓨터로 작성해서 출력했다 하더라도 임대인과 임차인은 계약서에 친필 서명을 해야 합니다.

주택 임대차계약을 할 때는 법무부에서 만든 '주택임대차표준계약서'를 이용하는 것을 추천합니다. 임차인의 보증금과 권리가 잘 보호받을 수 있도록 만들어져 있습니다.

주택임대차표준계약서

❶ □보증금 있는 월세　□전세　□월세

❷ 임대인(　　　　)과 임차인(　　　　)은 아래와 같이 임대차 계약을 체결한다

❸ [임차주택의 표시]

소재지	(도로명주소)			
토 지	지목		면적	㎡
건 물	구조·용도		면적	㎡
임차할부분	상세주소가 있는 경우 동층호 정확히 기재		면적	㎡

❹ 계약의종류
- □ 신규 계약　　□ 합의에 의한 재계약
- □ 「주택임대차보호법」 제6조의3의 계약갱신요구권 행사에 의한 갱신계약
  * 갱신 전 임대차계약 기간 및 금액
  계약기간:　　　　　보증금:　　　원, 차임: 월　　원

❺ 미납 국세·지방세
□ 없음
(임대인 서명 또는 날인　　(인))
□ 있음(중개대상물 확인설명서 제2쪽 II. 개업공인중개사 세부 확인사항 ⑨ 실제 권리관계 또는 공시되지 않은 물건의 권리사항에 기재)

❻ 선순위 확정일자 현황
□ 해당 없음
(임대인 서명 또는 날인　　(인))
□ 해당 있음(중개대상물 확인설명서 제2쪽 II. 개업공인중개사 세부 확인사항 ⑨ 실제 권리관계 또는 공시되지 않은 물건의 권리사항에 기재)

❼ 확정일자 부여란
※ 주택임대차계약서을 제출하고 임대차 신고의 접수를 완료한 경우에는, 별도로 확정일자 부여를 신청할 필요가 없습니다.

[계약내용]

❽ **제1조(보증금과 차임 및 관리비)** 위 부동산의 임대차에 관하여 임대인과 임차인은 합의에 의하여 보증금과 차임 및 관리비를 아래와 같이 지불하기로 한다.

보증금	금	원정(₩　　　　)			
계약금	금	원정(₩　　)은 계약시에 지불하고 영수함. 영수자 (　　인)			
중도금	금	원정(₩　　)은 _____년 ___월 ___일에 지불하며			
잔 금	금	원정(₩　　)은 _____년 ___월 ___일에 지불한다			
차임(월세)	금	원정은 매월 　일에 지불한다(입금계좌:　　　)			
관리비	(정액인 경우) 총액 금　　　원정(₩　　　)				
	월 10만원 이상인 경우 세부금액 기재				
	1. 일반관리비	금　　원정(₩　)	2. 전기료	금　　원정(₩　)	
	3. 수도료	금　　원정(₩　)	4. 가스 사용료	금　　원정(₩　)	
	5. 난방비	금　　원정(₩　)	6. 인터넷 사용료	금　　원정(₩　)	
	7. TV 사용료	금　　원정(₩　)	8. 기타관리비	금　　원정(₩　)	
	(정액이 아닌 경우)				
	관리비의 항목 및 산정방식을 기재(예: 세대별 사용량 비례, 세대수 비례)				

❾ **제2조(임대차기간)** 임대인은 임차주택을 임대차 목적대로 사용·수익할 수 있는 상태로 _____년 ___월 ___일까지 임차인에게 인도하고, 임대차기간은 인도일로부터 _____년 ___월 ___일까지로 한다.

❿ **제3조(입주 전 수리)** 임대인과 임차인은 임차주택의 수리가 필요한 시설물 및 비용부담에 관하여 다음과 같이 합의한다.

수리 필요 시설	□ 없음　□ 있음(수리할 내용:　　　　　)
수리 완료 시기	□ 잔금지급 기일인 _____년 ___월 ___일까지　□ 기타 (　　　)
약정한 수리 완료 시기까지 미 수리한 경우	□ 수리비를 임차인이 임대인에게 지급하여야 할 보증금 또는 차임에서 공제 □ 기타 (　　　)

▲ 전월세 계약서 샘플

❶ 계약 종류 표시

보증금이 있는 월세라면 '보증금 있는 월세' 란에 체크, 전세라면 '전세' 란에 체크, 보증금 없이 매달 월세만 지급하거나 보증금을 지급하더라도 1개월 월세에 해당하는 예치금을 보증금 대신 지급하는 방식이라면 '월세' 란에 체크합니다.

❷ 임대인과 임차인 이름

임대인과 임차인 각자의 주민등록상 성명을 기재합니다.

❸ 임차주택의 표시

임차하고자 하는 주택의 주소와 동·호수를 기재합니다. 주택이 있는 토지의 지목과 면적을 기재합니다. 그리고 주택의 구조, 용도, 면적을 기재합니다. 만약에 주택 일부분만 임차한다면 그 부분과 면적을 기재합니다. 이때 주의할 점은 등기사항전부증명서상의 내용이 아니라 건축물대장과 토지대장의 내용을 기재해야 합니다.

❹ 계약의 종류

본 계약이 신규 계약인지 아니면 임대인과 임차인이 서로 합의한 재계약인지, 임차인의 계약갱신요구권에 의한 갱신계약인지 표시합니다. 그리고 갱신계약이라면 갱신 전 임대차계약의 기간, 보증금, 차임을 기재합니다. 신규 계약이나 재계약(전에 계약갱신요구권을 사용한 적이 없는 재계약)이라면 장차 계약갱신요구권을 사용할 수 있으나, 이번이 계약갱신요구권에 의한 갱신계약이라면 다음엔 기회가 없습니다. 계약갱신요구권은 1회에 한정하여

2년까지만 가능합니다.

❺ 미납 국세·지방세 확인

임대인이 체납한 국세나 지방세가 있는지 확인하여 그 사실을 기재해야 합니다.

임대차계약을 체결하기 전에 임차인은 임대인의 동의를 받아 그가 국세와 지방세를 체납했는지를 열람할 수 있습니다. 그리고 임대차계약을 체결할 때 임대인은 임차인에게 '납세증명서'(국세)와 '지방세 납세증명서'를 보여줘야 합니다(「주택임대차보호법 제3조의7 2호」).

❻ 선순위 확정일자 현황

임차하고자 하는 주택에 자신보다 먼저 입주한 임차인이 있으면 해당 임차인의 보증금과 확정일자 부여 사실을 기재해야 합니다.

임대차계약을 체결하기 전에 임차인은 임대인의 동의를 받아 임차하고자 하는 주택의 확정일자 부여일, 차임 및 보증금 등의 정보를 동 행정복지센터 등에 요청할 수 있습니다. 그리고 임대차계약을 체결할 때 임대인은 임차인에게 해당 주택의 확정일자 부여일, 차임 및 보증금 등 정보를 알려줘야 합니다.

해당 주택의 근저당권 채권최고액과 선순위 임차인의 모든 보증금과 자신의 보증금을 합한 금액이 해당 주택가격의 80%를 초과한다면 임대차계약을 하지 않는 것이 좋습니다.

❼ 확정일자 부여

임차한 주택으로 이사하고 난 후 동 행정복지센터에 가서 전입신고하고 확정일자를 받을 때 이곳에 확정일자 도장을 받으면 됩니다. 그런데 부동산 거래관리시스템(https://rtms.molit.go.kr)이나 동 행정복지센터에 '전월세신고'를 했다면 확정일자를 따로 받지 않아도 됩니다. 그러므로 임대차계약의 체결일부터 30일 이내에 '부동산 거래관리시스템(https://rtms.molit.go.kr)'을 이용해 보세요.

❽ 제1조 보증금과 차임과 관리비

보증금과 월세 금액을 기재할 때는 위조 방지를 위해 한글로만 기재하지 말고 아라비아 숫자로 한 번 더 기재해야 합니다. 계약일과 잔금일 사이의 기간은 여유 있게 한 달 이상으로 잡는 것이 좋습니다(보증금이 적으면 중도금은 대부분 생략함).

계약금을 수령한 후에는 계약서의 '영수자' 란에 임대인의 친필 서명과 도장을 받습니다.

월세의 경우 '입금계좌'란에 임대인 통장의 은행명과 계좌번호를 기재합니다.

정기적으로 내야 하는 월 10만 원 이상의 관리비라면 계약서상 항목들에 자세하게 기록하고 정기적인 관리비가 아니더라도 그 관리비의 항목 및 산정 방식을 기재해야 합니다. 기재해 본 후 관리비가 너무 과한 경우에는 임대인과 협상하여 낮추거나 계약을 보류해야 합니다. 매달 내야 하는 관리비가 높으면 부담이 되기 때문입니다.

❾ 제2조 임대차 기간

임차인이 입주하는 날짜와 임대차계약 기간을 기재합니다. 이때 만기일은 계약일보다 하루 짧게 기재합니다. 예를 들면 임대차계약 기간이 '2025년 01월 15일~2027년 01월 14일'까지라면 만기일은 계약일 15일보다 하루 짧은 14일로 기재해야 합니다.

❿ 제3조 입주 전 수리

입주 전에 수리가 필요한 시설이 있는지 기재해야 합니다. 있다면 언제까지 수리해 줄 것인지를 기재해야 합니다. 약속한 날까지 수리가 되지 않으면 임대인에게 지급해야 할 임대보증금에서 수리비를 제한다든지 또는 임대차계약을 해제한다든지 하는 내용을 기재해야 합니다. 이러한 내용을 수월하게 기재하려면 집 구경을 할 때 체크리스트를 꼼꼼하게 작성해야 합니다.

⓫ 제4조~제11조

제4조의 수리 및 비용에 관한 내용은 임대차계약 기간 동안 발생할 수 있는 수리 및 비용에 관한 내용입니다. 이 부분도 임대차계약 전에 체크리스트를 활용하여 꼼꼼하게 확인해야 합니다.

임차인이 임대인의 동의 없이 임차한 주택의 구조를 변경하거나, 다른 임차인에게 다시 임대(전대)하거나, 임차권을 양도하면 임대인은 임대차계약을 해지할 수 있습니다.

그 외에도 임차 주택이 심하게 파손되거나 임차인이 2기 이상의 월세를 연체하면 임대인은 임대차계약을 해지할 수 있습니다.

⑪ **제4조(임차주택의 사용·관리·수선)** ① 임차인은 임대인의 동의 없이 임차주택의 구조변경 및 전대나 임차권 양도를 할 수 없으며, 임대차 목적인 주거 이외의 용도로 사용할 수 없다.
② 임대인은 계약 존속 중 임차주택을 사용·수익에 필요한 상태로 유지하여야 하고, 임차인은 임대인이 임차주택의 보존에 필요한 행위를 하는 때 이를 거절하지 못한다.
③ 임대인과 임차인은 계약 존속 중에 발생하는 임차주택의 수리 및 비용부담에 관하여 다음과 같이 합의한다. 다만, 합의되지 아니한 기타 수선비용에 관한 부담은 민법, 판례 기타 관습에 따른다.

임대인부담	(예컨대, 난방, 상하수도, 전기시설 등 임차주택의 주요설비에 대한 노후불량으로 인한 수선은 민법 제623조, 판례상 임대인이 부담하는 것으로 해석됨)
임차인부담	(예컨대, 임차인의 고의·과실에 기한 파손, 전구 등 통상의 간단한 수선, 소모품 교체 비용은 민법 제623조, 판례상 임차인이 부담하는 것으로 해석됨)

④ 임차인이 임대인의 부담에 속하는 수선비용을 지출한 때에는 임대인에게 그 상환을 청구할 수 있다.
제5조(계약의 해제) 임차인이 임대인에게 중도금(중도금이 없을 때는 잔금)을 지급하기 전까지, 임대인은 계약금의 배액을 상환하고, 임차인은 계약금을 포기하고 이 계약을 해제할 수 있다.
제6조(채무불이행과 손해배상) 당사자 일방이 채무를 이행하지 아니하는 때에는 상대방은 상당한 기간을 정하여 그 이행을 최고하고 계약을 해제할 수 있으며, 그로 인한 손해배상을 청구할 수 있다. 다만, 채무자가 미리 이행하지 아니할 의사를 표시한 경우의 계약해제는 최고를 요하지 아니한다.
제7조(계약의 해지) ① 임차인은 본인의 과실 없이 임차주택의 일부가 멸실 기타 사유로 인하여 임차의 목적대로 사용할 수 없는 경우에는 계약을 해지할 수 있다.
② 임대인은 임차인이 2기의 차임액에 달하도록 연체하거나, 제4조 제1항을 위반한 경우 계약을 해지할 수 있다.
제8조(갱신요구와 거절) ① 임차인은 임대차기간이 끝나기 6개월 전부터 2개월 전까지의 기간에 계약갱신을 요구할 수 있다. 다만, 임대인은 자신 또는 그 직계존속·직계비속의 실거주 등 주택임대차보호법 제6조의3 제1항 각 호의 사유가 있는 경우에 한하여 계약갱신의 요구를 거절할 수 있다. ※ 별지2) 계약갱신 거절통지서 양식 사용 가능
② 임대인이 주택임대차보호법 제6조의3 제1항 제8호에 따른 실거주를 사유로 갱신을 거절하였음에도 불구하고 갱신요구가 거절되지 아니하였더라면 갱신되었을 기간이 만료되기 전에 정당한 사유 없이 제3자에게 주택을 임대한 경우, 임대인은 갱신거절로 인하여 임차인이 입은 손해를 배상하여야 한다.
③ 제2항에 따른 손해배상액은 주택임대차보호법 제6조의3 제6항에 의한다.
제9조(계약의 종료) 임대차계약이 종료된 경우에는 임차인은 임차주택을 원래의 상태로 복구하여 임대인에게 반환하고, 이와 동시에 임대인은 보증금을 임차인에게 반환하여야 한다. 다만, 시설물의 노후화나 통상 생길 수 있는 파손 등은 임차인의 원상복구의무에 포함되지 아니한다.
제10조(비용의 정산) ① 임차인은 계약종료 시 공과금과 관리비를 정산하여야 한다.
② 임차인은 이미 납부한 관리비 중 장기수선충당금을 임대인(소유자)에게 반환 청구할 수 있다. 다만, 관리사무소 등 관리주체가 장기수선충당금을 정산하는 경우에는 그 관리주체에게 청구할 수 있다.
제11조(분쟁의 해결) 임대인과 임차인은 본 임대차계약과 관련한 분쟁이 발생하는 경우, 당사자 간의 협의 또는 주택임대차분쟁조정위원회의 조정을 통해 호혜적으로 해결하기 위해 노력한다.
⑫ **제12조(중개보수 등)** 중개보수는 거래 가액의 _____%으로 _____원(□ 부가가치세 포함 □ 불포함)으로 임대인과 임차인이 각각 부담한다. 다만, 개업공인중개사의 고의 또는 과실로 인하여 중개의뢰인간의 거래행위가 무효·취소 또는 해제된 경우에는 그러하지 아니하다.
⑬ **제13조(중개대상물확인·설명서 교부)** 개업공인중개사는 중개대상물 확인·설명서를 작성하고 업무보증관계증서 (공제증서등) 사본을 첨부하여 _____년 _____월 _____일 임대인과 임차인에게 각각 교부한다.

⑭ **[특약사항]**
- 주택을 인도받은 임차인은 _____년 _____월 _____일까지 주민등록(전입신고)과 주택임대차계약서상 확정일자를 받기로 하고, 임대인은 위 약정일자의 다음날까지 임차주택에 저당권 등 담보권을 설정할 수 없다.
- 임대인이 위 특약에 위반하여 임차주택에 저당권 등 담보권을 설정한 경우에는 임차인은 임대차계약을 해제 또는 해지할 수 있다. 이 경우 임대인은 임차인에게 위 특약 위반으로 인한 손해를 배상하여야 한다.
- 임대차계약을 체결한 임차인은 임대차계약 체결 시를 기준으로 임대인이 사전에 고지하지 않은 선순위 임대차 정보(주택임대차보호법 제3조의6 제3항)가 있거나 미납 또는 체납한 국세·지방세가 _____원을 초과하는 것을 확인한 경우 임대차기간이 시작하는 날까지 제5조에도 불구하고 계약금 등의 명목으로 임대인에게 교부한 금전 기타 물건을 포기하지 않고 임대차계약을 해제할 수 있다.
- 주택임대차계약과 관련하여 분쟁이 있는 경우 임대인 또는 임차인은 법원에 소를 제기하기 전에 먼저 주택임대차분쟁조정위원회에 조정을 신청한다. (□ 동의   □ 미동의)
 ※ 주택임대차분쟁조정위원회 조정을 통할 경우 60일(최대 90일) 이내 신속하게 조정 결과를 받아볼 수 있습니다.
- 주택의 철거 또는 재건축에 관한 구체적 계획 (□ 없음 □ 있음 ※공사시기 :   ※ 소요기간 :   개월)
- 상세주소가 없는 경우 임차인의 상세주소부여 신청에 대한 소유자 동의여부 (□ 동의   □ 미동의)

    임차인이 임대인에게 중도금(중도금이 없을 때는 잔금)을 지급하기 전까지 임대차계약을 해제할 수 있습니다. 임대인은 계약금의 배액을 상환하고, 임차

인은 계약금을 포기해야 합니다. 하지만 중도금이 넘어간 상태에선 임대인은 약정한 대로 임대해야 하고 임차인도 그대로 임차해야 합니다. 단, 임대인과 임차인 당사자 간의 계약해제에 대해 미리 협의했거나 추후 합의했으면 중도금 지급 후라도 임대차계약을 해제할 수 있습니다.

임대인이든 임차인이든 당사자 일방이 채무를 이행하지 아니하는 때에는 상대방은 계약해제는 물론이고 손해배상까지 청구할 수 있습니다. 그러므로 계약 전에 충분히 살펴보고 물어봐서 신중하게 판단한 후에 임대차계약을 체결해야 합니다.

임차인은 임대차계약 기간이 끝나기 2개월 전까지 계약갱신을 요구할 수 있습니다. 단, 임대인 자신 또는 그 직계존속·직계비속이 실거주하고자 할 때는 임차인의 계약갱신 요구를 거절할 수 있습니다. 그러나 임대인이 주장한 실거주 목적이 거짓일 때는 임차인은 임대인에게 손해배상을 청구할 수 있습니다.

임대차계약 기간이 종료되면 임차인은 임대인에게 임차한 주택을 원상회복하여 반환하고 임대인은 임차인에게 임차보증금을 반환해 주어야 합니다. 주택이 오래되어 통상 생길 수 있는 파손이나 생활 흠집 등은 원상회복 대상이 아닙니다. 그러나 이 역시 임대차계약 종료 후에 다툼의 여지가 될 수 있으므로 이 점에 대해서도 계약 전 임대인과 협의하는 게 좋습니다. 임대차계약이 종료되었음에도 임차인에게 임차보증금을 돌려주지 못하겠다고 하는 임대인이 가끔 있습니다. 그러므로 이런 경우를 대비해서 '전세보증금반환보증'에 가입할 수 있는 주택을 임차해야 합니다.

임차인은 이사 나갈 때 공과금과 관리비를 정산해야 합니다. 그리고 이 때 임대차계약 기간 동안 관리비와 함께 납부했던 장기수선충당금을 임대인(소유자인 경우)에게 요구해야 합니다. 만약 관리사무소에서 장기수선충당금을 관리한다면 관리사무소에서 찾아가면 됩니다. 생각보다 큰 금액일 수 있습니다.

본 임대차계약과 관련하여 임대인과 임차인 간 분쟁이 발생하면 가능한 당사자 간 협의하여 해결하되 그것이 어렵다면 '주택·상가건물임대차분쟁조정위원회(www.hldcc.or.k)'의 조정을 받는 것이 좋습니다.

⓬ 중개보수 등

중개수수료 요율과 금액을 기재해야 합니다. 그리고 중개수수료 소득공제와 관련하여 현금영수증을 받을 경우, 중개수수료에 부가가치세가 포함되는지 확인해야 합니다.

참고로 계약을 중개한 개업공인중개사가 간이사업자라면 계산된 중개수수료만 지급하면 됩니다. 그러나 일반사업자라면 계산된 중개수수료에 부가가치세 10%를 추가로 지급해야 합니다.

⓭ 중개대상물 확인·설명서 교부

개업공인중개사는 임대차계약서를 작성할 때 임차인에게 임차 주택의 상태, 권리관계 등에 대해서 성실·정확하게 설명해야 합니다. 그리고 중개대상물 확인·설명서를 작성하여 서명 및 날인하고 그것을 임대인과 임차인에게 제공해야 합니다.

개업공인중개사는 자신의 실수로 중개 사고가 발생하면 손해배상 책임을 지겠다는 공제증서(보증보험증권)를 임대차계약서 작성 시 임차인에게 제공해야 합니다. 이 공제증서(보증보험증권)는 한국공인중개사협회(서울보증)가

자신의 공제(보증보험)에 가입한 개업공인중개사에게 발급합니다. 그래서 중개 사고가 발생하면 한국공인중개사협회(서울보증)에서 임차인(매수인)에게 최대 2억 원(법인은 4억 원)까지 손해배상을 해줍니다.

❶ **특약사항**

대항력을 갖추기 전에 임대인이 저당권 등을 설정하거나, 임대차계약 체결 시 임차인에게 알리지 않은 선순위 임대차 정보 및 미납·체납된 국세·지방세가 있으면 임차인은 임대차계약을 해제·해지할 수 있다는 내용을 꼼꼼하게 읽어보고 필요하면 기재하거나 체크해야 합니다. 임대차계약과 관련하여 분쟁이 있을 땐 법원에 소를 제기하기 전에 주택임대차분쟁조정위원회에 조정을 신청하기로 한다는 내용을 꼼꼼하게 읽어보고 필요하면 기재하거나 체크해야 합니다. 주택의 철거나 재건축 계획에 관한 내용을 천천히 읽어보고 필요하면 기재하거나 체크해야 합니다. 임차인은 임대인에게 상세 주소 부여를 요구할 수도 있다는 내용을 꼼꼼하게 읽어보고 필요하면 기재하거나 체크해야 합니다. 그리고 이 외에 다른 특약사항이 있으면 기재해야 합니다. 단, 특약사항을 기재할 때는 자신에게 불리한 내용이 없는지 다시 한번 확인해 봐야 합니다, 만약에 애매한 점이 있으면 전문가에게 물어본 후에 신중히 작성해야 합니다.

⑮ 임대인, 임차인, 중개업자의 주소, 연락처, 주민등록번호 등

임대인의 연락처를 기재할 때는 작성란의 크기가 작다는 이유로 주택의 전화번호와 휴대전화 번호 중 하나만 기재해서는 안 됩니다. 가능하면 두 가지 모두 기재해야 합니다.

계약서에 기재된 임대인의 성명이 주민등록증과 등기사항전부증명서 상의 성명과 일치하는지 반드시 확인해야 합니다.

임대차계약서에 기재된 개업공인중개사의 성명이 공인중개사 사무소에 걸려 있는 사업자등록증의 성명과 일치하는지 반드시 확인해야 합니다.

법의 보호를 받기 위한 중요사항! 반드시 확인하세요

법무부(www.moj.go.kr)에서 제공하는 '주택임대차표준계약서' 뒷부분에는 임차인의 대항력과 우선변제권 확보에 관한 내용, 계약 전 해당 주택의 선순위 권리 및 세금 체납 사실 확인에 관한 내용, 전월세신고제에 관한 내용, 보증금이나 월세 증액에 관한 내용, 묵시적갱신에 관한 내용, 계약갱신요구권에 관한 내용 등이 자세하게 설명되어 있으니 꼭 읽어보세요!

참고로 임대인이 임차인의 계약갱신 요구를 거절하고자 할 때 필요한 '계약갱신 거절통지서' 양식도 있습니다.

법의 보호를 받기 위한 중요사항! 반드시 확인하세요

< 계약 체결 시 꼭 확인하세요 >

【대항력 및 우선변제권 확보】
① 임차인이 **주택의 인도와 주민등록**을 마친 때에는 그 다음날부터 제3자에게 임차권을 주장할 수 있고, 계약서에 **확정일자**까지 받으면 후순위권리자나 그 밖의 채권자에 우선하여 변제받을 수 있으며, 주택의 점유와 주민등록은 임대차 기간 중 계속 유지하고 있어야 합니다.
② **등기사항증명서, 미납국세·지방세, 다가구주택 확정일자 현황** 등을 반드시 확인하여 선순위 권리자 및 금액을 확인하고 계약 체결여부를 결정하여야 보증금을 지킬 수 있습니다.
※ 임차인은 임대인의 동의를 받아 미납국세·지방세는 관할 세무서에서, 확정일자 현황은 관할 주민센터등기소에서 확인할 수 있습니다.

【임대차 신고의무 및 확정일자 부여 의제】
① 수도권 전역, 광역시, 세종시 및 도(道)의 시(市) 지역에서 보증금 6천만원 또는 월차임 30만원을 초과하여 주택임대차 계약을 체결(금액의 변동이 있는 재계약·갱신계약 포함)한 경우, 임대인과 임차인은 계약체결일로부터 30일 이내에 시군 구청에 해당 계약을 공동(계약서를 제출하는 경우 단독신고 가능)으로 신고하여야 합니다.
② 주택임대차계약서를 제출하고 임대차 신고의 접수를 완료한 경우, 임대차 신고필증상 접수완료일에 확정일자가 부여된 것으로 간주되므로, 별도로 확정일자 부여를 신청할 필요가 없습니다.

< 계약기간 중 꼭 확인하세요 >

【차임증액청구】
계약기간 중이나 임차인의 계약갱신요구권 행사로 인한 갱신 시 차임·보증금을 증액하는 경우에는 기존 차임·보증금의 5%를 초과하여 증액하지 못하고, 계약체결 또는 약정한 차임 등의 증액이 있은 후 1년 이내에는 하지 못합니다.

【묵시적 갱신 등】
① 임대인은 임대차기간이 끝나기 6개월부터 2개월* 전까지, 임차인은 2개월 전까지 각 상대방에게 계약을 종료하겠다거나 조건을 변경하여 재계약을 하겠다는 취지의 통지를 하지 않으면 종전 임대차와 동일한 조건으로 자동 갱신됩니다.
* 기존 규정은 1개월이고, '20. 12. 10. 이후 최초로 체결되거나 갱신된 계약이 적용됩니다.
② 제1항에 따라 갱신된 임대차의 존속기간은 2년입니다. 이 경우, 임차인은 언제든지 계약을 해지할 수 있지만 임대인은 계약서 제7조의 사유 또는 임차인과의 합의가 있어야 계약을 해지할 수 있습니다.

【계약갱신요구 등】
① 임차인이 임대차기간이 만료되기 6개월 전부터 2개월* 전까지 사이에 계약갱신을 요구할 경우 임대인은 정당한 사유 없이 거절하지 못하고, 갱신거절 시 별지 2에 게재된 계약갱신 거절통지서 양식을 활용할 수 있습니다.
* 기존 규정은 1개월이고, '20. 12. 10. 이후 최초로 체결되거나 갱신된 계약의 경우 2개월이 적용됩니다.
② 임차인은 계약갱신요구권을 1회에 한하여 행사할 수 있고, 이 경우 갱신되는 임대차의 존속기간은 2년, 나머지 조건은 전 임대차와 동일한 조건으로 다시 계약된 것으로 봅니다. 다만, 차임과 보증금의 증액은 청구 당시의 차임 또는 보증금 액수의 100분의 5를 초과하지 아니하는 범위에서만 가능합니다.
③ 묵시적 갱신이나 합의에 의한 재계약의 경우 임차인이 갱신요구권을 사용한 것으로 볼 수 없으므로, 임차인은 주택임대차 보호법에 따라 임대기간 중 1회에 한정되어 인정되는 갱신요구권을 차후에 사용할 수 있습니다.

< 계약종료 시 꼭 확인하세요 >

【보증금액 증액시 확정일자 날인】
계약기간 중 보증금을 증액하거나, 재계약 또는 계약갱신 과정에서 보증금을 증액한 경우에는 증액된 보증금액에 대한 우선 변제권을 확보하기 위하여 반드시 **다시 확정일자**를 받아야 합니다.

주택임대차 관련 분쟁은 전문가로 구성된 대한법구조공단, 한국부동산원, 한국토지주택공사, 지방자치단체에 설치된 주택임대차분쟁조정위원회에서 신속하고 효율적으로 해결할 수 있습니다.

계약갱신 거절통지서

임대인	성 명		임차인	성 명	
	주 소			주 소	
	연락처			연락처	
임차목적물 주소					
임대차계약 기간					

임대인(_____)은 임차인(_____)로부터 ___년 ___월 ___일 주택임대차계약의 갱신을 요구 받았으나, 아래와 같은 법률상 사유로 위 임차인에게 갱신요구를 거절한다는 의사를 통지합니다.

계약갱신거절 사유 (주택임대차보호법 제6조의3 제1항 각 호)

1. 임차인이 2기의 차임액에 해당하는 금액에 이르도록 차임을 연체한 사실이 있는 경우 ☐
2. 임차인이 거짓이나 그 밖의 부정한 방법으로 임차한 경우 ☐
3. 서로 합의하여 임대인이 임차인에게 상당한 보상을 제공한 경우 ☐
   (상당한 보상의 내용 :   )
4. 임차인이 임대인의 동의 없이 목적 주택의 전부 또는 일부를 전대(轉貸)한 경우 ☐
5. 임차인이 임차한 주택의 전부 또는 일부를 고의나 중대한 과실로 파손한 경우 ☐
6. 임차한 주택의 전부 또는 일부가 멸실되어 임대차의 목적을 달성하지 못할 경우 ☐
7. 주택의 전부 또는 대부분을 철거·재건축하기 위하여 점유를 회복할 필요가 있는 경우
   7-1. 임대차계약 체결 당시 공사시기 및 소요기간 등을 포함한 철거 또는 재건축 계획을 임차인에게 구체적으로 고지하고 그 계획에 따르는 경우 ☐
   7-2. 건물이 노후·훼손 또는 일부 멸실되는 등 안전사고의 우려가 있는 경우 ☐
   7-3. 다른 법령에 따라 철거 또는 재건축이 이루어지는 경우 ☐
8. 임대인 또는 임대인의 직계존비속이 목적 주택에 실제 거주하려는 경우 ☐
   (실거주자 성명: , 임대인과의 관계 : ☐ 본인 ☐ 직계존속 ☐ 직계비속)
9. 그 밖에 임차인이 임차인으로서의 의무를 현저히 위반하거나 임대차를 계속하기 어려운 중대한 사유가 있는 경우 ☐

* 위 계약갱신거절 사유를 보충설명하기 위한 구체적 사정
_____
_____

* 선택하신 사유를 소명할 수 있는 문서 등 별도의 자료가 있는 경우, 해당 자료들을 본 통지서에 첨부하여 임차인에게 전달해 주시기 바랍니다.

| 작성일자 : | 년 | 월 | 일 | 임대인 : | (서명 또는 날인) |

* 거절통지의 효력은 위 계약갱신 거절통지서를 작성 및 발송한 후, 임차인에게 통지가 도달할 때에 발생합니다.

토막상식

계약 또는 잔금 직전에 임대인이 등기 신청한 근저당권 확인하는 방법

계약 또는 잔금 직전에 임대인 등기 신청한 근저당권을 확인하고 싶다면 임대인에게 '등기신청사건 처리 현황'을 확인해 달라고 요청하세요.

PC에서는 대법원 인터넷등기소 → 서비스 더보기 → 등기신청사건 조회, 모바일에서는 대법원 인터넷등기소 → 등기신청사건 처리현황

030 전월세 계약 시 기재해야 할 특약

부동산 전월세 계약은 거래 사례마다 조건이 다를 수 있어 일반적인 계약서 조문 외에 임대인과 임차인 간에 합의한 특별한 조건이나 요구사항이 있을 수 있습니다. 그래서 이러한 내용을 명확하게 알 수 있도록 계약서의 특약사항란에 기재하는데 이를 특약사항이라 합니다.

부동산 전월세 계약 시 꼭 넣어야 할 특약사항으로는 다음과 같은 것이 있습니다.

특약 1: 계약부터 잔금 다음날까지 근저당권 설정 금지

"임대인은 임대차계약 시점부터 잔금 다음날까지 근저당권을 설정하지 못한다. 이를 위반하면 임차인은 계약을 해지하고 임대인은 임차인에게 계약금의 2배를 배상한다."

이럴 때 사용하세요!

임대인이 임대차계약 이후에 근저당권을 설정함으로써 임차인보다 근저당권이 선순위가 되는 걸 방지하고자 할 때 기재하는 특약사항입니다. 근저당권 설정일이 임차인의 전입신고일보다 빠르면 임차인은 대항력을 가질 수 없습니다.

주의 사항

근저당권 설정을 금지하는 기간을 임대차계약 시점부터 잔금일까지가 아닌 반드시 잔금 다음날까지로 기재해야 합니다. 임차인의 대항력은 잔금 다음날 0시부터 발생하기 때문입니다.

특약 2: 잔금과 동시에 모든 담보대출 및 체납금 전액 상환

"임대인은 잔금 납부와 동시에 해당 부동산의 모든 담보대출 및 체납금 전액을 상환한다. 이를 위반하면 임차인은 계약을 해지하고 임대인은 임차인에게 계약금의 2배를 배상한다."

이럴 때 사용하세요!

임대차계약을 하려는 주택에 기존 담보대출로 인한 근저당권이 설정되어 있거나 체납된 세금이 있으면 임차인은 근저당권보다 후순위입니다. 임차인이 대항력을 갖춘 선순위 임차인이 되고자 할 때 기재하는 특약사항입니다.

주의 사항

임차보증금이 기존 담보대출이나 체납세금보다 적어 일부만 상환해야 한다면 일부 상환하고 남은 금액과 임차보증금의 합계액이 해당 부동산 시세의 80%를 초과하는지 검토해야 합니다. 만약에 80%를 초과한다면 계약을 해서는 안 됩니다.

특약 3: 전세보증금반환보증 가입에 협조

"임대인은 임차인의 전세보증금반환보증 가입에 적극 협조한다. 임차목적물의 하자로 전세보증금반환보증 가입이 불가한 경우 본 임대차계약은 해제되고 임대인은 임차인에게 임차보증금을 반환한다."

이럴 때 사용하세요!

임대차계약이 만료 시 임차보증금 미반환이 걱정되거나 전세 사기가 우려될 때 기재하는 특약사항입니다. 임차보증금 미반환 시 전세보증금반환보증에 가입한 임차인은 보증기관으로부터 임차보증금을 대신 반환받을 수 있습니다. 전세권설정등기를 바라는 임차인은 특약사항에 '전세보증금반환보증' 대신 '전세권설정등기'를 기재하면 됩니다.

주의 사항

신축 다세대주택의 경우엔 감정평가가 쉽지 않아 전세보증금반환보증 가입이 어려울 수 있습니다. 전세보증금반환보증 가입은 늦어도 잔금 지급 후 2개월 이내에 마치는 게 임대인에 대한 배려입니다.

특약 4: 전세자금대출 불가 시 계약 무효

"전세자금대출 심사 과정에서 대출 불가 판정이 나면 본 계약은 무효로 하고 계약금 전액을 임차인에게 반환한다."

이럴 때 사용하세요!

임차인이 원하는 만큼의 전세자금대출이 가능할지 염려될 때 기재하는 특약사항입니다. 만약 해당 특약 없이 임대차계약을 했는데 전세자금대출 불가로 임차인이 잔금을 치르지 못하게 되면 임차인의 계약금은 임대인에게 몰수될 수 있습니다.

주의 사항

본 특약사항은 임차인이 원하는 만큼의 전세자금대출이 가능할 것으로 예상되더라도 기재해야 합니다. 언제나 생각대로 일이 풀리는 법은 아니니까요.

특약 5: 임대주택 매도 시 임차인에게 통보

"임대차계약 기간 중 임대인이 해당 임대주택을 매도하게 되면 그 사실을 임차인에게 통보한다."

이럴 때 사용하세요!

새로운 임대인의 재정 상태가 좋지 않아 임차보증금을 제때 반환받을 수 없는 경우를 대비하고자 할 때 작성하는 특약사항입니다.

주의 사항

통보받은 새로운 임대인의 재정 상태가 좋지 않으면 임차인은 새로운 매수자의 임대인 승계를 거부하고 바로 임대차계약을 종료해야 합니다. 나중에 대응하는 건 의미가 없습니다.

특약 6: 반려동물로 인한 시설 손상 시 임차인의 책임

"임대인은 임차인이 임대주택에서 반려동물을 키우는 것에 동의한다. 단, 임차인은 반려동물로 인한 내·외부 시설물(현관문, 도배, 장판 등) 손상 시 수리 비용 일체를 배상하기로 한다."

이럴 때 사용하세요!

임대주택에서 반려동물을 키우다 보면 시설물이 손상될 수 있는데요. 그에 대한 임차인의 책임을 명확하게 하고자 할 때 작성하는 특약사항입니다.

주의 사항

반려동물을 키우다 보면 반려동물에 따라 손상되는 내부 시설물에 차이가 있을 수 있습니다. 그러므로 계약 만료 시 임대인과 임차인 간의 분쟁이 없도록 손상이 예상되는 내부 시설물과 수리 비용에 대해서 구체적으로 기재하는 것이 좋습니다.

특약 7: 임대차계약을 한 부분 외의 사용

"임차인은 임대차기간 동안 임대차계약을 한 부분 외에 ○○도 함께 사용할 수 있다. 이에 임대인은 동의한다."

이럴 때 사용하세요!

임차인이 임대차계약을 한 부분 이외에 다른 부분이나 시설을 사용할 필요가 있어 임대인의 동의를 받았다면 이를 반드시 특약사항에 기재해야 합니다. 예를 들어 임차인이 2층을 임대차계약했는데 3층 옥탑방도 필요하여 임대인의 동의를 얻었다면 이를 특약사항에 기재해야 합니다. 입주 시 임대인이 변심할 수 있습니다.

주의 사항

임대차계약을 한 부분 이외에 임대인의 사용 동의를 받은 다른 부분이나 시설은 '지하 오른쪽 창고 한 칸 전부'처럼 구체적으로 명확하게 기재해야 합니다.

특약 8: 임대차시설 보수 특약

"임대인은 잔금 지급일까지 ○○을 보수해 주기로 한다."

이럴 때 사용하세요!

임대차계약을 한 시설에 수리가 필요한 부분이 있을 때 기재하는 특약사항입니다. 계약 시 혹은 잔금을 치르기 전에 집을 꼼꼼히 살펴본 뒤 현관문 자물쇠나 방범창, 싱크대, 화장실 등의 수리가 필요한 경우 특약사항에 기재합니다.

주의 사항

임대차계약을 한 부분에 수리가 필요한 부분이 있으면 '주방의 상부장, 하부장, 싱크대, 조리대 모두 교체'처럼 구체적으로 명확하게 기재해야 합니다.

법무부에서 만든 '주택임대차표준계약서'를 사용하면 '제3조 입주 전 수리'에서 해당 특약사항을 다룰 수 있습니다.

등기사항전부증명서를 믿을 수 없을 땐

대한민국의 등기사항전부증명서는 공신력이 없습니다. 그러므로 거래를 꼼꼼하게 하고 싶다면 첫 번째 계약서 특약사항 란에 '등기사항전부증명서를 확인하고 체결한 계약으로 근저당권 등 제한물권이 설정되지 않은 상태이며, 계약일로부터 전입신고 다음날(소유권이전등기일)까지 현재 상태의 등기부등본을 유지한다. 이를 위반하면 임대인(매도인)은 계약금의 배액을 임차인(매수인)에게 지급하고 임차인(매수인)은 계약해제를 요구할 수 있다.'라는 내용을 기재합니다. 두 번째 등기사항전부증명서의 말소 사항을 해당 은행에서 다시 확인합니다. 세 번째 하나손해보험이나 퍼스트 아메리칸에서 권리보험에 가입합니다.

031 전월세 계약 기간에 관한 모든 것

전월세 계약 시 임대인은 임대차 기간을 2년 주장하는데, 임차인은 1년만 요구하는 경우가 있습니다. 그렇다면 임차인에게 임대차계약 기간은 1년이 유리할까요? 2년이 유리할까요?

1년 계약해도 1년 더 연장할 수 있다

임대차계약 기간이 2년인 임차인은 별문제가 없다면 임차한 주택에서 2년간 편안하게 거주할 수 있습니다. 그리고 임대차계약 기간이 1년인 임차인도 임차한 주택에서 2년간 거주할 수 있습니다. 어떻게 그럴 수 있냐고요? 「주택임대차보호법」에서 그렇게 할 수 있다고 합니다.

> **주택임대차보호법 제4조(임대차기간 등)**
> ① 기간을 정하지 아니하거나 2년 미만으로 정한 임대차는 그 기간을 2년으로 본다. 다만, 임차인은 2년 미만으로 정한 기간이 유효함을 주장할 수 있다.

그러므로 임차인은 계약기간을 1년으로 하는 게 유리할 수 있습니다. 임차인이 임대차계약 기간을 마치고 이사 나가면 중개수수료 부담이 없지만 임차인이 임대차계약 기간을 마치지 못하고 중간에 이사 나가게 되면 중개수수료를 부담해야 하기 때문입니다. 그러므로 임차한 주택에 2년 동안 거주할 계획이 뚜렷하지 않다면 임대차 기간을 1년으로 하고, 필요하면 그때 가서 1년 더 거주하는 것이 유리합니다. 요즘같이 경기가 좋지 않은 때 계약서 하나 잘 써서 중개수수료 40~50만 원을 아낄 수 있다면 이것 역시 훌륭한 재테크입니다.

임대인도 몰라, 임차인도 몰라, 묵시적 갱신

임대인이 주택 임대차 기간이 끝나기 6개월 전부터 2개월 전까지 임차인에게 갱신의 거절이나 계약조건 변경을 전하지 않고, 임차인 역시 임대차 기간이 끝나기 2개월 전까지 임대인에게 갱신의 거절이나 계약조건 변경을 전하지 않으면 그 기간이 끝난 때에 이전 임대차와 같은 조건으로 다시 임대차한 것으로 봅니다. 이때 임대차 기간은 2년이며 이것을 '묵시적 갱신'이라 합니다. 이렇게 묵시적 갱신으로 임대차계약이 연장되면 임차인은 언제든지 계약을 해지할 수 있고 그 해지 통지를 받은 날로부터 3개월이 지나면 임대인은 임차인에게 보증금을 돌려줘야 합니다. 그러므로 묵시적 갱신 상태에 있는 임차인은 이사 계획이 있다면 이삿날 3개월 전에 미리 임대인에게 계약 해지 통보를 하세요. 그럼 법적으로 이삿날에 맞추어 보증금을 반환받을 수 있습니다.

단, 묵시적 갱신으로 임대차계약 기간이 2년으로 자동 연장된 임차인이라도 2기(2개월분의 월세 상당액)의 월세를 연체하거나 그 밖에 임차인의 의무를 현저히 위반할 경우는 묵시적 갱신의 효력을 적용받을 수 없습니다(「주택임대차보호법」제6조③항).

2년, 한 번 더 살 수 있다. 계약갱신청구권!

임차인이 임대차 기간이 끝나기 6개월 전부터 2개월 전까지 임대인에게 2년간(1회 한정) 더 거주하겠다고 요구할 수 있는데 이것을 '계약갱신청구권'이라고 합니다.

임차인은 '계약갱신청구권'에 의한 계약갱신 후 반드시 2년간 거주할 의무는 없으며, 언제든지 계약을 해지할 수 있습니다. 그리고 그 해지 통지를 받은 날로부터 3개월이 지나면 임대인은 임차인에게 보증금을 돌려줘야 합니다(「주택임대차보호법」제6조의3).

임대인은 임차인의 '계약갱신요구권'에도 불구하고 다음과 같은 사유가 있으면 임차인의 계약갱신 요구를 거절할 수 있습니다.

- 임차인이 2기(2개월분의 월세 상당액)의 월세를 연체한 경우
- 임차인이 임대인 동의 없이 목적 주택의 전부 또는 일부를 다른 임차인에게 임대(전대)한 경우
- 임차인이 임차한 주택의 전부 또는 일부를 고의나 중대한 과실로 파손한 경우
- 임차인이 거짓이나 그 밖의 부정한 방법으로 임차한 경우
- 임차한 주택의 전부 또는 일부가 심하게 파손되어 임대차가 어려운 경우

- 임대인이 임대차계약 체결 당시 임차인에게 구체적으로 설명한 재건축 계획이나, 안전사고의 우려로 재건축하려는 경우
- 서로 합의하여 임대인이 임차인에게 상당한 보상을 한 경우
- 임대인(임대인의 직계존속·직계비속 포함)이 목적 주택에 실제 거주하려는 경우
  단, 임대인 자신 또는 직계가족이 거주하고자 임차인의 계약갱신 요구를 거절하였는데 이 사실이 거짓일 경우 임차인에게 손해배상을 해야 합니다.

토막상식

거짓 사유로 임차인의 갱신 요구를 거절했다면?

임대인이 목적 주택에 실제 거주하겠다는 이유로 임차인의 갱신 요구를 거절하였으나 이는 거짓이었고 실제론 제삼자에게 목적 주택을 임대하였다면, 임대인은 임차인에게 손해배상을 해야 합니다. 손해배상 금액은 임대인이 갱신거절 당시 월차임(환산월차임 포함)의 3개월분에 해당하는 금액, 임대인이 제삼자에게 임대하여 얻은 환산월차임과 갱신거절 당시 환산월차임 간 차액의 2년분에 해당하는 금액, 갱신거절로 인하여 임차인이 입은 손해액 중 큰 금액입니다.

손해배상 청구 시 필요한 주요 증거자료로는 임대인이 보낸 갱신 거절 통지서, 임대인과의 대화 내용(문자, 이메일, 녹음 등), 부동산 중개 사이트의 매물 광고 캡처, 새로운 임차인의 전입신고 확인서, 인근 주민이나 공인중개사의 증언, 이사 비용 영수증, 새로운 임차 주택의 임대차계약서(임대료 차액 증명), 중개수수료 영수증, 영업 손실 관련 회계 자료(사업자의 경우), 유사 판례 자료 등이 필요합니다. 손해배상 청구는 임차인이 퇴거한 날로부터 3년 이내에 해야 합니다.

032 전전세와 전대차는 무엇? 주의할 점

임대주택에 대한 수요가 증가하거나 임대주택의 공급이 적으면 임대료가 상승합니다. 그러면 일부 임차인은 자신이 임차한 주택의 일부를 다른 사람에게 세를 주기도 합니다. 그렇다면 이렇게 임차인이 자신이 임차한 주택을 다른 사람에게 다시 세를 주는 게 괜찮은 걸까요?

임대인의 동의가 필요 없는 전전세

임차인이 자신의 보증금을 보호받기 위해 '전세권설정등기'를 해놓은 주택을 다른 사람에게 다시 세를 주고자 할 때는 임대인의 동의를 받지 않아도 됩니다. 전세권이란, 전세보증금을 낸 전세권자(임차인)가 타인(임대인)의 부동산을 점유하여 그 부동산을 용도에 따라 사용·수익할 수 있고, 그 부동산 전부에 대하여 후순위권리자나 기타 채권자보다 전세보증금을 우선변제 받을 권리를 말합니다. 그러한 권리를 '건물 등기사항전부증명서'상에 법적으로 공시하는 절차를 '전세권설정등기'라 합니다.

전세권은 임대인이 관여할 수 없는 임차인의 권리입니다. 그러므로 임차인은 해당 전세권이 설정된 주택을 다른 사람에게 자유롭게 세를 줄 수 있습니다. 그러나 다른 사람에게 다시 세를 주는 전전세라도 지켜야 할 몇 가지 조건이 있습니다.

- 전전세의 보증금은 기존 전세보증금을 초과할 수 없다.
- 전전세로 인해 해당 주택에 하자가 발생하거나 사고가 생겼을 경우, 기존 임차인이 책임져야 한다.
- 기존 임차인과 임대인 간의 계약이 만료되면 전전세 계약도 끝난다.

전전세로 들어온 임차인이 자신의 보증금을 보장받으려면 기존 임차인의 전세권에 다시 '전세권설정등기'를 해야 합니다. 그래야만 전전세의 효력이 발생합니다.

임대인의 동의가 필요한 전대차

'전세권설정등기' 대신 전입신고와 확정일자를 받은 기존 임차인(전대인)이 다시 세를 놓는 것을 '전대차'라고 합니다. 그런데 이때는 반드시 임대인의 동의가 필요합니다. 만약에 기존 임차인이 임대인의 동의 없이 새로운 임차인(전차인)에게 세를 주었다면, 임대인은 기존 임차인과의 임대차계약을 해지하고 새로 들어온 임차인(전차인)을 내보낼 수 있습니다(「민법」제629조). 단, 임차인의 전대차가 임대인에 대한 배신적 행위라고 할 수 없는 특별한 사정이 인정되는 경우(임차인과 임차권의 양수인이 부부관계 등)엔 임대인은 자신의 동의 없이 전대차가 이루어졌다는 것만을 이유로 임대차계약을 해지할 수 없으며, 전차인은 전대차 및 그에 따른 사용·수익을 임대인에게 주장할 수 있습니다(대법원 2010.6.10. 선고, 2009다101275). 또한, 임차인은 임대인의 동의를 얻지 않고 그 주택의 아주 일부분을 다른 사람에게 사용하게 할 수 있으며, 이 경우에도 임대인은 계약을 해지할 수 없습니다(「민법」 제632조).

전대차에는 기존 전셋집을 다시 전세로 주는 경우, 기존 전셋집을 월세로 주는 경우, 기존 월셋집을 다시 월세로 주는 경우 등 다양합니다. 그런데 어떤 경우든 전대차를 할 때는 반드시 임대인의 동의를 받아야 합니다.

참고로 전대차 계약을 하려는 임차인이라면 먼저 주변의 전월세 시세부터 확인해 보세요.

셰어하우스

공간을 함께 사용하는 공동주거 형태를 셰어하우스라고 합니다. 이용 형태는 방을 공유하는 룸 셰어, 주방이나 화장실 같은 공용공간만 공유하는 플랫 셰어, 대문만 공유하고 주택을 따로 구분하는 하우스 셰어까지 다양합니다. 셰어하우스에는 서로 다른 사람들이 함께 거주하다 보니 습관이나 문화적인 차이에 의해 갈등이 있을 수 있고, 국내 셰어하우스들은 대부분 임대인이 직접 운영하는 것이 아니라 기존 임차인이 자신이 임차한 주택을 다시 세를 놓는 전대차 형태여서 법의 보호를 받기 어려울 수도 있습니다. 그러므로 셰어하우스에 세를 얻고자 한다면 반드시 임대인과 임차인(전대인)의 원계약서에 전대차를 허용한다는 특약이 기재되어 있는지 확인하고, 그러한 내용이 기재되어있지 않다면 셰어하우스 계약서를 작성할 때 임대인의 동의를 받아야 합니다. 따라서 셰어하우스를 운영하는 주체가 개인이 아닌 전문업체든 지방자치단체든 기타 공공 기관이든 명성만 믿지 말고 임대인의 '전대' 동의 여부, 셰어하우스의 방 개수가 몇 개인지, 1인실인지, 화장실이 몇 개인지, 청소를 임대인이 하는지 전문업체가 하는지 등을 꼼꼼하게 확인한 후 계약해야 합니다.

보증금이 거의 없는 무보증 월세

일부 역세권 주변 원룸이나 오피스텔의 경우엔 입주할 때 1개월 월세에 해당하는 예치금을 보증금 대신 지급하고, 월세는 선불로 지급하는데 이것을 '무보증 월세'라고 합니다. 무보증 월세는 계약기간을 1~5개월 정도로 짧게 정할 수도 있습니다. 그리고 대부분 세탁기, 싱크대, 냉장고 등의 가전제품이 갖추어져 있어 생활하기가 편리합니다. 단, 보증금이 없기 때문에 월세가 시세에 비해 비싼 편이고, 약속한 계약기간을 지키지 못하고 이사가는 경우 예치금을 전혀 돌려 받지 못할 수도 있습니다.

매주 임대료를 내는 주세

단기 거주를 원하는 임차인의 증가로 주 단위로 임대료를 내는 '주세'가 임대시장에 등장했습니다. 다양한 공간을 경험하길 원하는 20·30세대나 공간 제약 없이 근무하기를 원하는 '디지털 노마드' 등이 단기 임대시장을 이끌고 있습니다. 주세는 출장 등 업무와 관련된 수요가 가장 많고, 이사나 인테리어로 인한 단기 임대, 여행이나 휴식, 기타 병원 입원이나 학업, 해외 입국 등 순으로 수요가 있습니다.

공실을 걱정하던 임대인도 기존 전월세(2년)보다 월 임대료를 20~30%

높게 받을 수 있고 임차인과의 갈등도 별로 없어 만족하는 편입니다.

주세처럼 임대 기간이 짧은 단기 임대 매물은 서울, 경기가 70%를 차지하고 서울 중에서는 강남이 가장 많습니다.

하지만 장점이 있으면 단점도 있는 법, 먼저 임차인 입장에서 단점을 살펴보면 정식 임대차계약 절차를 밟아 체결한 계약이라고 해도 일시 사용이 명백한 단기 임대차계약이다 보니 주택임대차보호법 적용을 받을 수 없고 그러하기에 대항력이나 우선변제권도 주장할 수 없습니다.

임대인의 단점을 살펴보면, 임차인이 단기로 거주하다 보니 건물의 마모나 훼손이 일반 전월세에 비해 심할 수 있고, 이것은 관리비 상승으로 이어질 수 있으며, 자주 임차인이 바뀌므로 이로 인한 관리 스트레스나 민원에 시달릴 수 있습니다.

> **토막상식**
>
> **전전세, 전대차 사기 예방을 위한 계약서 작성 팁**
>
> - 임대인과 기존 임차인과의 전세계약 사실을 직접 확인해야 합니다. 이때 임대인 신분증의 성명이 등기사항전부증명서의 성명과 전세계약서의 성명과 일치하는지, 또 기존 임차인 신분증의 성명이 전세계약서의 성명과 일치하는지 확인해야 합니다.
> - 전전세의 경우 전전세 사실을 임대인에게 알리고, 전대차의 경우 임대인의 동의를 받아야 합니다.
> - 부동산에 하자가 없는지 살펴보고, 등기사항전부증명서의 을구에 경매의 위험이 없는지 확인한 후 계약해야 합니다. 이때 계약금은 임대인의 통장으로 직접 입금해야 안전합니다.
> - 전전세는 전세권설정등기를 하고, 전대차는 전입신고와 확정일자를 받아야 합니다.

033 똑똑하게 이사 준비하는 방법

요즘은 대부분 포장이사를 선택합니다. 그런데 포장이사만 하면 모든 이사가 일사천리로 진행될까요? 이번에는 손쉽고 빠르게, 그러면서 비용도 함께 절약할 수 있는 이사 방법에 대해서 알아보겠습니다.

일반이사와 포장이사의 장단점

포장이사란, 이삿짐센터가 가구, 가전제품, 주방용품, 의류, 도서 등 모든 물품을 직접 포장하고 운반하고 배치 및 설치까지 해주는 이사 방법을 말합니다. 모든 과정을 이삿짐센터가 도맡아서 해주니 고객은 스트레스와 시간을 절약할 수 있다는 게 장점입니다. 그러나 포장 등 여러 가지 서비스가 포함되므로 일반이사보다 비싸다는 게 단점입니다. 일반적으로 가정집은 비싸더라도 포장이사를 주로 이용합니다.

일반이사란, 고객이 직접 모든 물품을 포장하고 설치 및 배치까지 해야 하는 이사 방법을 말합니다. 이사업체는 단순히 이삿짐만 운반합니다. 운반만 빼고 모든 과정을 고객이 직접 하므로 포장이사보다 저렴하다는 게 장점입니다. 그러나 시간이 많이 소요되고 힘이 들며 스트레스를 받을 수 있다는 게 단점입니다. 원룸이나 오피스텔처럼 짐이 별로 없으면 용달 1.5톤 트럭 등을 이용하여 일반이사를 합니다.

한 달 전에 미리 준비할 것
이사업체 입주 청소 예약하기

이사철에는 늦어도 한 달 전에 이사업체와 청소업체를 예약해야 합니다. 이삿짐센터와 청소업체별로 서비스의 질과 비용이 천차만별이므로 최소 한 달 전부터 여유를 가지고 비교해야 입소문과 평가가 좋은 이삿짐센터와 입주 청소업체 예약을 할 수 있습니다.

양쪽 관리사무소 연락하기

현재 거주하고 있는 주택의 관리사무소와 새로 이사 갈 주택의 관리사무소 모두에게 연락하여 이삿날을 일러주고 필요하면 엘리베이터를 예약해야 합니다.

이사 갈 집 배치도 그려서 가상으로 가구 배치해 보기

계약한 후에는 바로 종이와 줄자, 펜을 준비해서 임차한 주택에 다시 방문하여 배치도를 그립니다. 특히 벽면의 폭과 높이, 콘센트 위치를 잘 기록해야 합니다. 벽의 폭과 높이를 모르면 이사 당일 이삿짐을 여러 번 배치하는 수고를 해야 하고 새로운 가구를 미리 주문하기 어렵습니다. 이사할 주택의 구조와 정확한 수치를 확인하고 싶다면 관리사무소에서 '단위세대 평면도'를 요청해 보세요.

이사 당일 어린이나 노약자 맡길 곳 알아보기

이삿날에는 처리할 일이 많아 정신이 하나도 없습니다. 그래서 어린아이나 반려동물을 돌볼 여유가 없습니다. 자칫 잘못하면 어린아이나 노약자가 다치거나 낯선 동네에서 길을 잃을 수도 있습니다. 그러므로 가족 중에 어린아이나 노약자 혹은 반려동물이 있다면 이삿날에 맡길 곳을 미리 알아보세요.

2~3주 전에 준비할 것

버릴 물건에 폐기물 스티커 붙이기

이사하기 2~3주 전에는 버릴 물건과 새로 구매해야 할 물건을 확인합니다. 그리고 동 행정복지센터, 구청 홈페이지, 마트, 편의점 등에서 폐기물 스티커를 구매하여 버릴 물건에 미리 붙여놓습니다.

참고로 폐가전무상배출예약시스템(15990903.or.kr) 또는 전화 1599-0903을 통해 배출하면 돈 들이지 않고 가전제품을 처리할 수 있습니다. 무료 수거가 가능한 지역인지 확인해 보세요.

새로 구매할 물건 치수 확인하고, 배달 예약하기

새로 구매할 물건들은 미리 그려온 주택 내부의 배치도를 참고하여 알맞은 치수로 구매합니다. 물건의 배달일은 이삿날로, 배달 장소는 이사할 주택으로 예약해 두면 이삿날 모든 가구와 가전 배치를 완료할 수 있습니다.

필요한 경우 도배와 장판 예약하기

임차인이 도배장판을 새로 해야 한다면 임차한 주택 근처의 지업사를 방문하여 배치도를 보여주고 원하는 도배지와 장판을 골라둡니다. 그리고 이사 전날이나 이삿날에 맞추어 예약합니다. 만약 임차한 주택이 비어 있다면 임대인의 동의를 얻어 1~2일 전에 도배장판을 새로 하면 됩니다. 하지만 임차인이 살고 있다면 이사 당일에 도배장판을 해야 합니다.

전학 준비하기

가족 중에 학생이 있다면 교과과정에 차질이 없도록 미리 전학 준비를 해야 합니다. 초등학생은 새 거주지의 동 행정복지센터에 전입신고를 하러 갈 때 '취학아동 전입통지서'를 받아두었다가 이 서류를 전학하려는 학교에 제출하면 바로 전학할 수 있습니다.

중학생은 현재 재학 중인 중학교에서 '전학용 재학증명서'를 떼어 해당 교육청에 제출하면 전입신고 시 거주시 관할 교육지원청에서 중학교를 배정해 줍니다.

고등학생은 이사한 주소의 주민등록등본을 떼어 해당 교육청에 제출하면 학교를 배정받을 수 있습니다.

전학 절차와 관련된 추가 서류나 절차에 대해서는 현재 재학 중인 학교와 전학하려는 학교에 미리 문의하여 필요한 사항을 모두 확인하세요.

1주 전에 준비할 것

이삿날 확인하기

공인중개사사무소에 전화해서 이삿날을 확인합니다. 공인중개사사무소에서 확인시켜 줍니다.

우체국, 은행, 보험회사 등에 연락하여 주택 주소 변경하기

우체국이나 은행, 카드회사, 보험회사 등에 연락하여 우편물의 주소지를 새로 임차한 주택으로 변경해달라고 요청해야 합니다. 신문, 우유 등은 영업소에 전화해서 그만 넣어달라고 요청해야 합니다. 참고로 'ktmoving 주소연락처일괄변경서비스(www.ktmoving.com)'를 이용하면 주소 변경을 일괄적으로 신청할 수 있습니다.

인터넷, 케이블, 도시가스 변경 신청하기

이사하자마자 인터넷, 전화, TV, 도시가스를 사용해야 하므로 통신사나 지역 도시가스공사에 미리 연락하여 예약을 해두어야 합니다.

임대인들과 연락하여 잔금 준비하기

현재 임차 중인 주택의 임대인에게 연락하여 이삿날에 임차보증금을 반환해 달라고 요구해야 합니다. 또한, 새로 임차한 주택의 임대인에게도 연락하여 계좌이체, 수표, 현금 등 어떤 방식으로 잔금 받기를 원하는지 확인해야 합니다.

관리비 체크리스트 만들기

이삿날엔 이사 나가는 주택에서 당일까지 사용한 공과금을 납부하는 것만이 아니라 이사 갈 주택에 거주했던 사람에게서 그가 사용했던 공과금을 받기도 해야 합니다. 그러므로 미리 '관리비 체크리스트'를 만들어 놓으세요.

버릴 물건 내놓기, 구매한 물건 배송일 확인하기

버리려고 폐기물 스티커를 붙여둔 물건들은 수거 날짜에 맞춰 밖에 내놓아야 합니다. 또한 새로 구매한 물건들이 이삿날에 차질 없이 배달되는지 확인해야 합니다. 혹시 세탁소에 맡긴 옷이 있다면 미리 찾아 놓습니다. 만약에 버릴 물건이 너무 무겁고 크다면 이삿날에 이삿짐센터 직원에게 내려놓아달라고 부탁하세요.

관련 서류 준비 및 귀중품 챙기기

전세권설정등기를 해야 한다면 필요한 서류들을 따로 빼내어 보관해 둬야 합니다. 이삿날에는 정신이 없을 뿐만 아니라 이삿짐이 모두 포장된 상태여서 어디에 있는지 찾기 어렵습니다. 필요한 서류를 미리 빼놓지 않으면 서류를 재발급받아야 하거나 제때 등기를 하지 못해 큰 손해를 볼 수 있습니다. 귀중품이나 파손되기 쉬운 물품도 따로 챙겨 놓았다가 직접 운반하는 편이 안전합니다.

이사 당일

보증금 돌려받기, 잔금 치르기, 중개수수료 주기

이사 나가는 임차인은 기존 주택의 임대인에게서 임차보증금을 반환받은 다음에 현관문의 비밀번호(열쇠)를 알려줘야 합니다. 임차보증금을 반환받지 못했는데 비밀번호(열쇠)를 알려주고 이사를 가면 대항력을 잃게 되므로 장차 임대인에게서 자신의 보증금을 돌려받기 어려울 수 있습니다.

새로 임차한 주택의 잔금은 이삿짐을 들이기 전에 전부 치러야 합니다. 임대인의 양해를 받아 이사 전에 도배나 장판을 설치했다 하더라도 짐은 잔금을 모두 치른 다음에 현관문의 비밀번호(열쇠)를 받고 들이는 것입니다.

잔금을 치를 때 개업공인중개사의 중개수수료도 함께 치릅니다. 자신의 이삿짐을 모두 정리하고 뒤늦게 주는 건 실례입니다. 중개수수료를 줄 때는 가능한 계좌이체를 하고 영수증을 받아야 합니다. 이삿날에 공인중개사와 중개 의뢰인 간에 중개수수료 문제로 얼굴을 붉히는 일이 없도록 중개수수료 요율은 사전에 물어보고 조율하는 것이 좋습니다.

관리비 정산하기

이사 가는 날 오전에 도시가스, 전기, 상하수도 등 계량기 수치를 확인하고 각 업체에 전화하여 확인한 계량기의 수치를 말해줘야 합니다. 그러면 그곳에서 정확한 요금을 알려줍니다. 이렇게 확인한 내용과 금액은 '관리비 체크리스트'에 적어놓았다가 기존 주택의 임대인이나 새로 이사 들어오는 임차인에게 전달해 줍니다. 이사 가는 당일까지 쓴 공과금을 직접 인터넷뱅킹으로 납부할 수도 있습니다. 아파트라면 관리사무소에서 모든 사용 요금을 한 번에 정산해 주므로 신경 쓰지 않아도 됩니다.

새로운 임차인이 전에 거주하던 사람에게서 관리비를 적게 받으면 모자란 부분은 새로운 임차인의 몫이므로 관리비 계산은 꼼꼼하게 하세요.

이삿짐 들이기

임차한 주택에 이삿짐을 들일 때는 미리 그려놓은 배치도대로 들이면 되지만 실제로는 그렇게 잘 되진 않습니다. 그렇다고 가정용품 배치를 머릿속으로만 생각하고 이사하면 짐을 이리저리 자꾸 옮기게 되어 이사 시간이 오래 걸려 이삿짐센터 직원과 다툼이 일어납니다. 또한 이사가 끝난 후에도 다시 시간과 비용을 들여 가전용품을 다시 옮겨야 할 수도 있습니다. 그러므로 배치도에 덩치 큰 가구와 가전을 놓을 곳을 미리 지정해 두세요.

이삿짐 수시로 확인하기

이사가 끝나면 이삿짐센터 직원은 퇴근을 서두릅니다. 그러므로 고객은 이사하는 도중이더라도 틈틈이 파손되었거나 분실된 것은 없는지 꼼꼼하게 확인해야 합니다. 그리고 파손되었거나 분실된 것을 발견했다면 현장에서 바로 사진이나 영상을 찍고 말해야 합니다. 이삿날이 지난 다음에 발견했더라도 파손이나 분실이 이삿날에 발생했다는 것을 입증하기 어려울 수 있습니다.

전입신고하고 확정일자 받기

이사 직후 보증금을 보호받기 위해 동 행정복지센터에 가서 전입신고를 하고 확정일자를 받아야 합니다.

참고로 전입신고는 정부24(www.gov.kr)에서, 확정일자는 대법원인터넷

등기소(www.iros.go.kr)에서 하면 편리합니다. 그리고 '전월세신고제' 대상이면 부동산 거래관리시스템(rtms.molit.go.kr)에 신고하면 됩니다.

한 달 전에 미리 준비할 것

- 이삿짐센터 및 입주 청소 예약하기
- 관리사무소에 이삿날 예약하기
- 도면이나 3D로 가구 배치해 보기
- 이삿날 어린이나 노약자 맡길 곳 알아보기

▼

2~3주 전에 준비할 것

- 버릴 물건에 폐기물 스티커 붙이기
- 새로 구매할 물건 치수 확인하고, 배달 예약하기
- 필요한 경우 도배장판 예약하기
- 전학 준비하기

▼

1주 전에 준비할 것

- 이삿날 확인하기
- 주택 주소 변경하기
- 인터넷, 케이블, 도시가스 변경 신청하기
- 임대인들과 연락하여 잔금 준비하기
- 관리비 체크리스트 만들기
- 버릴 물건 내놓기, 구매한 물건 배송일 확인하기
- 관련 서류 준비 및 귀중품 챙기기

▼

이사 당일

- 보증금 돌려받기, 잔금 치르기, 중개수수료 주기
- 관리비 정산하기
- 이삿짐 들이기
- 이삿짐 수시로 확인하기
- 전입신고하고 확정일자 받기

034 중개수수료 정확하게 계산하기

임차할 주택을 구할 땐 직거래보다는 공인중개사사무소를 이용하는 게 좋습니다. 그러면 설사 중개 사고가 발생하더라도 그 손해의 일부를 개업공인중개사에게 물을 수 있습니다. 그 대가로 개업공인중개사에게 중개수수료를 내야 하는데요, 얼마나 되는지 알아보겠습니다.

중개수수료는 법으로 정해져 있다

중개수수료율은 공인중개사법 시행규칙에서 정하고 있습니다. 그리고 전국 모든 시·도의 중개수수료율은 이 법에서 정하고 있는 중개수수료율과 같습니다.

중개수수료는 거래금액에 수수료율을 곱하면 구할 수 있습니다. 한도액이 있는 경우 계산 금액이 한도액을 초과하면 한도액 이내로 제한하고, 한도액이 없으면 계산하여 나온 대로 지급하면 됩니다.

> 중개수수료 한도 = 거래금액 × 상한요율

주택 중개수수료율

거래내용	거래금액	상한요율	한도액	비고
매매·교환	5천만 원 미만	0.6%	25만 원	· 거래금액 - 매매: 매매가격(대금) - 교환: 교환 대상 중 금액이 큰 중개대상물을 기준으로 함
	5천만 원 이상 2억 원 미만	0.5%	80만 원	
	2억 원 이상 9억 원 미만	0.4%		
	9억 원 이상 12억 원 미만	0.5%		
	12억 원 이상 15억 원 미만	0.6%		
	15억 원 이상	0.7%		
임대차 등 (매매·교환 이외의 거래)	5천만 원 미만	0.5%	20만 원	· 거래금액 - 전세: 전세금 - 월세: 보증금 + (월세 × 100) 단, 거래금액이 5천만 원 미만일 경우: 보증금 + (월세 × 70)
	5천만 원 이상 1억 원 미만	0.4%	30만 원	
	1억 원 이상 6억 원 미만	0.3%		
	6억 원 이상 12억 원 미만	0.4%		
	12억 원 이상 15억 원 미만	0.5%		
	15억 원 이상	0.6%		

주거용 오피스텔(단, 토지, 상가, 업무용 오피스텔은 0.9%)

거래 내용	상한요율	비고
매매·교환	0.5%	주거전용면적이 85제곱미터 이하로 상·하수도 시설이 갖추어진 전용 입식 부엌, 전용 수세식 화장실 및 목욕시설을 갖출 것 단, 실제 용도가 업무용이면 적용 대상이 아님
임대차 등	0.4%	

주택 외의 요율은 상한요율 범위(주거용 오피스텔 매매·교환 0.5%, 주거용 오피스텔

임대차 0.4%, 토지·상가·업무용 오피스텔 0.9%) 안에서 공인중개사가 정합니다. 그리고 그 정한 요율은 '중개보수 한도액 표'에 의무적으로 미리 명시합니다.

1 - 5억 원 매매인 경우

→ 5억 원 × 0.4% = 200만 원

한도액이 없으므로 200만 원을 수수료로 내면 됩니다.

2 - 9천만 원 전세인 경우

→ 9천만 원 × 0.4% = 36만 원

계산 결과 36만 원이 나왔지만, 한도액이 30만 원이므로 30만 원만 수수료로 내면 됩니다.

월세는 계산이 조금 복잡합니다. 월세에 100을 곱한 금액과 보증금을 합한 금액을 기준으로 수수료를 정해 계산합니다. 단, 거래금액이 5천만 원 미만일 경우에는 월세에 70을 곱한 금액에 보증금을 합한 후, 그 금액을 기준으로 수수료를 계산합니다.

3 - 보증금 2천만 원, 월세 50만 원인 경우

→ 2천만 원 + (50만 원 × 100) = 7천만 원

→ 7천만 원 × 0.4% = 28만 원

4 - 보증금 1천만 원, 월세 30만 원

→ 1천만 원 + (30만 원 × 100) = 4천만 원

거래금액이 5천만 원 미만이므로 다시 계산

→ 1천만 원 + (30만 원 × 70) = 3천100만 원

→ 3천100만 원 × 0.5% = 15만 5천 원(월세에 100을 곱할 때보다 4만 5천 원 절감)

중개대상물인 건축물 중 주택의 면적이 1/2 이상이면 주택의 수수료를 지급하면 되고, 주택의 면적이 1/2 미만이면 주택 외의 수수료를 지급하면 됩니다. 교환계약의 경우에는 교환 대상 중개대상물 가액 중 큰 거래금액을 기준으로 중개수수료를 계산합니다. 동일한 중개대상물에 대해 동일 당사자 간의 매매를 포함한 둘 이상의 거래가 동일 기회에 이루어지는 경우 매매계약에 관한 거래금액만을 적용합니다(「공인중개사법 시행규칙」제20조).

> **예시**
> · A 주택 소유자인 K씨가 P씨에게 자신의 주택을 매도하고 매매계약을 체결한 후 다시금 임차인으로 P씨와 임대차계약을 맺은 경우
> · A 주택이라는 동일한 중개대상물에 대해 K씨와 P씨 동일 당사자 간의 매매와 임대차가 동일 기회에 이루어진 것이 되고, 이때는 매매에 대한 중개수수료만 개업공인중개사에게 내면 됨
>   매도인 K씨 : 매수인 P씨
>   임차인 K씨 : 임대인 P씨

아파트 분양권은 주택의 중개수수료 상한요율(0.4%~0.7%)을 적용받습니다. 입주권은 조금 복잡합니다. 관리처분계획인가 전이면 주택의 중개수수료 상한요율(0.4%~0.7%)을 적용받고, 관리처분계획인가에서 동·호수 추첨 전이면 그 외 부동산 중개수수료 상한요율(0.9%)을 적용받고, 동·호수 추첨 이후면 주택의 중개수수료 상한요율(0.4%~0.7%)을 적용받습니다.

개업공인중개사가 과다한 중개수수료를 요구하면?

개업공인중개사가 과다한 중개수수료를 요구하면 일단 중개수수료를

계산한 금액만큼만 주겠다고 말합니다. 그래도 계속해서 요구하면 '부동산 거래질서 교란행위 신고센터(cleanbudongsan.go.kr)'에 고발하면 됩니다.

고발이 들어가면 소속공인중개사는 6개월의 자격정지를 받을 수 있고(「공인중개사법」 제36조 ①항 7호), 개업공인중개사는 중개사무소의 개설등록을 취소당할 수도 있으며(「공인중개사법」 제38조 ②항 9호), 1년 이하의 징역 또는 1천만 원 이하의 벌금을 받게 됩니다(「공인중개사법」 제49조 ①항 10호). 개업공인중개사가 법에서 정한 상한요율의 범위를 넘어 10원만 더 받아도 위법입니다.

이미 중개수수료를 지급했다면?

분위기에 휩쓸려 이미 과다한 중개수수료를 지급했다면, 개업공인중개사에게 연락해서 과다하게 지급한 중개수수료를 되돌려 달라고 요구해야 합니다. 법으로 정한 것보다 "과다하게 받은 중개수수료를 되돌려주지 않으면 '부동산 거래질서 교란행위 신고센터'에 고발하겠습니다."라고 단호하게 말하세요. 쉽지는 않겠지만 과다하게 준 중개수수료를 되돌려 받을 수 있습니다.

중개수수료는 계좌이체로 입금하는 것이 좋다

과다한 중개수수료를 받은 개업공인중개사를 처벌하려면 개업공인중개사에게 중개수수료를 주었다는 증거가 필요합니다. 그런데 개업공인중개사는 자신에게 불리한 경우가 발생할 것을 우려하여 명백한 증거가 되는 영수증을 잘 써주지 않습니다. 그러므로 중개수수료를 지급할 때는 개업공인중개사 명의의 계좌로 이체하는 것이 좋습니다.

더 큰 이익을 위해 중개수수료를 많이 줄 수도 있다

개업공인중개사가 법으로 정한 요율의 범위를 넘어 중개수수료를 받으면 처벌을 받지만 때로는 더 큰 이익을 위해 융통성이 필요할 때도 있습니다.

마음에 드는 주택이 있는데 월세가 90만 원이라고 합시다. 이런 경우 개업공인중개사에게 중개수수료를 30만 원 더 줄 테니 임대인을 설득해서 월세를 80만 원으로 깎아달라고 하면 개업공인중개사는 온 힘을 다해 월세를 80만 원으로 조정할 수도 있습니다. 그러면 1년에 90만 원(((12달×10만 원)-30만 원))을 절약하는 셈입니다.

개업공인중개사는 하자 없는 중개를 하고 이에 대한 중개수수료를 받으면 될 뿐 임대인의 월세를 깎아줄 의무는 없습니다. 그러므로 때로는 중개수수료를 좀 더 얹어주는 방법으로 더 큰 이익을 꾀할 수도 있습니다.

토막상식

중개수수료도 소득공제가 된다!

2009년부터 중개수수료에 대해서도 소득공제를 받을 수 있습니다. 소득공제를 받으려면 중개수수료를 지급한 현금영수증이 있어야 하는데, 현금영수증 발급을 요구하면 부가가치세(중개수수료의 10%)를 별도로 요구합니다. 하지만 이 경우 연 매출 4,800만원 미만인 간이과세자는 세금계산서를 발행할 수 없어 부가가치세를 요구할 수 없으니 이 부분을 확인해 보세요. 해당 공인중개사사무소가 일반과세사업자인지 간이과세사업자인지를 확인하고 싶다면 공인중개사사무소의 벽에 걸려 있는 사업자등록증을 확인하면 됩니다.

035 보증금 지키는 전입신고와 확정일자

전입신고는 자신이 해당 지역으로 이사 왔다는 사실을 신고하는 것이고, 확정일자는 임대차계약서가 작성된 날짜에 대해 법적 효력을 인정받는 것입니다.

임차인이 전입신고를 하면 임대인(소유자)이 바뀌더라도 자신의 보증금을 돌려받을 때까진 해당 주택에 계속 거주할 수 있습니다. 또한 확정일자를 받아놓으면 자신이 임차한 주택이 경매로 넘어가더라도 자신보다 순서가 늦은 권리에 우선하여 자신의 보증금을 반환받을 수 있습니다.

전입신고와 확정일자는 동 행정복지센터로!

준비물: 임대차계약서

전입신고하고 확정일자를 받으려면 어떻게 해야 할까요? 어렵지 않습니다. 다음 절차대로 하면 됩니다.

1 | 동 행정복지센터(동사무소)에 갑니다

전입신고와 확정일자는 임차한 주택이 있는 지역을 관리하는 동 행정복지센터에 가서 받으면 됩니다. 동 행정복지센터는 평일에만 운영하므로, 이 삿날이 공휴일이라면 임대인의 양해를 얻어 이사 전 평일에 미리 전입신고하고 확정일자를 받는 게 좋습니다. 참고로 동 행정복지센터가 멀거나 방문할 시간이 없으면 정부24(www.gov.kr)나 정부24 앱을 이용해 보세요. 시간이나 장소 제약을 받지 않고 편리하게 이용할 수 있습니다.

2 | 전입신고서 양식을 작성합니다

동 행정복지센터에 비치된 전입신고서 양식에 내용을 기재한 후 담당 공무원에게 제출하면 됩니다. 참고로 서울특별시, 광역시, 도(군 단위 제외), 세종특별자치시, 제주특별자치도에서 보증금 6,000만 원 또는 월 차임 30만 원을 초과하는 주택 임대차 계약 시 30일 이내에 신고해야 합니다. 그렇지 않으면 2만 원~30만 원의 과태료를 내야 합니다(거짓 신고는 최대 100만 원). 신고는 동 행정복지센터나 부동산거래관리시스템(rtms.molit.go.kr) 또는 스마트폰으로도 가능합니다. 전입신고 시 주택임대차계약신고도 함께 하면 편리합니다.

■ 주민등록법 시행령 [별지 제15호서식] <개정 2017. 11. 28.>

전입신고서(세대 모두 이동)

※ 이 신고서는 세대가 모두 이동하며, 세대주 변경이 없는 경우에만 작성합니다.

접수 번호		신고일		
			년 월 일	
전입자 (신고인)	성명 (서명 또는 인)	주민등록번호	연락처	
전에 살던 곳	(시·도) (시·군·구)		※ 시·도, 시·군·구까지만 작성 (상세 주소는 작성하지 않아도 됩니다.)	
현재 사는 곳 (이사한 곳)	세대주 성명(※ 세대주가 신고할 때에는 작성하지 않습니다.) (서명 또는 인)		연락처	
	주소			
	다가구주택 명칭 동 층 호		※ 구분 등기가 되어 있지 않은 다가구주택인 경우 작성 (예: 무궁화빌라, 1동 1층 2호)	
전입 사유 (※주된 1가지)	[ ] 직업 (취업, 사업, 직장 이전 등) [ ] 가족 (가족과 함께 거주, 결혼, 분가 등) [ ] 주택 (주택 구입, 계약 만료, 집세, 재개발 등) [ ] 그 밖의 사유 ( )		[ ] 교육 (진학, 학업, 자녀 교육 등) [ ] 주거 환경 (교통, 문화·편의 시설 등) [ ] 자연 환경 (건강, 공해, 전원생활 등)	
읍·면·동장 및 출장소장 귀하				
유의사항				

3 | 확정일자를 받습니다

임차한 주택이 경매로 넘어가는 등 문제가 발생했을 때 사신의 보증금을 안전하게 되돌려 받으려면 확정일자를 받아야 합니다. 전입신고서와 임대차계약서를 담당 공무원에게 주면서 확정일자를 요청하면 됩니다. 그러면 담당 공무원은 계약서의 앞면 또는 뒷면에 확정일자 도장을 찍어줍니다. 참고로 직장이나 바쁜 일 때문에 동 행정복지센터를 방문하기 어려운 경우에는 대법원인터넷등기소(www.iros.go.kr)에서 확정일자를 받을 수 있습니다.

서비스 더보기						
부동산소유현황 열람	전자법인인감증명서 발급	법인인감증명서 발급예약	동산·채권담보 열람·발급	전자확정일자 부여 현황		신청정보 및 첨부정보 열람
간편 회사설립등기 신청	동산·채권담보등기 신청		**전자확정일자 신청**	등기신청사건 조회	영구보존문서 등록	등록면허세 정액분 신고

4 │ 확정일자를 받았다는 확인 장부에 서명합니다

확정일자 확인 장부에 임차인의 도장, 지장을 찍거나 사인을 하면 모든 절차가 끝납니다. 확정일자를 받은 계약서는 잘 보관해야 합니다.

참고로, 임차인이 전입신고와 확정일자를 받았더라도 임대인이 국세를 체납했다면 정부는 임차인의 보증금보다 우선해 체납된 세금을 배당받을 수 있습니다. 그러므로 임대차계약을 할 때는 임차인(임차인 가족도 가능)은 반드시 '미납국세 열람 신청서'에 임대인의 서명 또는 도장을 받은 다음 임대인과 본인의 신분증 사본을 가지고 세무서에 방문하여 미납국세 여부를 확인해야 합니다.

> **토막상식**
>
> **보증금 돌려받을 수 있는 기간은 몇 년?**
>
> 임차인이 임대인에게 자신의 보증금을 돌려달라고 요구할 수 있는 권리를 '보증금반환채권'이라고 합니다. 채권은 보통 10년이면 효력을 상실합니다(민법 제126조). 그러나 임차인이 임차한 주택을 점유하고 있으면 '보증금반환채권'은 10년이 지나도 소멸하지 않습니다(대법원 2020. 7. 9. 선고 2016다244224). 참고로 10년이 경과하지 않았으나 이미 이사를 나갔다면 보증금반환소송, 압류 및 강제집행, 강제경매 실행 등을 통해 소멸시효를 중단시키세요.

036 대항력? 대항력의 요건과 우선변제권 이해하기

임차할 주택을 구하러 다니다 보면 "대항력을 갖추어야 한다. 우선변제권이 있어야 한다. 최우선변제권이 있으면 그래도 임차보증금 중 일부는 돌려받을 수 있다."라는 말을 자주 듣게 됩니다. 그렇다면 대항력, 우선변제권, 최우선변제권이란 무엇을 말하는 걸까요?

나 못 나가! 대항력

대항력이란, 임차인이 제3자에게 자신의 임대차 관계를 주장할 수 있는 법률상의 권리를 말합니다. 임차한 주택의 소유자가 바뀌더라도 임차인이 계약기간 동안 해당 주택에 거주할 수 있는 권리와 계약 종료 후 임대보증금 반환을 청구할 수 있는 권한을 보장합니다.

임차인이 대항력을 갖추기 위해서는 임대차계약을 체결한 주택으로 이사(인도)하고 전입신고(주민등록)를 마쳐야 합니다(「주택임대차보호법」 제3조①항). 그러면 전입신고를 한 다음날 0시부터 대항력이 발생합니다. 그러나 이미 근저당권, 가압류, 압류 등의 권리가 설정된 주택에 이사하고 전입신고를 하더라도 대항력이 발생하지 않습니다. 그러므로 임대차계약을 하기 전 임차하고자 하는 주택에 근저당권, 가압류, 압류 등의 권리가 설정되어 있는지를 반드시 확인해야 합니다. 대항력은 이사하고 전입신고만 한다고 해서 무조건 발생할 수 있는 권리가 아니기 때문이죠.

전입신고는 이사한 날부터 14일 이내에 새로운 거주지의 동 행정복지센터나 정부24 등에 신고해야 합니다. 이때까지 전입신고를 하지 않으면 5만 원 이하의 과태료가 부과됩니다(「주민등록법」 제16조 ①항, 제40조 ④항).

> **예시** **2025년 01월 07일 이사 및 전입신고한 경우**
> · 2025년 01월 08일 0시 대항력 발생

줄을 서시오! 내 차례요! 우선변제권

우선변제권이란, 경매나 공매 시 자신의 순서보다 뒤에 오는 권리나 그 밖의 채권보다 우선하여 자신의 임차보증금을 반환받을 권리를 말합니다(「주택임대차보호법」 제3조의2 ②항).

우선변제권이 발생하려면 임차한 주택에 이사하고 전입신고하고 확정일자까지 받아야 합니다. 우선변제권은 전입신고일과 확정일자 중 늦은 날을 기준으로 발생합니다.

> **예시** **2025년 01월 07일 이사 및 전입신고, 확정일자**
> · 대항력 발생 2025년 01월 08일 0시
> · 확정일자 효력 발생 2025년 01월 07일
> · 2025년 01월 08일 0시부터 우선변제권 발생

확정일자는 새로운 거주지의 동 행정복지센터나 대법원인터넷등기소(www.iros.go.kr)에서 받을 수 있습니다(「주택임대차계약증서상의 확정일자 부여 및 임대차 정보제공에 관한 규칙」 제2조). 확정일자를 받은 임대차계약서에는 확정일자를 다시 받을 수 없습니다. 그러나 새로운 내용을 추가하여 재계약을 한 경우에는 다시 받을 수 있습니다(「주택임대차계약증서상의 확정일자 부여 및 임대차 정보제공에 관한 규칙」 제3조).

내가 가장 먼저야! 최우선변제권

최우선변제권이란, 경매나 공매 시 다른 권리보다 우선하여 자신의 임차보증금 중 일정액을 먼저 반환받을 권리를 말합니다(「주택임대차보호법」 제8조 ①항).

최우선변제권이 발생하려면 다음과 같은 조건을 갖춰야 합니다.

① 임차인의 임차보증금이 주택임대차보호법에서 정한 '임차인 보증금 범위' 안에 들어야 합니다. 다시 말해 '소액임차인'이어야 합니다.

② 배당요구의 종기(채권자들이 채무자의 재산에 대해 배당을 요구할 수 있는 기한)까지 배당요구를 해야 합니다.

③ 경매개시결정(채권자의 신청에 따라 채무자의 재산을 강제적으로 매각하여 채권자의 채권을 변제받을 수 있도록 하는 절차를 진행하라는 결정)의 등기 전에 임차한 주택으로 이사하고 전입신고를 마쳐야 합니다.

④ 배당요구의 종기까지 대항력을 유지해야 합니다.

최우선변제권을 가진 임차인은 주택가액(주택가격과 토지가격을 합한 금액)의

1/2에 해당하는 금액 안에서만 최우선변제금을 받을 수 있습니다. 그러므로 현실에서는 주택임대차보호법에서 정한 최우선변제금 전액을 배당받지 못하기도 합니다.

방금까지 최우선변제권에 관해서 열심히 설명했는데 이해가 되시나요? 용어부터 어려워서 이해하기 어려울 것입니다. 그래서 사례를 들어 설명하겠습니다.

주택임대차보호법

기준시점	지역	임차인 보증금 범위	보증금 중 일정액의 범위
2016. 3. 31.~	서울특별시	1억 원 이하	3천4백만 원
2018. 9. 18.~	서울특별시	1억 1천만 원 이하	3천7백만 원
2021. 5. 11.~	서울특별시	1억 5천만 원 이하	5천만 원
2023. 2. 21.~	서울특별시	1억 6천5백만 원 이하	5천5백만 원

> **예시**
> · 2023년 3월 3일 : 국민은행, 근저당권설정, 채권최고액 3억 원
> · 2024년 3월 7일 : 임차인 강씨, 이사·전입신고, 보증금 1억 5천만 원
> · 2024년 4월 16일 : 임차인 이씨, 이사·전입신고, 확정일자, 보증금 1억 원
> · 2024년 4월 24일 : 임차인 박씨, 이사·전입신고, 확정일자, 보증금 1억 원
> · 2024년 5월 21일 : 임차인 공씨, 이사·전입신고, 확정일자, 보증금 1억 원
> · 2024년 6월 5일 : 임차인 소씨, 이사·전입신고, 확정일자, 보증금 1억 원
> · 서울특별시 소재 주택, 낙찰가격 4억 원

임차인이 최우선변제 대상인지, 대상이라면 최우선변제금으로 얼마나 배당받을 수 있는지를 파악하기 위해선 먼저 기준시점을 찾아야 합니다.

기준 시점은 임차인의 전입신고일이나 확정일자가 아닌 임차한 주택에

가장 먼저 설정된 담보물권(저당권, 근저당권, 가등기담보권 등)의 설정일입니다.

위의 예시를 보면 국민은행이 2023년 3월 3일에 근저당권을 설정했습니다. 그러므로 임차인들의 최우선변제권 기준일은 2023년 3월 3일입니다. 그리고 이날은 주택임대차보호법의 '기준시점' 2023.2.21. 이후이므로 서울특별시의 경우 임차보증금이 1억 6천5백만 원 이하인 임차인까지 5천5백만 원을 최우선변제받을 수 있습니다. 그러므로 임차인 강씨, 임차인 이씨, 임차인 박씨, 임차인 공씨, 임차인 소씨 모두 임차보증금이 1억 6천5백만 원 이하여서 모두 최우선변제를 받을 수 있습니다. 그럼 5천5백만 원을 모두 받을 수 있을까요?

변제금은 낙찰가격의 1/2 안에서만 배당받을 수 있습니다. 소액임차인이라는 이유로 무조건 다른 권리보다 최우선으로 배당받는 것이기에 다른 권리들의 몫도 남겨줘야 합니다.

사례의 경우 낙찰가격 4억 원의 1/2은 2억 원입니다. 그러므로 임차인 각자가 실제로 배당받을 수 있는 최우선변제금은 4천만 원(2억 원÷5명)입니다. 주택임대차보호법에서 정한 임차인의 최우선변제금은 5천500만 원이지만 실제로는 1천500만 원이 모자란 4천만 원만 배당받습니다.

토막상식

최우선변제금을 정확하고 손쉽게 알고 싶다면?

대법원 인터넷등기소 → 소액임차인안내(홈페이지 화면 오른쪽 아래) → '소액임차인의 범위 등 안내'에서 궁금한 지역 클릭

037 확정일자 vs. 전세권설정등기, 더 강력한 무기는?

임차인이 자신의 임차보증금을 보호받기 위한 가장 수월한 방법은 확정일자를 받는 것입니다. 그런데 여러 가지 사정으로 확정일자 받기가 어려우면 전세권설정등기를 해야 합니다. 이번 장에서는 확정일자와 전세권설정등기가 정확하게 무엇인지, 임차인에게는 어떠한 방법이 더 유리한지에 대해서 살펴보겠습니다.

보증금 보호받는 방법 1: 확정일자 받기

임차인이 임차보증금을 보호받는 가장 간단한 방법은 임차한 주택으로 이사하고 전입신고하고 확정일자를 받는 것입니다.

보증금 보호받는 방법 2: 전세권설정등기

임차인이 임차보증금을 보호받는 또 다른 방법은 임대인의 동의를 얻어 전세권설정등기를 하는 것입니다. 전세권설정등기는 임차한 주택의 등기사항전부증명서에 자신이 전세를 살고 있다는 사실을 기재하는 것입니다. 이렇게 하면 해당 주택의 등기사항전부증명서를 보는 사람 누구나 해당 주택에 임차인이 언제부터 보증금 얼마에 거주하고 있다는 사실을 알 수 있습니다.

확정일자와 전세권설정등기의 차이점

1 | 임대인의 동의

확정일자는 임대인의 동의가 필요 없습니다. 그러나 전세권설정등기는 임대인의 동의와 인감증명서 등의 서류가 필요합니다.

2 | 비용의 차이

확정일자 수수료는 600원으로 저렴한데 비해 전세권설정등기 수수료는 비용 부담이 큽니다. 예를 들어 전세보증금이 5억 원이라면 전세권설정등기 비용은 약 122만 원 정도(법무사 비용 제외)입니다. 부득이한 경우가 아니라면 전세권설정등기보다는 확정일자를 받는 것이 좋습니다.

3 | 경매 시 반환 금액의 차이

임차한 주택이 경매에 넘어가면 확정일자를 받은 임차인은 낙찰가격 전액에서 배당받을 수 있습니다. 전세권설정등기를 한 임차인은 낙찰가격 중 건물가격에서만 배당받을 수 있습니다. 그러므로 전세권설정등기를 한 경우엔 확정일자를 받은 경우보다 임차보증금 전액을 반환받기 어려울 수 있습니다.

> **예시** 주택의 낙찰가격 4억 원(건물가격 2억 원, 토지가격 2억 원), 임차보증금 3억 원
> - **확정일자** : 건물가격 2억 원과 토지가격 2억 원을 합한 4억 원에서 배당받으므로 임차보증금 3억 원 전액 반환받음.
> - **전세권설정등기** : 건물가격 2억 원에서 배당받으므로 임차보증금 3억 원 중 1억 원은 반환받지 못함

확정일자와 전세권설정등기의 차이점

	확정일자	전세권설정등기
근거법	주택임대차보호법(특별법)	민법(일반법)
동의	임대인 동의 불필요, 임차인 단독	임대인 동의 필요
절차	동 행정복지센터, 등기소에서 임대차계약서에 날인	관할 등기소에서 등기 · 임대인: 인감증명서(또는 본인서명사실확인서) 1통, 인감도장, 등기필증, 위임장 (직접 가지 않을 때만 필요) · 임차인: 신청서, 주민등록등본 또는 초본, 도장, 전세권설정계약서, 등록면허세 영수필확인서, 등기신청수수료 영수필확인서, 도면 등
비용	보증금액에 관계없이 600원 (계약증서가 4장을 초과할 경우, 초과 4장마다 100원 추가)	등록세: 보증금의 0.2% 지방교육세: 등록면허세의 20% 등기신청수수료: 1만 5,000원 법무사 비용 말소등기 비용(말소할 경우에 발생)
요건	입주 후 전입신고를 해야만 가능	입주, 전입신고 불필요
효력	당일부터 효력 발생(단, 확정일자와 전입신고일이 같으면 다음날 0시 효력 발생)	당일부터 효력 발생
	묵시적 계약갱신인 경우, 2년 더 보장	묵시적 계약갱신의 경우라도 집주인 요구 시 6개월 안에 나가야 함
	보증금반환소송 후 강제집행	보증금반환소송 없이 강제집행
전대차	임대인 동의 필요	임대인 동의 불필요
유지수선	임대인	전세권자

배당	건물과 토지의 가격을 합한 금액에서 보상	건물 가격에서만 보상
대상	일반적인 경우	전전세의 경우, 임대인이 전입신고를 꺼리는 경우

4 | 전입신고 필요 유무

확정일자를 받으려면 임차한 주택에 이사하고 전입신고도 해야 합니다. 그러나 전세권설정등기는 임차한 주택에 이사하거나 전입신고를 하지 않아도 가능합니다.

확정일자 받는 게 낫다! 단, 이런 경우라면 전세권설정등기

임대인이 주택 수에 포함되지 않았으면 하는 오피스텔 등의 경우에는 임차인이 전입신고하고 확정일자를 받을 수 없습니다. 그러므로 이러한 경우 임대인과 임차인 간에 비용 부담은 누가 할 것인지 등에 관한 합의 과정을 거쳐 전세권설정등기를 합니다. 전세권설정등기가 되어있는 전셋집에 다시 세를 얻을 때(전전세)에도 전세권설정등기를 해야 합니다. 참고로 임차인이 전입신고를 하지 못하게 하는 특약은 무효입니다. 임차인이 특약을 어기고 전입신고를 하여 임대인에게 손해를 끼치더라도 임차인의 배상 책임은 없습니다(서울중앙지방법원 2015.4.10. 선고 2014가단45902 판결).

> **토막상식**
>
> **전세권설정등기 비용 손쉽게 계산하고 싶다면?**
> 대법원 인터넷등기소 → 등기비용(홈페이지 화면 오른쪽 중간) → 전세권설정 클릭 → 등록면허세(보증금의 0.2%)를 입력합니다. 계산하기를 클릭합니다.

038 갑자기 보증금을 올려달라고요?

전세 수요가 많아지면 전세보증금이 오릅니다. 그러면 임차인은 새로운 주택으로 이사하는 것보다는 전세보증금을 조금 올려 주고서라도 현재 임차 중인 주택에 계속 거주하기를 바랍니다. 그렇다면 보증금 증액 시 임대차계약서를 어떻게 작성해야 안전할까요? 이번 장에서는 증액해 준 보증금을 보호받을 수 있는 임대차계약서 작성 방법에 대해서 살펴보겠습니다.

변경계약서를 써야 한다!

임차인이 전세보증금을 증액해 주었다면 보증금의 액수가 변했으므로 변동 내용이 담긴 임대차계약서를 다시 작성해야 합니다. 그런데 이때 '재계약서'가 아닌 '변경계약서'를 써야 합니다.

재계약서는 기존 임대차계약서의 확정일자 효력은 소멸하고 재계약한 임대차계약서의 확정일자 효력만 인정받을 수 있습니다. 그러나 변경계약서는 기존 임대차계약서의 확정일자 효력을 그대로 유지한 채 변경 계약한 임대차계약서에 받은 확정일자의 효력도 인정받습니다.

변경 계약의 특징

변경 계약은 임대차 기간 만료일 즈음하여 임대인과 임차인 간 '합의한 계약갱신'을 말하는 것으로 임대차계약 기간이 완전히 끝난 다음에 하는 '재계약'이나 임대차계약 기간 중간에 미리 일정한 기간 연장에 합의하는 '기간 연장의 합의'와 차이가 있습니다.

변경계약서를 작성하지 않아도 되는 경우

보증금과 월세 변동이 없는 경우

보증금과 월세 변동이 없는 변경 계약이라면 변경계약서(새로운 임대차계약서)를 작성할 필요가 없습니다. 기존 임대차계약서에 받은 확정일자의 효력이 그대로 유지되기 때문입니다.

묵시적갱신

묵시적갱신도 변경계약서(새로운 임대차계약서)를 새로 작성할 필요가 없습니다. 자동으로 기존 임대차계약서에 받은 확정일자의 효력이 유지되기 때문입니다. 단, 2기의 차임액(2개월분의 월세)에 달하도록 연체하거나 그 밖에 임차인의 의무를 현저히 위반한 임차인은 묵시적갱신이 적용되지 않습니다.

보증금을 증액해 줄 때 주의할 점

증액해 준 보증금 손해 볼 수 있다

증액을 결정하기 전에 근저당권 등이 설정되었거나 다른 임차인이 추가로 전입했는지 확인해야 합니다. 증액해 준 보증금의 순위가 근저당권이나 추가로 전입한 임차인의 보증금보다 늦으면 경매 시 배당을 못 받을 수도 있습니다. 앞선 근저당권 등을 말소할 수 있다면 이를 조건으로 보증금을 증액해 주어야 합니다.

확정일자 또 받기

변경계약이 결정되면 보증금의 증액 내용이 담긴 새로운 임대차계약서(변경계약서)를 작성하고 이에 다시 확정일자를 받아야 합니다. 그리고 기존 임대차계약서와 함께 잘 보관해야 합니다. 그래야 기존 보증금은 기존 임대차계약서 상의 확정일자로 보호받고 증액해 준 보증금은 새로운 임대차계약서(변경계약서) 상의 확정일자로 보호받을 수 있습니다.

변경계약서 작성 방법

- 증액해 준 전세보증금을 기재해야 합니다. 이때 새로운 임대차계약서(변경계약서) '보증금' 칸에 기존 임대차계약 시 보증금과 증액해 준 보증금을 합한 금액을 기재합니다. 그리고 '특약사항' 칸에 "본 임대차계약은 임대인 요구로 인한 보증금 증액에 관한 계약임, 임대차계약 기간이 ○○○○년 ○○월 ○○일~○○○○년 ○○월 ○○일까지인 기존 임대차계약의 보증금은 ○억 원임, 임대차계약 기간이 ○○○○년 ○○월 ○○일~○○○○년 ○○월 ○○일까지인 새로운 임대차계약의 보증금은 ○억 원임, 본 임대차계약서 보증금 칸에 기재된 보증금은 기존 임대차계약서의 보증금과 새로운 임대차계약서의 보증금을 합한 금액임"이라고 기재합니다.

- "기존 임대차계약은 임대보증금과 임대 기간을 제외하고는 그대로 효력을 유지한다."라는 조문을 새로운 임대차계약서(변경계약서) 특약사항 칸에 기재해야 합니다. 이 내용은 새로운 임대차계약의 핵심 조문으로, 기존 임대차계약의 대항력과 우선변제권을 그대로 인정한다는 뜻입니다.

- "임차인이 증액해 주기로 한 전세보증금을 변경계약 개시 전까지 임대인에게 주지 않으면 기존 임대차계약 기간 만료 일에 임대차계약은 종료한다."라는 조문을 새로운 임대차계약서(변경계약서) 특약사항 칸에 기재해야 합니다. 이 내용은 임차인이 임대인에게 주기로 한 증액 보증금을 주지 않은 채 임대차계약이 묵시적갱신으로 연장되는 것을 방지하기 위함입니다.

[특약사항]
- 기존 임대차계약은 임대보증금과 임대 기간을 제외하고는 그대로 효력을 유지한다.
- 임차인이 증액해 주기로 한 전세보증금을 변경 계약 개시 전까지 임대인에게 주지 않으면 기존 임내차세약 기간 민료 일에 임대차계약은 종료한다.

본 임대차계약은 임대인 요구로 인한 보증금 증액에 관한 계약임.
임대차계약 기간이 2022년 3월 6일~2024년 3월 5일까지인 기존 임대차계약의 보증금은 5억 원임.
임대차계약 기간이 2024년 3월 6일~2026년 3월 5일까지인 새로운 임대차계약의 보증금은 1억 원임.
본 임대차계약서 보증금 칸에 기재된 보증금은 기존 임대차계약서의 보증금과 새로운 임대차계약서의 보증금을 합한 금액임.

본 계약을 증명하기 위하여 계약 당사자가 이의 없음을 확인하고 각각 서명날인 후 임대인, 임차인, 개업공인중개사는 매 장마다 간인하여, 각각 1통씩 보관한다. 2024년 2월 4일

임대인	주 소	서울특별시 광진구 군자동 333-333					서명 또는 날인㊞
	주민등록번호	451212-76543221	전 화	010-9999-9999	성 명	나주인	
	대 리 인	주소		주민등록번호		성 명	
임차인	주 소	서울특별시 광진구 중곡동 222-222					서명 또는 날인㊞
	주민등록번호	681212-7654321	전 화	010-7777-7777	성 명	이임차	
	대 리 인	주소		주민등록번호		성 명	
개업공인중개사	사무소소재지	서울특별시 광진구 중곡동 12	사무소소재지	서울특별시 광진구 중곡동 234-343			
	사무소명칭	대박부동산	사무소명칭	복돼지 부동산			
	대 표	서명 및 날인 금대박 ㊞	대 표	서명 및 날인 복금동			㊞
	등록번호	123-21-122	전화 232-3344	등 록 번 호	123-21-134	전화	232-4455
	소속공인중개사	서명 및 날인 ㊞	소속공인중개사	서명 및 날인			㊞

기존 계약서의 보증금을 절대 지우지 마라

증액해 준 보증금을 확실히 보장받으려면 새로운 임대차계약서를 작성하면 됩니다. 그럼 기존 계약서의 보증금을 수정액이나 빨간색 줄로 지우고, 그 위에 기존 보증금과 올려준 보증금을 합산한 금액을 새로 적어 확정일자를 다시 받는 방법은 어떨까요? 안 됩니다. 이렇게 하면 기존 보증금을 확인할 수 없게 되니 절대 하지 마세요!

전세권설정등기를 한 경우 보증금 보호받는 법

기존에 전세권설정등기를 한 이후 추가로 보증금을 증액해 줘야 한다면 다음과 같이 하면 됩니다. 임차한 주택에 다른 권리가 설정되어 있지 않은 경우엔 증액된 금액만큼만 변경등기(전세금증액등기)를 하면 됩니다. 그러나 다른 권리가 설정되어 있는 경우엔 올려 준 보증금만큼 추가로 전세권설정등기를 해야 합니다.

> **토막상식**
>
> **공공임대주택 내 출산가구 임차인 거주 지원**
>
> 영구임대, 국민임대, 행복주택의 임차인이 거주 중에 자녀를 출산하면, 해당 자녀가 만 19세 될 때까지 재계약을 할 수 있습니다. 또한 2세 미만의 자녀(태아 포함)가 있는 임차인은 해당 공공주택사업자가 동일 시·도 내에 공급하는 다른 공공임대주택의 넓은 면적으로 이동할 수 있습니다.

039 임차인 권리의 모든 것

임대차와 관련하여 임차인에게만 주어진 권리가 여러 가지 있습니다. 알아두면 힘이 되고 돈이 되는 권리들, 어떠한 것이 있는지 살펴볼까요?

계약갱신요구권

계약갱신요구권이란?

임차인은 임대차계약 기간이 끝나기 6개월 전부터 2개월 전까지 임대인에게 계약갱신을 요구할 수 있는데 이러한 권리를 '계약갱신요구권'이라 합니다. 임대인은 정당한 사유가 없으면 임차인의 계약갱신 요구를 거절할 수 없습니다(「주택임대차보호법」제6조의3 ①항). 임차인은 계약갱신요구권을 1회에 한정하여 행사할 수 있고, 갱신되는 임대차의 존속기간은 2년입니다(「주택임대차보호법」제6조의3 ②항). 또한 갱신되는 임대차계약은 전 임대차계약과 같은 조건으로 다시 계약된 것으로 봅니다. 다만, 보증금과 월세는 5%의 범위에서 증감할 수 있습니다(「주택임대차보호법」제6조의3 ③항).

묵시적갱신이 된 상태라면?

묵시적갱신은 계약갱신요구권을 행사한 것으로 보지 않습니다. 그러므로 묵시적갱신 상태인 임차인은 필요할 시 계약갱신요구권을 행사할 수 있습니다.

이미 임대인과 합의하여 임대차계약을 갱신했다면?

임차인과 임대인이 계약 만료 6개월에서 2개월 사이에 서로 합의하여 갱신한 임대차계약은 계약갱신요구권을 행사한 것으로 보지 않습니다. 그러므로 임차인은 임대인과 합의한 조건이 마음에 들면 갱신한 임대차계약을 유지하고, 해당 임대차계약의 기간 만료 시점에 계약갱신요구권을 행사하여 2년 더 거주하면 됩니다. 그런데 임대인과 합의한 계약 갱신 조건이 마음에 들지 않으면 계약갱신요구권을 행사하여 조건을 유리하게 조정하면 됩니다.

> **예시** 임차인 오씨와 임대인 나씨는 2021년 9월5일~2023년 9월4일까지 최초 임대차계약을 맺었고, 2023년 6월7일 상호 간에 합의로 2023년 9월5일~2025년 9월4일까지 임대차계약을 갱신하면서 임대료를 8% 증액하기로 하였음
> - 임대료를 8%로 증액하기로 합의한 이번 임대차계약은 그대로 유지하다가 계약기간 만료 시점인 2025년 7월 1일(임대차계약 기간 만료 2개월 전)에 계약갱신요구권을 행사해도 됨
> - 임차인 오씨는 2023년 7월 1일(임대차계약 기간 만료 2개월 전)에 계약갱신요구권을 행사하여 5% 이하로 임대료 조정해도 됨

임차인이 임대료를 5% 이하로만 증액하려고 계약갱신요구권을 행사했는데도 불구하고 임대인이 임대료를 5% 이상 증액했다면 이는 계약갱신요

구권 사용에 따른 계약 갱신으로 보지 않고 당사자 간 합의로 이루어진 계약 갱신으로 봅니다. 이런 경우 임차인은 임대차계약 만료 시점에 계약갱신요구권을 사용할 수 있습니다.

임대인이 임차인에게 갱신 거절만 했다면?

임대인이 임대차계약 만료 6개월 전부터 2개월 전까지 기간에 임차인에게 계약갱신의 거절만 했다면 임차인은 그러한 임대인에게 계약갱신요구권을 요구할 수 있습니다. 임대인이 임차인에게 계약갱신 거부를 할 수 있는 정당한 사유를 제시하지 못했기 때문입니다.

계약갱신요구권 행사하면 무조건 2년 거주?

계약갱신요구권을 행사한 임차인은 무조건 2년을 거주해야 하는 것은 아닙니다. 임차인은 언제든지 임대인에게 계약 해지를 통지할 수 있고, 임차인에게서 해지 통지를 받은 날부터 3개월 지나면 임내인은 임자보증금을 반환해 주어야 합니다. 단, 임차인이 계약 해지를 통보하더라도 계약 만료 전이라면 임차인은 3개월간의 임대료는 임대인에게 지급해야 합니다.

필요비 상환청구권

필요비란 임차한 주택이나 상가 등을 정상적으로 사용하기 위해 임차인이 유지하고 보수하는 데 필요한 비용을 말합니다. 여기에는 임대인의 동의 없이 지출한 비용도 포함됩니다. 임차인은 필요비를 지출한 즉시 임대인에게 그 비용을 청구할 수 있습니다(「민법」 626조 ①항). 필요비 청구는 늦어도 임대인에게 주택이나 상가 등을 반환한 날로부터 6개월 이내에 하여야 합니다.

대표적인 필요비로는 누수, 냉난방시설, 벽 보수 등 상대적으로 큰 공사에 사용한 비용입니다. 임차인이 손쉽게 고칠 수 있고 비용도 들지 않는 것이라면 그 비용은 임차인이 부담합니다.

유익비 상환청구권

유익비란 임차인이 임차한 주택이나 상가 등의 객관적인 가치를 증가시키기 위해서 투입한 비용을 말합니다. 유익비는 필요비와 달리 임대차계약 기간 종료 시에 그 가액의 증가가 존재해야만 지출한 금액이나 그 증가액을 임대인에게 청구할 수 있습니다(「민법」626조 ②항). 유익비 청구도 필요비와 같이 늦어도 임대인에게 주택이나 상가 등을 반환한 날로부터 6개월 이내에 하여야 합니다.

대표적인 유익비로는 방이나 부엌을 증축한 비용, 화장실·오물처리장·담장을 건축한 비용, 건물 입구의 진입로나 건물 내 콘크리트 포장 비용 등입니다. 임차인이 자신의 영업에 필요한 주방 인테리어, 도색, 간판 설치 비용 등은 유익비로 인정받지 못합니다.

차임 또는 보증금 감액 청구권

조세나 공과금의 증가 기타 경제 사정의 변동으로 임대차계약에서 약정한 차임(월세) 또는 보증금이 적절치 않게 된 임차인은 임대인에게 감액 청구를 할 수 있습니다. 감액 청구는 언제부터 할 수 있는 걸까요? 임대인의 증액 청구에 대해서는 "증액 청구는 임대차계약 또는 약정한 차임 등의 증액이 있은 뒤로 1년 이내에는 하지 못한다."라고 주택임대차보호법이나 상가건물임대차보호법에서 정하고 있습니다(「주택임대차보호법」제7조 ①항, 「상가건물임대차보호법」제11조 ①항, ②항). 그러나 감액 청구 시점에 대해선 아무런 언급이 없습니다. 그러므로 임대차계약 기간 중 언제라도 임차인은 임대인과 협의하여 임대료를 감액할 수 있습니다. 만약에 협의가 되지 않는다면 소송을 통해 판단받아야 합니다.

임차인의 감액 청구는 계약갱신요구권에 의한 계약 갱신 요구 때도 할 수 있습니다(「주택임대차보호법」제6조의3 ③항, 「상가건물임대차보호법」제10조 ③항).

임차인의 차임(월세) 또는 보증금의 감액 청구를 금지하는 특약은 임차인에게 불리하므로 효력이 없습니다(「주택임대차보호법」제10조, 「상가건물임대차보호법」제15조, 「민법」제652조).

초과 차임 등의 반환청구

임차인이 임대인에게 5%를 초과하여 차임(월세) 또는 보증금을 증액해 주었거나 월차임 산정률(2025년 6월 기준 4.5%)을 초과하여 월세를 지급하였다면(017 월세와 전세 무엇이 더 나은 선택일까? 참고) 임차인은 임대인에게 초과 지급된 차임 또는 보증금에 합당한 금액을 청구할 수 있습니다(「주택임대차보호법」제10조의2).

월세 세액공제

월세 세액공제를 받을 수 있는 사람은?

총급여액이 8,000만 원 이하(해당 과세기간에 종합소득과세표준을 계산할 때 합산하는 종합소득금액이 7,000만 원을 초과하는 사람은 제외)이고, 근로소득이 있는 무주택세대주 또는 배우자는 임대인에게 지급한 월세에 대해 세액공제를 받을 수 있습니다.

공제 대상 주택규모는?

전용면적 85㎡ 이하 또는 기준시가 4억 원 이하인 아파트, 단독주택, 다세대주택, 다가구주택뿐만 아니라 주거용 오피스텔, 고시원도 대상입니다. 단, 임대차계약서상의 주소와 주민등록상의 주소가 같아야 합니다.

세액공제 신청 방법은?

임대인의 동의가 없더라도 임대차계약서 사본, 현금영수증, 계좌이체 영수증, 무통장 입금증 등 임대인에게 월세 금액을 지급했다는 것을 증명할 수 있는 서류만으로 세액공제 신청을 할 수 있고, 확정일자를 받지 않아도 가능하며, 해당 연도 연말정산 때 신고하지 못하더라도 5년 이내에 청구하면 공제받을 수 있습니다.

세무서를 직접 방문하거나 국세청 홈택스(www.hometax.go.kr)를 이용하여 신청할 수 있습니다.

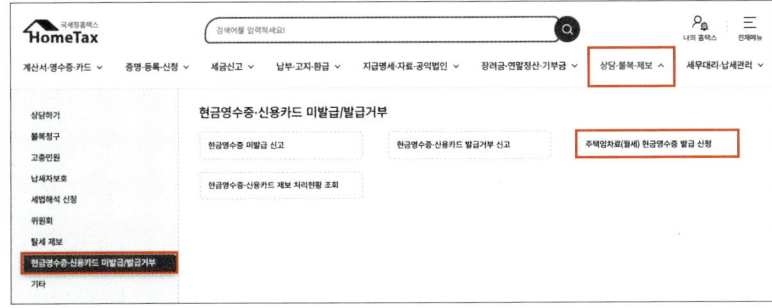

국세청 국세청 홈택스 메인화면의 '상담·불복·제보' → 화면의 왼쪽 아래의 '현금영수증·신용카드 미발급/발급거부' → 화면 오른쪽의 '주택임차료(월세) 현금영수증 발급 신청' → '주택임차료 월세액 세액공제신청'을 클릭하세요.

세액공제 한도는?

연간 총급여액이 5,500만 원 이하(해당 과세기간에 종합소득과세표준을 계산할 때 합산하는 종합소득금액이 4,500만 원을 초과하는 사람은 제외)면 월세액의 17%, 연간 총급여액이 8,000만 원 이하면 월세액의 15%에 해당하는 금액을 세액에서 공제해 주는데, 연간 월세 지급액 중 최대 1,000만 원까지 공제받을 수 있습니다. 만약 월세가 70만 원(연 월세 지급액 840만 원)이면, 840만 원×15%인 126만 원을 세액공제 받을 수 있습니다.(「조세특례제한법」 제95조의 2.)

040 전월세 계약 끝날 때 알아야 할 상식

임대차계약이 끝나더라도 깔끔한 마무리를 위해서 임차인이 알아야 할 상식이 있습니다. 원활하게 이사하고 보증금을 돌려받기 위해 어떤 것을 알아야 할까요?

이사 나가고 싶다면 임대인에게 언제까지 말해야 할까요?

임차인은 이사 나가고 싶은 날로부터 2~3개월 전에는 임대인에게 그 사실을 통보해 주어야 합니다. 그래야 임대인도 새로운 임차인을 구하고 보증금을 준비할 수 있습니다.

임차인이 임대차계약 기간이 아직 남아 있는 상태에서 나가는 거라면 먼저 임대인의 동의를 구해야 합니다. 임차인의 계약 해지로 임대인이 손해 보는 게 있다면 이에 대해 임대인과 협의하고, 필요하면 손해배상도 해줘야 합니다. 별문제가 없다면 일반적으로 임차인이 중개수수료를 부담합니다. 단, 묵시적 갱신이나 계약갱신청구권에 의한 임대차계약 기간 중 임차인이 계약을 해지하는 거라면 임대인의 동의를 구하지 않아도 되고, 임대인과의 협의도 필요 없습니다.

임차인이 임대차계약 기간을 완료하고 나가는 거라면 임차인은 임대차 계약 기간 약속을 지켰으므로 중개수수료는 임대인의 몫입니다.

이사 나갈 때 보증금은 언제 돌려받나요?

기존 임차인이 이사 나가는 날에 새로운 임차인이 이사 오기로 됐다면, 임차보증금은 임대인에게서 돌려받으면 됩니다.

기존 임차인이 이사 나가고 며칠이나 몇 달 뒤에 새로운 임차인이 이사 오더라도 임차보증금은 이사 나가는 날에 임대인에게서 돌려받으면 됩니다.

그런데 임대인이 새로운 임차인을 구해야 임차보증금을 돌려줄 수 있다고 한다면 이사 나가더라도 짐을 다 빼면 안 됩니다. 내용증명이나 보증금 반환 소송까지 갈 수도 있는데, 이에 관해서는 다음 장에 자세히 설명하겠습니다.

이사 올 때 해놓은 전입신고, 확정일자는 어떻게 하나요?

새로 이사 가는 지역의 동 행정복지센터에 가서 전입신고하고 확정일자를 받으면, 이전 동 행정복지센터에 해놓은 전입신고와 확정일자는 자동으로 정리됩니다. 이전 것은 신경 쓸 필요 없이 새로 이사 가는 주택의 전입신고와 확정일자만 신경 쓰면 됩니다.

자신의 임차보증금을 보호받기 위해 전세권설정등기를 하였다면 임차보증금을 반환받을 때 전세권설정등기를 말소해야 합니다.

기존 계약서는 어떻게 하나요?

임차인이 임차한 주택에서 이사 나가면 나중에 발생할 수 있는 사기를 방지하기 위해 이삿날에 임대인과 임차인의 임대차계약서를 모두 파기했습니다. 그러나 요즘은 이삿날 기존 임대차계약서를 스마트폰으로 촬영하고 기존 종이 임대차계약서는 파기합니다. 이렇게 하면 기존 임대차계약서를 따로 보관할 필요도 없고 혹시 나중에라도 분쟁이 있을 때 근거자료로도 사용할 수 있습니다.

토막상식

임대차 계약 종료 시 보증금 반환과 주택 인도는 동시 이행

임대차계약 기간이 종료되면 임차인은 임대인에게 주택을 반환해야 하고 이와 동시에 임대인은 임차인에게 보증금을 반환해 주어야 합니다[대법원 2015. 10. 29. 선고 2015다32585 판결]. 그러므로 임대차계약 기간 연장 의사가 없는 임차인은 자신이 이사 갈 새로운 주택에 대한 임대차계약을 체결할 수 있습니다. 그리고 임차인은 기존 주택의 임대인에게 이 같은 사실을 전달하면 됩니다. 만약에 임대차계약 기간이 종료되었음에도 기존 주택의 임대인이 보증금을 돌려주지 않아 임차인이 새로운 주택에 대한 계약금을 손해보면 기존 주택의 임대인은 임차인이 손해 본 계약금 전액을 배상해야 합니다[서울서부지방법원 2007. 12. 20. 선고 2007나6127 판결]. 이유는 기존 주택의 임대인은 자신이 임차인에게 보증금을 반환해 주지 않으면 임차인이 손해 볼 것이란 사실을 충분히 알고 있었기 때문입니다.

041 보증금을 돌려주지 않을 때 대처하는 방법

　3억 원에 전세를 살던 공씨는 임대차계약 기간이 다 되어 이사를 나가기로 하고 임대인에게 미리 그 사실을 알렸습니다. 그런데 임대인은 "지금 돈이 없으니 새로운 임차인이 이사 오면 보증금을 돌려주겠다."라고 했습니다. 너무나 당황스러웠지만, 별도리가 없었던 공씨는 그 말만 믿고 이사를 나갔습니다. 그러나 시간이 지나도 임대인은 "아직 새로운 임차인을 구하지 못해서 보증금을 못 주겠다."라고 말했고, 6개월이 지난 지금까지도 임차인 공씨는 임대인에게서 보증금을 반환받지 못하고 있습니다.
　이처럼 계약기간이 만료되었으나 임대인이 보증금을 되돌려줄 생각이 없을 때, 임차인이 사정상 이사를 나가야 한다면 어떻게 해야 할까요?

가장 먼저 할 일은 내용증명 보내기

　가장 먼저 해야 할 일은 '임대차계약 기간 만료에 따른 보증금 반환 요구'에 관한 내용증명을 보내 임대인에게 강력한 항의 의사를 전달하는 것입니다. 내용증명에는 임대인의 성명과 주소, 임차인의 성명과 주소, 임대차계약 체결일, 임대차계약 종료일, 임차보증금, 요구사항, 보증금 미반환 시 이에 따른 법적 조치와 손해배상을 청구한다는 내용 등을 기재하면 됩니다. 내용증명은 '보내는 사람이 받는 사람에게 어떤 내용의 문서를 언제 발송했다'는 사실을 우체국이 공적으로 증명하는 제도입니다(「우편법시행규칙」 25조).

내용증명

수신인 : 나임대
주 소 : 서울특별시 강남구 압구정동 압구정 아파트 111동 111호

발신인 : 이임차
주 소 : 서울특별시 광진구 광장동 보증 아파트 333동 333호

임대차계약 체결일 : 2022년 03월 09일
임대차계약 종료일 : 2024년 03월 08일

임대차 대상 물건 : 서울특별시 광진구 광장동 보증 아파트 333동 333호
임차보증금 : 5억 원정

내용 :
본인(이임차)은 상기 임대차계약 기간이 만료되더라도 계약기간의 연장 의사가 없음을 계약기간 만료 3개월 전부터 임대인(나임대)에게 통보하였습니다.
그리고 상기 임대차계약 기간 만료 시 임차보증금 5억 원의 반환을 요구하였습니다.
그러나 임대차계약 기간이 만료일로부터 30일이 지났음에도 임차보증금 5억 원을 반환받지 못하고 있습니다.

요구사항 :
본 내용증명을 통해 임차보증금 5억 원을 2024년 04월 15일까지 반환해 주실 것을 정중히 요청드립니다.
만약에 임차인(이임차)이 지정된 기한 내에 임차보증금을 반환받지 못하면 차후 발생하는 법적책임, 손해배상 책임 등은 모두 임대인(나임대)에게 있음을 알려드립니다.

2024년 04월 08일

발신인 : 이임차 (서명)

46조~59조). 나중에 소송할 때 증거자료가 되는 내용증명 우편물은 3통을 작성하여 원본 1통은 받는 사람에게 보내고, 2통은 우체국과 보낸 사람이 각각 1통씩 보관합니다.

방법 1: 대항력과 우선변제권 유지 '주택임차권등기'

계약기간이 만료되어 이사 나가고자 할 때 보증금을 되돌려주겠다는 임대인의 말만 믿고 이사를 가버리면, 보증금을 스스로 포기한 게 되어 보증금을 되돌려 받기가 매우 어렵습니다.

이런 경우에는 이사하기 전에 '임차권등기명령'에 따른 '주택임차권등기'를 신청해야 합니다. 신청 후 2주일쯤 지나 임차한 주택의 등기사항전부증명서 '을구'에 '주택임차권등기'가 기재된 것을 반드시 확인하고 나서 이사를 나가야 합니다. 기존 임차 주택에 '주택임차권등기'를 해놓으면 새로운 주택으로 이사 가서 전입신고하고 확정일자를 받더라도, 기존 임차 주택에 대한 대항력과 우선변제권의 효력을 잃지 않습니다. '주택임차권등기'를 위한 '임차권등기명령' 신청 방법은 다음과 같습니다.

준비서류	임차권 등기명령 신청서 1부, 임대차계약서 1부, 등기사항전부증명서 1부, 주민등록등본 1부, 내용증명 1부, 부동산표시목록 5부, 주택의 도면(임차한 부분이 주택의 일부인 경우만 해당) 1부
절차	관할법원 방문 → 신청서 작성·제출(등록면허세, 지방교육세, 등기신청수수료 등 비용납부) → 법원심사(보정명령) → 법원결정 → 임대인·임차인에게 전달 → 전달 확인 후 관할등기소에 주택임차권등기 신청 → 주택임차권등기 확인

비용	· 등록면허세: 건당 6,000원 · 지방교육세: 등록면허세의 20% · 등기신청수수료: 3,000원(부동산 1개당) · 송달료: 3,700원(1회) · 기타 비용
처리기간	약 2주 이상 소요

방법 2: 최후의 수단 '보증금반환소송'

이 방법은 임대인과 임차인 간의 갈등이 극에 다다랐을 때 사용하는 방법입니다. 임대인을 상대로 '보증금반환소송'을 하는 것은 시간과 비용이 많이 소요됩니다. 그러므로 되도록 '내용증명'이나 '주택임차권등기'를 이용해서 해결하는 것이 좋습니다.

만약에 소송을 해야 하더라도 그 전에 소송에 비해 절차가 간단하고 신속하게 보증금을 회수할 수 있는 '지급명령'을 신청합니다. 임대인이 이의제기할 가능성이 높지 않다면 말입니다.

토막상식

깡통전세와 역전세

주택의 전세보증금이 매매가격보다 높거나, 매매가격은 높으나 선순위 담보부채권이 있어 실제 회수할 수 있는 금액이 전세보증금보다 적은 경우를 깡통전세라 하고, 기존 전세보증금보다 새로운 전세보증금이 낮아져 임대인이 기존 임차인의 전세보증금 전액을 반환해 주기 어려운 경우를 역전세라고 합니다. 주로 주택 거래가 위축되어 전세가격이 떨어질 때 발생합니다. 어찌 되었든 두 경우 모두 임차인은 자신의 전세보증금 전액을 돌려받기 어렵습니다.

042 전세사기에 관한 모든 것

안락한 보금자리를 마련하기 위해 전세 계약을 했는데, 그 모든 게 사기라면 피해 당사자의 심정은 어떨까요? 보증금을 돌려받지 못하는 것은 물론이고 주택이 경매에 넘어가 마음고생까지 하는 피해자들이 많습니다. 전세 사기 피해 방지를 위해 여러 가지 대책이 마련되고 있으나, 근절되지 않고 있습니다. 이번 장에서는 전세 사기 유형을 사례별로 살펴보고 방지할 방법에 대해서 살펴보겠습니다.

신축 다세대주택은 피하자

백씨는 임대차계약 시 다세대주택을 신축한 건축주와 직접 계약하였으나, 얼마 가지 않아 소유자가 송씨로 바뀌었습니다. 백씨는 임대차계약 기간이 만료되자 송씨에게 보증금 반환을 요구하였으나 그는 자신도 명의를 빌려주었다가 깡통 빌라만 떠안은 피해자라며 보증금 반환을 거부하였습니다. 백씨는 새로운 임차인을 구해보려 노력했지만, 건축주와 임대차계약 당시 전세가가 주변 시세에 비해 높았던 탓에 아무도 해당 다세대주택을 임차하려고 하지 않았습니다.

백씨처럼 이런 사고를 당하지 않으려면 어떻게 해야 할까요?

첫 번째, 계약하고자 하는 주택의 정확한 시세를 확인해야 합니다. 그러나 신축 주택은 공시가격이 없어 정확한 가격을 확인하기 어렵습니다. 그러므로 감정평가사에게 감정을 의뢰하거나 주변 3~4곳 이상의 공인중개사에게 주변의 대략적인 시세를 확인해 봐야 합니다.

두 번째, 임대인의 경제력이나 유명세를 믿고 계약을 체결해선 안 됩니다. 임대인이 유명인이거나 부자거나 공직에 있다고 해서 임차인의 보증금을 안전하게 반환해준다는 보장은 없습니다.

세 번째, 계약하기 전에 주택도시보증공사 등에 '전세보증금반환보증'에 가입할 수 있는지 확인해야 합니다. 공시가격이 없는 신축 다세대주택은 토지 공시지가와 건물 시가표준액을 합산한 금액 또는 감정평가금액을 기준으로 전세보증금반환보증에 가입할 수 있는지를 판단합니다.

> 신축 다세대주택 보증 한도 = 주택가격(토지 공시지가와 건물 시가표준액을 합산한 금액의 140% 또는 감정평가금액) × 담보인정비율(90%) − 선순위채권 등

가짜 임대인 여부 확인

자신의 첫 보금자리로 강남의 오피스텔을 선택한 고씨, 어느 날 갑자기 지인으로부터 연락을 받았습니다. 그가 전세 사기에 휘말린 것 같다는 것이었습니다. 그가 임대인으로 알고 임대차계약을 한 사람은 진짜 임대인이 아니라 공인중개사사무소의 중개보조원이었던 것입니다. 자신이 임대인인 것처럼 고씨를 속이고 그의 전세보증금을 가로채서 사라졌던 것입니다.

송씨처럼 이런 사고를 당하지 않으려면 어떻게 해야 할까요?

첫 번째, 임대인이라 사람이 제시하는 신분증(주민등록증, 운전면허증)의 인적사항과 계약하고자 하는 주택의 등기사항전부증명서상의 임대인 정보가 일치하는지 확인해야 합니다. 이때 등기사항전부증명서는 임차인이 직접 발급받아야 합니다. 공인중개사가 등기사항전부증명서를 위조할 수도 있으니까요. 그리고 신분증도 '정부24'나 '경찰청 교통민원24' 앱을 이용하여 진위 확인을 해야 합니다.

두 번째, 임대인을 대신하여 대리인이 나왔을 땐 위임장에 찍힌 인감도장과 인감증명서 상의 인감도장이 동일한지 서로 대조하고 임대인에게 전화를 걸어 임대차계약 내용을 알고 있는지 확인해야 합니다.

전세보증금은 반드시 임대인의 통장에 입금해야 합니다. 만일 임대인의 요청으로 대리인 계좌로 입금해야 한다면 임대차계약서 특약사항 칸에 임대인의 요청에 따라 대리인 계좌로 입금하게 되었음을 명시해야 합니다.

신탁회사 소유 여부

서울 소재 대학교에 입학한 차씨, 그를 위해 차씨 부모님은 소형 아파트를 전세로 얻어 주었습니다. 계약하기 전에 주택의 등기사항전부증명서를 발급받아 확인해 보니 신탁회사에 관한 내용이 있었습니다. 차씨의 부모님은 이를 대수롭지 않게 생각하고 임대차계약을 체결하였습니다. 그러던 어느 날 신탁회사 동의가 없는 계약은 무효라는 통보를 받고, 차씨는 하루아침에 해당 주택에서 쫓겨나게 됐습니다.

차씨처럼 이런 사고를 당하지 않으려면 어떻게 해야 할까요?

계약하기 위해 등기사항전부증명서를 확인해 보았더니 신탁등기에 관한 내용이 나온다면 바로 계약을 체결해서는 안 됩니다. 등기소에 가서 신탁원부를 직접 발급받아 그 내용을 확인해야 합니다. 신탁원부에는 누구에게 해당 주택을 임대할 권한이 있는지, 해당 주택을 담보로 받은 대출이 있는지 등을 확인할 수 있습니다. 확인 결과 해당 주택의 임대 권한이 신탁회사에 있다면 신탁회사와 임대차계약을 해야 합니다. 신탁회사와 사전 승낙 및 합의가 있었고 이를 증명할 서류가 있다고 주장해도 신탁회사에 자신의 주택을 맡긴 사람(임대인)하고는 임대차계약을 해서는 안 됩니다. 그와 계약하게 되면 그 임대차계약은 무효가 되며 불법점유로 퇴거 요청을 받을 수 있습니다. 신탁등기에 관해 완벽하게 알지 못한다면 신탁등기가 된 주택은 피해야 합니다.

참고로 신탁등기를 말소해 줄 테니 안심하고 임대차계약을 하자고 하는 경우가 있습니다. 이럴 땐, 임대차계약서 특약사항 칸에 "임대인은 잔금일까지 신탁등기를 말소한다. 이를 위반하면 임차인은 본 계약을 해지하고 임대인은 임차인에게 계약금의 2배를 배상한다."라고 기재해야 합니다. 그리고 잔금일에 등기가 말소되지 않았다면 절대로 잔금을 지급해서는 안 됩니다.

신탁등기, 근저당권설정등기 말소 약속

등기사항전부증명서에 신탁등기나 근저당권설정 등기가 기재된 물건이 있습니다. 이러한 물건의 임대인들은 등기를 말소해 줄 테니 안심하라고 합니다. 이럴 땐 임대차계약서 특약사항 칸에 반드시 "임대인 ○○○은 ○○○○년 ○○월 ○○일 잔금일까지 근저당권(신탁등기)을 말소한다. 이를 이행하지 않으면 본 임대차계약은 취소된다. 그리고 임차인 ○○○은 임대인에게 ○○원의 손해배상을 청구한다."라고 기재해야 합니다.

그 후 신탁등기나 근저당권설정 등기의 말소가 진행되는지 임대인과 소통해야 합니다. 그리고 잔금일에 등기가 말소되지 않았다면 절대로 잔금을 임대인에게 지급해서는 안 됩니다.

월세를 전세로 둔갑시킨 공인중개사

강남 오피스텔 3채를 소유하고 있던 강씨, 그는 임대차계약 건이 있으면 오피스텔 근처의 공인중개사사무소에 맡겼습니다. 그러던 어느 날 매달 꾸준하게 입금되던 월세가 갑자기 끊겼습니다. 이상하게 생각했던 강씨는 임대차계약을 맡겼던 공인중개사에게 연락했으나, 그는 연락받지 않았습니다. 그 공인중개사는 임대인들에게는 월세로 세를 놓는다고 말하곤 실제론 임차인들에게 전세로 세를 놓아 그들의 보증금 모두를 가로챘던 것입니다.

강씨처럼 이런 사고를 당하지 않으려면 어떻게 해야 할까요?

임대차계약 시에는 임대인 본인이 공인중개사사무소를 방문하여 직접 계약을 체결해야 합니다. 이때 임차인을 만나 그가 어떠한 사람인지 살펴보고 주택과 관련하여 당부할 말도 건네는 게 좋습니다.

임차인이 이런 사고를 당하지 않고 싶다면 국토교통부 '부동산 거래 전자계약시스템(irts.molit.go.kr/)'을 이용하여 '부동산전자계약'을 하는 것도 좋은 방법입니다. 그러면 이중계약, 사기 계약, 부동산 중개사고 등을 예방할 수 있습니다.

거짓말하는 임대인과 공동담보

자신이 임차인들의 전세보증금을 반환해 줄 수 없다는 사실을 잘 알고 있던 서씨, 그는 공인중개사와 결탁하여 다가구주택 선순위 임차인들의 보증금 액수를 다르게 공지하거나 사문서를 위조하는 방식으로 계약하려는 임차인에게 사기 행각을 벌였습니다. 서씨 아내의 다가구주택엔 80억 원의 공동근저당까지 설정되어 있었습니다. 결국 서씨나 서씨 아내의 주택은 경매에 넘어갔습니다. 임차인들은 전세보증금을 온전히 회수하지 못했고 지금까지도 고통을 호소하고 있습니다.

다가구주택은 선순위 임차인들의 보증금 규모를 파악하는 게 매우 중요합니다. 따라서 임차인은 계약을 체결하기 전에 반드시 임대인의 동의를 얻어 해당 주택의 확정일자 부여일, 차임, 보증금, 체납세금 등의 정보를 열람해야 합니다(「주택임대차보호법」 제3조의7). 세금 체납 등으로 등기사항전부증명서에 '압류', '가압류', '강제경매 개시 결정' 등의 단어가 보이면 절대로 계약해서는 안 됩니다.

세금 체납 사실이 궁금하면 '납세증명서'(국세)와 '지방세 납세증명서'를 확인해야 합니다. 직원 임금이 밀렸는지 궁금하면 '사회보험 완납증명서'를 확인해야 합니다. 이러한 정보를 열람하려면 임대인의 동의서, 임대인의 신분증 사본, 인감증명서 등이 필요합니다.

이삿날(잔금일) 소유자 바뀌고 담보대출까지

한씨는 월세를 살다가 몇년간 돈을 모아서 전셋집을 구했습니다. 임대차계약 당시 근저당이 없는 권리관계가 아주 깨끗한 주택이었습니다. 이삿날 한씨는 임대인에게 잔금을 치르고 전입신고를 했습니다. 확정일자는 임대차계약 후 '부동산 거래관리시스템(rtms.molit.go.kr)에서 '주택임대차신고'를 하면서 받았습니다. 1년쯤 지나 임차인 한씨는 법원에서 해당 주택이 경매에 넘어갔다는 고지서를 받았습니다. 어찌 된 일일까요? 알고 보니 한씨가 이사하고 전입신고를 하던 날, 임대인이 다른 사람에게 소유권을 넘겼고, 돈이 부족했던 매수자가 주택담보대출을 받은 것이었습니다. 그러나 그는 대출금을 갚지 못했고 결국 해당 주택이 경매에 넘어가게 된 것입니다.

한씨처럼 이런 사고를 당하지 않으려면 어떻게 해야 할까요?

첫 번째, 임차 주택의 잔금을 치를 때도 해당 주택의 등기사항전부증명서를 발급받아 임대인 변경 사항이나 근저당권 설정 내용이 없는지 확인해야 합니다. 이러한 등기가 접수되었다면 '신청사건 처리 중'으로 명시됩니다. 등기사항전부증명서는 이사 당일뿐만 아니라 2~3일 후에도 다시금 확인해야 합니다.

두 번째, 임대차계약서를 작성할 때 특약사항 칸에 "잔금일 다음 날까지 소유권 변경이나 근저당권 설정 등의 행위를 하지 않겠다."라는 특약사항을 기재해야 합니다.

세 번째, 등기사항전부증명서 확인이나 특약사항 기재가 불안하다면 임대인의 동의를 얻어 '전세권설정등기'를 해야 합니다. 다음 날 0시부터 효력을 발휘하는 전입신고와 다르게 전세권설정등기는 등기한 날 즉시 효력을 발휘합니다.

이사 왔더니 다른 임차인이 이삿짐을 내리고 있다면?

공인중개사가 소개하는 물건 중 마음에 쏙 드는 주택이 있었던 변씨, 변씨는 해당 주택에 대한 권리관계 등을 살펴본 후 별다른 이상한 점이 없자 임대인과 직접 임대차계약을 체결하였습니다. 그리고 한 달 후 이삿날에 해당 주택에 가보니 다른 임차인이 이삿짐을 내리고 있었습니다. 이게 어찌 된 일일까요? 사실 임대인은 돈을 가로챌 목적으로 같은 주택을 여러 명의 임차인에게 세를 놓은 것이었습니다. 결국, 변씨는 해당 주택으로 이사하지 못했고 현재는 임대인을 상대로 소송을 하면서 오피스텔에 단기 거주하고 있습니다.

변씨처럼 이런 사고를 당하지 않으려면 어떻게 해야 할까요?

첫 번째, 이런 사고는 소액으로 무리한 투자를 하는 깡통주택에서 발생할 가능성이 큽니다. 그러므로 선순위 보증금과 담보대출금 등의 총금액이 매매가격의 80%를 넘는 주택에 대해서는 임대차계약을 체결해서는 안 됩니다.

두 번째, 이삿날 계약한 주택에 도착하면 기존 임차인이 이사 나가는지 확인하고 다른 이삿짐센터 차량이 없는지도 살펴봐야 합니다. 그리고 이상이 없으면 그때 잔금을 치러야 합니다. 이렇게 하면 임대인이 설사 여러 사람에게 세를 놓았어도 잔금만은 사기당하지 않습니다.

전입신고 잠깐만 빼줄 수 없나요?

아파트에 전세를 얻어 거주하고 있던 김씨, 어느 날 임대인에게서 연락이 왔습니다. 자신이 담보대출을 좀 받아야 하니 대출받을 동안만 잠깐 전출신고를 해달라는 것이었습니다. 주민등록상 해당 아파트에 거주하지 않는 걸로 해달라는 것이었죠. 임차인 김씨는 임대인의 대출 이후 다시 전입신고를 하면 아무런 문제가 되지 않을 것으로 생각해 그렇게 해줬습니다. 하지만 1년이 지나 해당 아파트는 경매로 넘어갔습니다. 그리고 임차인 김씨는 자신이 전출한 동안 설정된 근저당권보다 배당 순위가 늦어 보증금을 한 푼도 돌려받지 못했습니다.

김씨가 전출신고를 하는 순간 그의 대항력이 사라진 것입니다. 뒤늦게 전입신고를 다시 해도 이미 근저당권, 가압류, 압류 등의 권리가 설정된 주택엔 대항력이 발생하지 않습니다.

김씨가 전출신고를 한 사이에 임대인이 해당 주택을 다른 사람에게 매도할 수도 있었습니다. 이렇게 되었다면 김씨는 새로운 임대인에게 대항력을 주장할 수 없습니다. 새로운 임대인이 임차 주택에서 나가라면 나가야 합니다.

김씨처럼 이런 사고를 당하지 않으려면 어떻게 해야 할까요?

임대인이 "대출금 일부를 주겠다."라는 등 콤한 말들로 설득해도 절대로 전출신고를 하면 안 됩니다. 전출신고를 하는 순간 임차인은 자신의 보증금을 버린 것이나 다름없습니다.

공유숙박 플랫폼을 이용한 오피스텔 임대 사기

30대 박씨는 공유숙박 플랫폼에서 오피스텔을 단기로 임차한 뒤, 소유자인 것처럼 행세하며 사기를 저질렀습니다. 박씨는 온라인 카페에 '오피스텔 단기 임대' 글을 올려 임차인을 모집했습니다. 그리고 "임차하면 월세를

5만 원 깎아주겠다."라고 유인하여 피해자 공씨와 보증금 400만 원에 월세 75만 원의 임대차계약을 체결했습니다. 그리고 공씨의 보증금과 월세를 편취했습니다.

공씨처럼 이런 사고를 당하지 않으려면 어떻게 해야 할까요?

단기 임대라도 반드시 주변 공인중개사사무소를 이용하여 오피스텔의 진짜 소유자와 임대차계약을 해야 합니다. 소유자라는 자의 신분증상 성명과 등기사항전부증명서상 소유자명이 서로 일치하는지 확인해야 합니다.

토막상식

전세사기에 대한 정보를 한눈에 볼 수 있는 곳은?

HUG 안심전세 포털 (www.khug.or.kr/jeonse)

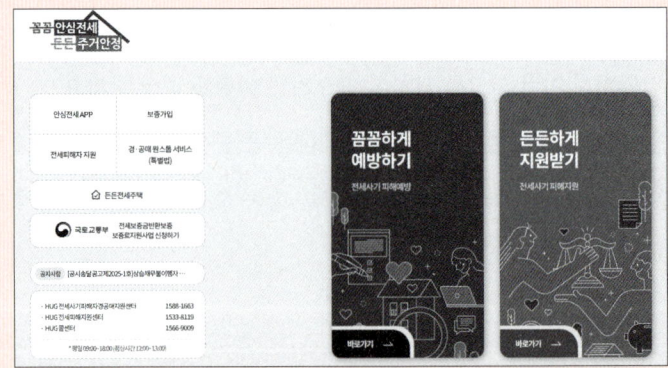

참고로 공인중개사를 통해 계약 의사가 확인된 예비 임차인이 공인중개사 확인서를 지참해 HUG를 방문하거나 안심전세 앱을 통해 신청하면 임대인의 동의 없이도 임대인을 채무자로 하는 전세보증금반환보증 가입 건수, 임대인의 보증사고 이력 및 보증가입 금지 대상 여부, 최근 3년간 임대인이 공사에 대하여 부담하는 구상채무의 존재 및 이행 여부를 확인할 수 있습니다.

MEMO

둘째 마당

내 집 계약할 때 알아야 할 필수 상식

Common Sense Dictionary
of Real Estate

043 내 집 장만하는 절차, 한눈에 쏙!

정부에서 저렴한 가격에 거주하기 좋은 집을 임대해도 사람들은 자신만의 집을 소유하길 원합니다. 낡고 허술하더라도 내 집에서 살아야 뿌듯하고 마음이 편안합니다. 그리고 집이라도 한 채 있어야 노후에 큰 걱정 없이 살 수 있다고 생각합니다.

내 집 장만하는 절차를 간략하게 살펴보면 다음과 같습니다.

step 1 마련할 수 있는 자금 확인하기
- 자신이 보유 중인 자금 확인하기
- 세금, 등기 비용, 중개수수료 등 소요 비용 산정하기
- 대출 조건 및 대출 상품 검색하기
- 부동산 정책 간추리기

▼

step 2 거주할 지역과 주택의 종류 결정하기
- 직장과 가깝고, 주변 환경이 쾌적하며 치안이 좋은 곳
- 자신의 생활방식에 맞는 면적과 구조를 갖춘 주택

▼

step 3 인터넷을 통해 시세 및 주택 검색하기
- 네이버 부동산, 다방, 직방, 한방, 호갱노노, KB부동산 등 공인된 부동산정보 서비스 앱 이용
- 국토교통부 실거래가 공개시스템, 토지이음, 인터넷등기소, 씨:리얼 부동산정보 포털 등 부동산정보 사이트 이용

step 4 공인중개사 사무소 방문하여 주택 구경하기

- 체크리스트 활용하기
- 조망, 일조량, 구조, 층수, 관리비까지 꼼꼼하게 확인
- 바로 계약은 금물, 구경한 주택 서로 비교한 다음 결정

step 5 공부서류 확인 후 계약하기

- 주민등록증, 운전면허증 진위 확인으로 진정한 소유자 확인
- 공부서류들 상의 내용이 서로 일치하는지 확인
- 포괄근저당, 미납세금 등 확인
- 부동산 거래 신고(부동산 거래관리시스템, 시·군·구청)

step 6 중도금, 잔금 치르고 소유권이전등기 하기

- 대출 실행하기, 잔금 치르기
- 소유권이전등기 신청하기
- 중개수수료, 등기 비용 등 지급
- 취득세 납부하기

step 7 이사하기

- 손 없는 날 등 이사가 많은 날 피해서 이사하기
- 못 쓰는 이삿짐 미리 버리기
- 인테리어 또는 리모델링 하기

044 아파트 vs. 다세대주택 vs. 단독주택

주택의 종류에는 단독주택, 다세대주택(빌라), 아파트 등 여러 가지가 있습니다. 실거주가 목적이든 투자가 목적이든 주택의 종류별 특징을 잘 알아야 목적에 알맞은 주택을 매수할 수 있습니다.

이번 장에서는 단독주택, 다세대주택, 아파트에 대해 자세하게 살펴보겠습니다.

단독주택

단독주택은 개인의 생활방식, 재정 상태, 관리 방법 등에 따라 호불호가 갈립니다. 주로 여성보단 남성이 선호합니다. 프라이버시와 공간의 자유 등을 중시하면 적합한 대상일 수 있지만, 유지 비용과 보안 등을 중시한다면 고민해 봐야 합니다. 그러므로 선택 전에 자신이 우선시하는 것이 무엇인지를 생각해 보고, 장단점을 꼼꼼하게 살펴보는 것이 중요합니다.

단독주택의 장점은 다음과 같습니다.

사생활 보호

단독주택은 마당이나 정원을 사이로 주위의 주택들과 떨어져 있어 높은 수준의 사생활 보호를 받을 수 있습니다. 하지만 담장 높이가 낮은 도로 가의 단독주택은 오히려 사생활 침해에 취약할 수 있습니다. 이러한 주택은 조망이나 일조량에 문제가 안 된다면 담장을 높이는 게 좋습니다. 단독주택은 이웃의 소음이나 간섭이 적습니다. 특히, 층간소음 문제에선 자유롭습니다.

이웃과의 교류

단독주택은 철문으로 닫혀 있는 아파트에 비해 이웃과의 교류가 빈번할 수 있습니다. 반상회나 동네 행사 등을 통해 친분을 쌓을 수 있습니다.

여유 공간

일반적으로 단독주택은 더 넓은 실내 공간과 야외 공간을 제공합니다. 정원, 마당, 개인 주차 공간 등을 갖출 수 있습니다. 도심의 일부 단독주택은 주차 공간을 확보하기 위해 담장을 허물기도 합니다. 이런 경우엔 사생활 보호와 보안에 더욱 신경 써야 합니다.

확장 가능성

주택의 구조를 변경하거나 확장할 수 있습니다. 예를 들어, 추가로 방을 만들거나 베란다를 확장하거나 텃밭을 만들 수 있습니다.

건물의 하중을 벽이 지탱하는 '벽식구조방식'의 주택은 기존 벽체의 위치 변경이 어렵습니다. 이런 경우엔 기존 벽체는 그대로 놔둔 채 추가로 벽체를 설치하는 방법을 선택해야 합니다.

자유로운 변신

인테리어나 외부 디자인을 자유롭게 할 수 있습니다. 눈살을 찌푸릴 정도만 아니라면 이웃의 눈치를 볼 필요 없이 주택을 꾸밀 수 있습니다. 경주시 황리단길처럼 단독주택을 점포로 꾸밀 수도 있습니다.

높은 투자 가치

단독주택은 재개발 시장에서 투자 가치가 높습니다. 그리고 토지가격이 상승하면 주택의 가치도 상승할 수 있습니다.

단독주택의 단점은 다음과 같습니다.

유지관리

단독주택은 꾸준한 유지관리가 필요합니다. 정원 손질, 외관 청소, 외벽 페인트, 지붕 수리 등에 많은 노력과 비용이 소요됩니다. 오래된 단독주택은 장마철 습기나 침수 문제가 발생할 수 있고, 겨울에는 집 전체를 따뜻하게 하는 데 난방비가 많이 소요됩니다.

안전

아파트나 타운하우스에 비해 보안 시스템을 갖춰도 빈틈이 있을 수 있고, 도난이나 침입의 위험이 더 클 수 있습니다. 여성이 단독주택을 꺼리는 가장 큰 이유입니다.

높은 가격

단독주택은 대지 면적이 있어 구매 비용이 아파트에 비해 더 높을 수 있습니다. 서울특별시 용산구 한남동 같은 지역의 단독주택 가격은 웬만한 아파트 가격보다 비쌉니다.

위치

주택이 교외나 도심 외곽지역에 있으면 직장이나 학교, 편의시설과의 거리가 멀어질 수 있습니다. 교통비와 시간이 많이 소요될 수 있습니다.

다세대주택

다세대주택은 대표적인 서민 주택입니다. 취득비용이나 도심 접근성 등을 중시하는 사람에게 적합하지만 주차 문제, 소음, 건축 품질 등을 중시하면 고민해 봐야 합니다.

전용면적 20㎡~85㎡인 다세대주택이 전체 다세대주택의 90%가 넘습니다(KOSIS 2022년 기준). 지역에 따라 선호하는 면적이 다르므로 투자 금액이 적게 든다는 이유로 무조건 소형만을 고집해서는 안 됩니다. 지역에서 오랫동안 중개업을 한 개업공인중개사 몇 명에게 지역 거주민이 가장 선호하는 면적을 물어보고 그런 면적의 다세대주택을 취득해야 합니다.

다세대주택의 장점은 다음과 같습니다.

저렴한 취득비용

아파트에 비해 초기 취득비용이 저렴합니다. 공동계단이나 주차장 정도만 청소 용역을 맡기므로 관리비도 저렴합니다. 단, 관리가 체계적이지 않아 주택에 문제가 생길 경우 이웃 간에 갈등이 발생할 수 있습니다.

편리한 출퇴근

주로 도심 근처나 지하철역 가까운 곳에 있어 출퇴근이 편리합니다. 그러나 지하철역에서 도보로 15분 이상 걸리는 다세대주택이라면 매수하지 않는 게 좋습니다. 지하철역에서 멀면 임차인을 구하기 어렵고 임차인을 구한다 해도 높은 월세를 받을 수 없습니다. 매도하기도 어렵습니다.

생활의 편의성

지하철역과 가까운 다세대주택은 병원, 약국, 제과점, 커피숍, 식당 등 다양한 상업 시설을 편리하게 이용할 수 있습니다.

다세대주택의 단점은 다음과 같습니다.

건축 품질

건축주가 이윤을 남기려고 욕심을 내는 경우엔 건물의 품질이 낮아질 수 있습니다. 건축 자재는 시공 당시엔 A급과 C급을 구별하기 어렵고 2~3년 정도 지나야 알 수 있습니다. 특히, 베란다를 확장했다면 그 부분에도 보일러 관이 설치되었는지 확인해 봐야 합니다. 관이 설치되지 않았다면 겨울철에 결로 현상이 발생할 수 있습니다.

유지보수 비용

공동계단 벽면이 갈라지거나 타일이 떨어질 수 있습니다. 그리고 벽면에 누수가 발생할 수 있습니다. 또한 방바닥에 설치된 보일러 관이 막혀 열효율이 떨어질 수 있습니다. 시간이 지날수록 유지보수 비용이 증가합니다.

안전

체계적인 보안 시스템이 잘 갖추어 있지 않아 안전에 취약할 수 있습니다. 그러므로 꼭대기 층이라도 방범창이 필요합니다.

주차 문제

아파트에 비해 주차 공간이 부족합니다. 그리고 주차 공간이 좁아 대형 차량 주차가 어려울 수 있습니다. 앞뒤로 긴 일(一)자 주차장은 앞 차량이 빠져줘야 뒤 차량이 나올 수 있습니다.

구조와 용도

다세대주택은 아파트처럼 1층부터 꼭대기 층까지 내부 구조가 똑같지 않습니다. 각 층의 구조가 서로 조금씩 다릅니다. 그러므로 다세대주택을 구경할 때는 해당 주택에 사람이 없다고 해서 윗집이나 아랫집을 대신 구경하고 결정해서는 안 됩니다.

아파트

아파트는 대한민국의 거주민이 가장 선호하는 주택입니다. 다양한 계층이 거주하고 있는데 전용면적 40㎡~85㎡인 아파트가 전체 아파트의 75%가 넘습니다(KOSIS 2022년 기준). 일반적으로 전용면적 85㎡ 이하인 국민평형을 선호하지만, 아파트 역시 지역에 따라 선호하는 면적이 다릅니다. 그러므로 무조건 85㎡ 이하인 아파트를 매수해서는 안 되고 지역 거주민이 가장 선호하는 면적의 아파트를 매수해야 합니다. 그래야 매도하기 좋습니다.

아파트의 장점은 다음과 같습니다.

생활의 편의성

피트니스 센터, 실내골프장, 수영장, 도서관, 게스트하우스 등 다양한 편의시설을 아파트 단지 내에서 이용할 수 있어 생활이 편리합니다. 또한 대단지 아파트 주변에는 학교, 병원, 쇼핑몰 등 생활 인프라와 상업 시설이 잘 갖추어져 있습니다.

안전

체계적인 보안 시스템과 경비원이 있어 안전합니다. 단, 1~4층은 안전에 취약할 수 있으므로 반드시 방범창이 필요합니다.

관리의 편리성

관리사무소에서 아파트의 유지보수를 체계적으로 해주고, 장기수선 충당금을 계속 적립하여 아파트 시설을 유지보수합니다.

아파트의 단점은 다음과 같습니다.

사생활 침해

저층이거나 동 간의 간격이 좁으면 사생활 보호가 어려울 수 있습니다. 옆 동에서 다 보일 수 있으니까요. 그러므로 아파트를 선택할 때 이러한 점도 꼭 확인해야 합니다.

층간소음 문제

층간소음은 아파트나 다세대주택 같은 공동주택의 가장 큰 문제입니다. 이것 때문에 간혹 이웃 간에 큰 다툼이 발생하곤 합니다. 어린 아이들이 있는 세대는 이 때문에 1층을 선택하곤 합니다.

교류 단절

각 세대가 철문으로 닫혀 있어 이웃 간에 교류가 단절되기도 합니다. 예전엔 이사 오면 윗집, 아랫집, 옆집으로 떡을 돌린 적도 있었지만 이미 전설이 된 지 오래입니다. 승강기 안에서 이웃 간에 인사하는 캠페인은 이웃 간의 갈등을 줄이는 좋은 방법입니다.

관리비 부담

다양한 편의시설과 관리 서비스 대가로 관리비가 비쌉니다. 이사를 고려 중인 아파트의 관리비가 궁금하다면 'K-apt 공동주택관리 정보시스템(www.k-apt.go.kr)'을 이용해 보세요.

좋은 주택 고르는 포인트!

무엇보다 교통이 편리해야 합니다. 걸어서 5~10분 이내로 지하철역까지 갈 수 있는 역세권 주택이어야 합니다. 그리고 그 지하철역의 노선이 2개 이상이면 매우 좋습니다. 노선이 많으면 그만큼 출퇴근이 편리하기 때문입니다.

스타벅스 매장이 400m 이내에 있는 스세권, 맥도날드가 가까운 맥세권, 녹지공간이 풍부한 숲세권, 학교까지 걸어서 갈 수 있고 주변에 유명 학원들이 즐비한 학세권, 호수가 가까운 호세권, 공원이 가까운 공세권 등을 갖춘 주택이어야 합니다.

주택가 주변에 기피시설인 쓰레기 매립장, 공장, 교도소 등이 있으면 시간이 지날수록 가격이 하락합니다. 그러므로 근처에 이러한 시설들이 없는지 확인해야 합니다.

조망권이란, 일반적으로 건물 안에서 밖을 바라볼 때 경관을 볼 수 있는 권리를 말합니다. 일조권이란, 건물의 창문을 통해 햇빛을 받을 권리를 말합니다. 조망권과 일조권이 좋은 아파트는 높은 가격에 거래될 수 있습니다. 그러므로 아파트를 선택할 땐 동의 배치와 방향을 꼼꼼하게 살펴봐야 합니다.

베란다와 다용도실 같은 서비스 공간이 많은 주택이어야 합니다. 그래야 잡다한 물건들을 정리하기 좋고, 세탁기나 빨래건조대 등을 충분히 놓을 수 있어서 편리합니다.

얼마 동안 보유해야 할까?

1세대 1주택자가 2년 이상 보유한 12억 원 이하의 주택을 매도하면 양도소득세를 내지 않아도 됩니다(단, 취득 당시 조정대상지역 안에 있는 주택은 2년 이상 거주해야 함). 이런 경우엔 최소 2년 동안은 보유하고 있어야 합니다.

주변에 대형 마트가 입점하거나 지하철역이 들어서는 등 개발 호재가 있다면 개발이 가시화될 때까지 매도하지 않고 보유하고 있는 것이 좋습니다. 실제로 눈에 보이는 개발이 이루어지면 주택 가격이 더 상승하기 때문입니다.

토막상식

유언 대용 신탁이란?

고객이 금융사와 신탁계약을 맺고 생전엔 금융사를 통해 재산을 관리·운용하며 수익을 받다가 사망 시엔 사전에 설계한 방식대로 배우자와 자녀 등에게 재산을 지급하는 제도입니다.

유언장을 작성하지 않아도 되므로 유언의 변경, 훼손 등에 따른 문제를 걱정할 필요가 없습니다. KB국민·신한·하나·우리은행, 교보생명 등에서 취급하고 있습니다.

045 내 집 마련, 예산 짜기

가지고 있는 돈이 정확히 얼마인지 확인

편안하게 거주하기 위해, 안정된 노후를 보내기 위해 주택을 취득할 때 가장 먼저 해야 할 일은 지금 자신이 가지고 있는 돈이 정확히 얼마인지를 아는 것입니다. 그래야만 예산에 맞게 어느 지역에서, 어떤 종류의 주택을 선택할지 정할 수 있고 대출은 얼마나 받아야 하는지 알 수 있기 때문입니다.

가지고 있는 돈을 정확하게 모르고 주택을 구하러 다니면 으리으리한 저택도 살 수 있을 것 같은 기분에 휩싸여 계획 없이 이 지역 저 지역을 보면서 시간과 비용만 낭비하게 됩니다. 마음에 드는 주택을 찾더라도 자신의 처지에 맞지 않게 과도한 대출을 받거나, 대출을 받았는데도 불구하고 돈이 부족하여 애를 먹을 수 있습니다.

대출은 월 소득의 30%, 주택가격의 50%를 초과하지 마세요!

자신이 보유한 돈만으로 주택을 취득하는 사람은 거의 없습니다. 대부분은 대출을 끼고 취득합니다. 그러나 대출은 월 소득의 30% 또는 집값의 50%를 넘지 않는 선까지만 받는 것이 좋습니다. 월 소득의 30%를 초과하면 다른 필수 지출에 부담이 갈 수 있으며 40%를 넘어가면 재정적 위험이 크게 높아질 수 있습니다. 부동산 경기가 좋지 않아 주택가격이 하락하거나 대출이자 부담이 커지면 애써 마련한 주택을 경매로 넘겨야 할 수도 있습니다. 2008년 전 세계 경제 위기를 가져온 미국의 서브프라임 모기지 사태를 한번 돌이켜볼까요? 당시 사람들은 낮은 금리에 과도한 대출을 받아 주택을 취득하였습니다. 그런데 부동산 시장 침체로 주택가격이 하락하고 대출금리가 상승하자 많은 사람이 신용불량자가 되었습니다. 그리고 이는 전 세계 경제의 도미노 몰락을 초래했습니다.

참고로 한국주택금융공사의 대출자(보금자리론, 디딤돌대출, 적격대출) 중 일시적 자금난을 겪고 있는 고객은 원금상환을 얼마간 미룰 수 있는 '원금상환유예' 제도를 이용할 수 있습니다. 자세한 사항은 한국주택금융공사 홈페이지(www.hf.go.kr)나 전화 1688-8114로 문의해 보세요.

원금상환유예 대상고객

구분		공제대상가족의 수
대상고객	실직, 폐업	·신청일 현재 실직(휴직), 폐업(휴업)한 경우
	소득감소	·부부합산 소득이 20% 이상 감소한 경우
	기타 사유	·본인 또는 가족의 질병·상해 등으로 인해 의료비 지출규모가 부부합산 연소득의 10%를 초과하는 경우 ·「재난적의료비지원에 관한 법률」에 따라 재난적의료비 지급 결정 통보서를 받은 경우 ·가족의 사망 ·본인 또는 가족이 장애인이 된 경우 ·본인 또는 가족 거주주택에 재난의 피해를 입은 경우 ·본인이 이혼한 경우 ·본인 또는 배우자가 출산한 경우

※ 유예 횟수는 대출 건별로 대출 기간 중 총합산 3회
※ 유예기간은 대출 건별로 대출 기간 중 총합산 3년 이내(단, 각 회차별 유예기간은 최대 1년을 넘을 수 없음)

부대비용으로 주택가격의 5% 필요!

주택 취득비용을 계산할 때는 여러 가지 부대비용을 반드시 고려해야 합니다. 예산을 빡빡하게 짰다가 세금, 중개수수료 등과 같은 부대비용이 발생하면, 그 돈을 빌리러 여기저기 뛰어다녀야 합니다.

부대비용으로는 대략 주택가격의 5%를 책정해야 합니다. 부대비용에는 취득세, 중개수수료, 법무사 수수료, 등기 비용, 대출 비용, 공과금, 이사 비용, 입주청소 비용, 에어컨 설치비 등이 있습니다. 다음 내용을 참고하여 주택 취득 시 필요한 부대비용 체크리스트를 직접 만들어 보세요.

주택 구입 시 부대비용 체크리스트

	내역	비용		내역	비용
☐	취득세	₩	☐	이사 비용	₩
☐	중개수수료	₩	☐	입주청소 비용	₩
☐	법무사 비용	₩	☐	에어컨 설치비	₩
☐	등기 비용	₩	☐	도시가스 설치비	₩
☐	대출비용	₩	☐	인터넷 설치비	₩
☐	공과금	₩	☐		
☐	기타	₩	☐		
☐			☐		

토막상식

6억 원 범위 내에서 배우자에게 자산을 증여하는 것이 좋다

6억 원 한도 내에서 배우자 명의로 재산을 취득하거나 재산을 증여하면 증여세를 내지 않으면서 나중에 자녀들의 상속세 부담도 줄일 수 있습니다. 단, 고의로 세금을 납부하지 않을 목적으로 재산을 배우자 명의로 돌려놓으면 세무서에서 체납세금을 징수할 수 있습니다.

046 예산 수립 전 꼭 알아야 할 LTV, DTI, DSR

LTV(담보인정비율)나 DTI(총부채상환비율), DSR(총부채원리금상환비율)은 과도한 대출로 은행과 개인이 부실해지는 것을 방지하기 위한 제도입니다. 이 제도는 대출에 대한 심사와 규제를 강화하여 무분별한 대출을 막고 부동산 투기를 억제하기 위해 등장했습니다. 부동산 기사에 빠지지 않고 나오는 이 용어들, 하나하나 자세히 살펴보겠습니다.

LTV: 주택을 담보로 얼마나 대출받을 수 있나?

LTV(Loan To Value ratio)는 주택을 담보로 얼마까지 돈을 빌릴 수 있는지를 의미합니다. 가령 시세가 3억 원인 주택의 LTV가 70%라면 최대 2억 1,000만 원까지 대출받을 수 있습니다.

> **예시** 시세 3억 원인 주택(서울), LTV 70%, 전세 2억 원 임차인 거주
> ⇒ 대출 불가

> **예시** 시세 3억 원인 주택(서울), LTV 70%, 방 2개
> ⇒ {(3억 원×70%) - (5,500만 원×2)} = 1억 원까지 대출 가능

대출받고자 하는 주택에 임차인이 있다면 전세보증금 액수에 따라 다를 수 있지만 일반적으로는 대출이 불가능합니다. 또한 대출받을 주택에 방이 있다면 은행에서는 방 개수에 해당하는 최우선변제금액을 제하고 대출해 줍니다. 이유는 임대인이 대출 이후 소액임차인들에게 각각의 방을 세놓을 수 있어서입니다. 나중에 해당 주택이 경매로 넘어가게 되면 각 방의 소액임차인들은 선순위 저당권보다 먼저 보증금의 일부를 배당받습니다. 만약 이렇게 되면 은행에서는 그만큼의 돈을 되돌려 받지 못하게 됩니다. 그러므로 그 대비책으로 미리 방의 개수만큼 최우선변제금액을 제하고 대출해 주는 것입니다.

지역별 소액임차인의 최우선변제금액 보증금 범위

저당권설정일	지역	보증금 범위	최우선변제금액
2023년 2월 21일부터	서울특별시	1억 6,500만 원 이하	5,500만 원 이하
	과밀억제권역, 용인·화성·세종·김포	1억 4,500만 원 이하	4,800만 원 이하
	광역시, 안산·광주·파주·이천·평택	8,500만 원 이하	2,800만 원 이하
	그 밖의 지역	7,500만 원 이하	2,500만 원 이하

DTI: 소득 대비 특정 부채의 비율

DTI(Debt To Income)는 연소득에서 특정 대출에 대한 원금 및 이자가 차지하는 비율을 의미합니다. DTI는 주택담보대출 시 다른 담보대출에 대한 원금 및 이자는 고려하지 않습니다. 오로지 해당 주택의 담보대출에 대한 원금 및 이자만 고려합니다. DTI가 낮을수록 대출 가능 금액은 줄어듭니다.

> **예시**
> - 연소득 5,000만 원, DTI 60%, 대출기간 40년, 금리 연 5%
>   ⇒ 약 5억 1,800만 원까지 대출 가능
> - 연소득 5,000만 원, DTI 50%, 대출기간 40년, 금리 연 5%
>   ⇒ 약 4억 3,200만 원까지 대출 가능
>   ⇒ 약 8,600만 원 감소

지역에 따라 대출 비율이 달라진다

각각의 대출 비율은 정부가 지정한 조정대상지역, 투기과열지구에 따라 다르게 적용됩니다. 정부는 2018년 '9.13 주택시장 안정대책'과 '12.16 주택시장 안정화 방안'을 발표하며 LTV, DSR, DTI에 대한 비율을 강화함으로써 부동산 투기를 억제해 왔습니다. 그러나 생애 최초주택구입자는 지역, 주택가격, 소득에 상관없이 LTV가 80%까지 가능하고 대출한도는 6억 원입니다. 또한 2025년 12월 31일까지 12억 원 이하인 주택을 취득하면 취득세도 100% 감면(200만 원 한도)받습니다.

주택가격	구분		투기과열지구		조정대상지역		조정대상지역 외 수도권		기타	
			LTV	DTI	LTV	DTI	LTV	DTI	LTV	DTI
고가주택 기준 이하 주택 매수 시	서민실수요자		50% (70%)	60%	60% (70%)	60%	70%	60%	70%	없음
	무주택세대		40%	40%	50%	50%	70%	60%	70%	없음
	1주택 세대	원칙	0%	-	0%	-	60%	50%	60%	없음
		예외	40%	40%	50%	50%	60%	50%	60%	없음
	2주택 이상		0%	-	0%	-	60%	50%	60%	없음
고가주택 매수 시	원칙		0%	-	0%	-	고가주택 기준 이하 주택 매수 시 기준과 동일			
	예외		20%	40%	30%	50%				

※ 서민실수요자 : 부부합산 연소득 9,000만 원 이하, 투기과열지구 주택가격 9억원 이하(단, 조정대상지역은 8억 원 이하), 무주택세대주 등의 요건을 모두 충족하는 경우 LTV 70%까지 적용(6억 원 한도 폐지)
※ 투기과열지구·조정대상지역 내 무주택자·1주택자(기존 주택 처분조건부)는 주택 가격과 무관하게 LTV 50%
※ 다주택자의 규제지역 내 주택 매입 목적 주택담보대출 LTV 30%까지 가능, 주택 임대·매매사업자의 주택담보대출 취급 허용(규제지역 LTV 30%, 비규제지역 LTV 60%)

DSR: 소득 대비 총부채의 비율

DSR(Debt Service Ratio)이란, 연소득에서 전체 대출에 대한 원금 및 이자가 차지하는 비율을 의미합니다. 주택담보대출 원리금뿐만 아니라 신용대출, 신용카드미결제액, 자동차할부금, 전세보증금담보대출, 예·적금담보대출, 유가증권담보대출 등의 원리금까지 모두 반영합니다. 그러므로 대출이 더 까다롭습니다.

스트레스 DSR

정부는 2025년 7월 1일부터 은행권 및 제2금융권(상호/여전/저축/보험) 주택담보대출, 신용대출, 기타 대출에 대해 스트레스 DSR을 시행합니다.

스트레스 DSR은 시장금리에 가산금리를 더하여 계산합니다. 여기에서 가산금리란, 과거 5년간 최고금리(한국은행 기준 2022년 12월 5.64%)에서 현재 금리를 뺀 값을 말하는 것으로 1.5%를 적용합니다.

> **예시**
> - DSR
>   연소득 5,000만 원, DSR 40%, 대출기간 40년, 금리 연 5%
>   ⇒ 약 3억 4,500만 원까지 대출 가능
> - 스트레스 DSR
>   연소득 5,000만 원, DSR 40%, 대출기간 40년, 금리 연 5.375%
>   ∷ 5년간 최고금리와 현 시장금리의 차이 : 0.64% = 5.64%-5.0%
>   ∷ 하한 : 1.5%, 2024년 상반기까지 1.5%의 25%만 적용하기로 함
>   ∷ 가산금리 : 0.375% = (1.5×25%)
>   ∷ 적용금리 : 5.375% = 5%+0.375%
>   ⇒ 약 3억 2,800만 원까지 대출 가능
>   ⇒ 약 1,700만 원 감소

1주택 세대를 위한 생활안정 주택담보대출

생활안정 목적의 주택담보대출이란 의료비, 교육비 등 생활자금 조달목적으로 받는 대출을 말합니다. 대출을 받으려면 소유권이전등기일로부터 3개월이 지난 주택을 담보로 제공해야 합니다. 주의할 점은 생활안정 주택담보대출금을 추가 주택구입자금으로 사용해서는 안 됩니다. 또한 추가 주택구입은 같은 세대원이 모두 적용되므로 세대원 중 다른 사람이 주택을 구입하면 1세대 2주택자가 됩니다. 이와 같은 약정을 위반하면 대출금 전액을

즉시 상환해야 하며, 향후 3년간 주택 관련 대출을 제한받을 수 있습니다. 생활안정 주택담보대출은 LTV와 DSR 범위 내에서 대출이 가능합니다. 생활안정자금 주택담보대출은 임차인의 보증금 반환, 소상공인 사업 운영자금(임대료, 인건비 등) 마련, 상속인의 상속세 납부와 기존 대출 상환, 수증자의 증여세 납부와 기존 대출 상환을 위해서도 받을 수 있습니다. 지방 주택을 담보로 한 대출도 가능합니다.

> **토막상식**
>
> **추가 대출이 가능한 MCI, MCG**
>
> 은행에서 대출을 실행할 때 MCI(Mortgage Credit Insurance, 모기지신용보험)와 MCG(Mortgage Credit Guarantee, 모기지신용보증)라는 보증보험에 가입하면 최우선변제금을 공제하지 않고 대출을 받을 수 있습니다. MCI는 가입비용을 은행에서 부담하고 MCG는 대출자가 부담하며 정부의 정책 변화나 은행에 따라 취급하지 않을 수도 있습니다.

047 나에게 딱 맞는 대출상품 찾기

사람들은 주택을 구매할 때 대부분 대출을 받습니다. 그런데 막상 대출받으려고 하면 자신에게 딱 맞는 대출상품 찾기가 어렵습니다.

대출받을 때 가장 먼저 확인해 봐야 할 점은 무엇이고, 여러 대출상품 중에서 자신한테 딱 맞는 대출상품을 쉽게 찾는 방법은 무엇인지 살펴보겠습니다.

가장 먼저 확인할 것은 대출한도

대출받을 때 가장 먼저 확인할 것은 얼마까지 대출이 가능한가입니다. 대출한도는 금융기관에 직접 알아보는 게 정확하지만 개별 은행마다 다니면서 대출한도를 확인해 본다는 게 쉬운 일이 아닙니다.

대략적으로라도 대출한도를 알아보는 방법은 다음과 같습니다.

먼저 LTV가 몇 %까지 가능한지를 알아봐야 합니다. 첫째, 주택 취득자가 생애 최초주택구입자인지, 기존 주택구입자인지를 확인해야 합니다. 주택 취득자가 생애 최초주택구입자이면 주택가격이나 지역에 상관없이 LTV 80%, 최대 6억 원까지 대출이 가능합니다. 둘째, 주택 소재지가 규제

지역(투기과열지구, 청약과열지역, 청약위축지역)인지 비규제지역인지를 확인해야 합니다. 기본적으로 규제지역이면 LTV 50%, 비규제지역이면 LTV 70%까지 대출이 가능합니다. 셋째, 현재 무주택자인지 유주택자인지를 확인해야 합니다. 현재 주택이 있다면 기본적으로 규제지역은 LTV 0%로 대출이 불가능하지만 비규제지역은 LTV 60%까지 대출이 가능합니다.

기존 주택 매도 계약일이 늦어도 신규주택 취득(잔금)일과 같으면 무주택으로 판단합니다. 그러나 신규주택 취득일까지 기존 주택의 매도 계약을 체결하지 않았거나 계약은 체결했으나 실제 처분은 한참 뒤에나 이뤄지면 주택이 있는 것으로 판단합니다.

LTV를 통해 대출한도를 가늠해 보았다면 다음으로는 DSR을 적용해야 합니다. 그래야 좀 더 정확한 대출한도를 알 수 있습니다. '네이버'에서 'DSR 계산기'를 검색하여 필요한 내용을 차례차례 입력합니다. 'DSR 계산기'에서 DSR이 40%를 넘지 않는 선까지 최대한 입력한 대출 금액이 자신의 대출한도입니다.

주거래 은행에서만 대출상품을 알아보지 말아라?

자신에게 맞는 대출상품을 찾을 땐 가장 먼저 '주택도시기금(nhuf.molit.go.kr)'이나 '한국주택금융공사(www.hf.go.kr)' 같은 정부 기관의 대출상품을 살펴봅니다. 금리가 시중은행의 대출상품보다 비교적 저렴합니다.

정부 기관의 대출상품이 자신에게 맞지 않는다면 다음으로 금융회사(은행, 상호저축은행, 캐피탈, 보험사 등)의 대출상품을 알아봐야 합니다. 그런데 이때 주거래 은행 대출상품만 상담받지 말고 여러 금융사의 대출상품도 상담받는 것이 좋습니다. 주거래 은행이라고 해서 대출금리나 조건이 더 좋지는 않습니다. 오히려 보험사나 지방은행이 종종 낮은 금리의 특판상품을 출시하므로 시중은행보다 대출금리가 더 낮을 수 있습니다.

시중은행의 DSR은 40%입니다. 그런데 보험사나 상호금융권의 DSR은 50%로 대출을 더 많이 받을 수 있습니다.

시중은행 대출상품의 부수 거래 조건(급여이체, 신용카드 사용, 자동이체, 적금가입 등)은 종류도 많고 번거롭습니다. 혹시라도 깜박하고 조건을 달성하지 못하면 금리가 올라갈 수 있습니다. 그러나 비은행권 대출상품의 부수 거래 조건은 전혀 없거나 있어도 1~2개 정도입니다.

금융감독원 금융상품통합비교공시 이용하기

자신에게 딱 맞는 대출상품을 찾으려고 처음부터 여러 은행을 돌아다니는 건 너무 힘든 일입니다. 은행별로 일일이 대출 상담을 하지 않고도 각 은행의 대출상품, 이자, 상환조건을 알아볼 수는 없을까요? 답은 금융감독원 금융상품통합비교공시 홈페이지(finlife.fss.or.kr)에 있습니다.

① 금융상품통합비교공시 홈페이지 중앙의 '금융상품 조회'에서 '주택담보대출'을 선택합니다.

② 주택가격, 대출금액, 대출기간, LTV, 주택종류, 금리방식, 상환방식, 금융권역, 지역선택, 가입방법에 체크하면 은행별 대출상품의 대출조건을 확인할 수 있습니다.

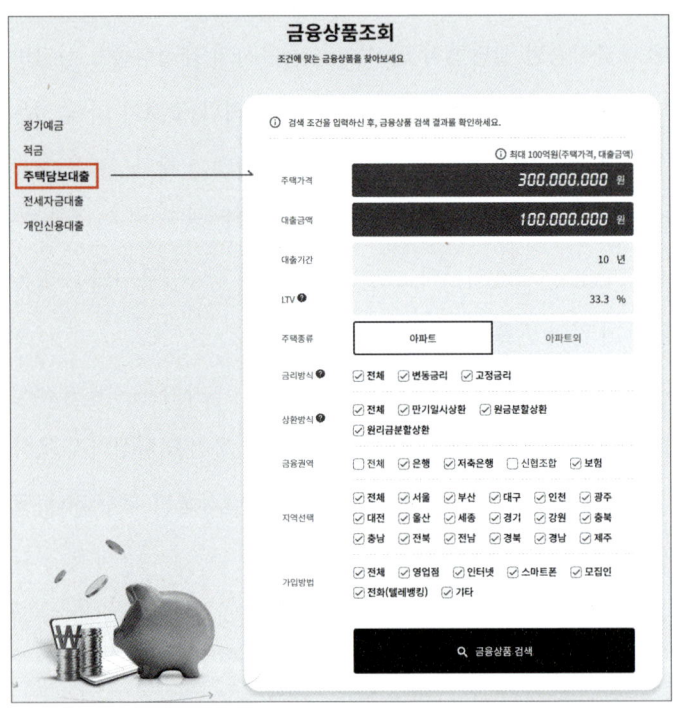

이자는 자금을 빌린 대가로 당연히 지급해야 하는 돈입니다. 하지만 매달 꼬박꼬박 빠져나갈 때면 꼭 공돈이 나가는 것 같습니다. 따라서 대출상품들의 이자를 비교해 봐야 합니다. 그중에서 이자율이 낮은 것 3개 정도를 선택한 다음, 선택한 대출상품들의 상환조건을 비교해 보고 자신에게 가장 유리한 대출상품을 선택합니다. 그리고 해당 은행에 직접 방문하여 정확한 대출금액을 알아봅니다.

주택도시기금 대출상품

자신에게 정부 기관의 대출상품이 맞다고 생각한다면 주택도시기금의 '신혼부부전용 구입자금', '신혼희망타운전용 주택담보장기대출', '내집마련 디딤돌대출', '전세사기 피해자 전용 디딤돌대출', '신생아 특례 디딤돌대출', '수익공유형모기지', '손익공유형모기지', '오피스텔구입자금'을 이용해 보세요.

주택도시기금 주택구입 대출상품

	대상	부부합산 연소득 8.5천만 원 이하, 순자산가액 4.88억 원 이하 무주택 세대주, 신혼부부(혼인기간 7년 이내 또는 3개월 이내 결혼예정자), 생애 최초 주택구입자				
	한도	최대 4억 원 이내(LTV 80%, DTI 60%이내)				
신혼부부 전용 구입자금	소득수준 (부부합산 연소득)	10년	15년	20년	30년
	2천만 원 이하	연 2.55%	연 2.65%	연 2.75%	연 2.80%
	2천만 원 초과 ~ 4천만 원 이하	연 2.90%	연 3.00%	연 3.10%	연 3.15%
	4천만 원 초과 ~ 7천만 원 이하	연 3.25%	연 3.35%	연 3.45%	연 3.50%
	7천만 원 초과 ~ 8.5천만 원 이하	연 3.60%	연 3.70%	연 3.80%	연 3.85%

내집마련 디딤돌 대출	대상	부부합산 연소득 6천만 원 이하(생애 최초 주택구입자, 2자녀 이상 가구는 연소득 7천만 원, 신혼가구는 연소득 8.5천만 원 이하), 순자산가액 4.88억 원 이하 무주택 세대주				
	한도	일반 2.5억 원(생애 최초 일반 3억 원), 신혼가구 및 2자녀 이상 가구 4억 원 이내(LTV 70%, 생애 최초 주택구입자는 LTV 80%, DTI 60% 이내, 방공제 의무, 후취담보 제한)				
	소득수준 (부부합산 연소득)		10년	15년	20년	30년
	2천만 원 이하		연 2.85%	연 2.95%	연 3.05%	연 3.10%
	2천만 원 초과 ~ 4천만 원 이하		연 3.20%	연 3.30%	연 3.40%	연 3.45%
	4천만 원 초과 ~ 7천만 원 이하		연 3.55%	연 3.65%	연 3.75%	연 3.80%
	7천만 원 초과 ~ 8.5천만 원 이하		연 3.90%	연 4.00%	연 4.10%	연 4.15%
신혼희망 타운전용 주택담보 장기대출	대상	LH가 공급하는 주거전용면적 60m² 이하의 신혼희망타운 주택 입주자				
	한도	최고 4억 원 이내(주택가액의 최대 70%)				
	금리	연 1.6%(고정금리)				
전세사기 피해자 전용 디딤돌 대출	대상	전세사기 피해자, 부부합산 연소득 7천만 원 이하, 순자산가액 4.88억 원 이하 무주택 세대주				
	한도	최대 4억 원 이내(LTV 80%, DTI 100% 이내)				
	소득수준 (부부합산 연소득)		10년	15년	20년	30년
	2천만 원 이하		연 1.85%	연 1.95%	연 2.05%	연 2.10%
	2천만 원 초과 ~ 4천만 원 이하		연 2.20%	연 2.30%	연 2.40%	연 2.45%
	4천만 원 초과 ~ 7천만 원 이하		연 2.45%	연 2.55%	연 2.65%	연 2.70%
신생아 특례 디딤돌 대출	대상	대출접수일 기준 2년 내 출산('23.1.1. 이후 출생아부터 적용)한 무주택 세대주 및 1주택 세대주(대환대출), 부부합산 연소득 2억 원 이하(1인 1억 3천만 원 이하), 순자산가액 4.88억 원 이하				

	한도	최대 5억 원 이내(LTV 70%, 생애 최초 주택구입자는 LTV 80%, DTI 60% 이내)				
신생아 특례 디딤돌 대출		소득수준 (부부합산 연소득)	10년	15년	20년	30년
		2천만 원 이하	연 1.80%	연 1.90%	연 2.00%	연 2.0%
		2천만 원 초과 ~ 4천만 원 이하	연 2.15%	연 2.25%	연 2.35%	연 2.40%
		4천만 원 초과 ~ 6천만 원 이하	연 2.40%	연 2.50%	연 2.60%	연 2.65%
		6천만 원 초과 ~ 8.5천만 원 이하	연 2.65%	연 2.75%	연 2.85%	연 2.90%
		8.5천만 원 초과 ~ 1억 원 이하	연 2.90%	연 3.00%	연 3.10%	연 3.20%
		1억 원 초과 ~ 1.3억 원 이하	연 3.20%	연 3.30%	연 3.40%	연 3.50%
	맞벌이	1.5억 원 이하	연 3.50%	연 3.60%	연 3.70%	연 3.80%
		1.7억 원 이하	연 3.85%	연 3.95%	연 4.0%	연 4.15%
		2억 원 이하	연 4.20%	연 4.30%	연 4.40%	연 4.50%
오피스텔 구입자금	대상	부부합산 연소득 6천만 원 이하, 순자산가액 4.88억 원 이하 무주택 세대주				
	한도	최대 7.5천만 원 이내				
		소득수준 (부부합산 연소득)	금리			
		2천만 원 이하	연 2.6%			
		2천만 원 초과 ~ 4천만 원 이하	연 2.8%			
		4천만 원 초과 ~ 6천만 원 이하	연 3.1%			

한국주택금융공사 대출상품

한국주택금융공사의 '보금자리론'도 살펴보겠습니다.

한국주택금융공사 주택구입 대출상품

구분		보금자리론	내집마련 디딤돌대출
지원 대상	대상자	민법상 성년	민법상 성년
	연소득	부부합산 연소득 7천만 원 이하, 7년 이내 신혼부부(결혼예정자)8.5천만 원, 1자녀 9천만 원, 2자녀 이상 1억 원 이하	(일반) 6천만 원 생초, 2자녀 이상 7천만 원 이하, 신혼 8.5천만 원 이하
	주택수	무주택 또는 1주택	무주택 세대주
	처분조건 1주택자	대체취득을 위한 일시적 2주택자로, 기존주택 처분조건부로 취급 가능, 기존주택은 대출실행일로부터 3년내 처분	불가능
	주택가격	6억 원 이하 공부상 주택	5억 원(신혼가구 및 2자녀 이상 가구 6억 원) 이하
	주택규모	제한 없음	전용면적이 85m²
만기		10,15,20,30,40,50년	10,15,20,30년
중도상환수수료		3년 이내 상환 시 대출실행일로부터 경과일수 별로 0.5% 한도 내에서 부과	3년 이내 상환 시 대출실행일로부터 경과일수 별로 1.2% 한도 내에서 부과
상환구조		원리금 균등, 체감식, 체증식 분할상환 (거치기간 없음)	원리금 균등, 원금 균등, 체증식 분할상환(1년 거치가능)
대출한도		최대 3.6억 원(다자녀·전세사기 피해자 4억 원, 생애 최초 4.2억 원)	일반 2.5억 원, 생애 최초 주택구입자 3억 원, 신혼가구 및 2자녀 이상 가구 4억 원
한도제한		LTV 최대 70%, DTI 최대 60%	LTV : 70%(생애 최초 주택구입자 80%), DTI 60%

※ 슬라이딩: 조기상환 수수료가 날짜에 따라 감소하는 방식, 일할계산, n/365
※ 투기과열지구, 조정대상지역 대출 규제 적용

수도권 소재 아파트는 내집마련디딤돌대출 시 후취담보대출을 제한받고 방공제(최우선변제금 공제)도 해야 합니다. 그러나 신생아특례디딤돌대출과 전세사기피해자전용디딤돌대출 시에는 그렇지 않습니다(단, 신생아특례디딤돌 대출이라도 6억 원 초과 9억 원 이하 주택은 방공제 적용). 또한, 연소득 4천만 원 이하 가구가 3억 원 이하 저가 주택을 구입하면 후취담보대출과 방공제 면제가 됩니다.

늘어나는 가계부채를 막기 위한 대출 규제

주택도시보증공사(HUG)의 주택구입자금보증 건수는 세대당 최대 2건까지 가능합니다. 규제지역은 세대당 1건만 가능합니다. 보증비율은 대출금액의 100%까지이며 보증한도는 건당 분양대금의 60% 이내입니다.

> **예시**
> - 보증비율 적용 사례 : 분양가격: 5억 원, 보증비율: 100%
>   보증금액: 5억 원 (5억 원 × 100%)
> - 보증한도 적용 사례: 분양가격: 5억 원, 보증한도: 분양가격의 60%
>   보증금액: 3억 원
> - 보증비율에 따라 계산한 금액이 5억 원이지만, 보증한도가 건당 60%이므로 최대 보증금액은 3억 원으로 제한됨

> **토막상식 — 대출금리 더 낮출 수 있다! 금리인하요구권**
> 전 직장보다 안정적인 직장으로 이직, 승진, 연소득 상승, 전문자격증 취득, 거래실적 변동 등의 요건을 갖추면 금리인하 혜택을 볼 수 있습니다. 직접 은행을 방문하지 않아도 온라인뱅킹이나 콜센터를 통해 금리인하를 요구하고 약정까지 할 수 있습니다. 신협 등 상호금융의 대출자도 신용 상태가 개선되면 금리인하를 적극적으로 요구할 수 있습니다.

048 초보자가 피해야 할 골치 아픈 등기들

부동산을 거래하기 전 등기사항전부증명서를 반드시 확인해야 합니다. 등기사항전부증명서는 해당 부동산의 법적 상태와 권리관계를 명확하게 보여줍니다. 등기사항전부증명서를 살펴보다 보면 부동산 초보자가 피해야 할 골치 아픈 등기들도 보이곤 합니다. 다음과 같은 등기가 설정된 부동산은 거래하지 말고 피해야 합니다.

소유권이전청구권 가등기

소유권이전청구권 가등기란 부동산의 소유권을 이전받을 권리를 보전하기 위해 임시로 설정하는 등기를 말합니다. 소유권이전청구권 가등기의 목적은 크게 두 가지입니다. 첫 번째는 권리 보전입니다. 매매계약 체결 후 매도인이 다른 사람에게 해당 부동산을 매도하거나 근저당을 설정하는 행위를 방지하기 위함입니다. 두 번째는 우선순위 확보입니다. 매수인이 잔금 이후에 소유권을 이전하더라도 매수인의 소유권 순위는 가등기 설정 당시입니다. 다시 말해 다른 권리가 소유권이전등기(본등기) 전에 설정되었더라도 가등기 이후에 설정된 것이라면 매수인의 소유권이 다른 권리(근저당, 가압류 등)보다 우선합니다. 관심 있는 부동산에 소유권이전청구권 가등기가 설정되어 있다면 이미 다른 사람과 매매계약이 이루어졌고 이를 보전하고자 한다는 것이므로 이러한 부동산은 거래해서는 안 됩니다.

【갑구】(소유권에 관한 사항)				
순위번호	등기목적	접수	등기원인	권리자 및 기타사항
1 (전 2)	소유권이전	1993년2월9일 제6016호	1992년12월9일 매매	소유자 이○○ 431213-***** 경기도 안성시 영동 ○○-○○
2 (전 5)	소유권이전청구권가등기	1998년2월4일 제5694호	1997년12월5일 매매예약	권리자 박○○ 광주 북구 풍향동 ○○-○○

처분금지가처분

처분금지가처분이란 법원이 특정 부동산에 대해 매매, 증여, 전세권, 저당권, 임차권의 설정 등 모든 처분행위를 금지하는 법적 조치를 말합니다. 부동산의 처분이 금지된 것은 물론 채권자나 소송 당사자와 법적 분쟁에 휘말릴 수도 있으므로 이런 부동산은 거래해서는 안 됩니다.

【갑구】(소유권에 관한 사항)				
순위번호	등기목적	접수	등기원인	권리자 및 기타사항
1	소유권보존	2020년6월28일 제96975호		소유자 강○○ 631213-******* 인천 부평구 산곡동 ○○-○○
2	가처분	2020년9월7일 제98863호	2020년9월6일 울산지방법원의 가처분결정(2020카단9956)	피보전권리 2020.7.18. 매매를 원인으로 한 소유권이전 등기청구권 채권자 송○○ 경기도 고양시 덕양구 행신1동 ○○-○○ 금지사항 매매, 증여, 전세권, 저당권, 임차권의 설정 기타 일체의 처분행위 금지

환매등기

환매등기란 부동산 매매 시 매도인이 일정 기간 내에 매수인에게 매매대금을 돌려주고 다시 부동산을 취득할 수 있도록 설정하는 등기를 말합니다. 다시 말해, 부동산을 매도해도 일정 조건을 충족하면 매도인이 해당 부동산을 다시 사들일 수 있다는 뜻입니다.

단, 부동산의 환매기간은 5년을 넘지 못합니다. 약정기간이 이를 넘는 때에는 5년으로 단축합니다. 환매기간을 정한 때에는 다시 이를 연장하지 못하며, 환매기간을 정하지 아니한 때에는 그 기간은 5년으로 합니다.

매매등기와 동시에 환매등기를 했다면 제삼자에 대하여 그 효력이 있습니다. 이러한 부동산은 매수하더라도 환매권이 실행되면 환매 대금을 받고 해당 부동산을 다시 돌려줘야 합니다. 그러므로 환매등기가 설정된 부동산은 거래해서는 안 됩니다.

【갑구】(소유권에 관한 사항)				
순위번호	등기목적	접수	등기원인	권리자 및 기타사항
2	소유권이전	2007년5월9일 제65683호	2007년5월9일 매매	소유자 정○○ 731215-****** 인천 서구 청라동 ○○-○○
3	소유권이전	2012년7월22일 제69083호	2012년7월22일 환매특약부 매매	소유자 김○○ 551113-****** 경기도 부천시 원미구 약대동 ○○-○○
3-1	환매특약	2012년7월22일 제69083호	2012년7월22일 특약	환매대금 금450,000,000원 환매기간 2012년7월22일부터 2017년7월21일 환매권자 정○○

가압류

가압류란 돈 받을 채권이 있어서 채무자의 부동산에 경매 등 채권행사를 할 예정이라는 사실을 표시해 놓는 것입니다. 선순위 가압류 등기가 되어 있는 부동산을 매수하여 소유권이전등기를 한 경우, 차후 그 가압류에 기한 경매가 진행되면 가압류보다 후순위인 소유권이전등기는 말소되어 소유권을 상실합니다. 그러므로 가압류가 설정된 부동산은 거래해서는 안 됩니다.

【을구】(소유권 이외의 권리에 관한 사항)				
순위번호	등기목적	접수	등기원인	권리자 및 기타사항
3	가압류	2017년3월7일 제41034호	2017년3월7일 광주지방법원의 가압류 결정(98카단58418)	청구금액 금400,000,000원 및 이자 등 채권자 주식회사광주은행 광주 동구 대인동 7-12 (영암지점)

압류

압류란 채권자가 채무자의 재산을 강제적으로 확보하여 채무 변제를 위한 법적 절차를 시작하는 것을 말합니다. 압류는 법원의 판결이나 명령을 통해 강제적으로 이루어지는데 채무자가 자발적으로 채무를 갚지 않으면 경매나 공매 등을 통해 채권을 회수합니다. 압류가 설정된 부동산은 거래해서는 안 됩니다.

【을구】(소유권 이외의 권리에 관한 사항)				
순위번호	등기목적	접수	등기원인	권리자 및 기타사항
5	압류	2010년4월2일 제55101호	2010년3월25일 압류(해양수산과 3226)	권리자 장흥군

지상권

지상권이란 다른 사람의 토지에 건물, 기타 공작물이나 수목 등을 소유하기 위해 그 토지를 사용할 수 있는 권리를 말합니다.

등기사항전부증명서에는 다음과 같은 지상권이 설정됩니다.

대출 관련 지상권

은행에서 대출해 줄 때 토지에 건물이 있으면 토지와 건물 모두에 근저당권을 설정합니다. 그러나 건물이 없는 나대지를 담보로 대출을 할 때는 토지에 근저당권과 함께 지상권을 설정합니다. 해당 토지에 다른 사람이 지상권을 설정하면 나중에 대출금 회수가 어려울 수 있어서입니다. 경매에서 근저당권자가 배당받으면 지상권 말소동의서를 써줍니다. 낙찰받기 전에 근저당권자에게 연락하여 말소 동의를 미리 받아둬야 합니다.

【을구】(소유권 이외의 권리에 관한 사항)				
순위번호	등기목적	접수	등기원인	권리자 및 기타사항
1	지상권설정	2012년6월3일 제20612호	2012년6월3일 설정계약	목적 건물 기타 공작물이나 수목의 소유 범위 토지의 전부 존속기간 2012년6월3일부터 30년으로 한다 지료 없음 지상권자 주식회사 신한은행 110111-0012809
2	근저당권설정	2012년6월3일 제20613호	2012년6월3일 설정계약	채권최고액 금120,000,000원 채무자 고○○ 경기도 용인시 기흥구 구갈동 ○○-○○ 근저당권자 주식회사신한은행 110111-0012809 서울특별시 중구 태평로2가 120 (용인지점)

구분지상권

구분지상권은 다른 사람 토지의 지상이나 지하 공간을 사용하는 지상권을 말합니다. 예를 들면 지하철, 터널, 고압송전선 등이 있습니다. 구분지상권이 설정되어도 지상권이 토지의 지상이나 지하에 미치므로 토지를 사용할 수 있습니다. 지료(토지 사용료)는 구분지상권 설정 당시 한번에 지급되므로 낙찰자는 구분지상권의 의무만 부담하고 지료는 받지 못합니다.

【을구】(소유권 이외의 권리에 관한 사항)				
순위번호	등기목적	접수	등기원인	권리자 및 기타사항
1	지상권설정	2012년6월3일 제20612호	2012년6월3일 설정계약	목적 지하철도 소유 범위 편입면적 76.1m²는 동북쪽 끝지점을 포함 수평을 기준으로 76.1m²를 평균해수면 기준 아래 16.945m²부터 3.275m² 사이 존속기간 지하철존속시까지 지료 11,734,500선급 지상권자 서울특별시

토지 사용을 위한 지상권

토지 위에 건물을 건축하거나 수목을 심기 위해 지상권을 설정합니다. 토지에 대한 소유권이 없더라도 지상권이 있으면 해당 토지에 건물을 건축할 수 있습니다.

【을구】(소유권 이외의 권리에 관한 사항)				
순위번호	등기목적	접수	등기원인	권리자 및 기타사항
1	지상권설정	2012년6월3일 제20612호	2012년6월3일 설정계약	목적 견고한 건물 기타 공작물 수목 소유 범위 토지전부 존속기간 2012년6월3일부터 만 30년 지료 없음 지상권자 공○○ 경기도 수원시 권선구 장지동 ○○-○○

> **토막상식**
>
> **당근마켓 앱을 통한 부동산 직거래는 안전한가?**
>
> 온라인 중고 거래 앱 당근마켓을 이용해 부동산 직거래를 하는 건수가 증가하고 있습니다. 정부는 사기 방지를 위해 '본인 인증' 제도를 도입하였으나 인증 후에도 자기 소유가 아닌 다른 부동산 물건을 올릴 수 있어 피해가 예상됩니다. 그러므로 부동산 거래는 공인중개사를 통해 하는 것이 안전합니다.

049 건폐율, 용적률! 이게 뭔가요?

토지나 건물을 매수하고자 할 땐 고려해야 할 점들이 많습니다. 그중에서도 기본적으로 살펴보는 것은 건폐율과 용적률입니다. 부동산의 가치와 주거의 편의성을 좌우하기 때문입니다. 이번 장에서는 건폐율과 용적률의 개념, 계산 방법, 부동산에 미치는 영향 등에 관해 살펴보겠습니다.

건폐율과 용적률이란?

건폐율

대지면적에 대한 건축물 바닥면적의 비율입니다.

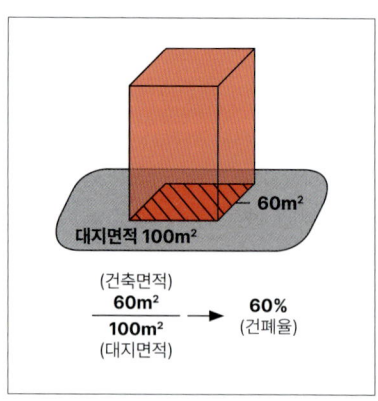

건폐율은 대지면적으로 건축면적을 나누어 구합니다. 이를 수식으로 표시하면 다음과 같습니다.

$$건폐율 = \frac{건축면적}{대지면적}$$

용적률

대지면적에 대한 건축물 연면적의 비율입니다.

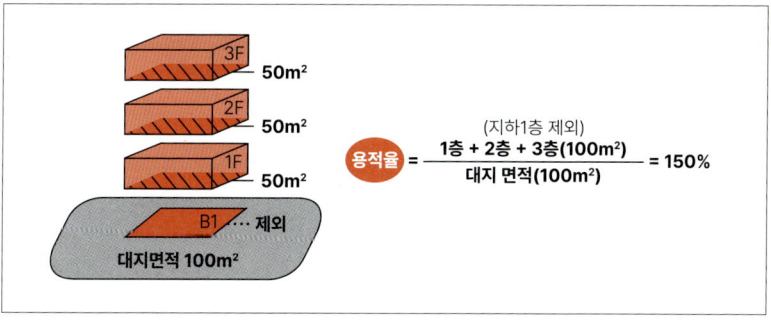

용적률은 대지면적으로 연면적을 나누어 구합니다. 이를 수식으로 표시하면 다음과 같습니다.

$$용적률 = \frac{연면적}{대지면적}$$

참고로 연면적이란, 각 층 바닥면적의 합계를 의미합니다. 그러나 지하층의 면적, 지상층의 주차장으로 쓰는 면적, 초고층 건축물과 준초고층 건축물에 설치하는 피난안전구역의 면적, 건축물의 경사지붕 아래에 설치하는 대피공간의 면적은 용적률을 계산할 때 연면적에 포함하지 않습니다.

건폐율, 용적률과 조경

건폐율이 높을수록 대지 내 건물이 차지하는 면적이 넓어져 조경 공간이 줄어듭니다. 용적률이 높아지면 일반적으로 건물의 높이가 높아지거나 밀도가 높아집니다. 조경 공간의 감소는 주거 환경의 쾌적성을 떨어뜨릴 수 있습니다.

건폐율, 용적률과 주거 편의성

건폐율이 높으면 지상 공간이 줄어들어 녹지공간이 감소합니다. 그리고 지하 주차장 의존도가 높아질 수 있습니다.

용적률이 높으면 더 많은 주거 공간을 제공할 수 있습니다. 하지만 동시에 인구 밀도가 높아져 주차 공간 부족, 교통 혼잡, 일조권 침해 등의 문제가 발생할 수 있습니다.

건폐율, 용적률과 부동산 가치

투자의 관점에서 건폐율과 용적률은 매우 중요한 요소입니다. 이 두 가지는 부동산의 개발 가능성과 수익성을 직접적으로 결정짓기 때문입니다.

높은 건폐율은 토지 활용도가 높아져 상업지역에서는 가치가 올라갈 수 있으나 주거지역에서는 오히려 쾌적성을 떨어뜨려 가치 하락의 요인이 될 수 있습니다. 낮은 건폐율은 주거지역에서는 여유 공간과 조경 공간 확보가 가능해 주거 환경의 질을 높일 수 있습니다. 주택가격 상승 요인이 될 수 있습니다.

건폐율이 높다고 무조건 건폐율을 최대한 활용하는 건 좋지 않습니다. 지역 특성과 용도에 맞게 건축해야 합니다. 투룸을 원하는 지역에 녹지공간이 없이 원룸만 빼곡히 지어서는 안 됩니다.

높은 용적률은 일반적으로 더 많은 주거 공간을 제공할 수 있어 부동산 가치가 높아질 수 있습니다. 특히 도심 지역에서는 고층 건물 건축이 가능해져 토지 활용도가 높아집니다.

낮은 용적률은 저밀도 주거 환경을 제공하여 쾌적성이 높아질 수 있습니다. 이는 고급 주택이나 전원주택 같은 특정 주택에 높은 가치를 부여합니다. 현재 용적률이 낮은 지역이 향후 상향 조정될 가능성이 있다면, 이는 잠재적 가치 상승 요인으로 작용하여 주택가격에 긍정적 영향을 미칠 수 있습니다.

용적률이 높다고 해서 무조건 용적률을 최대한 활용하는 건 좋지 않습니다. 주변 인프라와 수요를 고려해야 합니다. 초과 공급으로 건축비가 증가할 수 있고 공실이 발생하면 오히려 유지 관리비 증가로 수익률을 떨어뜨릴 수 있습니다.

건폐율과 용적률은 법으로 정해진 최대치가 있으며 용도지역에 따라 다릅니다. 결론적으로, 건폐율과 용적률은 부동산 투자의 핵심 지표입니다. 이를 잘 이해하고 활용하면 투자의 수익성과 안정성을 높일 수 있지만 항상 시장 상황과 법적 규제, 그리고 장기적인 도시계획을 함께 고려해야 합니다.

050 어떤 곳의 집이 좋나요? 입지 분석!

정부에서 주택정책을 수립하고자 국민에게 어떤 곳이 거주하기에 좋은지 묻는다면 아마도 다양한 지역을 말할 것입니다. 이유는 생애주기에 따라 선호하는 입지가 다르기 때문입니다.

이번 장에서는 생애주기에 따라 중요하게 생각하는 점은 어떤 것인지, 좋은 입지는 어디인지, 선호하는 주택은 무엇인지에 대해서 살펴보겠습니다.

청년기(20~30대)

보호자로부터 독립한 결혼 전 기간을 청년기라 할 수 있습니다. 이 기간에는 주로 한 주거 공간에 1~2인이 거주합니다. 그렇다면 청년기에 주택을 선택할 때 중요하게 생각하는 점은 어떤 걸까요? 좋은 입지는 어디이며 선호하는 주택은 무엇일까요?

중요하게 생각하는 점은

20~30대의 결혼 전 대학생이나 사회초년생은 자신만의 독립적인 생활 공간을 갖고 싶어 합니다. 그래서 기숙사에서도 비용이 좀 더 들더라도 1인

실을 선호합니다.

출퇴근 시간을 단축하기 위하여 직장과 가까운 곳의 주택이어야 하고 지하철역이나 버스정류장에 가까운 역세권 주택이어야 합니다.

좋은 입지는

직장과의 출퇴근 시간이 짧은 곳이어야 합니다. 출퇴근 시간이 2시간 이상이면 여가 시간이 부족하여 삶의 만족도가 매우 떨어집니다. 금전적으로 여유만 된다면 도보로 5분 이내의 역세권이 좋습니다. 도보로 10분이 넘으면 출퇴근 시 불편하고 늦은 밤 퇴근길이 위험할 수 있습니다. 약국, 병원, 식당, 미용실, 세탁소 등 생활 편의시설이 가까이 있는 곳이어야 합니다.

선호하는 주택은

독립된 생활이 가능하고 임대료나 관리비 등이 적게 드는 전용면적이 작은 원룸이나 오피스텔이나 소형 아파트를 선호합니다.

결혼 및 자녀 양육기(30~50대)

결혼했거나 어린 자녀를 키우는 기간을 결혼 및 자녀 양육기라 할 수 있습니다. 자녀 양육 기간은 일반적으로 자녀를 출산하여 고등학교를 졸업할 때까지로 볼 수 있습니다. 그렇다면 결혼 및 자녀 양육기에 주택을 선택할 때 중요하게 생각하는 점은 어떤 걸까요? 좋은 입지는 어디이며 선호하는 주택은 무엇일까요?

중요하게 생각하는 점은

자녀가 없는 신혼 초에는 주거 전용면적이 60㎡ 이하라도 거주하는데 불편하진 않습니다. 그러나 자녀가자녀가 생기면 필요로 하는 방의 갯수와 1명이면 방 3개, 2명이면 방 4개로 주거 전용면적이 85㎡~98㎡ 정도인 넓은 주거 공간이 필요합니다.

일부 가정에서는 자녀가 초등학교에 들어갈 때부터 입학하고자 하는 대학과 학과를 정해 놓고 스펙 관리를 하기도 합니다. 학교별 입학 전형에 따라 다를 수 있으나 특정 명문고에 입학하려면 그 학교가 위치한 학군 내에 거주해야 합니다. 그러므로 자녀가 있는 가구는 학군을 매우 중요하게 생각합니다.

'초품아(아파트 단지와 초등학교가 바로 붙어 있어, 아이들이 횡단보도를 건너지 않고도 도보로 안전하게 통학할 수 있는 아파트)'라는 단어가 생길 정도로 어린 자녀가 있는 가구에선 안전한 주거지를 선호합니다. '초품아'는 수도권과 비수도권을 가리지 않고 전국적으로 거래가 활발하며 주변 단지보다 거래 가격이 더 높게 형성되는 경향이 있습니다.

좋은 입지는

명문고등학교나 명문대학교에 입학하고자 한다면 학군이 좋은 곳이어야 합니다. 취학 전 영유아 자녀가 있는 가구라면 도보로 10~20분 이내에 공원이나 놀이시설이 있는 곳이어야 합니다.

자녀에게 필요한 물건이나 서비스가 있으면 이를 바로 구매하거나 받아 볼 수 있는 상업시설이 가까운 곳이어야 합니다. 특히 영유아 자녀가 있는 가구라면 도보 10분 이내에 소아과병원이 있는 곳이 좋습니다.

선호하는 주택은

전용면적이 85㎡~98㎡ 정도인 중대형 아파트를 선호합니다. 아이들이 자유롭게 뛰어놀 수 있는 공간을 제공하고자 하는 가구에선 단독주택을 선호하기도 합니다.

중년기(50~60대)

자녀가 독립한 중장년 기간을 중년기라 할 수 있습니다. 중년기에는 주로 배우자와 함께 거주합니다. 그렇다면 중년기에 주택을 선택할 때 중요하게 생각하는 점은 어떤 걸까요? 좋은 입지는 어디이며 선호하는 주택은 무엇일까요?

중요하게 생각하는 점은

직장에서 퇴직하는 연령대에 해당하는 중년기에는 대부분 노후 준비가 충분하지 않습니다. 그러므로 자녀가 대학교 입학이나 취업으로 독립하면 유지관리비 절감 차원에서 전용면적이 작은 주택으로 이사하기도 합니다.

건강은 아직 괜찮은 만큼 새로운 직업을 갖기를 희망하며, 취업 지원기관이나 재취업한 직장으로 출퇴근이 편리한 지역의 주택을 선호합니다.

좋은 입지는

역까지 도보로 15분 이내로 교통이 편리한 곳이어야 합니다. 출퇴근 시간이 합하여 1시간 이내로 직장과 거리가 가까운 곳이어야 합니다. 지하철역까지는 좀 걷더라도 출퇴근 시간이 짧은 곳이 좋습니다.

차분하게 노년기를 준비할 수 있도록 가능하면 생활 소음이 적고 조용한 지역이 좋습니다.

선호하는 주택은

주거 공간을 축소하고자 하는 가구는 중소형 아파트를 선호합니다. 경제적인 여유가 있는 중년기의 경우엔 아파트와 단독주택의 장점이 결합되어 조용한 주거생활이 가능한 타운하우스를 선호하기도 합니다.

노년기(60대 이후)

법정 정년인 60대 이후 기간을 노년기라 할 수 있습니다. 노년기에 주택을 선택할 때 중요하게 생각하는 점은 어떤 걸까요? 좋은 입지는 어디이며 선호하는 주택은 무엇일까요?

중요하게 생각하는 점은

60대는 전통적인 은퇴 연령대이지만 현실적으로는 많은 사람이 이 시기에도 경제 활동을 지속하거나 재취업을 모색하고 있습니다. 또한 그동안 여러 가지 이유로 미뤄왔던 취미 활동을 하기도 합니다.

건강에 주의해야 하는 연령대인 만큼 안전하고 편리한 생활이 가능하고 의료 서비스 접근성이 우수한 지역의 주택을 선호합니다.

좋은 입지는

여가 및 문화시설을 손쉽고 편리하게 이용할 수 있는 문화센터, 체육관,

예술학원 등이 도보로 30분 이내인 곳이어야 합니다.

건강 관리를 위해서 구급차가 빨리 현장에 도착하여 적절한 응급처치가 가능하고 병원으로 이송이 용이한 곳이어야 합니다.

생활 소음이 심한 지역보다는 조용한 지역이 좋습니다.

선호하는 주택은

유지관리 차원에서 중소형 아파트가 좋다고 생각할 수도 있으나, 노년기에는 외부보다는 집 안에서 생활하는 시간이 많으므로 경제적인 여유가 된다면 실내 공간이 넓은 중대형 아파트도 좋습니다.

실버타운을 선호하기도 하나 제한된 공간 안에서 반복 제공되는 서비스에 대한 싫증, 이웃 간의 갈등, 경제적 부담 등의 여러 가지 이유로 자신 소유의 주택에서 돌봄서비스를 받다가 그곳에서 운명하길 바라는 노년층이 증가하고 있습니다.

생애주기에 따른 주거 입지 선택은 개인이나 가구의 특성, 경제적 상황, 지역적 특성 등 다양한 요인들이 복합적으로 작용하여 결정됩니다. 그러므로 자신의 생애주기별 특성을 고려하는 것이 중요합니다.

토막상식

민간 주택연금도 있다

공시지가 12억 원을 초과하는 주택을 보유한 노령 가구들을 대상으로 하는 '민간 주택연금'이 있습니다. 이 서비스는 하나금융이 '하나더넥스트 내집연금'이라는 이름으로 제공합니다. 가입을 원하는 사람은 가까운 하나은행 영업점 방문 또는 하나생명 고객센터 전화 상담을 통해 신청할 수 있습니다.

051 투기과열지구, 청약과열지역, 청약위축지역

정부는 2017년 주택시장의 안정과 실수요자의 주택거래 활성화를 위하여 전국의 여러 지역을 조정대상지역, 투기지역, 투기과열지구로 지정하였습니다. 그러나 대부분 지역이 해제되고 서울특별시 강남구, 서초구, 송파구, 용산구만이 투기과열지구, 청약과열지역(조정대상지역 중 하나)으로 남았습니다. 각 지역의 특징과 규제 사항이 무엇인지 살펴보겠습니다.

투기과열지구

투기과열지구란, 주택가격의 안정을 위하여 국토교통부장관 또는 시·도지사가 지정하는 지역을 말합니다(「주택법」 제63조).

투기과열지구의 지정기준

투기과열지구는 주택가격 상승률이 현저히 높은 지역으로서 최근 2개월 동안 해당 지역에서 공급되는 주택의 월별 평균 청약경쟁률이 모두 5대 1을 초과했거나 주거전용면적 85㎡ 주택의 월별 평균 청약경쟁률이 모두 10대 1을 초과한 곳, 주택건설사업계획 승인이나 건축허가 실적이 최근 수

년간 급감하여 주택공급이 위축될 우려가 있는 곳, 신도시 개발이나 주택 전매행위의 성행 등으로 투기 및 주거불안의 우려가 있는 곳 등에 지정합니다(「주택법 시행령」 제72조의2 ①항).

지정지역은 어디인가?

서울특별시 강남구, 서초구, 송파구, 용산구

어떠한 것들을 규제하나?

투기과열지구에서 건설·공급되는 주택은 수도권은 3년, 수도권 외 지역 1년으로 분양권 전매제한기간이 강화됩니다.

민영주택의 경우 주택청약종합저축에 가입한지 2년 미만인 자, 세대주가 아닌 자, 과거 5년 이내 다른 주택에 당첨된 자의 세대에 속한 자, 2주택(청약주택이 토지임대주택인 경우에는 1주택) 이상을 소유하고 있는 세대에 속한 자는 1순위 청약을 할 수 없습니다. 단, 2순위 청약은 가능합니다.

국민주택의 경우 주택청약종합저축에 가입한지 2년(납입인정 24회) 미만인 자, 세대주가 아닌 자, 과거 5년 이내 다른 주택에 당첨된 자가 속해 있는 무주택세대 구성원은 1순위 청약을 할 수 없습니다. 단, 2순위 청약은 가능합니다.

당첨사실 및 주택소유 여부는 청약통장 가입자의 주민등록표등본의 세대주 및 세대원 전원(세대분리된 배우자와 동일 세대원 포함)을 대상으로 합니다. 재당첨제한 기간은 10년이고 자금조달계획서 및 증빙자료 제출 의무가 있습니다.

청약과열지역

청약과열지역이란, 조정대상지역 중 하나로 주택시장의 안정을 목적으로 정부가 지정한 특정 지역을 말합니다(「주택법」 제63조의2 ①항).

청약과열지역의 지정기준

청약과열지역은 최근 2개월 동안 해당 지역에서 공급되는 주택의 월별 평균 청약경쟁률이 모두 5대 1을 초과했거나 주거전용면적 85㎡ 주택의 월별 평균 청약경쟁률이 모두 10대 1을 초과한 곳, 조정대상지역 지정 직전월부터 소급하여 3개월간의 분양권 전매 거래량이 직전 연도의 같은 기간보다 30% 이상 증가한 곳, 해당 지역이 속하는 시·도의 주택보급률 또는 자가주택비율이 전국 평균 이하인 곳에 지정합니다(「주택법 시행령」 제72조의3 ①항 1호).

지정지역은 어디인가?

서울특별시 강남구, 서초구, 송파구, 용산구

어떠한 것들을 규제하나?

청약과열지역에서 건설·공급되는 주택은 수도권은 3년, 수도권 외 지역은 1년으로 분양권 전매제한기간이 강화됩니다.

민영주택의 경우 주택청약종합저축에 가입한지 2년 미만인 자, 세대주가 아닌 자, 과거 5년 이내 다른 주택에 당첨된 자의 세대에 속한 자, 2주택(청약주택이 토지임대주택인 경우에는 1주택) 이상을 소유하고 있는 세대에 속한 자는 1순위 청약을 할 수 없습니다. 단, 2순위 청약은 가능합니다.

국민주택의 경우 주택청약종합저축에 가입한지 2년(납입인정 24회) 미만인 자, 세대주가 아닌 자, 과거 5년 이내 다른 주택에 당첨된 자가 속해 있는 무주택세대구성원은 1순위 청약을 할 수 없습니다. 단, 2순위 청약은 가능합니다. 참고로 당첨사실 및 주택소유 여부는 청약통장 가입자의 주민등록표 등본의 세대주 및 세대원 전원(세대분리된 배우자 및 배우자와 동일세대원 포함)을 대상으로 합니다.

민영주택의 가점제 비율은 전용면적 60㎡ 이하는 40%, 전용면적 60㎡ 초과 85㎡ 이하는 70%, 전용면적 85㎡ 초과는 50%입니다. 1세대의 주택을 소유한 세대에 속한 자, 과거 2년 이내 가점제를 적용받아 다른 주택의 당첨자가 된 자의 세대에 속한 자는 가점제 적용 대상에서 제외됩니다.

추첨제 공급 시 75%를 무주택세대구성원에게 우선공급합니다. 그 후 남는 주택은 무주택세대 구성원과 1주택을 소유한 세대에 속한 사람에게 공급하고 그래도 남는 주택이 있으면 제1순위에 해당하는 자에게 공급합니다. 재당첨제한 기간은 7년이고 자금조달계획서 제출의 의무가 있습니다. 취득세는 2주택자는 8%, 3주택자는 12%입니다

청약위축지역

청약위축지역은 조정대상지역 중 하나로 실수요자의 주택거래 활성화를 목적으로 정부가 지정한 특정 지역을 말합니다(「주택법」 제63조의2 ①항).

청약위축지역의 지정기준

청약위축지역은 최근 3개월 연속 주택매매거래량이 직전 연도의 같은

기간보다 20% 이상 감소한 곳, 최근 3개월간의 평균 미분양주택의 수가 직전 연도의 같은 기간보다 2배 이상인 곳, 해당 지역이 속하는 시·도의 주택보급률 또는 자가주택비율이 전국 평균을 초과하는 곳에 지정합니다(「주택법 시행령」제72조의3 ①항 2호).

지정지역은 어디인가?

없음

어떠한 것들을 규제하나?

청약위축지역에서 건설·공급되는 주택의 경우 공공택지는 6개월간 분양권 전매제한기간이 있지만 민간택지는 분양권 전매제한기간이 없습니다.

토막상식

고분양가 관리지역이란?

고분양가 관리지역이란 해당 지역의 분양가 상승이 전체 주택시장에 미치는 영향력이 큰 지역 또는 분양가 및 매매가 상승이 지속되어 고분양가 사업장이 발생할 우려가 있는 지역을 말합니다. 해당 사업장의 평균 분양가가 인근 아파트 평균 분양가 또는 평균 매매가의 110%를 초과할 경우, 해당 사업장의 평균 분양가 또는 최고 분양가가 입지·세대수·브랜드 등이 유사하고 최근 1년 이내 분양한 해당 지역 아파트의 평균 분양가 또는 최고 분양가를 초과할 경우에 고분양가로 규정합니다. 고분양가 관리지역 내 고분양가 사업장 기준에 해당되면 주택도시보증공사(HUG)가 분양보증을 해주지 않습니다. 그러면 시행사 입장에서는 아파트를 분양할 수 없으므로 분양가를 낮출 수밖에 없습니다. 이렇게 규제받는 아파트를 분양받으면 바로 시세차익을 볼 수 있습니다. 제2의 분양가상한제라고 할 수 있습니다.

한눈에 파악하는 부동산 규제 정보

정부는 부동산 투기를 근절하고 서민의 주거 안정을 위해 수많은 부동산 정책을 발표합니다. 그러나 부동산 정책의 효과성 여부는 논외로 하고, 부동산 투자자는 자주 바뀌는 정책을 알지 못하면 투자 실패를 하기도 합니다.

청약홈을 통해 간편하게 확인할 수 있는 규제정보로는 어떠한 것들이 있는지 살펴보겠습니다.

규제지역

규제지역이란, 주택시장의 안정 또는 실수요자의 주택거래 활성화를 목적으로 정부가 지정한 특정 지역을 말합니다. 규제지역으로는 투기과열지구, 청약과열지역, 청약위축지역이 있습니다(『주택법』 제63조, 제63조의2).

투기과열지구, 청약과열지역, 청약위축지역을 한눈에 보고 싶다면 청약홈(www.applyhome.co.kr) 홈페이지 '청약제도안내' → '규제지역정보'를 클릭해 보면 됩니다.

비규제지역으로 생각하고 청약했는데 규제지역이어서 1순위 자격이 될 수 없거나, 전매제한기간이 길어지거나 대출 규제를 받을 수 있습니다. 그러므로 청약에 관심이 있다면 수시로 규제지역이 어디인지 확인해 봐야 합니다.

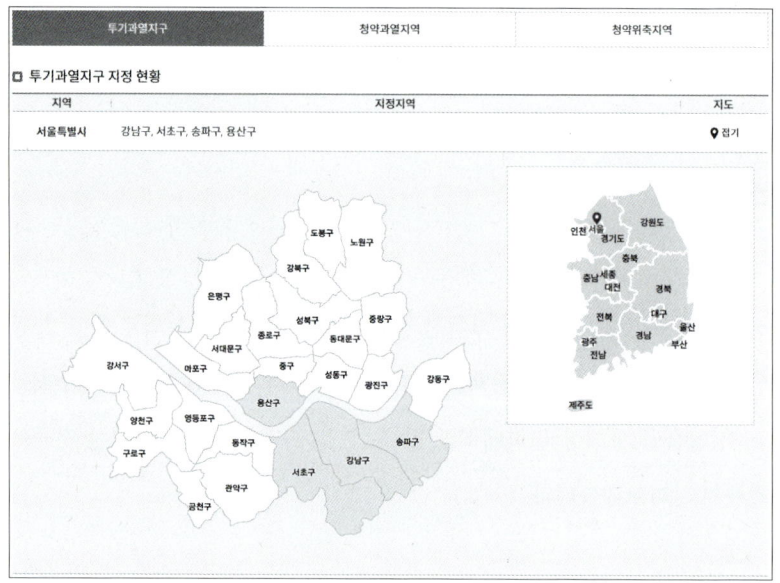

분양권 전매제한

자신이 분양받은 아파트의 전매제한기간을 정확하게 알고 싶다면 청약홈(www.applyhome.co.kr) 홈페이지 '청약소통방' → '분양권 정보(전매제한 등)'을 클릭해 보면 됩니다.

전매제한기간은 해당 주택의 입주자로 선정된 날부터 기산합니다. 전매제한기간을 잘못 기산하여 불법전매로 판정받게 되면 기존 주택공급계약은 취소되고 3년 이하의 징역 또는 3천만 원 이하의 벌금에 처해지며 적발일로부터 10년간 청약신청을 제한받을 수 있습니다(「주택법」제65조 ②항, ⑤항, 제101조 2호). 그러므로 반드시 분양받은 아파트 전매제한기간을 확인야 합니다.

청약 관련 규제는 1년에도 여러 번 변경됩니다. 그러므로 청약하기 전에 반드시 어떠한 내용이 어떻게 바뀌었는지를 확인해 봐야 합니다. 변경된 청약 관련 규제를 한눈에 보고 싶다면 청약홈(www.applyhome.co.kr) 홈페이지 '청약소통방' → '공지사항'을 클릭하면 됩니다.

만약에 청약 관련하여 궁금한 점이 있거나 이해가 잘 가지 않는다면 청약홈(www.applyhome.co.kr) 홈페이지 '청약소통방' → '자주 묻는 질문'을 보면 됩니다. 청약에 실패하지 않으려면 입주자모집공고문을 읽어보고 그 내용을 완전하게 이해한 다음에 청약해야 하고 '자주 묻는 질문'을 읽으면 궁금한 점들을 대부분 해결할 수 있습니다.

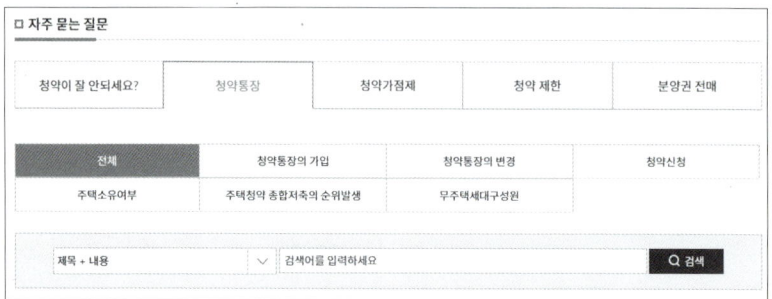

청약 관련 궁금한 점을 질의응답 방식으로 해결하고 싶다면

'국토교통부 → 정책자료 → 정책정보'에서 청약 관련 질의에 대한 답변 내용을 정리한 '주택청약 FAQ'를 내려받아보세요. 그리고 자료 목차에서 궁금한 점을 찾아보세요.

053 아파트 종류도 많다고? 판상형, 타워형, 혼합형

아파트를 분양받거나 매수하고자 할 때 고려해야 하는 것 중 하나가 바로 아파트 구조입니다. 아파트 구조에 따라 일조권, 조망권, 통풍, 건축비, 관리비 등에 차이가 납니다. 아파트 구조에는 어떠한 것들이 있으며 장단점은 무엇인지에 대해서 살펴보겠습니다.

외부 형태에 따른 구조

아파트를 외부 형태에 따라 구분하면 판상형 아파트, 타워형 아파트, 혼합형 아파트가 있습니다.

판상형 아파트

판상형 아파트는 긴 바(bar) 형태의 건물로, 그 형태가 판(plate) 같다고 해서 붙여진 이름입니다. 직사각형이나 정사각형에 가까운 반듯한 사각형 모양으로 주로 남북으로 길게 배치되어 있습니다.

• 장점

대부분 남향으로 건축되어 일조량이 풍부합니다. 겨울에는 따뜻하고 여름에는 시원해 냉·난방비를 절약할 수 있습니다. 거실과 주방이 마주 보고 있어 발코니와 주방 창문을 열면 맞바람이 들어와 통풍이 잘됩니다. 발코니 등 서비스 면적을 넓게 설계하기 유리하므로 발코니 확장을 통해 추가 공간을 확보할 수 있습니다. 거주자의 동선이 편리합니다. 타워형보다 건축비가 상대적으로 저렴하고 건설 기간이 짧습니다.

• 단점

'성냥갑 아파트'라 불릴 만큼 단조롭고 답답한 형태입니다. 모든 동이 한 방향으로 건축되어 뒷동의 일부 세대는 일조권과 조망권 확보가 어렵고 사생활 노출 우려도 있습니다. 구조상 용적률을 최대한 활용할 수 없습니다.

우리나라 초창기 아파트의 대부분이 판상형 아파트였으며, 일산, 분당, 중동, 평촌, 산본 등 제1기 신도시 아파트의 주된 구조입니다.

타워형 아파트

타워형 아파트는 가운데(코어)에 2~4개 정도의 가구가 배치되어 있는 탑상형 구조의 주거 형태입니다. 외관은 주로 Y자, X자, ㅁ자 형태로 구성되어 있으며 현대적인 디자인이 특징입니다.

• 장점

여러 방향으로 창이 나 있어 남향과 동향, 남향과 서향 등 다양한 일조권 확보가 가능하며 고층 설계로 인한 탁 트인 조망권도 확보할 수 있습니다. 거실과 방들이 복도를 두고 떨어져 있어 가족 구성원 간 프라이버시 보호가 가능합니다. 높은 층수의 수직적 구조로 좁은 부지에서도 많은 세대를 공급할 수 있어 도심 내 땅값이 비싼 지역에서 특히 유용합니다. 주로 교통과 편의시설 인프라가 좋은 도심지역에 있습니다.

- 단점

초기 타워형 구조에서는 한쪽 면에만 창문이 있어 채광과 환기가 불편하였습니다. 건물 형태에 따라 방의 모양이 삼각형이나 사다리꼴 등으로 이상하게 나올 수 있습니다. 발코니를 확장할 수 있는 면적도 제한받을 수 있어 판상형에 비해 공간활용도가 떨어집니다. 고층 구조이다 보니 엘리베이터 의존도가 높아 정전 시 불편할 수 있습니다. 일반적으로 판상형보다 분양가가 높은 편이지만 이러한 단점들 때문에 판상형보다 선호도가 약간 떨어지기도 합니다.

최근 타워형 아파트는 채광과 환기 문제를 개선하고 에너지 효율을 높이는 등 단점을 보완하고 있습니다.

혼합형 아파트

혼합형 아파트는 판상형과 타워형 아파트의 장점을 결합한 주거 형태입니다. 일반적으로 외관이 L자나 V자 구조입니다.

- 장점

여러 방향으로 창문이 나 있어 채광이 좋고, 통풍이 원활합니다. 남향 배치가 어려운 타워형의 단점을 보완할 수 있습니다. 고층 설계가 가능하여 탁 트인 전망을 확보할 수 있습니다. 판상형의 넓은 내부 공간 활용성과 타워형의 수직적 공간 활용성을 동시에 갖추고 있습니다. 다양한 형태의 동

배치가 가능하며 단조롭지 않은 세련된 외관을 가집니다.

• 단점

아파트가 일자(一) 형태가 아니므로 모든 세대를 남향으로 배치하기 어려워 일부 세대는 일조권이 불리할 수 있습니다. 설계가 복잡하여 건축 비용이 증가할 수 있으며 인테리어 비용이 상대적으로 높아질 수 있습니다.

현관 형태에 따른 구조

아파트를 현관 형태에 따라 구분하면 계단식 아파트, 복도식 아파트, 복합식 아파트가 있습니다.

계단식 아파트

계단식 아파트는 계단과 엘리베이터를 중심으로 두 세대가 마주 보고 있는 주거 형태입니다.

• 장점

각 세대가 독립적인 현관을 가져 이웃과의 접촉이 적으며 복도식에 비해 사생활 보호가 잘 되고 이웃 간 소음 전달이 적습니다. 현관문을 나서면 바로 엘리베이터 이용이 가능해 동선이 편리합니다. 복도식 아파트에 비해 전용면적이 넓습니다.

• 단점

가격과 관리비가 복도식에 비해 높은 편입니다. 계단과 엘리베이터 위치로 인해 평면 구성에 제약이 있어 복도식보다 리모델링에 불리할 수 있습니다.

복도식 아파트

복도식 아파트는 한 층에 여러 세대가 하나의 공용 복도를 통해 연결되는 구조를 가진 주거 형태입니다.

• 장점

현관문을 열면 맞통풍이 되어 환기가 잘 됩니다. 건축비가 적게 들어 같은 면적의 계단식 아파트에 비해 가격이 저렴합니다. 복도에서 이웃과의 만남이 자주 일어나 사회적 교류가 활발할 수 있습니다. 공용 복도로 인해 청소와 유지 보수가 효율적으로 이루어질 수 있습니다.

• 단점

계단식에 비해 전용면적이 상대적으로 좁습니다. 복도에 현관과 작은방이 접해 있어 지나가는 사람들로 인한 프라이버시 침해를 받을 수 있고, 범죄 위험도가 높으며 소음에 노출될 수 있습니다.

복합식 아파트

복합식 아파트는 계단식과 복도식의 특징을 결합한 주거 형태입니다. 같은 층의 3가구 이상이 엘리베이터 중심으로 배치된 구조입니다.

• 장점

용적률이 높고 다양한 방향으로 세대가 배치되어 좋은 조망권을 확보할 수 있습니다. 계단식과 복도식의 장점을 결합하여 효율적인 공간 활용이 가능하며 다양한 방향과 구조의 세대가 있어 라이프스타일에 따른 선택이 가능합니다.

- 단점

층별 세대 수에 비해 엘리베이터 대수가 적을 경우 이용에 불편할 수 있습니다. 일부 세대는 복도식 구조의 특성으로 인해 프라이버시 침해 우려가 있을 수 있으며 엘리베이터 주변 세대나 복도에 면한 세대는 소음에 노출될 수 있습니다. 복합적인 구조로 인해 건축 비용과 관리비가 높을 수 있습니다.

아파트 구조마다 장단점이 있습니다. 모든 요소가 다 좋은 구조는 없습니다. 그러므로 아파트를 선택할 땐 자신의 라이프스타일에 적합하거나 선호하는 구조인지 확인해야 합니다.

토막상식

무순위 청약, 이제 무주택·거주자에게 공급

무순위 청약은 무주택자만 가능합니다. 그리고 거주지역 요건을 충족해야 합니다. 거주 요건은 시장·군수·구청장이 결정합니다. 또한 부양가족 점수 산정 시 실거주 여부를 입증할 수 있는 서류를 추가로 제출해야 합니다. 직계존속은 입주자모집공고일 이전 3년간, 30세 이상 직계비속은 1년간의 건강보험 요양급여 내역(병원 약국 등 이용 내역)입니다.

054 새 아파트 갖고 싶다면 주택청약종합저축부터

새 아파트를 갖고 싶다면 가장 먼저 주택청약종합저축에 가입해야 합니다. 과거에는 원하는 주택의 크기나 종류에 따라 청약저축, 청약부금, 청약예금으로 나뉘어 있었으나 2015년 9월 1일부터 주택청약종합저축으로 통합되었습니다. 청약저축, 청약부금, 청약예금에 이미 가입한 사람들은 계속 유지하고 청약도 할 수 있지만 신규 가입은 할 수 없습니다. 새 아파트 분양받는 절차를 간단하게 살펴본 후 청약통장에 대해 살펴보겠습니다.

새 아파트 분양받는 절차

가장 먼저 청약통장에 가입합니다. 그리고 자신에게 적합한 크기의 아파트를 결정합니다. 청약홈을 통해 자신이 원하는 지역의 민영주택과 국민주택의 분양공고를 확인합니다. 원하는 아파트가 있으면 청약홈을 통해 자신의 청약 조건을 확인해 봅니다. 청약 조건이 되면 일정에 맞추어 청약홈을 통해 청약합니다. 새로 분양하는 아파트에 대한 청약은 청약홈을 통해서만 할 수 있습니다. 청약 신청을 받은 사업 주체는 청약순위, 가점, 추첨 등의 방식으로 입주대상자를 선정합니다. 그리고 주택청약업무수행기관을 통해 전달받은 정보와 제출받은 서류를 통해 자격을 확인합니다. 청약 신청자는 당첨자 발표일에 청약홈을 통해 당첨 사실을 확인하고 계약합니다. 일정에 맞추어 계약금, 중도금, 잔금을 치른 뒤 입주합니다.

주택청약종합저축, 그것이 알고 싶다!

대한민국에서 아파트에 청약하려면 청약통장이 있어야 합니다(공공분양주택을 분양받는 기관추천자는 예외). 청약경쟁률이 치열할 때는 1순위 조건을 충족해야 그나마 당첨 성공률이 높아집니다. 그리고 청약통장에 가입한 무주택세대주는 소득공제도 받을 수 있으므로 없다면 일단 만들어두는 것이 좋습니다.

연말정산 소득공제 혜택

대상자	· 총급여액이 7천만원 이하 근로자인 무주택세대주 및 그의 배우자
소득공제 조건	· 과세연도의 다음연도 2월 말까지 가입은행에 "무주택확인서"를 제출한 자
소득공제 한도	· 해당 과세연도 납부분(연간 300만원 한도)의 40%(120만원 한도)
추징대상	· 가입일로부터 5년 이내 해지 시(해외 이주, 전용면적 85m² 이하 당첨 해지 등 예외) · 전용면적 85m²를 초과하는 주택에 당첨된 자(기간 제한 없음)
추징금액	· 무주택확인서를 제출한 과세연도부터 이후에 납입한 금액(연간 300만원 한도) 누계액의 6%

가입 조건과 납입금액, 취급은행은?

'주택청약종합저축'은 대한민국 국민뿐만 아니라 국내에 거주하는 재외동포와 외국인 누구나 가입할 수 있습니다. 단, 1인 1통장만 가능하고 은행이 다르더라도 추가 가입은 불가능합니다.

매월 2만~50만 원까지 자유롭게 납입할 수 있고, 잔액이 1,500만 원 미만인 경우 월 50만 원을 초과하여 예치가 가능합니다. 잔액이 1,500만 원 이상인 경우 월 50만 원 이내에서 자유적립합니다. 단, 공공분양주택 청약 때의 인정금액은 최대 월 25만 원입니다.

주택청약종합저축 통장은 우리은행, KB국민은행, IBK기업은행, NH농협, 신한은행, KEB하나은행, iM뱅크, 부산은행, 경남은행에서 만들 수 있습니다.

어떤 종류의 주택을 분양받을 수 있나요?

주택청약종합저축으로 국민주택과 민영주택 모두에 청약할 수 있습니다. 국민주택은 85㎡ 이하까지만 가능, 민영주택은 85㎡ 초과도 가능합니다.

국민주택

국가·지방자치단체, LH공사 또는 지방공사가 건설하는 전용면적 85㎡ 이하(수도권을 제외한 도시지역이 아닌 읍 또는 면 지역은 100㎡ 이하) 주택이거나 국가·지방자치단체의 재정 또는 주택도시기금으로부터 자금을 지원받아 건설하거나 개량하는 전용면적 85㎡ 이하(수도권을 제외한 도시지역이 아닌 읍 또는 면 지역은 100㎡ 이하) 주택을 말합니다(『주택법』 제2조 5호).

공공분양주택

분양을 목적으로 공공주택사업자가 국가·지방자치단체의 재정 또는 주택도시기금으로부터 자금을 지원받아 건설하는 전용면적 85㎡ 이하(수도권을 제외한 도시지역이 아닌 읍 또는 면 지역은 100㎡ 이하) 주택을 말합니다(「공공주택특별법」 제2조 1호 나목).

국민주택이나 공공주택 모두 주거복지를 목적으로 하며 공공기관이 사업 주체입니다. 그러나 국민주택은 주로 임대 형태로 저소득층을 대상으로 하고, 공공분양주택은 분양 형태로 중산층을 포함한 서민층을 대상으로 공급됩니다.

민영주택

민영주택은 국민주택을 제외한 주택을 말합니다(「주택법」 제2조 7호).

이자는 얼마나 주나요?

1개월 이내는 무이자, 1개월 초과 1년 미만은 연 2.3%, 1년 이상 2년 미만은 연 2.8%, 2년 이상 10년 이내는 3.1%입니다.

국민주택과 민영주택 1순위 요건은?

청약 신청자 중 1순위자에게 먼저 분양이 이뤄집니다. 그리고 남은 주택이 있으면 2순위자에게 분양됩니다.

하지만 1순위자가 워낙 많으므로 분양은 대부분 1순위에서 마칩니다.

따라서 당첨을 목표로 한다면 1순위 요건 충족은 필수입니다.

1순위 발생 기준

	국민주택	민영주택
투기과열지구 청약과열지역	· 가입 후 2년 경과 · 매월 약정납입일에 월 납입금을 연체없이 24회 이상 납입	· 가입 후 2년 경과 · 납입금액이 지역별 예치금액 이상
위축지역	· 가입 후 1개월 경과 · 월 납입금을 1회 이상 납입	· 가입 후 1개월 경과 · 납입금액이 지역별 예치금액 이상
수도권	· 가입 후 1년 경과 · 매월 약정납입일에 월 납입금을 연체없이 12회 이상 납입	· 가입 후 1년 경과 · 납입금액이 지역별 예치금액 이상
수도권 외	· 가입 후 6개월 경과 · 매월 약정납입일에 월 납입금을 연체 없이 6회 이상 납입	· 가입 후 6개월 경과 · 납입급액이 지역별 예치금액 이상

민영주택 청약 예치금 기준금액

전용면적 \ 지역	특별시 및 부산광역시	그 밖의 광역시	기타 지역
85㎡ 이하	300민 원	250만 원	200만 원
102㎡ 이하	600만 원	400만 원	300만 원
135㎡ 이하	1,000만 원	700만 원	400만 원
모든 면적	1,500만 원	1,000만 원	500만 원

※ ㎡ ↔ 평 환산하는 법: ㎡ × 0.3025 = 평, 평 × 3.3058 = ㎡

청약자격은?

청약자격은 최초 입주자모집공고일 현재 청약통장 가입자여야 합니다. 그리고 해당 주택이 건설되는 지역 또는 인근 지역의 거주자여야 합니다. 또한 만 19세 이상 성년이거나 자녀·형제자매를 부양하는 세대주인 미성년자여야 합니다. 국민주택에 청약하려면 무주택자 조건도 지켜야 합니다.

자세한 청약자격은 청약홈(www.applyhome.co.kr)에서 확인해 보세요.

청년 주택드림 청약통장

만 19세 이상 만 34세 이하 무주택자로 직전연도 신고소득이 있는 자로 연소득 5천만 원 이하인 근로, 사업, 기타소득자로 소득세 신고·납부 이행 등이 증빙된 자야 합니다(근로기간 1년 미만으로 직전년도 신고소득이 없는 근로소득자는 당해 급여명세표 등으로 연소득 환산 후 가입 가능). 단, 병역증명서에 의한 병역 이행 기간이 증명되는 경우 현재 연령에서 병역 이행 기간(최대 6년)을 빼고 계산한 연령이 만 34세 이하인 자야 합니다.

이율은 1개월 이내는 무이자, 1개월 초과 1년 미만은 3.7%, 1년 이상 2년 미만은 4.2%, 2년 이상 10년 이내는 4.5%, 10년 초과는 3.1%로 주택청약종합저축보다 높습니다. 비과세 혜택도 있습니다. 참고로 청년 주택드림 청약통장에 가입한 뒤 1년 이상, 1,000만 원 이상 납입한 만 20세 이상 39세 이하의 무주택 청년 중 연 소득 7천만 원(신혼 1억 원) 이하이고, 분양가격 6억 원 이하, 전용면적 85㎡ 이하인 주택을 구입하고자 할 때 최저 2.2% 금리로 최대 3억 원(신혼 4억 원)까지 대출받을 수 있습니다. 단, 오피스텔은 대출 대상이 아닙니다.

> **토막상식**
>
> **미성년자 가입 인정 범위 확대**
>
> 미성년자는 2023년 12월 31일 이전에 납입한 횟수와 2024년 1월 1일 이후 납입한 횟수의 합이 60회를 초과하는 경우 60회까지만 인정합니다(「주택공급에 관한 규칙」 제10조).

055 어떤 아파트가 좋을까? 새 아파트 결정하기

새 아파트를 갖고 싶다면 청약해서 당첨되어야 합니다. 청약하기 전에 바로 지역, 주택 유형, 면적, 분양 가격을 고려해야 합니다. 하나씩 살펴볼까요?

아파트 결정하기

지역

주택청약은 원칙적으로 해당 주택이 건설되는 지역(해당지역) 및 인근지역(기타지역)의 거주자만 할 수 있습니다. 예를 들어 서울특별시 강북구에 건설되는 아파트라면 해당지역 청약은 입주자모집공고일 현재 서울특별시 거주자만 가능하고 기타지역 청약은 입주자모집공고일 현재 수도권(인천광역시, 경기도) 거주자만 청약이 가능합니다. 비수도권 거주자가 수도권에서 공급하는 아파트에 청약할 수 없습니다. 참고로 해당지역 거주자가 기타지역으로 하향 지원하여 당첨된 경우엔 부적격 당첨자로 처리하지 않습니다.

주택유형과 면적

공공분양주택은 전용면적이 85㎡ 이하입니다. 더 넓은 면적을 분양받고 싶다면 민영주택에 청약해야 합니다. 참고로 전용면적은 59㎡보다 넓고 가격은 84㎡보다 저렴한 70㎡대 틈새 면적이 가성비가 뛰어나 인기가 상승하고 있습니다.

분양가격

분양받기만 하면 높은 시세차익을 볼 수 있는 아파트라 해도 분양가격이 너무 높으면 그림의 떡이겠죠. 대출을 받으면 되지만 소득요건을 충족하지 못하면 원하는 대출을 받을 수 없습니다. 그리고 금리가 높거나 경제 흐름이 안 좋을 것으로 예측될 때 무리한 대출은 큰 위험이 될 수 있습니다. 공동투자도 생각해 볼 수 있습니다. 그러나 초보 투자자에게는 매우 위험한 방법입니다. 그러므로 자신에게 큰 무리가 되는 투자는 처음부터 하지 않는 것이 좋습니다.

토막상식

거주지역 변경이란?

청약통장 가입 후 다른 지역으로 이사하는 경우 거주지역을 변경해야 합니다. 최초 입주자모집공고 당일까지 주민등록 이전을 해야 합니다. 단, 전입제한이 있는 경우 전입제한일 이전까지 주민등록을 이전해야 합니다. 주택청약종합저축 가입자가 민영주택에 청약 신청하고자 하면 청약하려는 주택의 입주자모집공고일(청약예금 가입자는 청약신청 전)까지 주민등록 이전한 지역에 해당하는 예치금액으로 변경(납입)하여야 합니다.
단, 예치금액이 높은 지역에서 낮은 지역으로 거주지를 이전한 경우엔 예치금액 감액 없이 청약 신청이 가능합니다.

056 어떤 아파트인 거야? 분양공고 확인하기

자신이 원하는 아파트를 분양받고 싶다면 청약홈에서 아파트 분양공고를 수시로 살펴봐야 합니다. 그리고 마음에 든 아파트 분양공고가 떴다면 해당 아파트가 진정으로 자신이 원하는 아파트인지, 자신이 해당 아파트에 청약할 자격이 있는지, 분양받을 돈은 있는지 등을 입주자모집공고문을 통해 확인해야 합니다.

분양공고 확인

자신이 원하는 아파트의 분양공고가 났는지 청약홈을 통해 수시로 확인합니다.

❶ '청약일정 및 통계'에서 '분양정보/경쟁률'을 클릭합니다.
❷ 조회하고 싶은 기간을 선택합니다. 주택유형을 '주택구분전체', '민영', '국민' 중 하나를 선택합니다. 원하는 지역을 선택합니다. 선호하는 시공사가 있다면 시공사명을 입력합니다. 찾는 주택이 분양주택인지, 분양전환이 가능한 임대주택인지, 분양전환이 안 되는 임대주택인지 선택합니다.

❸ 알림신청을 클릭하면 관심 지역의 분양소식과 관심단지의 청약접수 일정을 문자나 카카오톡으로 받아 볼 수 있습니다. 깜박하고 청약을 하지 못하는 것을 미리 방지할 수 있습니다.

❹ 조회결과에서 관심 있는 주택명을 클릭하면 분양정보를 간략하게 확인할 수 있습니다.

❺ 더 자세한 정보를 확인하고 싶다면 '모집공고문 보기'를 클릭합니다. 그러면 해당 아파트의 '입주자모집공고문'을 볼 수 있습니다.

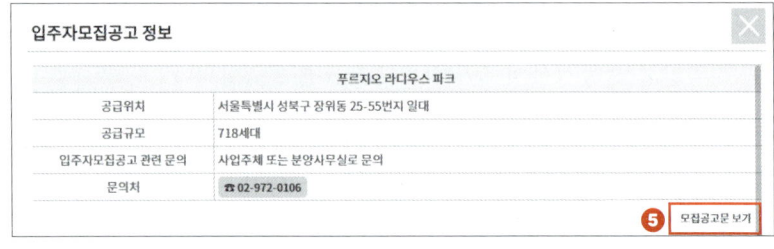

입주자모집공고문 확인하기

청약신청하기 전에 반드시 입주자모집공고문을 꼼꼼하게 살펴봐야 합니다. 이유는 해당 아파트에 대한 청약부터 잔금까지 모든 과정의 자세한 정보를 확인할 수 있기 때문입니다. 입주자모집공고문을 읽어보지 않고 청약했다가 부적격이 되거나 비용 마련이 어려워 청약을 포기한다면 청약통장을 허무하게 날리게 되고 경제적 손실도 볼 수 있습니다. 입주자모집공고문의 형식은 조금씩 다를 수 있습니다.

❶ 단지 주요정보

주택유형이 민영주택인지 국민주택인지, 청약이 가능한 해당지역과 기타지역은 어디인지, 규제지역인지 비규제지역인지, 재당첨제한, 전매제한, 거주의무기간, 분양가상한제가 적용되는지, 해당 주택이 건축된 택지가 민간택지인지 공공택지인지, 특별공급·일반공급 1순위·일반공급 2순위 접수일, 당첨자 발표일, 서류접수일, 계약체결일은 언제인지 확인해야 합니다.

❷ 공통 유의사항

청약 시 모든 단지에서 일반적으로 유의해야 할 사항입니다. 일반적인 내용이지만 이에 저촉되면 당첨되더라도 부적격당첨자가 될 수 있습니다. 그러므로 필요하다면 전문가의 도움을 받아서라도 꼼꼼하게 살펴봐야 합니다.

❸ 단지 유의사항

청약 시 해당 아파트 단지에서 유의해야 할 사항입니다. 해당지역, 기타

지역, 거주기간, 청약접수일, 당첨자 발표일, 서류접수일, 계약체결일, 청약방법, 재당첨제한기간, 전매제한기간, 의무거주기간 등의 내용을 확인할 수 있습니다. 자신에게 맞는 조건인지 반드시 확인해야 합니다. 예를 들어 해당 아파트에 거주할 수 없는 처지인데도 거주의무기간이 있는 아파트를 분양받는다면 문제가 됩니다.

❹ 공급대상 및 공급금액

청약하려는 아파트의 위치, 규모, 세대별 대지지분, 특별공급세대수, 일반공급세대수, 분양가격, 계약금, 잔금 등의 내용을 확인할 수 있습니다. 예를 들어 청약가점이 낮은 무주택자가 특별공급에 도전하려는데 세대수가 적다면 당첨될 가능성이 매우 낮을 것입니다. 이런 경우엔 추첨제 비율이 높은 평형에 도전해 당첨될 가능성을 높이는 전략이 필요합니다.

❺ 특별공급

특별공급에 관한 공급기준, 무주택요건, 청약통장 자격요건을 확인할 수 있습니다. 참고로 부부가 당첨자 발표일이 같은 특별공급분에 중복당첨 시 접수일시가 빠른 당첨 건은 유효하며 접수일시가 늦은 당첨 건은 무효 처리됩니다. 부부 외 세대원이 중복당첨된 경우엔 모두 부적격 처리가 되니 주의하세요.

주택을 소유했더라도 입주자모집공고일 전에 처분하여 입주자모집공고일 현재 무주택세대구성원이면 신혼부부특별공급에 청약할 수 있습니다.

2024년 6월 19일 이후 출생한 자녀(태아 또는 2024년 6월 19일 이후 출생자를 입양한 경우 포함)가 있는 사람은 특별공급 횟수 제한에도 불구하고 생애 중 1회에 한하여 특별공급을 추가로 신청할 수 있습니다. 무주택세대구성원 요건을 충족하지 아니한 경우에도 특별공급을 신청할 수 있으나 공급받은 주택에 입주하기 전까지 기존 주택을 처분해야 합니다.

❻ 일반공급

일반공급 대상자, 청약통장 자격요건, 당첨자 선정 순서, 전용면적별 1순위 가점제 및 추첨제 적용비율, 가점 산정기준, 1순위 가점제 청약 시 유의사항 등을 확인할 수 있습니다.

❼ 청약신청 및 당첨자 발표 안내

PC·모바일을 이용한 청약신청 방법 및 절차, PC·모바일을 이용한 청약신청 취소 방법 및 절차, 현장접수를 통한 청약신청 방법 및 절차, 일반공급 현장접수 시 필요서류 등을 확인할 수 있습니다.

❽ 당첨자 및 예비입주자 자격 확인 구비서류

당첨자 자격검증 서류제출 일정, 서류 제출장소, 서류제출 시 유의사항, 구비서류 등에 관한 내용을 확인할 수 있습니다. 유의해야 할 사항을 꼼꼼하게 살펴보고 서류제출 일정을 넘기지 않도록 해야 합니다.

❾ 당첨자 및 예비입주자 계약체결

당첨자 및 예비입주자의 계약체결 일정 및 장소, 계약체결 시 구비서류, 분양대금 납부계좌 및 납부방법, 계약자 중도금 대출 등에 관한 내용을 확인할 수 있습니다.

❿ 추가 선택품목

발코니 확장, 시스템에어컨 등 추가로 선택해야 하는 품목에 관한 내용을 확인할 수 있습니다. 추가 선택품목 납부계좌가 따로 고지되므로 계약금 납부계좌에 추가 선택품목 납부금을 입금하면 안 됩니다.

⓫ 기타계약자 안내, 유의사항

부대복리시설, 주차장 차로 및 출입구 높이, 내진설계, 마감재, 발코니, 창호, 사이버 견본주택 홈페이지 주소, 분양문의 전화번호 등의 내용을 확인할 수 있습니다.

토막상식

배우자 가입 기간 점수 합산

배우자의 청약통장 가입 기간이 2년 이상이면 최대 3점까지 합산할 수 있습니다. 그러나 가입 기간 점수 합산 시 17점을 초과하면 최대 17점까지만 인정받을 수 있습니다(「주택공급에 관한 규칙」 제2조 8호 관련 [별표1]).

057 청약자격 확인하고 청약하기

자신이 원하는 아파트에 청약하고자 한다면 가장 먼저 해당 아파트에 청약할 자격이 있는지를 확인해야 합니다. 자격도 되지 않는데 청약한다면 아까운 청약통장만 허비하게 됩니다.

청약자격 확인

자신이 원하는 아파트에 청약할 수 있는 자격이 되는지 청약홈을 통해 확인해 봅니다.

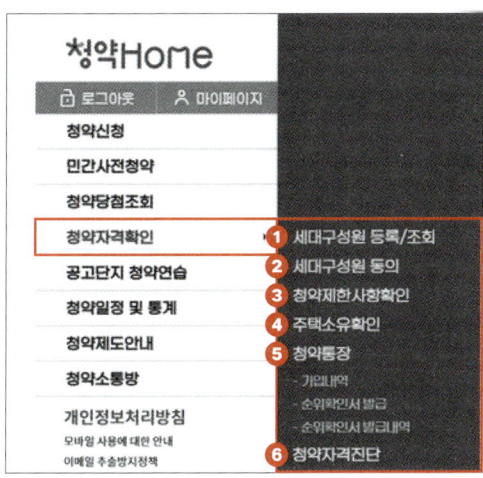

❶ 세대구성원 등록/조회

청약홈 홈페이지 왼쪽 사이드바 '청약자격확인'에서 '세대구성원 등록/확인'을 클릭합니다. 절차에 따라 신청자 본인과 함께 거주하는 가족(배우자, 자녀, 부모)를 등록합니다. 배우자는 신청자와 함께 주민등록등본에 등재되어 있지 않더라도 세대 구성원으로 봅니다.

❷ 세대구성원 동의

주택을 공급하는 자가 청약 신청자의 무주택기간, 부양가족, 무주택세대 구성원 여부, 세대원의 당첨 사실 등을 확인할 수 있습니다.

미성년 자녀는 부모 등 법정대리인에 의해 자료제공 동의가 가능하지만, 성년 자녀는 본인이 직접 자료제공에 동의해야 합니다.

세대 구성원 정보제공 동의는 청약접수를 위한 필수절차가 아닙니다. 세대원 등록을 하지 않아도 청약접수 및 취소가 가능합니다.

❸ 청약제한사항 확인

한국부동산원이 관리하는 자료를 조회하여 기준일 현재 재당첨 제한 여

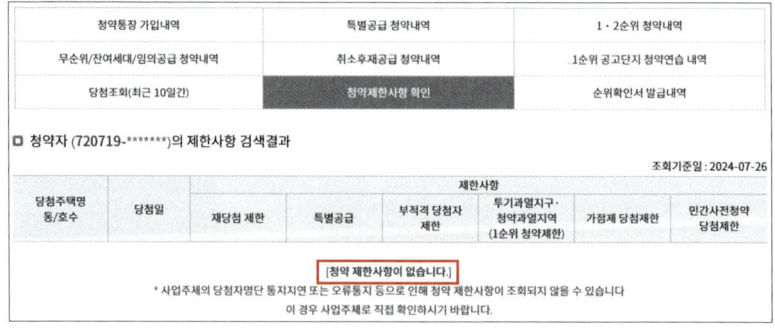

부, 특별공급 당첨사실 여부, 투기과열지구·청약과열지역내 1순위 청약제한 적용 여부, 가점제 당첨제한 적용 여부, 부적격 당첨제한 적용 여부 등 자신의 청약 제한사항을 확인할 수 있습니다.

재당첨 제한

재당첨 제한대상 주택 당첨자 및 세대에 속한 자는 재당첨 제한기간 동안 다른 분양주택의 입주자로 선정될 수 없습니다. 그러나 민영주택(투기과열지구 또는 청약과열지역에서 공급되는 주택 제외)의 경우엔 재당첨 제한기간에도 입주자 및 입주예약자로 선정될 수 있습니다.

본인 및 배우자의 재당첨 제한기간에는 투기과열지구 및 청약과열지역에서 공급하는 계약취소 주택에 청약하더라도 입주자 및 입주예약자로 선정될 수 없습니다.

규제지역 또는 국민(공공)주택의 신혼부부·생애 최초·신생아 특별공급은 청약신청자의 배우자가 혼인 전 재당첨 제한이 적용되는 주택에 당첨된 이력이 있더라도 청약이 가능합니다.

재당첨 제한 기간

당첨된 주택의 구분	적용기간(당첨일로부터)
· 투기과열지구에서 공급되는 주택 · 분양가상한제 적용주택	10년
· 청약과열지역에서 공급되는 주택	7년
· 토지임대주택 · 투기과열지구 내 재개발, 재건축, 가로주택정비사업, 소규모재건축사업	5년

	수도권 내 과밀억제권역	85m² 이하	5년
· 이전기관종사자 특별공급 주택 · 분양전환공공임대주택 · 기타당첨자		85m² 초과	3년
	그 외	85m² 이하	3년
		85m² 초과	1년

※ 두 가지 이상의 제한기간에 해당하는 경우 그 중 가장 긴 제한기간을 적용

특별공급제한

특별공급은 생애 한 차례에 한정하여 1세대 1주택 기준으로 공급합니다. 단, 신혼부부·생애 최초·신생아 특별공급 당첨자의 배우자가 혼인 전 특별공급에 당첨된 이력은 배제합니다. 또한, 공익사업, 재해, 재개발, 주거환경개선사업 등으로 철거되는 주택의 소유자 및 세입자가 특별공급에 당첨된 이력도 배제합니다.

투기과열지구·청약과열지역 1순위 청약제한

다음과 같은 자는 투기과열지구나 청약과열지역 내 주택에 1순위로 청약할 수 없습니다.

민영주택	국민주택
· 세대주가 아닌 자 · 과거 5년 이내에 다른 주택에 당첨된 자의 세대에 속한 자 · 2주택(분양권 등을 포함, 토지임대주택은 1주택) 이상을 소유한 세대에 속한 자	· 세대주가 아닌 자 · 과거 5년 이내에 다른 주택에 당첨된 자가 속해 있는 무주택세대구성원

※ 동일한 주민등록표등본에 함께 등재된 배우자의 직계존속 및 직계비속의 배우자도 국민 또는 민영주택에 관계없이 세대에 포함

가점제 당첨 제한

과거 2년 이내에 가점제로 당첨된 사실이 있는 세대에 속한 자는 1순위 가점제로 청약할 수 없습니다.

부적격 당첨 제한

부적격 당첨자는 당첨일로부터 청약하려는 주택의 지역에 따라 수도권은 1년, 수도권 외는 6개월(투기과열지구 및 청약과열지역은 1년), 위축지역은 3개월 동안 다른 분양주택의 입주자로 선정될 수 없습니다.

❹ 주택 소유 확인

2018년 12월 11일부터 분양권이나 그 지분을 소유하고 있어도 주택을 소유하는 것으로 봅니다. 그러나 주거전용면적 60㎡ 이하이고 공시가격 1억 원(수도권 1억 6천만 원) 이하인 아파트나 주거전용면적 85㎡ 이하이고 공시가격 3억 원(수도권 5억 원) 이하인 단독·다가구주택, 연립·다세대주택, 도시형생활주택의 소유자는 청약 때 무주택자로 인정받습니다.

❺ 청약통장

현재 가입 중인 청약통장 가입내역을 조회할 수 있습니다. 순위확인서도 발급받을 수 있습니다. 그 발급내역을 조회할 수도 있습니다. 순위확인서란, 사업 주체(LH, SH, 민간건설사 등)에 직접 방문하여 청약신청하거나 홈페이지에서 청약 신청하는 경우에 신청자의 청약통장 자격을 증명 확인하기 위하여 발급하는 확인서입니다. 청약홈 홈페이지 또는 은행 창구에서 청약 신청하는 경우엔 순위확인서를 발급받을 필요가 없습니다.

❻ 청약자격 진단

자신이 선택한 주택의 정보(관심지역, 주택규모 등)와 자신의 청약정보(청약제한사항, 청약통장가입내역, 주택소유 등)를 바탕으로 당첨선 분포 등 청약자격 진단 결과를 확인할 수 있습니다.

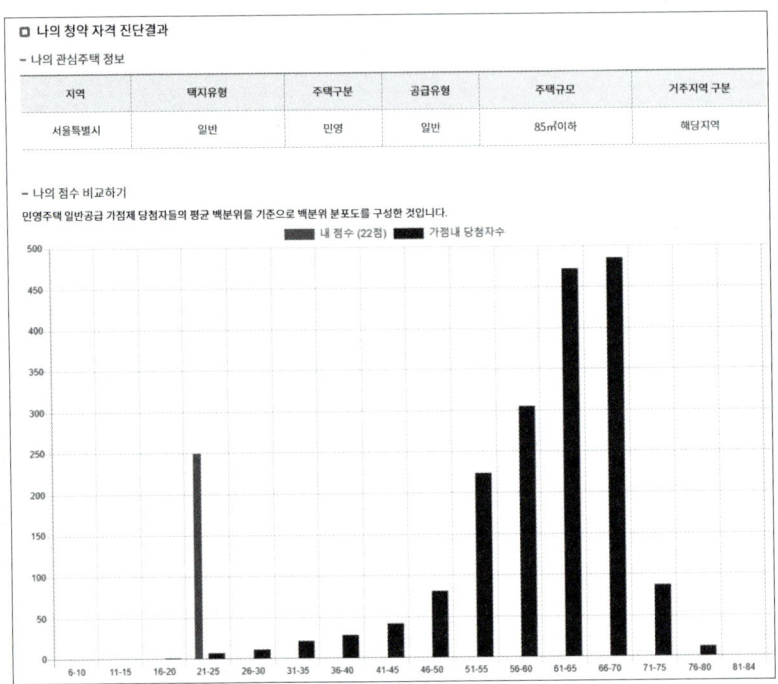

청약 신청

아파트, 오피스텔, 생활형숙박시설, 도시형생활주택, 민간임대주택, 공공지원민간임대주택 중에서 자신이 원하는 대상을 선택하여 절차에 따라 청약 신청을 합니다. 청약 신청과 청약 취소는 고령자나 장애인 등 정보취

약계층을 제외하고는 청약홈을 통해서 진행합니다.

주택청약종합저축 해지가 무효로 되는 경우!

사업 주체의 파산, 입주자모집승인 취소 등으로 이미 납부한 입주금을 반환받았거나 해당 주택에 입주할 수 없게 된 자가 그 사실을 통보받은 날부터 1년 이내에 주택청약종합저축 납입금을 다시 납입하는 경우, 부적격 당첨자로 당첨이 취소된 사람이 당첨이 취소된 날부터 1년 이내에 주택청약종합저축 납입금을 다시 납입하는 경우, 당첨이 유효하지 않게 된 사람이 그 명단을 사업 주체가 주택청약업무수행기관에 통보한 날부터 1년 이내에 주택청약종합저축 납입금을 다시 납입하는 경우, 사전당첨자가 2024년 10월 1일 전에 주택청약종합저축을 해지하였으나 2024년 10월 1일부터 1년 이내에 주택청약종합저축 납입금을 다시 납입하는 경우엔 종전의 주택청약종합저축은 해지되지 않은 것으로 봅니다(「주택공급에 관한 규칙」 제14조).

058 입주자 선정부터 입주까지

주택을 공급하는 자는 청약신청을 받으면 당첨자를 선정합니다. 그리고 청약신청자의 청약자격 여부를 확인합니다. 그렇다면 주택을 공급하는 자가 어떤 기준으로 당첨자를 선택하는지, 당첨사실 확인 후 계약 및 입주까지의 과정은 어떻게 되는지 살펴보겠습니다.

당첨자 선정 기준

순위별 선정

1순위 청약신청자를 우선으로 선정하고 1순위 청약신청자가 미달한 경우에만 2순위 청약신청자 중에서 당첨자를 선정합니다. 예를 들어 100세대를 공급하는데 1순위 청약신청자가 150명이라면 100세대의 당첨자 모두를 1순위에서 선정합니다.

동일 순위 내 경쟁 시

청약순위	주택종류	선정방법	
1순위	국민주택	무주택기간, 납입횟수, 납입총액 등에 따른 순위순차제	
1순위	민영주택	60m² 이하	가점제 40% 이하 추첨제 60% 이상
1순위	민영주택	60m² 초과 85m² 이하	가점제 40% 이하 추첨제 60% 이상
1순위	민영주택	85m² 초과	추첨제 100%
2순위	추첨으로 선정		

민영주택은 1순위 내에서 경쟁 시 전용면적 60㎡ 이하, 60㎡ 초과 85㎡ 이하는 40%를 가점제로, 85㎡ 초과는 추첨제로 당첨자를 선정합니다(단, 가점이 동일한 경우 청약저축 가입기간이 긴 자가 우선). 단, 청약과열지역에선 전용면적 60㎡ 이하는 40%, 60㎡ 초과 85㎡ 이하는 70%, 85㎡ 초과는 50%를 가점제로 선정합니다. 수도권 내 공공택지지구나 투기과열지구에선 전용면적 60㎡ 이하는 40%, 60㎡ 초과 85㎡ 이하는 70%, 85㎡ 초과는 80%를 가점제로 선정합니다. 85m² 초과 공공건설임대주택은 100%를 가점제로 당첨자를 선정합니다. 2순위는 추첨 방식으로 입주자를 선정합니다.

국민주택은 1순위 내에서 경쟁 시 무주택기간, 납입횟수, 납입총액 등에 따라 순차적으로 당첨자를 선정합니다. 2순위는 추첨 방식으로 입주자를 선정합니다.

거주지역

민영주택은 주택이 건설되는 시·군(해당지역)에 거주하는 청약신청자를 우선적으로 선정하고 해당지역 신청자가 미달하는 경우에만 인근지역에 거주하는 청약신청자를 선정합니다(단, 수도권 내 대규모 택지개발지구 및 행정중심복합도시 예정지역은 별도의 기준 적용). 국민주택은 1순위 순차제 2순위 추첨제로 당첨자를 선정합니다.

청약가점제

청약 신청자의 가점에 따라 아파트 당첨자를 공정하게 선발하는 제도를 청약가점제라 합니다. 청약가점제는 무주택기간, 부양가족수, 청약통장 가입 기간에 따라 점수를 매겨 더 높은 점수를 받은 자 순으로 당첨자를 결정합니다. 청약가점제은 84점인데 이 가점이 만점이 되려면 ① 15년 이상 무주택, ② 부양가족 6명 이상, ③ 청약통장 가입기간 15년 이상이라는 조건을 모두 충족해야 합니다.

청약가점제 점수 산정 기준표

가점 항목	가점	가점 구분	점수	가점 구분	점수
1 무주택기간	32	1년 미만(무주택자에 한함)	2	8년 이상 ~ 9년 미만	18
		1년 이상 ~ 2년 미만	4	9년 이상 ~ 10년 미만	20
		2년 이상 ~ 3년 미만	6	10년 이상 ~ 11년 미만	22
		3년 이상 ~ 4년 미만	8	11년 이상 ~ 12년 미만	24
		4년 이상 ~ 5년 미만	10	12년 이상 ~ 13년 미만	26
		5년 이상 ~ 6년 미만	12	13년 이상 ~ 14년 미만	28
		6년 이상 ~ 7년 미만	14	14년 이상 ~ 15년 미만	30
		7년 이상 ~ 8년 미만	16	15년 이상	32
2 부양가족수	35	0명(가입자 본인)	5	4명	25
		1명	10	5명	30
		2명	15	6명 이상	35
		3명	20		

3 청약통장 가입기간	17	6개월 미만	1	8년 이상 ~ 9년 미만	10
		6개월 이상 ~ 1년 미만	2	9년 이상 ~ 10년 미만	11
		1년 이상 ~ 2년 미만	3	10년 이상 ~ 11년 미만	12
		2년 이상 ~ 3년 미만	4	11년 이상 ~ 12년 미만	13
		3년 이상 ~ 4년 미만	5	12년 이상 ~ 13년 미만	14
		4년 이상 ~ 5년 미만	6	13년 이상 ~ 14년 미만	15
		5년 이상 ~ 6년 미만	7	14년 이상 ~ 15년 미만	16
		6년 이상 ~ 7년 미만	8	15년 이상	17
		7년 이상 ~ 8년 미만	9		

본인 청약가점 점수 = 1 + 2 + 3 =   점

무주택여부 판단 기준

입주자모집공고일 현재 청약통장 가입자의 주민등록등본에 등재된 가입자 및 세대원 전원이 무주택자이어야 합니다. 세대원이란, 배우자(주민등록이 분리된 배우자 및 그 배우자와 동일한 세대를 이루고 있는 세대원 포함), 직계존속(배우자의 직계존속 포함), 직계비속을 의미합니다.

소형/저가주택([전용면적 60㎡ 이하로 주택공시가격 1.6억 원, 비수도권은 1억 원 이하인 주택]) 1호(세대)를 보유한 경우엔 당해 주택보유기간을 무주택기간으로 인정합니다.

무주택기간 산정 기준

무주택기간은 청약통장 가입자 및 배우자를 대상으로 산정하는데 무주택기간은 만 30세부터 기간을 계산하되, 30세 이전에 혼인한 경우엔 혼인신고한 날부터 기간을 계산합니다. 그러므로 만 30세 미만으로서 미혼인 무주택자의 가점 점수는 0점입니다.

부양가족의 범위

입주자모집공고일 현재 청약통장 가입자의 주민등록등본에 등재된 배우자(주민등록이 분리된 배우자 및 그 배우자와 동일한 세대를 이루고 있는 세대원 포함), 직계존속(배우자의 직계존속 포함), 직계비속(미혼인 자녀에 한함)입니다.

직계존속은 청약자가 세대주로서 3년 이상 계속해서 부양해야 인정받을 수 있습니다. 만 30세 이상의 미혼자녀는 입주자모집공고일 기준으로 최근 1년 이상 계속해서 동일한 주민등록등본에 등재 시에만 부양가족으로 인정받을 수 있습니다.

원칙적으로 청약자의 손자, 손녀는 부양가족으로 인정하지 않지만 손자, 손녀의 부모가 사망한 경우엔 부양가족으로 인정받습니다.

청약통장 가입기간

청약통장의 가입기간 산정은 입주자모집공고일 현재 청약자의 청약통장 가입기간을 기준으로 합니다. 그리고 청약통장 전환, 예치금액변경 및 명의변경을 한 경우에도 최초 가입일(순위기산일)을 기준으로 가입기간을 산정합니다. 실제 인터넷 청약 시에는 은행에서 청약통장 가입기간 및 해당 점수를 자동 산정하여 부여합니다.

가점제 계산 시 성년에 이르기 전 가입한 기간이 5년을 초과한 경우엔 5년으로 인정합니다. 또한 배우자의 가입기간도 50% 합산하여 가점(최대 3점)을 인정합니다.

청약가점계산기

자신의 청약가점이 궁금하다면 청약홈 홈페이지 사이드바 '공고단지 청약연습'에서 '청약가점계산기'를 이용해 보세요.

당첨자 조회

청약홈을 통해 청약 신청을 했든 은행 창구(일반공급) 또는 견본주택(특별공급) 등에 방문하여 청약 신청을 했든 청약홈 홈페이지 '청약당첨조회'에서 당첨여부를 확인할 수 있습니다. 또한 주택조합의 동·호수 추첨결과도 확인할 수 있습니다.

계약 체결

청약신청을 하고자 한다면 입주자모집공고일, 접수일, 당첨자 발표일, 서류접수 기간, 계약체결일을 정확하게 알고 있어야 합니다.

계약금, 중도금, 잔금, 추가 선택품목(발코니 확장, 플러스옵션)의 납입 계좌번호가 모두 다를 수 있습니다. 그러므로 납입 계좌번호를 혼동해서는 안 됩니다. 금융거래의 투명성을 위하여 온라인 수납만 인정하므로 견본주택에서 현금 및 수표로 계약금을 수납하지 않습니다. 계약금 입금 후 계약 미체결 시 계약을 포기한 걸로 간주합니다.

주택의 전매행위제한

전매행위 제한기간은 해당 주택의 입주자로 선정된 날부터 기산합니다. 전매행위 제한기간이 둘 이상인 경우엔 그중 가장 긴 기간을 적용합니다.

단, 청약위축지역에서 건설·공급되는 주택의 경우엔 가장 짧은 기간을 적용합니다. 전매행위 제한기간 이내에 해당 주택에 대한 소유권이전등기를 완료하면 소유권이전등기를 완료한 때에 전매행위 제한기간이 지난 것으로 봅니다(대지를 제외한 주택에 대해서만 소유권이전등기를 하는 경우 포함).

투기과열지구에서 건설·공급되는 주택(수도권 3년, 수도권 외 지역 1년), 청약과열지역에서 건설·공급되는 주택(수도권 3년, 수도권 외 지역 1년), 청약위축지역에서 건설·공급되는 주택(공공택지 6개월, 민간택지 없음), 분양가상한제 적용주택(수도권·공공택지 3년, 수도권 외 지역·공공택지 1년, 수도권·민간택지·투기과열지역 3년, 수도권 외 지역·민간택지·투기과열지역 1년, 수도권·민간택지·비투기과열지역 1년~6개월, 수도권 외 지역·민간택지·비투기과열지역 6개월~없음), 공공택지 외의 택지에서 건설·공급되는 주택(수도권 1년~6개월, 수도권 외 지역 6개월~없음), 공공재개발사업에서 건설·공급하는 주택(수도권·투기과열지역 3년, 수도권 외 지역·투기과열지역 1년, 수도권·비투기과열지역 1년~6개월, 수도권 외 지역·비투기과열지역 6개월~없음), 토지임대부 분양주택(10년)에 적용됩니다.

참고로 전매제한기간 중이라도 다음과 같은 경우엔 전매가 허용됩니다(「주택법 시행령」 제73조 ④항).

- 세대원(세대주 포함)이 근무 또는 생업상의 사정이나 질병치료·취학·결혼으로 인하여 세대원 전원이 다른 광역시, 시 또는 군(광역시의 관할구역에 있는 군은 제외)으로 이전하는 경우(수도권으로 이전하는 경우 제외).
- 상속받아 취득한 주택으로 세대원 전원이 이전하는 경우
- 세대원 전원이 해외로 이주하거나 2년 이상 해외에 체류하고자 하는 경우
- 이혼으로 인하여 입주자로 선정된 지위 또는 주택을 그 배우자에게 이전하는 경우

- 공익사업의 시행으로 주거용 건축물을 제공한 자가 사업시행자로부터 이주대책용 주택을 공급받은 경우로서 시장·군수 또는 구청장이 확인하는 경우
- 주택의 소유자가 국가·지방자치단체 및 금융기관에 대한 채무를 이행하지 못하여 경매 또는 공매로 넘어가는 경우
- 입주자로 선정된 지위 또는 주택의 일부를 그 배우자에게 증여하는 경우

입주

사전방문

입주자는 도장공사, 도배공사, 타일공사, 주방용 가구공사 등의 상태를 확인하기 위해 입주 개시 1~2개월 전에 입주자 사전방문을 실시할 수 있습니다.

입주시기

입주시기는 예기치 못한 사유가 발생하면 다소 변경될 수 있으며, 실입주일이 입주예정일보다 앞당겨지면 중도금과 잔금을 실입주지정일 이전에 납부하여야 합니다. 입주 시 단지 관리·운영에 필요한 자금을 확보하기 위하여 관리비 예치금을 부과합니다.

> **토막상식**
> **과거 당첨된 후 계약하지 않았어도 재당첨 제한을 받을까?**
> 계약체결 여부와 관계없이 당첨된 것은 사실이므로 재당첨 제한기간 동안 청약 자격을 제한받으며, 과거 당첨된 통장은 다시 이용할 수 없습니다.

059 분양 광고, 모델하우스 제대로 살펴보기

신문이나 인터넷 등을 통해 새 아파트의 분양광고를 자주 접합니다. 그리고 이에 관심 있는 사람은 모델하우스를 직접 방문하여 내부를 살펴보고 마음에 들면 청약 신청을 합니다. 그런데 분양광고와 모델하우스에는 우리를 현혹하는 함정이 도사리고 있습니다. 이번 장에서는 분양 광고와 모델하우스를 볼 때 주의할 점에 대해서 살펴보겠습니다.

분양광고 보는 법

세대수부터 파악하자!

2,000세대 이상의 대단지 아파트는 단지 내에 수영장, 사우나, 헬스장, 실내골프연습장, 게스트하우스 등 편의시설이 잘 갖추어져 있습니다. 입주민은 규모의 경제(Economies of Scale) 효과로 편의시설을 저렴한 가격에 이용할 수 있습니다. 대단지 아파트는 거래량이 많고 가치가 높습니다. 비록 세대수가 적은 아파트라도 주변에 여러 아파트 단지가 있다면 주변에 편의시설이 발달될 수 있으니 함께 살펴보세요.

주변 환경을 꼼꼼하게 점검하자!

아파트 거래 시 다양한 환경 요소들을 각각의 '세권'으로 부르며, 특정한 편리함이나 라이프스타일을 강조하곤 합니다. 분양하는 아파트가 몇 개의 '세권'에 해당하는지 확인해 보세요.

- **역세권**: 지하철역이나 기차역 근처의 지역을 의미합니다. 대중교통 접근성이 뛰어나 출퇴근 시간 절약과 이동이 편리합니다.
- **직세권**: 직장 근처의 지역을 의미합니다. 직장과의 근접성으로 출퇴근 시간을 줄일 수 있어 워라밸(Work-Life Balance)을 높이는 데 유리합니다.
- **학세권**: 학교를 끼고 있거나 가까운 지역을 의미합니다. 자녀의 통학이 편리하며, 학군이 좋아 교육환경이 우수합니다.
- **강세권**: 강이나 하천 근처의 지역을 의미합니다. 자연경관이 좋고 산책로나 자전거 도로 등 여가 활동하기에 좋습니다.
- **숲세권**: 숲이나 산림 근처의 지역을 의미합니다. 맑은 공기와 쾌적한 환경을 제공하며, 자연과 가까운 생활이 가능합니다.
- **공세권**: 공원 근처의 지역을 의미합니다. 녹지가 풍부하고 운동이나 산책 등 야외 활동하기에 좋습니다.
- **몰세권**: 대형 쇼핑몰 근처의 지역을 의미합니다. 쇼핑, 식사, 오락 등 다양한 편의시설을 쉽게 이용할 수 있습니다.
- **스세권**: 스타벅스 커피숍 근처의 지역을 의미합니다. 스타벅스와 같은 프랜차이즈 카페를 이용하기 편리합니다.
- **병세권**: 병원 근처의 지역을 의미합니다. 의료시설 접근성이 뛰어나며 응급 상황 시 빠른 대응이 가능합니다.

경쟁률도 하나의 변수다!

자신이 원하는 아파트와 평형의 공급 세대수가 적으면 그만큼 경쟁이 심할 것이므로 경쟁률도 고려해야 합니다.

모델하우스 보는 법

아파트 위치를 확인한다

모델하우스를 방문하기 전에 먼저 네이버 지도를 이용하여 분양하는 아파트의 위치를 확인합니다. 근처에 지하철역이 있는지, 거리는 얼마나 되는지, 혐오시설은 없는지 등을 확인합니다.

아파트의 모형도를 살핀다

모델하우스에는 아파트 단지의 모형도가 있습니다. 이것을 보면서 동별로 방향이 어느 쪽인지, 주차장 출입구는 어디인지 등을 확인합니다. 단, 분양할 아파트 단지를 좋게 보이려고 조경이나 산 등을 과장해서 만들기도 하므로 모형도를 그대로 믿어서는 안 됩니다.

동과 동 사이의 거리가 멀어 탁 트인 느낌이 들도록 하려고 아파트 크기를 실제 크기보다 80% 정도 축소할 수도 있으니 참고하세요.

조망권

20층 이상의 고층 아파트 중에는 동의 위치를 서로 겹치지 않게 지그재그로 배치하여 아파트 실내에서 산, 강, 도심 스카이라인 등 좋은 조망을 누릴 수 있습니다. 그리고 이러한 아파트는 높은 가격에 거래되곤 합니다. 그러므로 아파트를 분양받을 땐 동의 배치와 방향을 꼼꼼하게 살펴봐야 합니다.

지역에서 선호하는 면적을 확인한다

아파트 전용면적을 선택할 때 가장 중요한 것은 자신의 생활방식에 맞는 면적을 선택하는 것입니다. 그러나 선호하는 면적이 없다면 지역 거주민이 가장 선호하는 면적에 청약하는 게 좋습니다. 그래야 나중에 매도하거나 임차를 놓기 좋습니다.

2Bay, 3Bay, 4Bay

베이(Bay)란, '건물의 기둥과 기둥 사이의 공간'을 말하는 것으로 전면을 보고 있는 공간을 말합니다. 2베이는 주로 작은 면적의 아파트에 적용되는데 거실과 안방이 전면을 향하고 있습니다. 현관에 들어섰을 때 거실을 바로 볼 수 있어 아파트가 환하고 넓어 보입니다. 하지만 거실이 바로 보이기 때문에 사생활 보호 면에서는 좋지 않습니다. 3베이는 거실과 방 2개, 총 세 개의 공간이 전면을 향하고 있습니다. 전면이 넓어 채광과 통풍이 잘됩니다. 현관 입구가 방으로 가려져 있어 거실의 사생활을 보호받을 수 있으며 공간을 활용하기 좋습니다. 4베이는 거실과 방 3개, 총 네 개의 공간이 전면을 향하고 있습니다. 전면이 넓어 채광과 조망이 좋습니다. 거실과 방 모두에 햇볕이 들어 난방비를 절감할 수 있고 공간활용도가 뛰어납니다. 최근 선호도가 가장 높은 구조입니다.

내부 동선을 확인한다

모델하우스 내부를 구경할 때는 먼저 구조가 활동하기에 편리한지 확인합니다. 예를 들어 안방에서 거실로 가려면 다른 방을 거쳐야 한다거나, 주방이 너무 구석진 곳에 있다면 생활하기 불편할 수 있습니다. 또한 거실, 방, 주방, 욕실 등에 햇빛이 잘 들어오게 설계되었는지, 통풍이 잘되는지도 꼼꼼하게 확인합니다.

인테리어와 가구에 현혹되지 않는다

내부를 볼 때 조명이나 대형 TV, 고급 테이블, 조각상, 소파와 같은 소품들에 현혹되어서는 안 됩니다. 모델하우스 가구는 넓어보이도록 특수 제작된 경우가 많습니다. 주방 싱크대, 인터폰, 욕조는 어느 회사 제품인지, 바닥은 나무인지 대리석인지 등을 분양상담사에게 자세히 물어보고 기록해야 합니다. 필요하다면 사진을 찍거나 설명 내용을 녹음해야 합니다. 아파트 분양에서 완공까지 2~3년 걸리므로 그사이 모델하우스에서 보았던 건축자재가 다른 것으로 변경될 수 있습니다.

E-모델하우스

환경보호, 비대면, 비용 절감 등의 이유로 일부 시행사는 오프라인 모델하우스 대신 온라인 모델하우스(E-모델하우스)를 선보이고 있습니다.

E-모델하우스는 시간 제약 없이 언제든지 여유롭게 구석구석 구경할 수 있다는 장점이 있습니다. 그러나 벽, 바닥, 싱크대 등의 자재와 시설을 직접 만져보거나 작동해 볼 수 없습니다. 또한 방, 거실, 욕실 등을 직접 보지 못하므로 크기를 가늠하기 어렵습니다. 특히 주택 안 동선의 흐름을 파악하

기 어렵습니다. 그러므로 E-모델하우스를 이용할 때는 여러 번 반복해서 꼼꼼하게 살펴봐야 합니다. E-모델하우스는 편리하긴 하지만 풍부한 눈썰미와 상상력이 필요합니다.

청약하기 전에 확인할 것들

청약 조건을 확인한다

모델하우스 내부 구조를 모두 살펴보았으면 입주자모집공고문을 통해 청약 조건을 확인합니다. 청약신청일, 당첨자 발표일. 계약일, 분양가격, 계약금·중도금·잔금, 입주 시점, 전매제한기간 등을 꼼꼼히 확인해야 합니다.

아파트 공사 현장을 방문한다

모델하우스에서 직접 보고 확인한 모든 것이 마음에 든다고 해서 덜컥 청약하지 말고 실제 아파트 공사 현장을 방문해 보세요. 지하철역, 학교, 대형할인마트 등의 생활 편의시설까지의 실제 거리를 확인해야 합니다. 또한 주변에 혐오시설이 있는지 확인해야 하고, 모델하우스의 모형도에서 본 대로 산이 실제로 보이는지 등을 확인해야 합니다. 주변 시설 답사는 가능하면 도보로 하는 게 좋습니다. 그리고 방향이나 동간 거리 등이 비슷한 아파트가 주변에 있다면 해당 아파트를 방문하여 시간대별로 햇빛이 드는 정도를 확인하는 것이 좋습니다. 가능하면 시공사가 최근에 건축한 다른 아파트를 방문해 입주민들의 만족도도 확인하는 것이 좋습니다. 만약 시공사에 대한 입주민들의 불만이 많고 심각한 하자가 발생했다면 청약하는 것을 고민해 봐야 합니다.

060 계약금, 중도금, 잔금 잘 치르는 전략

주택을 분양받으면 통상 3년여 동안 계약금, 중도금, 잔금을 치르는 데 반해 그런데 매매의 경우엔 1~3개월 안에 이 모든 게 마무리됩니다. 일반인에게 주택거래는 자주 경험할 수 있는 일이 아닌 만큼 계약금, 중도금, 잔금 치를 때 실수할 수 있습니다. 이번 장에서는 이러한 실수를 줄이는 방법에 대해서 살펴보겠습니다.

계약금 치르기

계약금은 분양가격이나 매매가격의 10% 정도입니다. 미분양 아파트는 분양가격의 5%를 계약금으로 정하기도 합니다.

계약금은 대출받을 수 없습니다. 은행은 아직 계약하지도 않은 아파트를 담보로 계약금을 대출해 주지 않습니다. 그러므로 주택에 청약하거나 주택을 매수하려면 최소한 계약금은 가지고 있어야 합니다.

청약에 당첨되면 거의 일주일 안에 계약금을 내야 합니다. 매매의 경우에도 마찬가지입니다. 마음에 드는 물건이 있으면 바로 계약할 수 있도록 계약금은 미리 준비해 두어야 합니다.

중도금 치르기

주택을 분양받을 때 중도금은 분양가의 60% 정도입니다. 미분양 아파트는 분양가의 40%까지 낮아지기도 합니다.

중도금은 4~6회에 걸쳐 나누어 내는데, 여유자금이 있다면 선납하여 할인받는 게 좋습니다. 중도금을 정해진 날에 내지 못하면 연체기간에 따라 연체이자를 내야 합니다. 그러므로 중도금이 연체되지 않도록 주의해야 합니다.

분양하는 아파트의 중도금 대출은 주로 시행사와 연계된 은행에서 취급합니다. 청약하기 전에 반드시 대출한도, 이율, 상환조건 등 중도금 대출 조건에 대해서 꼼꼼하게 확인해야 합니다. 대출 조건이 맞지 않으면 중도금을 치르지 못할 수도 있습니다.

주택을 매매할 때 중도금은 통상 계약서를 쓴 날로부터 3~4주 후에 지급합니다. 일단 중도금을 치르면 매도인과 매수인 간의 합의가 있지 않은 이상 계약을 해제하기 어렵습니다. 그러므로 계약금을 치른 후 주택가격이 상승할 것 같으면 매수인은 약속한 중도금 날 전이라도 충분한 중도금을 지급하여 매도인이 계약을 해제하지 못하도록 해야 합니다. 만약 매수인의 중도금 선지급을 방지하고 싶다면 계약서의 특약사항란에 "중도금은 ○○월 ○○일에 잔금은 △△월 △△일에 지급하되, 이 날짜는 앞당기지 못하며 이 날짜보다 먼저 중도금과 잔금을 지급하더라도 그 효력은 없다."라는 특약사항을 기재하면 됩니다.

잔금 치르기

분양받는 아파트의 잔금은 통상 분양가격의 30% 정도인데, 입주하기 전까지 납부하면 됩니다. 당장은 대출금리가 낮더라도 앞으로 경기가 안 좋을 것으로 예상된다면 대출금액을 줄여야 합니다. 경기가 좋지 않을 때 무리한 대출은 가계에 큰 부담이 될 수 있습니다.

미분양 아파트는 계약금과 중도금의 비율이 낮은 대신 잔금 비율이 높습니다. 그러므로 잔금을 무리 없이 치를 수 있을 때 분양받아야 합니다.

주택을 매매할 때 잔금은 통상 중도금을 치른 날로부터 3~4주 후로 잡고, 대개 이삿날인 경우가 많습니다. 아파트라면 대출 가능 금액을 바로 알 수 있지만, 단독주택이나 다세대주택 등은 감정한 후에야 대출 가능 금액을 알 수 있습니다. 그러므로 계약 전에 은행을 방문하여 얼마까지 대출이 가능한지 미리 알아봐야 중도금과 잔금을 실수 없이 치를 수 있습니다.

만약 매수인이 돈이 부족하여 잔금을 제날짜에 치르지 못하면 매도인은 매수인에게 언제까지 잔금을 치르라는 내용증명을 먼저 보내야 합니다. 통보한 기간까지 잔금이 입금되지 않으면 계약금은 매도인 자신이 몰수하고, 중도금은 법원에 공탁한 후 계약을 해제하면 됩니다.

토막상식

부모님이 청약통장에 가입하여 보유 중일 경우 세대원인 자녀가 청약통장에 가입할 수 있을까?

주택청약종합저축 가입 시 별도 제한이 없습니다. 미성년자이거나 주택 소유자도 주택청약종합저축에 가입할 수 있습니다. 단, 가입한 통장을 사용하여 주택에 청약하기 위해서는 신청하고자 하는 주택유형·신청자격별로 별도 요건이 필요합니다.

061 돈 버는 매매계약서 작성법

주택을 취득하려면 부동산매매계약서를 작성해야 합니다. 그런데 간혹 계약서를 잘못 작성하여 계약금을 손해보거나 생각지도 않은 비용이 더 들어가기도 합니다. 그럼 부동산매매계약서의 각 항목에 담긴 의도와 작성 방법에 대해 알아보겠습니다.

❶ 부동산의 표시

매수하려는 주택의 주소와 동·호수, 구조, 용도, 면적을 기재합니다. 주택이 건축된 토지의 지목, 대지권의 종류, 대지면적을 기재합니다. 여기서 주의할 점은 주소와 동·호수, 구조 등을 기재할 때 등기사항전부증명서가 아니라 건축물대장과 토지대장의 내용을 기재해야 한다는 것입니다.

❷ 계약내용 1 – 매매대금 관련 내용

매매대금, 계약금, 융자금, 중도금, 잔금의 액수와 지급일 등을 기재합니다. 매매대금을 기재할 때는 위조 방지를 위해 한글로만 기재하지 말고 아라비아 숫자로 한 번 더 기재합니다.

'계약금' 기재란 우측 '영수자' 란에 매도인의 이름을 기재하고 도장을 날인하면 '계약금 영수증'을 대체할 수 있습니다.

거래하는 부동산에 융자금이 있고 매수인이 이를 승계하는 조건이라면 '융자금' 기재란에 해당 금액과 은행명을 기재합니다. 승계할 융자금이 없으면 위변조를 방지하기 위해 '융자금' 기재란 문구에 줄을 긋고 매도인과 매수인의 도장을 날인합니다.

중도금이 있으면 '중도금' 기재란에 해당 금액을 한글과 아라비아 숫자로 두 번 기재합니다. 지급일도 기재합니다. 중도금이 없으면 '중도금' 기재란 문구에 줄을 긋고 매도인과 매수인의 도장을 날인합니다.

잔금은 '잔금' 기재란에 해당 금액과 지급일을 기재합니다.

매매대금, 계약금, 융자금, 중도금, 잔금의 액수와 지급일을 기재할 때는 누구나 쉽게 알아볼 수 있도록 또박또박 정확하게 기재합니다.

❸ 계약내용 2 – 돈 이외의 내용

제2조는 매도인이 매수인에게 소유권이전등기에 필요한 모든 서류를 전달하는 날입니다. 일반적으로 이날은 부동산의 잔금일과 같습니다. 그러나 매도인과 매수인이 협의하여 잔금일보다 앞당길 수도 있습니다.

제3조는 거래하는 부동산에 저당권, 지상권, 임차권, 체납세금, 공과금 등이 있으면 잔금 전까지 그것을 정리한다는 내용입니다. 매수인은 거래하는 부동산에 이 같은 사항이 있으면 부동산매매계약서의 특약사항란에 "매도인은 잔금 전까지 제한물권, 체납세금, 공과금 등을 정리한다. 그렇지 않

으면 매수인은 매매계약을 해제하고 매도인에게 손해배상을 청구한다."라는 특약사항을 기재해야 합니다.

제4조는 부동산 인도일 전까지 발생한 수익은 매도인의 몫으로 하며 지방세 납부의무 및 납부책임은 지방세 규정에 따른다는 내용입니다. 재산세는 6월 1일 주택의 소유자에게 부과되므로 매수자가 6월 1일 전에 잔금을 지급(잔금지급일과 등기접수일 중 빠른 날)하면 매수자가 재산세를 부담해야 하고 매수자가 6월 1일 이후에 잔금을 지급(잔금지급일과 등기접수일 중 빠른 날)하면 매도자가 재산세를 부담해야 합니다.

제5조는 매수인이 부동산매매계약을 해제하고 싶으면 계약금을 포기하고, 매도인이 부동산매매계약을 해제하고 싶으면 계약금의 배액을 매수자에게 상환해야 한다는 내용입니다.

제6조는 매도인 또는 매수인이 본 부동산매매계약을 이행하지 않으면 상대방은 계약을 해제할 수 있고 손해배상을 청구할 수 있다는 내용입니다. 위약금을 명확하게 하고 싶다면 특약사항란에 "계약해제로 인한 위약금은 ○○○만 원으로 한다."라는 특약사항을 기재해야 합니다. 제5조의 해약금과 별도로 청구하는 금액입니다.

제7조는 공인중개사에게 지급하는 중개수수료 관련 내용입니다. 본 계약이 무효·취소되었더라도 공인중개사의 과실이 없다면 거래 당사자는 공인중개사에게 중개수수료를 지급해야 합니다. 중개수수료는 보통 계약체결 시 지급합니다. 그러나 개업공인중개사가 계약 시 중개수수료를 요구하지 않으면 계약 완료 시(잔금 때) 지급하면 됩니다.

제8조는 중개개상물확인·설명서에 관한 내용입니다. 중개개상물확인·설명서와 공제증서(보험증권)는 부동산매매계약을 체결할 때 개업공인중개사

가 매도자와 매수자에게 교부합니다.

❹ 특약사항

특약사항을 기재할 때는 주의해야 합니다. 매도인 마음대로 잔금 지급일을 조정할 수 있다든지, 매도인이 지급해야 하는 중개수수료나 양도소득세를 매수인이 부담하는 조건 같은 불리한 내용이 없는지 꼼꼼하게 따져봐야 합니다. 그리고 자신에게 불리하거나 애매한 점이 있으면 부동산전문가에게 물어본 후 명확하게 작성해야 합니다. '062 매매계약 시 참고할 만한 특약사항'을 참고하세요.

❺ 계약일

실제 부동산매매계약을 체결한 날을 기재합니다.

❻ 매도인, 매수인, 개업공인중개사의 주소, 성명, 연락처 등

매도인과 매수인의 주소, 주민등록번호, 연락처, 성명을 기재하고 날인합니다. 주소는 등기사항전부증명서상의 주소를, 주민등록번호는 주민등록증의 주소를, 연락처는 일반 전화번호와 모바일 번호 모두를, 성명은 매도자와 매수자의 성명을 각각 기재합니다. 대리인이 계약했으면 대리인의 주소, 주민등록번호, 성명도 기재하고 날인합니다.

매수인은 매도인에게 계약 시 등기권리증을 가져오도록 하여 등기권리증의 고유번호와 등기사항전부증명서의 고유번호가 일치하는지 확인해야 합니다.

개업공인중개사의 사무소 소재지, 사무소 명칭, 대표, 등록번호, 전화번호를 기재하고 날인 합니다. 부동산 거래가 소속공인중개사의 중개로 이루어졌으면 소속공인중개사의 성명도 기재하고 날인합니다. 사무소 소재지, 사무소 명칭, 대표 등이 공인중개사사무소 벽에 걸린 사업자등록증의 내용과 일치하는지 확인해야 합니다.

❼ 간인

부동산매매계약서를 작성할 때 위변조를 방지하기 위하여 최종적으로 매도인, 매수인, 개업공인중개업자가 간인합니다. 나쁜 마음을 먹고 위조된 계약서를 나중에 따로 작성하더라도 각자의 계약서에 찍힌 간인이 일치하지 않으면 위조 사실이 들통날 테니까요.

부동산 매매계약서

매도인과 매수인 쌍방은 아래 표시 부동산에 관하여 다음 계약 내용과 같이 매매계약을 체결한다.

1. 부동산의 표시

소재지	서울시 강남구 신사동 000-00, 행복아파트 111동 902호					
토지	지목	대	대지권	소유권	면적	45.12㎡
건물	구조용도	철근콘크리트, 주거용			면적	101.95㎡

2. 계약내용

제1조 (목적) 위 부동산의 매매에 대하여 매도인과 매수인은 합의에 의하여 매매대금을 아래와 같이 지불하기로 한다.

매매대금	금칠억구천만원정(₩790,000,000)			
계약금	금79,000,000원정은 계약시에 지불하고 영수함.	영수자(나매도)		
융자금	금 *원정(*은행)을 승계키로 한다.		임대보증금	총*원정 을 승계키로 한다.
중도금	금200,000,000원정은 2024년 12월 05일에 지불한다.			
잔금	금511,000,000원정은 2025년 01월 07일에 지불한다.			

제2조 (소유권 이전 등) 매도인은 매매대금의 잔금 수령과 동시에 매수인에게 소유권이전등기에 필요한 모든 서류를 교부하고 등기절차에 협력하며, 위 부동산의 인도일은 2025년 01월 07일로 한다.

제3조 (제한물권 등의 소멸) 매도인은 위의 부동산에 설정된 저당권, 지상권, 임차권 등 소유권의 행사를 제한하는 사유가 있거나, 조세공과 기타 부담금의 미납금 등이 있을 때에는 잔금 수수일까지 그 권리의 하자 및 부담 등을 제거하여 완전한 소유권을 매수인에게 이전한다. 다만, 승계하기로 합의하는 권리 및 금액은 그러하지 아니하다.

제4조 (지방세 등) 위 부동산에 관하여 발생한 수익의 귀속과 제세공과금 등의 부담은 위 부동산의 인도일을 기준으로 하되, 지방세의 납부의무 및 납부책임은 지방세법의 규정에 의한다.

제5조 (계약의 해제) 매수인이 매도인에게 중도금(중도금이 없을때에는 잔금)을 지불하기 전까지 매도인은 계약금의 배액을 상환하고, 매수인은 계약금을 포기하고 본 계약을 해제할 수 있다.

제6조 (채무불이행과 손해배상) 매도자 또는 매수자가 본 계약상의 내용에 대하여 불이행이 있을 경우 그 상대방은 불이행한자에 대하여 서면으로 최고하고 계약을 해제할 수 있다. 그리고 계약당사자는 계약해제에 따른 손해배상을 각각 상대방에게 청구할 수 있다.

제7조 (중개수수료) 부동산중개업자는 매도인 또는 매수인의 본 계약 불이행에 대하여 책임을 지지 않는다. 또한, 중개수수료는 본 계약체결과 동시에 계약 당사자 쌍방이 각각 지불하며, 중개업자의 고의나 과실없이 본 계약이 무효·취소 또는 해약되어도 중개수수료는 지급한다. 공동 중개인 경우에 매도인과 매수인은 자신이 중개 의뢰한 중개업자에게 각각 중개수수료를 지급한다.(중개수수료는 거래가액의 0.4%로 한다.)

제8조 (중개대상물확인설명서 교부등) 중개업자는 중개대상물 확인·설명서를 작성하고 업무보증관계증서(공제증서등) 사본을 첨부하여 2024년 10월 03일 거래당사자 쌍방에게 교부한다.

특약사항
현 시설 상태에서의 매매계약이며 등기사항전부증명서를 확인하고 계약을 체결했다.
계약 체결일 현재 등기사항전부증명서상에 근저당권(접수번호 34567, 채권최고액 2억 원)이 설정되어 있는 상태로, 이를 잔금 전까지 말소한다. 이를 위반하면 매도인은 계약금의 배액을 매수인에게 지급하며 매수인은 계약을 해제할 수 있다.
본 계약서에 기재되지 않은 사항은 민법상 계약에 관한 규정과 부동산 매매 일반 관례에 따른다.

본 계약을 증명하기 위하여 계약 당사자가 이의 없음을 확인하고 각각 서명·날인 후 매도인, 매수인 및 중개업자는 매장마다 간인하여야 하며, 각 1통씩 보관한다. **2024년 10월 03일**

매도인	주소	서울시 강남구 신사동 000-00, 행복아파트 111동 902호					
	주민등록번호	741205-1234567	전화	010-3336-9999	성명	나매도	㊞
	대리인	주소		주민등록번호		성명	
매수인	주소	서울시 송파구 잠실동 000-00, 문화아파트 101동 302호					
	주민등록번호	720324-1234568	전화	010-7777-9999	성명	나매수	㊞
	대리인	주소		주민등록번호		성명	
중개업자	사무소소재지	서울시 강남구 신사동 00-00, 1층	사무소소재지				
	사무소명칭	행복공인중개사사무소	사무소명칭				
	대표	서명·날인 이친절					㊞
	등록번호	3333-9999	전화 333-7777	등록번호		전화	
	소속공인중개사	서명·날인 천미소		서명·날인			㊞

내 집 계약할 때 알아야 할 필수 상식

종이계약서가 필요 없는 부동산 거래 전자계약시스템

'부동산 거래 전자계약시스템(iris.molit.go.kr)'을 이용하면 부동산 거래신고가 자동으로 처리됩니다. 건축물대장, 토지대장 등 부동산 공부서류도 따로 발급받을 필요가 없습니다. 또한 도장 없이도 안전한 계약이 가능하며 계약서를 따로 보관할 필요가 없습니다.

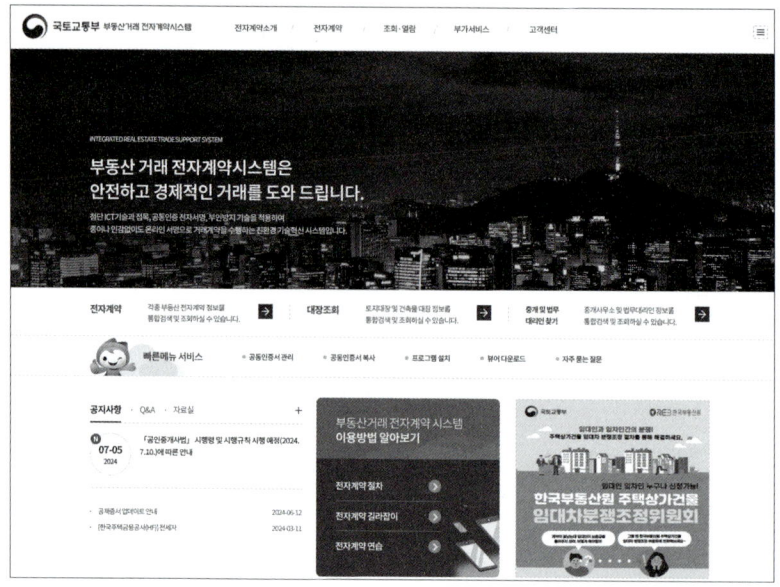

부동산 거래 전자계약시스템을 통해 부족한 자금을 대출받으면 금리우대를 받을 수 있습니다. 국민은행, 우리은행, 신한은행, 부산은행, 경남은행, iM뱅크, 전북은행, 하나은행, 농협, 경남은행, SC제일은행에 주택구입자금 대출을 신청해 보세요.

062 매매계약 시 참고할 만한 특약사항

부동산 매매는 개별 거래마다 상황이 다를 수 있으므로 일반적인 계약서 조문 외에 특별한 조건이나 요구사항이 있을 수 있습니다. 그리고 이를 모두가 명확하게 알 수 있도록 계약서의 특약사항란에 기재하는데 이를 특약사항이라 합니다.

부동산 매매계약 시 필요한 특약사항으론 어떠한 것들이 있는지 살펴보겠습니다.

특약 1: 현 시설 상태에서의 계약

"현 시설 상태에서의 매매계약이며 등기사항전부증명서를 확인하고 계약을 체결한다."

이럴 때 사용하세요!

매수인이 현재 부동산의 시설이나 상태에 대해 별도의 수리나 개선을 요구하지 않고 있는 그대로 취득하게 하거나 계약체결 후 발생할 수 있는 하자에 대해 매도인에게 별도의 책임을 묻지 않고자 할 때 기재하는 특약사항입니다. 매수인이 부동산의 소유권, 저당권, 지상권 등 각종 권리관계를 충분히 검토한 후에 작성하는 특약사항입니다.

주의 사항

매매계약 체결 시 특약사항란에 해당 특약사항을 기재하기 전에 반드시 부동산의 현 상태와 법적 권리관계를 모두 철저하게 확인해야 합니다.

특약 2: 매도인이 알리지 않은 부분에서 하자 발생 시

"현 시설 상태에서의 매매계약임. 단, 매도인이 매수인에게 알리지 않은 부분에 하자가 발생하면 매도인이 수리해 주기로 한다."

이럴 때 사용하세요!

부동산 매매계약 시 매수인은 현 상태를 인정하고 계약을 체결하되 매도인이 알리지 않은 중요한 하자, 누수 등에 대한 매도인의 수리 의무를 명확히 하고자 할 때 기재하는 특약사항입니다.

주의 사항

주택이 오래되었거나 관리 상태가 불확실한 경우엔 매매계약 체결 후 발생할 수 있는 하자에 대해 매도인의 책임을 묻는 단서 조문을 달아야 합니다.

특약 3: 잔금 전 매수인이 수리하고자 할 때

"잔금 전 매수인이 주택을 수리할 수 있다. 단, 수리 시작일로부터 발생하는 공과금 및 관리비는 매수인이 부담한다."

이럴 때 사용하세요!

매수인이 잔금을 치르기 전에 해당 주택을 수리하고자 할 때 기재하는 특약사항입니다.

주의 사항

안전 문제나 중대한 하자가 있는 경우엔 매수인 자신이 수리 책임을 지기보다는 매도인이 책임지도록 하는 게 좋습니다. 그래야 수리 후 하자가 발생하더라도 매도인에게 손해배상 등을 요구할 수 있습니다.

특약 4: 매수인의 임차보증금 반환 채무 의무 확인

(보증금 반환 채무 인수) 매매대금에서 승계하기로 한 임대차 보증금의 세부 내용은 아래 표와 같으며 매수인은 아래의 임차보증금을 반환 채무로 인수하기로 한다. 이에 매수인이 승계하기로 한 임대차에 관한 임대차계약서와 임차인 승계확인서를 첨부한다.

이럴 때 사용하세요!

부동산 매매로 소유자가 변경되었음에도 매수인이 임차인에게 임차보증금을 반환하지 않거나, 임차인이 매수인을 임대인으로 인정하지 않음으로써 매도인이 임차보증금반환을 해야 하는 것을 방지할 때 기재하는 특약사항입니다.

주의 사항

매매계약서 특약 사항란에 임차인의 성명, 임대차 기간, 임차보증금을 표로 만들어 기재합니다. 임차인에게는 '위 임차인은 위 매매계약의 매수인이 임대인의 권리·의무를 승계하는 것에 동의하며, 추후 이에 이의를 제기하지 않을 것을 확인합니다.'라는 내용이 담긴 '임차인 승계확인서'를 반드시 받습니다. 그리고 매매계약서에 '임대차계약서'와 '임차인 승계확인서'를 첨부하고 이를 사진으로 남겨야 합니다.

특약 5: 근저당권 잔금 전 말소

"계약 체결일 현재 등기사항전부증명서에 근저당권(접수번호 ○○○○, 채권최고액 ○억 원)이 설정되어 있는 상태로, 이를 잔금 전까지 말소한다. 이를 위반하면 매도인은 계약금의 배액을 매수인에게 지급하며 매수인은 계약을 해제할 수 있다."

이럴 때 사용하세요!

부동산 매매계약 체결 시점에 부동산 등기사항전부증명서에 근저당권이 설정되어 있고, 매수인이 이를 잔금 전까지 말소하는 조건으로 계약하고자 할 때 기재하는 특약사항입니다. 만약에 가압류가 설정되어 있으면 특약사항에 '가압류'를 기재하세요.

주의 사항

매도인이 근저당권을 말소했는지 잔금 전에 수시로 등기사항전부증명서를 열람해야 합니다. 만약 매도인이 잔금 전까지 근저당권을 말소하지 않았다면 매수인은 이 특약을 근거로 매도인에게 위반 사실을 통보하고, 계약금의 배액을 청구하며 계약해제 절차를 밟아야 합니다.

특약 6: 계약 해제 시 계약금(해약금)

"매도인이 계약을 해제하고자 하면 계약금의 배액을 매수인에게 지급하고 매수인이 계약을 해제하고자 하면 계약금을 포기한다."

이럴 때 사용하세요!

매매계약 체결 후 부동산 가격의 급등이나 급락으로 중도금(중도금이 없으면 잔금) 지급 전에 계약해제가 우려될 때 기재하는 특약사항입니다.

주의 사항

매매계약 체결 후 부동산 가격이 급등하거나 급락하여 매매계약 해제가 우려되는 상황이라면 본 매매계약이 성사되기를 바라는 쪽에서는 중도금 지급일(중도금이 없으면 잔금 지급일)을 앞당겨야 합니다. 중도금이 넘어가면 본 매매계약으로 손해보는 쪽에서 일방적으로 계약을 해제할 수 없습니다.

특약 7: 중도금 선지급 금지

"중도금은 ○○월 ○○일에 잔금은 △△월 △△일에 지급하되, 이 날짜는 앞당기지 못하며 이 날짜보다 먼저 중도금과 잔금을 지급하더라도 그 효력은 없다."

이럴 때 사용하세요!

계약 후 부동산 가격이 급등할 것으로 보이면 매수인은 매도인이 매매계약을 해제하지 못하도록 계약서에 명시한 중도금 지급일보다 먼저 중도금을 입금할 수 있습니다. 그런데 매도인이 이를 막고자 할 때 기재하는 특약사항입니다.

주의 사항

중도금과 잔금의 지급 날짜를 명확하게 기재하여, 혼란이나 해석의 여지가 없도록 하고 해당 특약사항과 충돌하는 다른 특약사항을 기재하지 않아야 합니다.

특약 8: 잔금 전 임대차계약 시 협조

"잔금 전 전세(월세) 계약이 이루어지면 매도인은 본 임대차계약 성립을 위해 적극 협조한다. 매매대금의 계약금 ○억 원, 중도금 ○억 원, 잔금 ○억 원 중 잔금은 본 주택 임대차 보증금으로 처리한다."

이럴 때 사용하세요!

전세나 월세를 끼고 주택을 취득할 때 기재하는 특약사항입니다.

> **예시** 주택 매매가격 5억 원, 계약금 5천만 원, 중도금 1억 원, 잔금 3억 5천만 원, 해당 주택의 임차인 전세보증금 3억 원
> · 계약금 5천만 원 매도인에게 지급
> · 중도금 1억 원 매도인에게 지급
> · 잔금 3억 5천만 원 중 임차인 전세보증금 3억 원을 제외한 5천만 원만 매도인에게 지급

전세나 월세를 끼고 주택을 취득할 때 기재하는 특약사항입니다. 거래하는 부동산의 잔금을 치르기 전 해당 부동산에 임대차계약이 먼저 이루어지므로 매도인의 임대인 역할을 기재합니다.

주의 사항

매매하는 부동산에 임차인이 거주하고 있다면 임대차계약 만기가 언제까지인지, 계약 만료 시 재계약이나 계약갱신 의사가 있는지 등을 확인해 두어야 합니다. 그래야 기간의 공백없이 임대할 수 있습니다. 또한 임차인의 보증금으로 잔금을 치르는 것이므로 임차보증금을 시세보다 조금은 낮추어 세를 놓을 생각도 해야 합니다. 시세만 고집했다가 잔금 지급일에 잔금을 맞추지 못할 수 있습니다.

특약 9: 매수인 변경 시

"잔금 전까지 매수인을 변경할 수 있다. 변경 시 임대인과 공인중개사에

게 통보한다."

이럴 때 사용하세요!

초기 매수인의 개인적인 사정으로 해당 부동산을 구매할 수 없거나, 초기 매수인을 공동명의로 변경하거나, 매수인이 잔금 지급 전까지 부동산 소유권을 다른 투자자에게 이전하거나 할 때 기재하는 특약사항입니다.

주의 사항

법에 저촉되는 불법 전매는 금지사항입니다. 개업공인중개사에게 부동산 거래 신고를 하지 못하게 하거나 거짓으로 신고하도록 요구한 사람은 500만 원 이하의 과태료를 부담합니다(「부동산 거래신고 등에 관한 법률」 제28조 ②항 2호). 주택을 불법으로 전매하거나 이의 전매를 알선한 사람은 3년 이하의 징역 또는 3천만 원 이하의 벌금에 처합니다(「주택법」 제101조 2호).

특약 10: 기타 부동산 매매 관례에 따름

"본 계약서에 기재되지 않은 사항은 민법상 계약에 관한 규정과 부동산 매매 일반 관례에 따른다."

이럴 때 사용하세요!

부동산 매매 계약서에 모든 세부 사항을 기재하기가 어려울 때, 계약서에 명시되지 않은 사항에 대한 처리 방법을 명확히 하고자 할 때 기재하는 특약사항입니다.

주의 사항

계약서를 작성할 때 발생할 수 있는 모든 상황을 예측하기 어렵습니다. 그러므로 계약서에 모든 예측 사항을 기재하려는 것보다는 민법과 일반 관례를 따르도록 명시함으로써 유연하게 대처하는 것이 좋습니다.

상황에 따라 이외에도 다양한 특약사항이 있을 수 있습니다. 앞서 소개한 특약사항을 상황에 맞게 고쳐서 사용해 보세요.

토막상식

누수로 인해 피해가 발생했다면?

가장 먼저 신뢰할 수 있는 누수 탐지 업체를 통해 원인을 파악해야 합니다. 이때 피해 가구는 피해 현황을 사진 등 증거로 보관해야 합니다.

아파트·연립·다세대 중 하자보수 기간 이내면 하자심사·분쟁조정위원회(www.adc.go.kr), 상가·오피스텔은 각 시도 집합건물분쟁조정위원회(서울특별시는 집합건물통합정보마당(openab.seoul.go.kr)), 임대주택은 각 시·군·구 임대주택분쟁조정위원회의 도움을 얻을 수 있습니다. 공동주택은 조정까지 30~60일이 걸리고 비용은 1만 원 정도입니다. 그러나 조정위가 내린 결론을 '강제'할 수는 없습니다. 만약에 보수 기간을 넘겼으면 민사소송으로 해결해야 합니다. 누수 소송은 통상 6~8개월 정도 소요됩니다.

063 집 사고 나서 꼭 해야 하는 행정절차

잔금까지 치렀다면 등기사항전부증명서에 소유자명을 자신의 이름으로 변경해야 합니다. 그렇지 않으면, 해당 주택의 소유권을 주장할 수 없으며 이를 담보로 대출을 받을 수도 없고 과태료를 부담해야 합니다.

주택 소유자명을 자신의 이름으로 변경하는 것을 '소유권이전등기'라고 합니다.

소유권이전등기: 소유자명 바꾸기

주택 소유자명을 변경하려면 어떻게 해야 할까요? 대부분은 공인중개사사무소에서 소개해주는 법무사에게 맡깁니다. 법무사 수수료는 주택의 매매가격에 따라 차이가 있습니다(대한법무사협회 → 자료실 → 법무사 보수 기준).

그런데 매수인이 소유권이전등기를 법무사에게 맡기지 않고 자신이 직접 은행과 시·군·구청, 등기소 등을 방문해서 할 수 있습니다. 이것을 '셀프등기'라고 합니다.

등기필정보 및 등기완료통지

대리인 : 일반인

```
권  리  자 : 백○○
(주민)등록번호 : ○○○○-1******
주       소 : 서울특별시 광진구 중곡동 ○○-○ ○○○ ○○○
부동산고유번호 : 1111-2002-003292
부 동 산 소 재 : [전유] 서울특별시 광진구 중곡동 ○○-○ ○○○ ○○○
접  수  일  자 : 2007년11월22일    접 수 번 호 : 76172
등  기  목  적 : 소유권이전
등기원인및일자 : 2007년11월10일 매매
```

• 등기필정보 보안스티커 •

※ 경 고

권리자 본인의 허락 없이 이 스티커를 떼어내거나 일련번호 또는 비밀번호를 알아낼 경우 관계 법령에 따라 민·형사상의 책임을 질 수 있습니다.

◀끝을 누르고 떼어내시오   대법원

2007년 11월 25일

서울동부지방법원 등기과

※ 주 의 사 항
☞ 등기필정보는 종래의 등기필증을 대신하여 발행된 것입니다.
  ◆ 전자신청등기소에서는 등기 완료후 종래의 같이 등기필증을 교부하지 아니하고, 그 대신에 등기 유형에 따라 등기필정보 또는 등기완료통지서를 발행합니다.
☞ 등기필정보 사용 및 관리방법
  ◆ 보안스티커 안에는 다음에 등기신청 시 필요한 일련번호와 50개의 비밀번호가 기재되어 있습니다.
  ◆ 등기신청 시 보안스티커를 떼어내고 일련번호와 비밀번호 1개를 임의로 선택하여 해당 순번과 함께 신청서에 기재하면 종래의 등기필증을 첨부한 것과 동일한 효력이 있으며, 등기필정보서면 자체를 첨부하는 것이 아님에 유의하시기 바랍니다.
  ◆ 따라서 등기신청 시 등기필정보서면을 거래상대방이나 대리인에게 줄 필요가 없고, 대리인에게 위임한 경우에는 일련번호와 비밀번호 50개 중 1개와 해당 순번만 알려주시면 됩니다.
  ◆ 만일 등기필정보의 비밀번호 등을 다른 사람이 안 경우에는 종래의 등기필증을 분실한 것과 마찬가지 의 위험이 발생하므로 철저하게 관리하시기 바랍니다.

▲ 소유권이전등기가 완료되면 새로운 주택 소유자명으로 등기필증이 나옵니다.

할 수 있다, 셀프 등기

셀프등기는 조금 복잡하기는 하나 비용이 줄어드는 장점이 있습니다. 그럼, 소유권이전등기 절차를 알아볼까요?

소유권이전등기를 위해 필요한 서류는 다음과 같습니다.

소유권이전등기에 필요한 공부서류 종류와 발급처

개인 준비서류·도장		
등기권리증	매도인에게 받음	1통
인감도장	매도인, 매수인 모두 준비	
주민등록증	매도인, 매수인 모두 준비	
매매계약서	매수인의 매매계약서	1통(복사본 1통 필요함)
시·군·구청 발급서류		
부동산 거래계약신고필증	매수인 또는 공인중개사가 발급받음	1통
토지대장	매수인이 발급받음	1통
건축물대장	매수인이 발급받음	1통(집합건물은 집합건축물대장)
주민센터(동·면사무소) 발급서류		
매도용 인감증명서 (본인서명사실확인서 또는 전자본인서명확인서 발급증)	매도인이 발급받음	1통(매도용이어야 함)
인감증명서 (본인서명사실확인서 또는 전자본인서명확인서 발급증)	매도인이 발급받음	1통
주민등록초본	매도인과 매수인이 발급받음	각자 1통
은행(우리, KB국민, IBK기업, NH농협, 신한, KEB하나 등) 발급서류		
취득세 영수필확인서	매수인이 발급받음	1통
국민주택채권매입필증	매수인이 발급받음	1통
법원 발급서류		
위임장	매수인이 준비	1통(대법원 인터넷등기소)

정부수입인지	매수인이 돈 주고 구매해야 함	법원 내 은행
등기신청수수료 영수필확인서	매수인이 납부하고 받아야 함	1통, 법원 내 은행
소유권(일부)이전등기 신청서 갑지, 을지	매수인이 준비	1통(대법원 인터넷등기소)

매도인과 매수인이 각각 준비해야 하는 서류는 다음과 같습니다.

주택의 매도인, 매수인이 준비해야 하는 공부서류

매도인	
주민등록증	매도용 인감증명서 발급할 때 본인 확인용
인감도장	매도용 인감증명서 발급할 때, 등기 위임장에 날인할 때 필요
매도용 인감증명서 (본인서명사실확인서, 전자본인서명확인서 발급증)	매도인 거주 동 행정복지센터에서 발급(3개월 이내에 발급된 것) ※ '인감증명서'나 '본인서명사실확인서' 또는 '전자본인서명확인서 발급증' 의 매수인 칸에 매수인의 이름, 주민등록번호 및 주소가 기재되어 있어야 함
인감증명서 (본인서명사실확인서, 전자본인서명확인서 발급증)	매수인 혼자서 등기할 경우, 매도인의 위임장에 첨부하기 위해 필요함
주민등록초본	동 행정복지센터에서 발급(3개월 이내에 발급된 것), 정부24(www.gov.kr)를 이용하면 편리
등기권리증	등기권리증(등기필증)을 분실한 경우 재발급이 안 되므로 법무사를 통해 작성하는 확인서면, 소유권이전일에 맞추어 직접 법원에 출석하여 받는 확인조서, 공증서면 중 하나를 첨부
매수인	
주민등록증	등기 서류 접수할 때 본인 확인용
인감도장	위임장 날인, 등기신청서 작성, 등기서류 간인 시 필요
매매계약서	등기서류 접수할 때 필요. 복사본 1통 필요함
부동산 거래계약신고필증	매수인 또는 공인중개사가 매매계약 후 구청에 신고하여 발급받음, 부동산 거래관리시스템(rtms.molit.go.kr)을 이용하면 편리
주민등록초본	3개월 이내에 발급된 것
소유권(일부)이전등기 신청서 갑지, 을지	대법원 인터넷등기소(www.iros.go.kr)에서 다운로드 가능

위임장	매수인 혼자서 등기할 경우, 매도인의 위임장 필요 대법원 인터넷등기소(www.iros.go.kr)에서 다운로드 가능
취득세	시·군·구청 민원봉사실(취득세과)에서 납부서를 받아 작성
취득세영수필확인서	(우리, KB국민, IBK기업, NH농협, 신한, KEB하나) 은행에 취득세 납부 후 발급, 위택스(www.wetax.go.kr)를 이용하면 편리
국민주택채권매입필증	(우리, KB국민, IBK기업, NH농협, 신한, KEB하나) 은행에서 국민주택채권을 매입한 후 발급, 주택도시기금(nhuf.molit.go.kr)을 이용하면 편리
(집합)건축물대장	시·군·구청 민원봉사실에서 발급(3개월 이내에 발급된 것), 정부24(www.gov.kr)를 이용하면 편리
토지대장	시·군·구청 민원봉사실에서 발급(3개월 이내에 발급된 것), 정부24(www.gov.kr)를 이용하면 편리
전자수입인지	등기를 접수하기 전에 전자수입인지 홈페이지(www.e-revenuestamp.or.kr)에서 필요한 만큼 구매
등기신청수수료 영수필 확인서	등기를 접수하기 전에 법원 내 은행에서 발급, 대법원 인터넷등기소(www.iros.go.kr)를 이용하면 편리

※ 주민등록초본, 건축물대장, 토지대장은 정부24 사이트(www.gov.kr)에서도 발급받을 수 있습니다.

소유권이전등기는 다음과 같은 순서대로 하면 됩니다. 차근차근 따라 하면 혼자서도 충분히 할 수 있습니다. 표 안의 □에 체크하면서 서류를 준비하고 진행해보세요.

① 계약 후 떼야 하는 서류

매수인
· 부동산 거래계약신고필증 - 계약을 체결한 날로부터 30일 이내 신고 → 위반 시 500만 원 이하의 과태료가 부과됨 - 등기사항전부증명서, 매매계약서, 매도인과 매수인의 주민등록번호와 주소를 참고해 시·군·구청에서 신고서 작성 - 개인 신고 시 → 매도인과 매수인 공동 신고 / 공인중개사 신고 시 → 공인중개사 단독 신고 - 즉시 발급받음
☐ 부동산 거래계약신고필증

② 주택 소유자명을 매수인 이름으로 바꾸기 3일 전 해야 할 일

매도인	매수인
· 매도용 인감증명서, 주민등록초본 발급받음 · 인감증명서의 매수인 칸에 매수인의 이름, 주민등록번호 및 주소가 기재되어 있어야 함	· 주민등록초본 발급받음 · 대법원 인터넷등기소 홈페이지에서 소유권(일부)이전등기신청서 갑지, 을지와 위임장 양식 발급받음
☐ 매도용 인감증명서 ☐ 인감증명서 ☐ 주민등록초본	☐ 주민등록초본 ☐ 위임장 ☐ 소유권(일부)이전등기신청서 갑지, 을지

③ 등기하는 날 공인중개사사무소 방문 전에 준비할 사항

매도인	매수인
☐ 주민등록증 ☐ 인감도장 ☐ 매도용 인감증명서 ☐ 인감증명서 ☐ 주민등록초본 ☐ 등기권리증	☐ 주민등록증 ☐ 인감도장 ☐ 소유권(일부)이전등기신청서 갑지, 을지 ☐ 주민등록초본 ☐ 매매계약서 - 복사본 1통 필요함 ☐ 위임장

④ 공인중개사사무소에서 할 일

매도인	매수인
· 매도인의 친필로 매도인의 성명, 주민등록번호, 주소를 작성하고 매도인의 인감이 날인된 위임장을 작성	· 부동산 거래계약신고필증을 공인중개사에게 받음 · 매도인의 친필로 작성된 위임장을 받음 · 매수인이 미리 준비한 소유권(일부)이전등기신청서 갑지, 을지에 매도인의 친필로 인적사항 작성하고 도장 받음 - 예비용으로 2통 정도 작성

매도인과 공인중개사에게 받은 서류
☐ 위임장(매도인이 작성) ☐ 부동산 거래계약신고필증(공인중개사) ☐ 매도용 인감증명서(매도인) ☐ 인감증명서(매도인) ☐ 주민등록초본(매도인) ☐ 등기권리증(매도인) ☐ 매도인의 도장을 받은 소유권(일부)이전등기신청서

⑤ 은행에서 할 일(대출받는 경우)

새로 매수한 주택에 근저당권이 설정되어 있으면 매도인과 함께 해당 은행을 방문하여 '피담보채무 확인서'를 요청해야 합니다. 그리고 근저당권 설정 금액 외에 눈에 보이지 않는 추가적인 신용대출 등(포괄근저당) 다른 채무가 없는지 확인해야 합니다.

근저당권을 승계하는 경우	
매도인	매수인
☐ 주민등록증 ☐ 인감도장	☐ 주민등록증 ☐ 인감도장 ☐ 인감증명서 ☐ 주민등록초본 1통
근저당권을 말소하는 경우	
매도인	매수인
☐ 주민등록증 ☐ 인감도장 ☐ 주민등록초본 1통 ☐ 등기권리증	

⑥ 시·군·구청에서 할 일

매수인
· (집합)건축물대장 발급받음 · 토지대장 발급받음 · 취득세 납부서를 시·군·구청 민원봉사실에서 받아 작성, 제출 후 취득세 고지서 받음
☐ (집합)건축물대장 ☐ 취득세 고지서 ☐ 토지대장

⑦ 은행·위택스, 주택도시기금에서 할 일

위택스(www.wetax.go.kr)에서 취득세를 납부합니다. 주택도시기금에서 국민주택채권 매입 금액을 조회합니다. 은행에서 제1종 국민주택채권을 매입합니다.

매수인
· 취득세 고지서를 납부할 금액과 함께 창구에 제출 · 취득세영수필확인서 수령 · 국민주택채권 매입표 작성 후 매입할 금액과 함께 창구에 제출 · 국민주택채권매입필증 수령 ※ 국민주택채권을 사는 기준은 실거래가가 아니라 기준시가임
☐ 취득세영수필확인서 ☐ 국민주택채권매입필증

⑧ 법원 내에서 등기를 위해 할 일

대법원 인터넷등기소(www.iros.go.kr)에서 등기신청을 할 수 있습니다.

등기에 필요한 서류(최종 체크)

매도인과 공인중개사에게 받은 서류

- ☐ 매수인 주민등록증
- ☐ 매도인 주민등록초본
- ☐ 매도인 인감증명서
- ☐ 매도용 인감증명서
- ☐ 매매계약서 - 복사본 1통 필요함
- ☐ 소유권(일부)이전등기신청서 갑지, 을지
- ☐ 취득세영수필확인서
- ☐ (집합)건축물대장
- ☐ 매수인 인감도장
- ☐ 매수인 주민등록초본
- ☐ 등기권리증
- ☐ 부동산 거래계약신고필증
- ☐ 위임장
- ☐ 국민주택채권매입필증
- ☐ 토지대장
- ☐ 등기신청수수료 영수필확인서
- ☐ 정부수입인지

등기서류는 정해진 순서대로 정리하여 제출해야만 신청이 가능합니다. 아래 나온 순서대로 편철하여 제출해야 합니다. 서류 편철을 도와주는 등기소 직원이 있다면 도움을 받으세요.

시간 여유가 없는 사람이라면 법무사에게 맡겨야겠지만, 나 홀로 셀프등기에 도전해 보는 것도 좋은 경험이 됩니다.

참고로 대법원 인터넷등기소(www.iros.go.kr)를 이용하면 소유권보존등기, 소유권이전등기, 근저당권설정등기 등을 신청할 수 있습니다.

소유권이전등기 서류 편철 순서

순서	등기에 필요한 서류	기타
1	소유권(일부)이전등기신청서 갑지, 을지	갑지에 건물번호 반드시 기재
2	취득세영수필확인서	신청서의 하단에 첨부
3	국민주택채권매입필증	제출용이 아니라 참고용(돌려받음)
4	등기신청수수료 영수필확인서	신청서의 하단에 첨부
5	전자수입인지	신청서의 하단에 첨부
6	위임장	-
7	매도용 인감증명서(본인서명사실확인서)	-

8	매도인 인감증명서(본인서명사실확인서)	매수인 칸에 매수인의 이름, 주민등록번호 및 주소가 기재되어 있어야 함
9	매도인 주민등록초본	-
10	매수인 주민등록초본	-
11	토지대장	-
12	(집합)건축물대장	-
13	부동산 거래계약신고필증	복사본 1통 필요함
14	매매계약서	복사본 1통 필요함
15	등기권리증	-
최종	모든 서류 간인	-

모바일 및 온라인 등기, 미래등기시스템

소유권이전등기와 근저당권설정등기를 모바일 앱과 온라인을 통해 간편하게 처리할 수 있습니다. 여러 부동산의 공동 저당 등기신청을 할 경우 하나의 등기소에서 가능합니다. 상속, 유증 사건에 대한 등기신청도 전국의 모든 등기소에서 가능합니다. 미래등기시스템을 이용하려면 구글 플레이스토어나 애플 앱스토어에서 '인터넷등기소' 앱을 다운로드합니다. 그리고 신분증, 인감증명서, 인감도장, 사용자등록 신청서와 함께 가까운 등기소를 방문하여 사용자등록을 합니다 이후 '인터넷등기소' 앱에서 본인인증을 완료합니다.

> **토막상식**
>
> **제1종 국민주택채권 얼마나 매입해야 하는지 알고 싶다면**
>
> 주택도시기금 → '청약/채권' → '제1종 국민주택채권' → '매입대상금액조회'에서 확인해 보세요.

064 부동산 자금출처 조사를 한다고?

부동산을 취득할 때 부모님에게 차용증을 쓰고 돈을 빌리거나 증여받는 경우가 있습니다. 부모님에게 도움을 받은 것까지는 좋은데 준비가 미흡하면 자칫 '자금출처 조사'를 받을 수도 있습니다.

이번 장에서는 자금출처 조사는 어떤 경우에 받으며, 자금출처 조사를 받았는데 돈의 출처가 분명하게 밝혀지지 않으면 어떠한 처벌을 받는지 알아보겠습니다.

자금출처를 조사하는 경우는?

거주자 또는 비거주자가 재산을 취득하거나 채무를 상환하거나 했을 때 소요된 자금이 직업·연령·소득·재산 상태 등으로 보아 본인의 자금에 의한 것이라고 입증받기 어려운 경우 자금출처 조사를 받습니다. 단, 입증되지 않는 금액이 취득재산 가액의 20%에 상당하는 금액과 2억 원 중 적은 금액에 미달하면 해당 자금을 증여재산으로 추정하지 않습니다. 예를 들어, 입증되지 않은 금액이 1억 7,000만 원이고 취득재산가액이 9억 원이라면 취득재산가액의 20%인 1억 8,000만 원과 2억 원 중 적은 금액인 1억

8,000만 원에 미달하므로 1억 7,000만 원은 증여재산으로 보지 않습니다.

　재산취득일 또는 채무상환일 10년 이내에 주택과 기타재산의 취득가액 및 채무상환금액이 각각 아래 기준에 미달하고, 주택취득자금, 기타재산 취득자금 및 채무상환자금의 합계액이 총액한도 기준에 미달하면 그 재산 취득자의 증여재산가액으로 하지 않습니다. 단, 취득가액 또는 채무상환금액이 타인으로부터 증여받은 사실이 확인된다면 증여세를 내야 합니다.

증여추정 배제 기준

구분	취득재산		채무상환	총액한도
	주택	기타재산		
30세 미만	5천만 원	5천만 원	5천만 원	1억 원
30세 이상	1억 5천만 원	5천만 원	5천만 원	2억 원
40세 이상	3억 원	1억 원	5천만 원	4억 원

※ 상속세 및 증여세 사무처리규정 제42조

돈의 출처가 분명하지 않으면 증여세 부과

　만약 본인의 돈이라는 것을 분명하게 입증하지 못하면 다른 사람에게서 그 돈을 증여받은 것으로 판단해 증여세가 부과됩니다.

　증여세는 주택을 취득한 날이 속하는 달의 말일부터 3개월 이내에 신고·납부해야 합니다. 이때 주택을 취득한 날은 주택의 소유권이전등기 신청서 접수일입니다.

> **예시** **증여일이 2024년 3월 12일인 경우**
> · 증여세 신고기한 : 2024년 7월 1일(2024년 6월 30일은 공휴일)

신고기한까지 신고서를 제출하면 납부해야 할 세액의 3%에 상당하는 세액공제 혜택을 받을 수 있습니다. 그러나 신고기한까지 신고서를 제출하지 않으면 세액공제 혜택을 받을 수 없습니다.

또한 신고기한까지 신고하지 않거나 적게 신고하면 10~40%의 무(과소)신고가산세가 부과될 수 있습니다. 그리고 신고기한까지 납부하지 않거나 적게 납부하면 납부지연가산세가 부과될 수 있습니다.

토막상식

자금조달계획서 제출 의무

법인이 주택의 거래계약을 체결하거나 법인 외의 자가 실제 거래가격 6억 원 이상인 주택을 매수하거나 투기과열지구 또는 조정대상지역에 소재하는 주택을 매수하는 경우, 관할 시·군·구 실거래 신고 시(30일 이내) 자금조달계획서도 제출하여야 합니다. 특히, 투기과열지구에 소재하는 주택의 거래계약을 체결한 경우엔 자금조달계획서 외에 예금잔액증명서, 소득금액증명원 등 객관적인 증빙자료도 첨부하여 제출해야 합니다.

MEMO

셋째 마당

부동산 세금에 관한 모든 상식

Common Sense Dictionary
of Real Estate

065 1세대 1주택 비과세? 세금 폭탄 피하려면 세대 공부!

주택을 취득할 때는 '세대'의 뜻을 정확히 알고 있어야 합니다. 특히 주민등록상의 세대와 세금을 부여하는 쪽에서 말하는 세대는 완전히 다르므로 두 개념을 정확히 구분해야 합니다. 세대의 뜻을 잘 모르고 주택을 취득했다가 의도치 않게 1세대 다주택자가 될 수도 있고, 나중에 주택을 매도할 때 예상하지 못한 양도소득세를 내게 될 수도 있습니다.

주민등록법은 거주 중심, 세법은 가족 중심

주민등록법상 세대란, 동일한 주소지에 함께 거주하는 사람들을 의미합니다. 그러므로 친인척이 아니더라도 동일한 주소지에서 함께 생활하면 같은 세대로 등록될 수 있습니다. 한마디로 거주 기준입니다. 그러나 세법상 세대는 실제 거주 여부와는 상관없이 법적 가족 관계에 기반합니다. 한마디로 가족 관계가 기준입니다.

가족 구성원을 살펴보면 동일한 주소 또는 주택에서 동일한 생활자금으로 생계를 같이하는 거주자, 배우자, 부모, 자녀, 형제자매를 말합니다. 단, 형제자매는 본인뿐만 아니라 배우자의 형제자매도 포함되나 형제자매의 배우자는 포함되지 않습니다. 예를 들면 남자라면 처남, 처제와 처형, 여자라면 시아주버니, 시동생, 시누이는 가족에 포함되지만, 형수, 제수, 매형, 매제나 형부, 제부, 올케, 동서는 가족에 포함되지 않습니다.

배우자의 경우에는 생계를 달리하더라도 같은 세대로 판단합니다. 특히 법률상 이혼을 하였으나 생계를 같이하는 등 사실상 이혼한 것으로 보기 어려운 경우에도 같은 세대로 판단합니다.

다시 말해, 가족 구성원들의 주민등록상 주소가 다르더라도 실제로 같은 주택에서 동일한 생활자금으로 생계를 같이한다면 이를 하나의 세대로 봅니다. 그러므로 1세대 다주택을 피할 목적으로 주소만 각자 다르게 해놓더라도 하나의 세대로 보아 주택을 매도할 때 양도소득세를 내야 합니다.

독신자라도 세대를 구성할 수 있는 경우

하나의 세대를 구성하려면 결혼해서 남편이나 아내가 있어야 합니다. 그러나 다음의 경우에는 독신자라도 세대를 구성할 수 있습니다.

- 해당 거주자의 나이가 30세 이상인 경우
- 배우자가 사망하거나 이혼한 경우
- 기준 중위소득을 12개월로 환산한 금액의 40% 수준 이상의 수입이 있고, 소유하고 있는 주택 또는 토지를 관리·유지하면서 독립된 생계를 유지할 수 있는 만 19세 이상인 성년(「소득세법」 시행령 제 152조의3).

> · 기준 중위소득을 12개월로 환산한 금액의 40% 수준 이상이란?
>   4인 기준 월 중위소득: 609만 7,773원(2024년)
>   연간 중위소득: 609만 7,773원 × 12 = 7,317만 3,276원
>   연간 중위소득의 40%: 7,317만 3,276원 × 0.4 = 2,926만 9,310원
>   ∴ 2,926만 9,310원 이상

예를 들어 30세 미만인 미혼의 딸이라 하더라도 직장에 다니면서 기준 중위소득의 40% 이상을 벌고 실제로 아버지와 따로 살고 있다면, 아버지와 딸은 각자 세대를 구성할 수 있습니다. 그러므로 이 경우 아버지와 딸이 각각 주택을 한 채씩 2년간 소유하고 있다가 주민등록을 사실대로 정리한 다음 아버지가 자신 소유의 주택을 매도하더라도 1세대 1주택 비과세 혜택을 볼 수 있습니다.

별도의 세대로 보는 경우

- 기준 중위소득을 12개월로 환산한 금액의 40% 수준 이상의 수입이 있고, 소유하고 있는 주택 또는 토지를 관리·유지하면서 독립된 생계를 유지할 수 있는 만 19세 이상인 성년인 경우
- 주택의 취득일 현재 65세 이상의 부모, 조부모(배우자의 부모, 조부모 포함, 부모, 조부모 중 어느 한 사람이 65세 미만인 경우 포함)를 동거봉양하기 위하여 30세 이상의 자녀나 손자녀, 혼인한 자녀나 손자녀, 소득요건을 충족하는 자녀나 손자녀가 합가하는 경우
- 취학 또는 근무상의 형편 등으로 세대 전원이 90일 이상 출국하는데 해

당 세대가 출국 후 거주할 거주지에 다른 가족이 자신의 거주 주소로 신고한 경우

> **예시** 3주택을 소유한 A가 2년 간의 해외 파견으로 해외체류신고를 하면서 형제 관계인 B가 자신의 주소지를 A의 체류지로 신고하더라도 A와 B는 별도의 세대로 판단. 그러므로 1주택 소유자인 B가 조정대상지역에서 1주택을 추가로 매수하는 경우 일시적 2주택에 해당하면 1~3%의 취득세를 부담하고 이에 해당하지 않으면 8%의 취득세만 부담함.

- 30세 이상, 혼인, 소득요건 충족 등으로 별도의 세대를 구성할 수 있는 사람이 주택을 취득한 날로부터 60일 이내에 세대를 분리하기 위하여 그 취득한 주택으로 주소지를 이전하는 경우

토막상식

따로 거주하면서 주민등록상 주소만 같을 때 1세대 1주택자?

실제로 부모와 자녀가 따로 거주하고 있다면, 주민등록에 동일 세대원으로 등재되어 있다 하더라도 동일 세대원으로 보지 않습니다. 이런 경우 1세대 1주택자로 인정받으려면 수도요금 납부영수증, 전기요금 납부영수증, 주민세 납부영수증 등을 첨부하여 부모와 자녀가 생계를 같이하고 있지 않다는 사실을 세무서에 입증해야 합니다. 참고로 고의적인 위장 전출 등은 세금 추징 및 가산세 부과 대상이 될 수 있습니다.

066 집을 사면 60일 이내에 취득세

주택을 취득하면 반드시 납부해야 하는 세금이 있는데 바로 '취득세'입니다. 취득세는 주택을 취득한 사람이라면 응당 납부해야 하는 세금으로, 잔금을 치른 날로부터 60일 이내(상속은 6개월 이내, 증여는 3개월 이내)에 납부해야 합니다. 이 기한을 넘기면 가산세를 추가로 납부해야 합니다.

취득세, 집값에 따라 차등 부과

조정대상지역에서는 1주택자만 취득 당시 가격에 따라 1~3%를 적용받습니다. 2주택자는 8%, 3주택자·법인·무상취득은 12%의 세율을 적용받습니다. 그러나 일반지역에서는 2주택자까지는 취득 당시 가격에 따라 1~3%를 적용받고 3주택자는 8%, 4주택자와 법인은 12%, 무상취득은 3.5%의 세율을 적용받습니다.

취득세율

(단위: 원)

과세표준		취득세	지방교육세	농어촌특별세
6억 원 이하		1.0%	0.1%	전용면적 85m² 초과 시 0.2% 과세
6억 원 초과 9억 원 이하	6.5억 원	1.33%	0.1~0.3%	
	7억 원	1.67%		
	7.5억 원	2.0%		
	8억 원	2.33%		
	8.5억 원	2.67%		
	9억 원	3.0%		
9억 원 초과		3.0%	0.3%	
원시취득(신축), 상속		2.8%	0.16%	0.2%
무상취득(증여)		3.5%	0.3%	0.2%
무주택 가구가 주택을 상속받은 경우엔 0.8% 적용				

출처 : 주택과 세금, 국세청·행정안전부

다주택자, 법인 등 중과세율

취득세	유상취득				무신취득 (3억 원 이상)
	1주택	2주택	3주택	4주택,법인	
조정대상	1~3%	8%	12%	12%	12%
일반지역	1~3%	1~3%	8%	12%	3.5%

출처 : 주택과 세금, 국세청·행정안전부

취득세 감면

- 임대할 목적(취득일로부터 60일 이내에 해당 임대용 부동산을 임대목적물로 하여 등록한 경우)으로 전용면적 60㎡ 이하인 공동주택을 건축하는 경우 취득세를 면제합니다(2027년 12월 31일까지). 다만, 감면세액이 200만 원을 초과하는 경

우 85% 감면이 적용됩니다. 그리고 장기임대주택(10년 이상 장기임대 목적의 전용면적 60㎡ 초과 85㎡ 이하)을 20호 이상 취득하거나 20호 이상의 장기임대주택을 보유한 임대사업자가 추가로 장기임대주택을 취득하는 경우 취득세의 50%를 감면합니다. 또한 임대사업자가 임대할 목적으로 건축주로부터 취득 당시 가액이 수도권 6억 원(비수도권 3억 원) 이하인 공동주택 또는 오피스텔을 최초로 분양받은 경우에도 취득세 감면을 받을 수 있습니다. 전용면적 60㎡ 이하면 취득세를 면제합니다(2027년 12월 31일까지). 다만, 감면세액이 200만 원을 초과하는 경우 85% 감면이 적용됩니다. 그리고 전용면적 60㎡ 초과 85㎡ 이하면 취득세의 50%를 감면합니다. 단, 임대 외 용도로 사용하거나 매도, 증여하는 경우에는 감면받은 취득세를 추징합니다.

- 2025년 12월 31일까지 생애 최초로 12억 원 이하인 주택을 구입하면 최대 200만 원 한도로 취득세를 감면받을 수 있습니다. 참고로 주택을 취득한 적이 없는 자가 다주택 세대에 속하더라도 취득자 본인 및 배우자가 생애 최초로 구입하는 주택에 해당하는 경우에는 취득세 중과세율이 적용되지 않습니다.

- 전세사기 피해자가 전세사기 피해주택을 취득하는 경우 2026년 12월 31일까지 최대 200만 원 한도로 취득세를 면제합니다, 또한, 임차권등기명령 집행 시 등록면허세를 2026년 12월 31일까지 면제합니다. 참고로 전세사기 피해자가 임대차계약을 체결한 주택으로 임대차계약이 종료된 후 임차권등기를 마친 주택이나 주거용 오피스텔도 감면대상에 포함됩니다. 또한, 전세사기 피해자가 전세사기주택 취득 전에 다른 주택을 취득한 적이 없다면 생애최초주택 구입 취득 감면 자격이 계속 유지

되어 전세사기주택을 소유하거나 처분한 경우라도 향후 새로운 주택 취득 시 생애최초 구입에 따른 취득세 감면을 받을 수 있습니다.

- 2024년 1월 1일부터 2025년 12월 31일까지 자녀를 출산한 부모(미혼모, 미혼부 포함)가 해당 자녀와 상시 거주할 목적으로 출산일로부터 5년 이내 또는 출산일 전 1년 이내에 12억 원 이하의 주택을 취득한 경우 최대 500만 원을 한도로 취득세를 감면받을 수 있습니다. 단, 가족관계등록부에 출생 사실이 확인되어야 합니다. 그리고 1가구 1주택에 해당해야 합니다. 만약에 주택 취득일로부터 3개월 이내에 해당 자녀와 상시 거주를 시작하지 않거나 해당 출생 자녀와 상시 거주한 기간이 3년 미만인 상태에서 해당 주택을 매도 또는 증여(배우자에게 지분을 매도 또는 증여하는 경우는 제외)하거나 다른 용도로 사용(임대 포함)하는 경우에는 감면받은 취득세를 추징합니다.

주택 수 산정

1세대가 국내에 소유하는 주택, 조합원입주권, 주택분양권, 오피스텔은 주택 수에 포함됩니다. 또한, 주택의 공유지분이나 부속토지만을 소유하는 경우에도 주택을 소유하거나 취득한 것으로 봅니다. 단, 부부가 1주택을 공동으로 소유하고 있는 주택은 2주택이 아닌 1주택으로 봅니다.

주택 수 산정 제외

- 주택 수 산정일 현재 주택공시가격이 1억 원(지방 2억 원) 이하인 주택은 주택 수에 포함되지 않습니다. 단, 재개발, 재건축 사업구역 내 주택은

1억 원 이하라도 주택 수에 포함됩니다. 또한, 취득 당시에는 1억 원 이하였으나 다른 주택을 취득할 당시에 1억 원을 초과하는 경우에는 주택 수에 포함됩니다.
- 주거용 건물 건설업을 하는 자가 신축하여 보유하고 있는 주택은 주택 수에 포함되지 않습니다. 단, 건축업자 자신 또는 타인이 1년 이상 거주한 주택은 주택 수에 포함됩니다.
- 상속받은 주택, 조합원입주권, 주택분양권, 오피스텔은 상속개시일로부터 5년간 주택 수에 포함되지 않습니다. 주택의 지분을 상속받은 경우엔 주된 상속인이면 주택 수에 포함됩니다.
- 1억 원 이하인 오피스텔은 주택 수에 포함되지 않습니다.
- 1억 원 이하인 부속토지를 소유한 경우엔 주택 수에 포함되지 않습니다.
- 혼인한 사람이 혼인 전 소유한 주택분양권으로 주택을 취득한 경우엔 다른 배우자가 혼인 전부터 소유했던 주택은 주택 수에 포함되지 않습니다.
- 2024년 1월 10일부터 2027년 12월 31일까지 취득한 주택으로 준공시점이 2024년 1월 10일부터 2027년 12월 31일까지인 수도권 6억 원 이하(비수도권 3억 원 이하) 전용면적 60㎡ 이하인 다가구주택, 연립주택, 다세대주택, 도시형생활주택, 소형오피스텔은 2028년 12월 31일까지 주택 수에 포함되지 않습니다.
- 2024년 1월 10일부터 2027년 12월 31일까지 취득한 주택으로 취득일로부터 60일 이내에 임대사업자 등록, 임대주택 등록을 한 수도권 6억 원 이하(비수도권 3억 원 이하) 전용면적 60㎡ 이하인 다가구주택, 연립주택, 다세대주택, 도시형생활주택, 소형 오피스텔은 2028년 12월 31일까지

주택 수에 포함되지 않습니다.
- 2024년 1월 10일부터 2025년 12월 31일까지 취득한 비수도권 미분양 아파트로 6억 원 이하 전용면적 85㎡ 이하는 2026년 12월 31일까지 주택 수에 포함되지 않습니다.

일시적 2주택은?

- 조정대상지역에서 새로운 주택을 취득하여 2주택이 되면 취득하는 주택은 8%의 세율이 적용됩니다. 그러나 일시적 2주택에 해당하면 1~3%가 적용됩니다(신규 주택을 매입한 날로부터 3년 안에 이전 주택 매도). 한편 조합원 입주권이나 주택분양권이 있는 상태에서 신규 주택을 취득하거나 주택이 있는 상태에서 주택분양권에 의한 주택을 취득(신규 주택)하는 경우 그 신규 주택을 처분하더라도 일시적 2주택이 될 수 있습니다.
- 종전 주택이 관리처분계획인가 당시 재개발 재건축 사업구역에 거주하는 세대가 신규 주택을 취득하여 이주한 경우엔 이주한 날에 종전 주택을 처분한 것으로 봅니다. 한편 사업구역 이외의 지역에 종전 주택을 소유한 상태에서 재개발 재건축 사업구역의 관리처분계획인가 후 멸실 예정인 주택(신규주택)을 취득한 경우 종전 주택을 3년 이내에 처분하면 일시적 2주택으로 봅니다.

취득세 외에 내는 세금이 또 있다?

취득세 말고도 소유권이전등기를 하려면 추가로 '인지세'를 납부해야 하는데 전자수입인지 홈페이지에서 매입할 수 있습니다. 다음 페이지 '부동산 매매가격별 인지세' 표에 해당하는 기준에 맞게 전자수입인지를 사서 등기신청을 할 때 첨부서류와 함께 납부해야 합니다. 전자수입인지를 온라인으로 구매하려면 공인인증서를 등록해야 합니다.

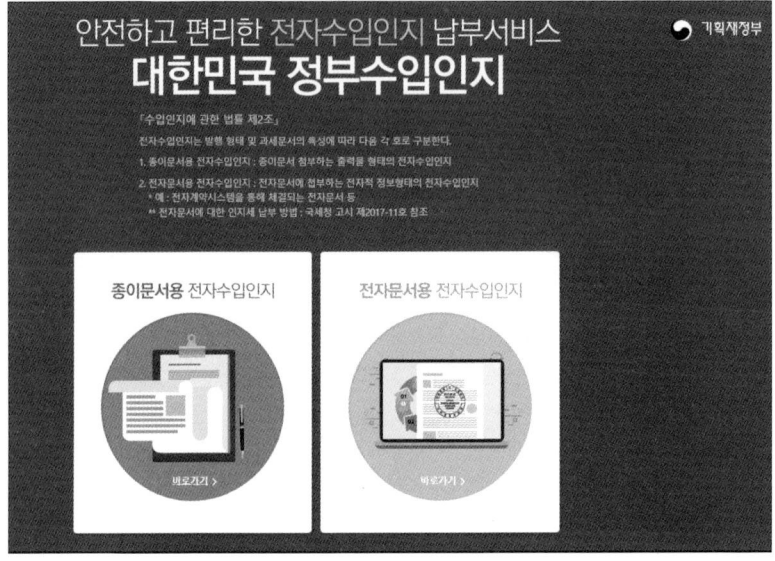

전자수입인지를 매입할 때 금융기관 등 판매기관의 실수로 금액이 잘못 기재된 경우에는 당일에 취소할 수 있지만, 본인 실수로 잘못 기재했을 때는 취소가 불가능합니다. 이때는 은행, 우체국 등에 방문해 환매절차를 거쳐야 합니다. 참고로 행정기관의 공무원이 한번 확인한 전자수입인지는 환불하거나 재사용할 수 없습니다.

부동산 매매가격별 인지세

범위	인지세
1천만 원 초과~3천만 원 이하	2만 원
3천만 원 초과~5천만 원 이하	4만 원
5천만 원 초과~1억 원 이하	7만 원
1억 원 초과~10억 원 이하	15만 원
10억 원 초과	35만 원

> **토막상식**
>
> **헷갈리는 세금 사이트 완전 정복! 홈택스, 위택스, 이택스**
>
> 부동산 거래 시 세금만 잘 관리 해도 재테크가 된다는 '세테크'라는 말이 있을 정도로 세금은 매우 중요합니다. 부동산 투자에 관심이 있다면 한 번쯤 들어봤을 세금 관련 사이트 세 곳에 대해 살펴보겠습니다.
> - 홈택스(www.hometax.go.kr): 국세청에서 운영하는 사이트로 부가가치세, 법인세, 종합소득세, 양도소득세, 증여세, 상속세, 종합부동산세 등을 신고할 수 있으며, 연말정산 자료도 획득할 수 있습니다.
> - 위택스(www.wetax.go.kr): 행정자치부에서 운영하는 사이트로 국세를 제 외한 취득세, 재산세, 주민세 같은 지방세 신고와 납부를 할 수 있습니다.
> - 이택스(etax.seoul.go.kr): 서울시에서 운영하는 사이트로 서울시의 지방세를 신고 또는 납부할 수 있습니다.

067 집을 소유하고 있다면 매년 2회 재산세

주택을 소유한 사람은 주택을 보유하고 있는 동안 매년 '재산세'를 납부해야 합니다.

재산세란 무엇인가?

재산세는 토지, 건축물, 주택, 선박, 항공기 소유자에게 매년 부과되는 세금으로, 재산세를 걷는 주체는 주택 소재 지역의 시·군·구청입니다. 매년 6월 1일을 기준으로 해당 재산을 소유한 사람에게 부과됩니다.

재산세는 어떻게 내나?

재산세 고지서를 가지고 직접 은행에 가서 납부해도 되고, 위택스 홈페이지(www.wetax.go.kr)를 통해 납부해도 됩니다. 2019년 7월부터는 네이버페이 혹은 카카오페이로도 고지서를 받아 즉시납부 또는 자동납부가 가능합니다.

재산세는 누가 납부하나?

재산세는 매년 6월 1일을 기준으로 해당 부동산의 소유자가 납부해야 합니다. 만약 매매계약은 5월에 체결했는데 잔금일이 6월 1일 이후라면, 6월 1일 시점 소유자는 매도자이므로 주택을 매도한 사람이 재산세를 납부해야 합니다.

반대로 잔금을 6월 1일 이전에 치렀다면 6월 1일 시점 소유자는 주택을 매수한 사람이므로 주택의 매수자가 재산세를 납부해야 합니다. 그러므로 주택을 매도할 사람은 6월 1일 이전에 잔금을 받는 것이 좋고, 주택을 매수할 사람은 6월 1일 이후에 잔금을 치르는 것이 유리합니다.

재산세는 얼마나 납부해야 하나?

재산세는 시세가 아니라 공시가격을 기준으로 부과됩니다. 따라서 정부에서 산정하는 공시가격에 따라 매년 금액이 달라집니다. 수택에는 국토교통부에서 매년 고시하는 개별주택가격이나 공동주택가격이, 토지에는 개별공시지가, 건물에는 건물시가표준액이 적용됩니다.

공정시장가액비율이란

공정시장가액비율이란 세금 부과 기준인 과세표준을 정하기 위하여 공시가격에 곱하는 비율입니다. 실제 시장가치와 과세가치 사이의 차이를 조정하는 역할을 합니다. 해당 부동산의 시세와 지방재정의 여건, 납세자의 납세 부담 등 여러 가지를 고려해 결정됩니다.

주택의 공정시장가액비율은 60%입니다. 단, 2024년도는 1세대 1주택으로 인정되는 주택에 대해서 공시가격 3억 이하이면 43%, 3억 초과 6억 이하이면 44%, 6억 초과이면 45%를 적용합니다(다주택자·법인 60%). 토지 및 건축물은 시가표준액의 70%입니다(「지방세법」시행령 제109조).

세부담상한율이란

세부담상한율이란 올해 재산세액이 전년도 재산세액에 비해 늘어났더라도 전년도 재산세액의 일정 규모를 초과해 부과할 수는 없는 것을 말합니다. 주택의 경우 올해 재산세액 책정 시 주택공시가격이 3억 원 이하면 전년도 재산세액의 105%, 3억 원 초과 6억 원 이하면 전년도 재산세액의 110%, 6억 원 초과면 전년도 재산세액의 130%를 초과해 징수할 수 없습니다.

그리고 토지와 건축물의 경우에는 전년도 재산세액의 150%를 초과해 징수할 수 없습니다. 참고로 주택분 재산세 과세표준 상한액 제도가 도입되면서 세부담 상한율은 2029년에 폐지됩니다.

재산세 산출 프로세스

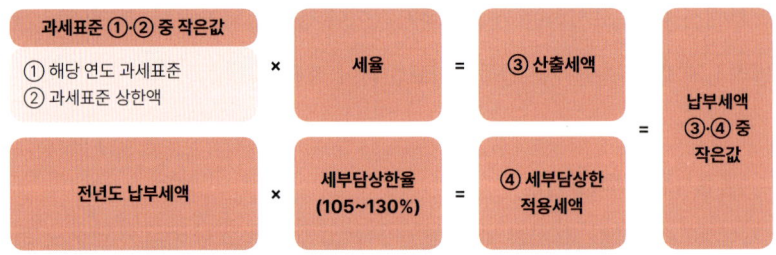

출처 : 주택과 세금, 국세청·행정안전부, 2024

2024년부터는 공시가격에 공정시장가액비율을 곱한 '해당연도 과세표준'과 과세기준일 당시 공시가격에 0.05를 곱하여 직전 연도 과세표준에 더

한 '과세표준 상한액' 중에서 작은 값을 과세표준으로 합니다. 그리고 여기에 세율을 곱하여 '산출세액'을 산출합니다. 그리고 전년도 납부세액에 세부담상한률을 곱하여 '세부담상한 적용세액'을 산출합니다. 그리고 '산출세액'과 '세부담상한 적용세액' 중에서 작은 값을 재산세로 부과합니다.

> **예시** 공시가격 3억 원, 1세대 1주택, 직전 연도 과세표준 1억 원, 전년도 납부세액 7만 원
>
> · 해당연도 과세표준 = 3억 원 × 43%(공정시장가액비율)
>   = 1억 2,900만 원
> · 과세표준 상한액 = 직전 연도 과세표준 1억 원 + 공시가격 3억 원 × 0.05
>   = 1억 1,500만 원
> · 산출세액 = 3만 원 + (1억 1,500만 원 - 6,000만 원) × 0.1%
>   = 8만 5천 원
> · 세부담상한 적용세액 = 전년도 납부세액 7만 원 × 105%
>   = 10만 5천 원
> · 재산세는 8만 5천 원

주택 재산세율

과세표준	표준세율 · 공시가격 9억 원 초과 · 다주택자 · 법인	특례세율 · 공시가격 9억 원 이하 1주택자
0.6억 원 이하 (공시가격 1억 원)	0.1%	0.05%
0.6억 원 초과 ~ 1.5억 원 이하 (공시가격 1억 원 ~ 2.5억 원)	6만 원 + 0.6억 원 초과분의 0.15%	3만 원 + 0.6억 원 초과분의 0.1%
1.5억 원 초과 ~ 3억 원 이하 (공시가격 2.5억 원 ~ 5억 원)	19.5만 원 + 1.5억 원 초과분의 0.25%	12만 원 + 1.5억 원 초과분의 0.2%

3억 원 초과 ~ 5.4억 원 이하 (공시가격 5억 원 ~ 9억 원)	57만 원 + 3억 원 초과분의 0.4%	42만 원 + 3억 원 초과분의 0.35%
5.4억 원 초과 (공시가격 9억 원)		미적용

출처 : 주택과 세금, 국세청·행정안전부

재산세 감면

- 주택임대 시 임대사업자로 등록한 임대사업자가 공동주택 또는 오피스텔 2세대 이상을 임대 목적으로 사용하면 2027년 12월 31일까지 주택 재산세 감면을 받을 수 있습니다. 공동주택은 3억 원(수도권은 6억 원, 민간건설임대주택은 9억 원) 이하이고, 오피스텔은 시가표준액 2억 원(수도권은 4억 원) 이하여야 합니다. 그리고 전용면적 40㎡ 이하인 공동주택, 다가구주택, 오피스텔은 재산세를 면제하고, 전용면적 40㎡ 초과 60㎡ 이하는 75%를, 전용면적 60㎡ 초과 85㎡ 이하는 50%를 경감합니다.
- 전세사기 피해자가 전세사기 피해주택을 소유하면 2026년 12월 31일까지 전용면적 60㎡ 이하는 50%, 전용면적 60㎡ 초과는 25%의 재산세를 감면받습니다.

재산세는 1년에 몇 번 낼까?

재산세는 매년 7월 16일~7월 31일과 9월 16일~9월 30일에 나누어 두 번 납부합니다. 재산세가 20만 원 이하면 7월에 한 번만 납부할 수 있습니다. 참고로 재산세의 납부세액이 250만 원을 초과하면 세액의 일부를 납부기한이 지난 날부터 3개월 이내에 나누어 납부할 수 있습니다.

> **토막상식**
>
> **토지만 있어도 주택분 재산세를 납부해야 하나?**
>
> 세대 구성원이 장기간 독립된 주거 활동을 할 수 있는 구조로 지어진 건축물과 그 부속 토지까지를 주택의 범위에 포함하고 있어 토지만 있어도 주택분 재산세를 납부해야 합니다(「주택법」 제2조 제1호). 또한, 재산세는 사실 현황에 따라 과세합니다. 그러므로 등기되지 않은 무허가 건물이라도 재산세를 납부해야 합니다.

068 부동산을 많이 가졌다면 종합부동산세

2005년부터 정부는 부동산 가격을 안정화하고 부동산 투기를 억제하고자 고액의 부동산 보유자에게 종합부동산세를 부과해 왔습니다. 이번 장에서는 종합부동산세에 대하여 자세하게 살펴보겠습니다.

부동산 많이 가진 사람에게 부과하는 종합부동산세

종합부동산세는 재산세와 마찬가지로, 주택과 토지를 보유하고 있는 동안 매년 납부해야 합니다.

주택의 경우, 공시가격 합이 9억 원(1세대 1주택자는 12억 원을 초과)을 초과하는 재산세 납세의무자에게 종합부동산세가 부과됩니다. 참고로 부부 공동명의 1주택인 경우엔 납세의무자가 특례 신청을 하면 재산세는 부부 각각이 납부하더라도 종합부동산세는 그중 1인이 전부 소유한 것으로 보고 1세대 1주택자 기본공제 12억 원 및 세액공제를 받을 수 있습니다.

나대지, 잡종지 등의 종합합산토지는 합산액이 5억 원을 초과할 경우 종합부동산세를 납부해야 합니다. 사무실이나 상가 등의 별도합산토지는 합산액이 80억 원을 초과할 경우 종합부동산세를 납부해야 합니다.

매년 6월 1일을 기준으로 종합부동산세 대상과 납부세액이 결정되며, 납부기간은 매년 12월 1일부터 12월 15일까지입니다.

종합부동산세는 얼마나 납부해야 하나?

종합부동산세는 재산세와 마찬가지로 시세가 아니라 공시가격을 기준으로 부과됩니다.

종합부동산세 과세표준은 주택의 공시가격 합계액에서 공제금액을 차감한 금액에 공정시장가액비율을 곱하여 산출합니다.

> 과세표준 = (Σ주택공시가격 합계 − 공제금액) × 공정시장가액비율(60%)

1세대 1주택자는 12억 원을, 1세대 1주택자가 아닌 자는 9억 원을 공제합니다. 그러나 공익법인이 아닌 법인은 별도 공제금액이 없습니다.

동일한 주택에 국세인 종합부동산세와 지방세인 재산세가 이중으로 부과되므로 종합부동산세액에서 재산세 상당액을 공제합니다.

1세대 1주택자인 경우 연령과 보유기간에 따른 공제를 받습니다. 1세대 1주택 보유 고령자인 경우 고령자 공제와 장기보유 공제의 합산공제율이 80%나 되므로 실수요 1주택자라면 종합부동산세 부담은 적습니다. 세부담 상한은 주택 수와 무관하게 150%입니다.

홈택스에서 종합부동산세가 얼마나 나오는지 간단하게 계산할 수 있습니다. 홈택스 → 세금신고 → 종합부동산세 신고 → 종합부동산세 간이세액 계산단, 홈택스에서 간이세액계산 서비스를 이용하더라도 종합부동산세 자진신고가 이루어지지는 않습니다.

연령별, 보유기간별 세액 공제율

종합한도 상한	연령별 공제			보유기간별 공제		
	60세 이상	65세 이상	70세 이상	5년 이상	10년 이상	15년 이상
80%	20%	30%	40%	20%	40%	50%

출처 : 주택과 세금, 국세청·행정안전부

종합부동산세 분납, 납부 유예

세액이 250만 원을 초과하는 경우엔 그 세액의 일부를 납부기한이 지난 날부터 6개월 이내에 분납할 수 있습니다. 분납하려는 때에는 종합부동산세의 납부기한까지 신청서를 관할세무서장에게 제출해야 합니다(「종합부동산세법」제20조).

과세기준일 현재 1세대 1주택자이고, 만 60세 이상이거나 해당 주택을 5년 이상 보유하고 있고, 직전 과세기간의 총급여액이 7천만 원 이하이면서 직전 과세기간의 종합소득금액이 6천만 원 이하이고, 해당 연도의 주택분 종합부동산세액이 100만 원을 초과하는 자는 주택분 종합부동산세액에 상당하는 납세담보를 제공하는 조건으로 납부기한 만료 3일 전까지 납부유예를 신청할 수 있습니다. 단, 해당 주택을 타인에게 양도하거나 증여하는 경우, 사망하여 상속이 개시되는 경우, 과세기준일 현재 1세대 1주택자가 아니게 된 경우, 담보의 변경 또는 그 밖에 담보 보전에 필요한 관할세무서장의 명령에 따르지 않은 경우, 납부유예와 관계되는 세액의 전액을 징수할 수 없다고 인정되는 경우, 납부유예 된 세액을 납부하려는 경우엔 납부유예 받은 세액과 이자상당가산액을 추가하여 납부해야 합니다(「종합부동산세법」 제20조의2).

주택분 종합부동산세율

과세표준	2주택 이하		3주택 이상	
	세율	누진공제	세율	누진공제
3억 원 이하	0.5%	-	0.5%	-
6억 원 이하	0.7%	60만 원	0.7%	60만 원
12억 원 이하	1.0%	240만 원	1.0%	240만 원
25억 원 이하	1.3%	600만 원	2.0%	1,440만 원
50억 원 이하	1.5%	1,100만 원	3.0%	3,940만 원
94억 원 이하	2.0%	3,600만 원	4.0%	8,940만 원
94억 원 초과	2.7%	10,180만 원	5.0%	18,340만 원
법인	2.7%	-	5.0%	-

출처 : 주택과 세금, 국세청·행정안전부

1세대 1주택자

1세대 1주택자란, 국내에 거주하고 있는 세대원 중 1명만이 1주택을 소유한 경우를 말합니다. 부부가 공동으로 1주택을 소유했을 땐 각각 지분별로 주택을 소유한 것이 되지만 신청하면 1세대 1주택자로 적용받을 수 있습니다. 또한, 재산세 과세 대상자가 1주택과 다른 주택의 부속토지를 소유한 경우, 신규주택, 상속주택, 지방 저가주택을 소유한 경우, 그리고 합산배제 임대주택, 사원용주택 등을 함께 소유한 경우에도 1세대 1주택자로 적용받을 수 있습니다. 단, 납세의무자가 1주택과 합산배제 임대주택을 함께 소유한 경우에 1세대 1주택자 적용을 받으려면 합산배제 임대주택이 아닌 주택에 납세의무자 본인이 주민등록이 되어 있고 실제 거주해야 합니다.

참고로 납세의무자가 1주택을 소유한 상태에서 세대원이 다른 주택의 부속토지만을 소유한 경우에는 1세대 1주택자 적용을 받을 수 없습니다. 또한 납세의무자가 1주택을 소유한 상태에서 세대원이 신규주택, 상속주택, 지방 저가주택을 소유한 경우에도 1세대 1주택자 적용을 받을 수 없습니다.

1세대 1주택 적용 사례

본인		배우자		1세대 1주택자	공제금액	
일반주택	임대주택	일반주택	임대주택1)		본인	배우자
1주택				○	12억 원	-
1주택		1주택		×	9억 원	9억 원
1/2주택				○	12억 원	-
1/2주택		1/2주택		△	9억 원	9억 원
					12억 원	
1주택		1부속토지		×	9억 원	9억 원
2부속토지				×	9억 원	-
1주택 1부속토지				○	12억 원	-
2주택 1부속토지				×	9억 원	-
1주택	1주택			○	12억 원	-
1주택			1주택	○	12억 원	-

출처 : 주택과 세금, 국세청·행정안전부

069 산 가격보다 비싸게 팔면 양도소득세

주택을 매도할 때 납부하는 세금이 양도소득세입니다. 그러나 주택을 매도했다고 해서 무조건 양도소득세를 납부하는 것은 아니고, 차익이 발생했을 때만 납부합니다. 즉, 주택가격이 오르지 않았거나 오히려 떨어졌다면 납부하지 않습니다. 그밖에 양도소득세가 면제되거나 감면되는 사례를 살펴보도록 하겠습니다.

1세대 1주택, 2년간 소유하면 양도소득세 면제!

12억 원 이하 1세대 1주택이고 2년간 주택을 보유하였다면 주택을 매도할 때 차익이 발생하더라도 거주기간에 상관없이 양도소득세를 납부하지 않습니다(2021.12.08 잔금 또는 등기분부터 적용).

단, 2017년 8월 3일 이후부터 조정대상지역 내 12억 원 이하 1세대 1주택은 2년 이상 보유는 물론 거주까지 해야 합니다. 따라서 양도 당시 조정대상지역에서 해제되었더라도 취득 당시 조정대상지역에 있었던 주택은 거주기간이 2년 이상이어야 비과세 적용을 받을 수 있습니다.

1세대 2주택으로 보지 않는 경우

다음의 경우에는 1세대 1주택으로 간주하고 있습니다.

일시적 2주택

종전 주택을 취득한 날로부터 1년이 지난 후 새로운 주택을 취득하고, 신규 주택을 취득한 날로부터 3년 이내에 종전 주택을 양도하면 1세대 1주택으로 보아 비과세 적용을 받을 수 있습니다.

주택을 상속받은 경우

상속받은 주택과 일반 주택(종전 주택)을 각각 한 채씩 가지고 있는 1세대가 일반 주택을 양도하면 국내에 1주택을 보유하고 있는 것으로 보아 1세대 1주택 비과세 적용을 받을 수 있습니다.

동거봉양

1주택을 보유한 1세대가 1주택을 보유하고 있는 60세 이상의 직계존속(할아버지, 할머니, 아버지, 어머니)을 동거봉양하기 위하여 세대를 합침으로써 1세대 2주택이 된 경우, 합친 날로부터 10년 이내에 먼저 양도하는 주택(보유기간 등 비과세 요건을 갖춘 주택)은 1세대 1주택 비과세 적용을 받을 수 있습니다. 직계존속의 나이는 합가한 날을 기준으로 판단하며, 2019년 2월 12일부터는 암, 희귀성 질환 등 중대한 질병 등이 발생한 60세 미만의 직계존속과 합가해도 1세대 1주택 비과세 적용을 받을 수 있습니다.

혼인

1주택을 소유한 자가 1주택을 보유하고 있는 자와 혼인함으로써 1세대 2주택이 된 경우, 또는 1주택을 보유하고 있는 60세 이상의 직계존속을 동거봉양하는 무주택자가 1주택을 보유하고 있는 자와 혼인함으로써 1세대가 2주택이 된 경우, 혼인한 날부터 10년 이내에 먼저 양도하는 주택(보유기간 등 비과세 요건을 갖춘 주택)은 1세대 1주택 비과세 적용을 받을 수 있습니다.

수도권 밖 주택

취학, 근무상의 형편, 질병의 요양, 기타 부득이한 사유로 취득한 수도권 밖에 소재한 주택과 일반주택을 각각 한 채씩 보유한 1세대가 부득이한 사유가 해소된 날부터 3년 이내에 일반주택(보유기간 등 비과세 요건을 갖춘 주택)을 양도하는 경우에는 1세대 1주택 비과세 적용을 받을 수 있습니다. 부득이한 사유 확인은 재학증명서, 재직증명서, 요양증명서 등 사실을 증명하는 서류와 주민등록표등본에 따릅니다.

장기임대주택 등록 시 거주주택

장기임대주택과 거주주택을 보유하고 있는 1세대가 장기임대주택의 임대기간 요건을 충족한 후 거주주택을 양도하게 되면 횟수에 제한없이 비과세 혜택을 받을 수 있습니다. 또한 장기임대주택이 등록말소된 이후 거주주택을 양도하게 되면 비과세 적용을 받을 수 있습니다(5년 이내에 거주주택을 양도하는 경우에 한정). 장기임대주택의 등록말소란 임대사업자의 임대의무기간 내 등록 말소신청으로 등록이 말소된 경우로서 임대의무기간의 1/2 이상을 임대한 경우이거나 임대의무기간이 종료한 날 등록이 말소된 경우를 의미합니다. 그리고 장기임대주택의 임대기간 요건을 충족하기 전에 거주주택을 먼저 양도하더라도 비과세 적용을 받을 수 있습니다. 단, 비과세 적용을 받은 후 임대기간 요건을 충족하지 못하면 그 사유가 발생한 날이 속하는 달의 말일부터 2개월 이내에 양도소득세를 신고·납부해야 합니다.

조합원입주권 & 분양권

조합원입주권과 분양권에 대한 비과세 특례는 다음과 같습니다.

조합원입주권 취득일부터 3년 이내에 종전 주택 양도

국내에 1주택을 소유한 1세대가 종전 주택을 취득한 날부터 1년 이상이 지난 후에 조합원입주권을 취득하고 그 조합원입주권을 취득한 날부터 3년 이내에 종전 주택을 양도하는 경우에는 이를 일시적 2주택으로 보아 비과세 혜택을 받을 수 있습니다.

부동산 종류별 양도소득세

구분	1년 미만	1년~2년	2년 이상
주택·조합원입주권	70%	60%	6~45%
분양권	70%	60%	60%
토지·건물	50%	40%	6~45%

※ 미등기부동산은 70% 적용
※ 다주택자는 2년 이상 보유 시 6~45% 적용(조정대상지역 내 포함), 2026.5.9까지

조합원입주권 취득일부터 3년이 지나 종전 주택 양도

국내에 1주택을 소유한 1세대가 종전 주택을 취득한 날로부터 1년 이상이 지난 후에 조합원입주권을 취득하고, 그 조합원입주권을 취득한 날부터 3년이 지나 종전 주택을 양도하는 경우에는 재개발·재건축 등의 관리처분계획 등에 따라 취득하는 주택이 완성된 후 3년 이내에 그 주택으로 세대전원이 이사(취학, 근무상의 형편, 질병의 요양 그 밖의 부득이한 사유로 세대의 구성원 중 일부가 이사하지 못하는 경우라도 가능)하여 1년 이상 계속하여 거주하고 또한 재개발·재건축의 관리처분계획 등에 따라 취득하는 주택이 완성된 후 3년 이내에 종전 주택을 양도해야 1세대 1주택 비과세 적용을 받을 수 있습니다.

사업시행기간 중 취득한 대체주택

1세대가 소유하고 있는 1주택이 재개발·재건축 대상이 되어 해당 세대가 그 사업의 시행기간 동안 거주하기 위한 대체주택을 취득하였다면 1세대 1주택으로 보아 비과세 적용을 받을 수 있습니다. 단, 대체주택 취득일 현재 1세대 1주택이어야 하고, 재개발·재건축 사업시행인가일 이후에 대체주택을 취득하여 1년 이상 거주해야 하며, 재개발·재건축 관리처분계획 등에 따라 취득한 주택이 완성된 후 3년 이내에 세대 전원(취학, 근무상의 형편, 질병의 요양 그 밖의 부득이한 사유로 세대의 구성원 중 일부가 이사하지 못하는 경우라도 가능)이 그 주택으로 이사하여 1년 이상 계속해서 거주해야 합니다. 이 경우 양도하는 대체주택은 1세대 1주택 비과세 보유기간 및 거주기간의 제한을 받지 않습니다.

분양권 취득일부터 3년 이내에 종전 주택 양도

국내에 1주택을 소유한 1세대가 종전 주택을 취득한 날부터 1년 이상이 지난 후에 분양권을 취득하고 그 분양권을 취득한 날부터 3년 이내에 종전 주택을 양도하는 경우에는 이를 1세대 1주택으로 보아 비과세 적용을 받을 수 있습니다.

분양권 취득일부터 3년이 지나 종전 주택 양도

국내에 1주택을 소유한 1세대가 종전 주택을 취득한 날로부터 1년 이상이 지난 후에 분양권을 취득하고 그 분양권을 취득한 날부터 3년이 지나 종전 주택을 양도하는 경우에는 분양권에 따라 취득하는 주택이 완성된 후 3년 이내에 그 주택으로 세대 전원이 이사(취학, 근 무상의 형편, 질병의 요양 그 밖의 부득이한 사유로 세대의 구성원 중 일부가 이사하지 못하는 경우도 가능)하여 1년 이상 계속하여 거주하고 분양권에 따라 취득하는 주택이 완성된 후 3년 이내에 종전의 주택을 양도해야 1세대 1주택 비과세 적용을 받을 수 있습니다.

다가구주택은 단독주택으로 취급

12억 원 이하의 다가구주택 한 채만 있는 상태에서 2년 보유 후 가구별로 분양하지 않고 통으로 매도하면 1세대 1주택 비과세 혜택을 볼 수 있습니다. 단, 용도변경이나 증축을 통해서 주택으로 이용하는 층이 4개 층이 되면 공동주택에 해당하여 1세대 1주택 비과세 혜택을 볼 수 없습니다. 단, 4개 층이라도 1층 전체가 주차장 또는 상가이거나, 옥탑방이 전체 면적의 1/8만 점유하거나 맨 아래층이 지층이라면 주택 층수에 포함되지 않습니다.

양도소득세율

과세표준	세율	누진공제
1,400만 원 이하	6%	-
5,000만 원 이하	15%	126만 원
8,800만 원 이하	24%	576만 원
1.5억 원 이하	35%	1,544만 원
3억 원 이하	38%	1,994만 원
5억 원 이하	40%	2,594만 원
10억 원 이하	42%	3,594만 원
10억 원 초과	45%	6,594만 원

※ 세금계산 : (과세표준×세율)-누진공제

3년 이상 보유한 부동산에 세금 혜택 주는 장기보유특별공제

3년 이상 보유한 토지나 건물을 양도할 때는 양도차익의 일정 비율을 공제해 줍니다. 건전한 부동산 투자와 소유를 유도하기 위한 장치입니다. 장기보유특별공제율은 아래 표와 같습니다. 참고로 1세대 1주택자가 3년 이상 보유 및 거주한 경우엔 최대 80%(10년 이상)까지 장기보유특별공제를 적용받을 수 있습니다. 토지, 건물, 조합원입주권을 3년 이상 보유 시에는 최대 30%(15년 이상)를 적용받습니다. 그러나 미등기 상태에서 주택을 양도하거나, 다주택자가 조정대상지역에 있는 주택을 양도하거나, 국외에 있는 주택이거나, 보유기간이 3년 미만인 주택이거나, 조합원으로부터 취득한 조합원입주권을 양도하면 장기보유특별공제를 적용받을 수 없습니다.

보유기간에 따른 장기보유특별공제 적용률

1세대 1주택					다주택	
보유기간	공제율	거주기간	공제율	합계	보유기간	공제율
3~4년	12%	3~4년	12(8)%	24(20)%	3~4년	6%
4~5년	16%	4~5년	16%	32%	4~5년	8%
5~6년	20%	5~6년	20%	40%	5~6년	10%
6~7년	24%	6~7년	24%	48%	6~7년	12%
7~8년	28%	7~8년	28%	56%	7~8년	14%
8~9년	32%	8~9년	32%	64%	8~9년	16%
9~10년	36%	9~10년	36%	72%	9~10년	18%
10년 이상	40%	10년 이상	40%	80%	10~11년	20%
					11~12년	22%
					12~13년	24%
					13~14년	26%
					14~15년	28%
					15년 이상	30%

※ 보유기간이 3년 이상(12%)이고 거주기간이 2년 이상 3년 미만(8%)인 경우 20% 적용

토막상식

분양권 '손피' 거래하면 양도소득세 폭탄 맞는다!

손피란, '손에 남는 프리미엄'의 약자로 매도자가 납부해야 할 양도소득세를 매수자가 부담하는 거래조건을 말합니다. 이 같은 사실이 적발되면 1차 양도소득세와 함께 1차 양도소득세의 66%까지 매도자가 납부해야 합니다. 예를 들어 매도자가 자신의 양도소득세 3억 원을 매수자에게 떠넘기게 되면 매도자는 1차 양도소득세 3억 원에 1억 9,800만 원(3억 원의 66%)을 합한 4억 9,800만 원을 양도소득세로 납부해야 합니다.

070 사망한 사람에게 재산을 물려받으면 상속세

사망한 사람에게서 재산을 물려받으면 정부에 상속세를 납부해야 합니다. 이번 장에서는 상속세에 대해서 자세히 살펴보겠습니다.

상속세, 누가 부담하나?

상속받은 재산에 대해서 납부하는 세금을 상속세라고 합니다. 사망한 사람이 세금을 낼 수는 없으니 상속받은 사람이 납부해야 합니다. 일반적으로 상속세 부담이 클 것으로 생각하지만 대한민국 정부는 중산층 상속인의 생활안정, 기초생활 유지를 위하여 상속공제 제도를 채택하고 있으며 공제 금액이 커서 대부분의 사람에게는 상속세가 과세되지 않습니다.

상속 관련 용어를 살펴보면 상당히 헷갈리는 부분이 있는데, 알고 보면 그리 어렵지 않습니다. 다음의 용어만 정확히 알고 있으면 됩니다.

- **피상속인** : 사망한 사람 또는 실종선고를 받은 사람
- **상속인** : 재산을 상속받은 사람
- **상속개시일** : 사망일 또는 실종선고일

상속세 신고와 납부 방법

상속인은 상속개시일(사망일)이 속한 달의 말일로부터 6개월 안에 사망자의 주소지 관할 세무서에 신고하고 한국은행 또는 우체국에 납부해야 합니다. 신고기한까지 신고서를 제출하면 납부해야 할 세액의 3%에 상당하는 세액공제를 받을 수 있습니다. 그러나 신고기한까지 신고하지 않으면 10~40%의 무(과소)신고가산세를 추가로 납부해야 합니다. 신고기한까지 납부를 하지 아니하거나 적게 납부하면 납부지연가산세를 추가로 납부해야 합니다.

납부세액이 1,000만 원을 초과하면 2회에 걸쳐 나누어 납부할 수 있습니다. 2회분 금액도 납부기한 경과 후 2개월 이내에 분할하여 납부할 수 있습니다. 납부세액이 2,000만 원을 초과하면 담보를 제공하고 최대 10년에 걸쳐 매년 분할납부할 수 있습니다.

상속세 공제

상속이 개시되면 기본적으로 2억 원을 기초공제합니다. 단, 상속이 개시될 당시 피상속인의 주소지가 국내에 있지 않은 경우엔 상속공제는 기초공제 2억 원만 적용됩니다.

피상속인의 자녀(태아 포함)는 1인당 5,000만 원을, 배우자를 제외한 상속인 및 동거가족 중 미성년자는 1인당 1,000만 원에 19세가 될 때까지의 연수를 곱한 금액을, 배우자를 제외한 상속인 및 동거가족 중 65세 이상인 자는 1인당 5,000만 원을, 배우자를 제외한 상속인 및 동거가족 중 장애인은 1인당 1,000만 원에 기대여명 연수를 곱한 금액을 공제받을 수 있습니다.

내용을 정리하면, 상속인은 기초공제 2억 원 및 그 밖의 인적공제를 합한 금액과 5억 원(일괄공제) 중 큰 금액으로 공제받을 수 있습니다. 단, 단독으로 상속받는 피상속인의 배우자는 일괄공제를 받을 수 없습니다(「상속세 및 증여세법」 제21조).

상속개시일 현재 배우자가 있는 경우엔 배우자가 실제 상속받은 금액을 최대 30억 원 한도로 공제합니다. 배우자가 실제 상속받은 금액이 없거나 5억 원 미만인 경우엔 5억 원을 공제합니다.

누가 먼저 상속받나? 상속 순위

유언으로 상속인을 지정한 경우에는 유언상속이 우선하며, 유언이 없는 경우에는 민법에서 정한 순위대로 재산을 상속받습니다.

상속순위

우선순위	피상속인과의 관계	상속인 해당 여부
1순위	아들, 딸 손자, 손녀, 남편, 아내	
2순위	할아버지, 할머니, 아버지, 어머니, 남편, 아내	아들, 딸 손자, 손녀가 없는 경우 상속인이 됨
3순위	남편, 아내	아들, 딸 손자, 손녀, 할아버지, 할머니, 아버지, 어머니가 없는 경우 단독상속인이 됨
4순위	형제자매	1, 2, 3순위가 없는 경우 상속인이 됨
5순위	4촌 이내 방계혈족	1, 2, 3, 4순위가 없는 경우 상속인이 됨

배우자는 1순위인 아들·딸과 같은 순위로 공동상속인이 됩니다. 그리고 아들과 딸이 없는 경우 2순위인 아버지·어머니와 공동상속인이 됩니다. 아들, 딸, 아버지, 어머니가 모두 없는 경우에는 단독으로 상속하게 됩니다.

법정상속인의 경우 같은 순위의 상속인이 여러 명일 때는 촌수가 가장 가까운 상속인이 우선순위입니다. 예를 들면 아들과 딸 손자와 손녀까지 4명이 상속인일 경우, 1촌인 아들과 딸이 공동상속인이 되고 2촌인 손자와 손녀는 우선순위가 될 수 없습니다. 참고로 상속순위를 결정할 때 태아는 이미 출생한 것으로 판단합니다.

얼마나 상속받나? 상속 지분

피상속인(사망자)은 유언에 따라 공동상속인의 상속분을 지정할 수 있습니다(지정상속). 유언으로 상속분을 지정하지 않은 경우엔 민법에 규정된 법정상속분에 따라 재산이 상속됩니다.

법정상속분

구분	상속인	상속지분	비율
자녀 및 배우자가 있는 경우	장남, 배우자	장남 1	2/5
		배우자 1.5	3/5
	장남, 장녀, 배우자	장남 1	2/7
		장녀 1	2/7
		배우자 1.5	3/7
	장남, 장녀, 차남, 차녀, 배우자	장남 1	2/11
		장녀 1	2/11
		차남 1	2/11
		차녀 1	2/11
		배우자 1.5	3/11
자녀는 없고 부모와 배우자만 있는 경우	부모, 배우자	부 1	2/7
		모 1	2/7
		배우자 1.5	3/7

※ 민법 제 1009조

사전증여재산

상속개시일 전 10년 이내에 피상속인이 상속인에게 증여한 재산가액과 상속개시일 전 5년 이내에 피상속인이 상속인이 아닌 자에게 증여한 재산가액은 상속재산 가액에 가산합니다.

상속재산보다 빚이 많다? 상속포기와 한정승인

상속이란 피상속인의 재산상 모든 권리와 의무가 상속인에게 모두 넘어간다는 뜻이므로, 피상속인의 빚도 함께 넘겨받게 됩니다. 그러므로 빚이 상속재산보다 많을 때는 상속포기를 하거나 한정승인을 하는 것이 유리합니다.

상속포기란 상속재산을 모두 받지 않겠다는 뜻입니다. 상속포기를 하려면 상속개시가 있음을 안 날부터 3개월 내에 가정법원에 상속포기 신고를 하면 됩니다. 공동상속의 경우에도 각 상속인이 단독으로 상속포기를 할 수 있습니다.

한정승인은 상속재산이 많은지 빚이 많은지 불분명할 때 상속받을 재산 한도 내에서 피상속인의 빚을 갚는다는 뜻입니다. 한정승인 역시 상속개시가 있음을 안 날부터 3개월 이내(상속개시일로부터 3개월 이내에 알지 못한 경우 그 사실을 안 날부터 3개월 이내)에 상속재산의 목록을 첨부하여 상속개시지(고인이 사망한 당시 살았던 주소지)의 가정법원에 신고하면 됩니다.

피상속인의 재산을 모를 땐 안심상속 원스톱 서비스

피상속인의 재산을 정확하게 파악할 수 없을 때는 정부24(www.gov.kr)에서 '안심상속 원스톱 서비스'를 이용해보세요. 은행 등 금융거래 사실, 국세 및 지방세 미납 여부, 연금 가입 유무, 토지 소유 여부, 자동차 소유 여부 등을 편리하게 확인할 수 있습니다.

정부24 홈페이지 ⇒ 민원서비스 ⇒ 원스톱서비스 ⇒ 안심상속 순으로 검색해 보세요.

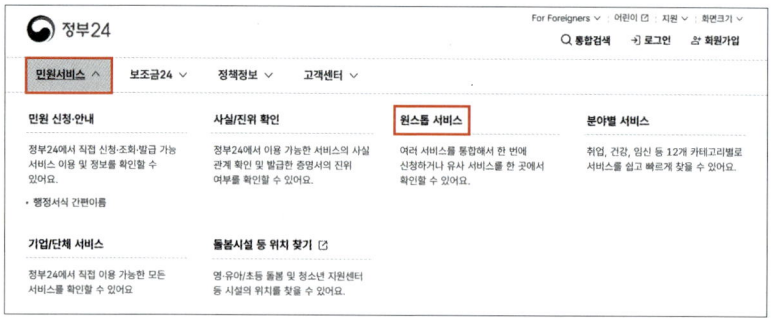

상속·증여재산 스스로 평가하기 서비스

상속이나 증여받은 주택, 건물, 오피스텔, 토지 등의 평가에 관한 정보를 받을 수 있습니다. 공동주택(아파트, 연립, 다세대주택)이나 오피스텔 유사매매 사례가액은 모바일 홈택스에서도 확인할 수 있습니다.

국세청 홈택스 홈페이지 ⇒ ❶ 세금신고 ⇒ ❷ 증여세신고 ⇒ ❸ 신고도움 자료 조회 ⇒ ❹ 상속·증여재산 평가하기 순으로 검색해 보세요.

> **토막상식**
>
> **생명보험금도 상속재산이 된다**
>
> 피상속인의 사망 시 피상속인이 보험계약자인 보험계약에 의하여 상속인이 받는 생명보험금 또는 손해보험금은 상속재산으로 봅니다. 또한, 피상속인이 보험계약자가 아니더라도 피상속인이 보험료를 납부하였다면 피상속인을 보험계약자로 봅니다(「상속세 및 증여세법」 제8조).

071 살아 있는 사람에게 재산을 물려받으면 증여세

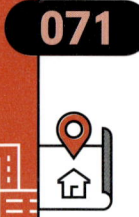

일방이 상대방에게 무상으로 부동산을 이전해 주거나 현저히 낮은 대가를 받고 이전해 주면 증여에 해당합니다. 그리고 증여세를 납부해야 합니다. 또한 주택을 자력으로 취득하였다고 인정하기 어려워 증여로 추정되는 거래에 대해서도 증여세를 납부해야 합니다. 상속은 피상속인의 사망으로 진행되지만 증여는 증여자가 살아 있을 때 진행됩니다.

증여세, 누가 부담하나?

증여세는 재산을 증여받은 사람(=수증자)이 납부해야 합니다. 그러나 자녀가 교육·사업 등의 목적으로 국외에 체류하여 비거주자(국내에 주소가 없거나 183일 이상 거주하는 곳이 없는 자)인 경우엔 부모가 자녀를 대신해서 증여세를 연대하여 납부할 의무가 있습니다. 단, 부모가 연대책임이 없는데도 불구하고 부모가 자녀를 대신하여 증여세를 납부한다면 해당 금액도 증여한 것으로 보아 증여세가 추가로 부과될 수 있습니다.

증여 관련 용어를 살펴보면 상당히 헷갈리는 부분이 있는데, 다음의 용어만 정확히 알고 있으면 이해하기 어렵지 않습니다.

- **증여자**: 재산을 준 사람
- **수증자**: 재산을 받은 사람
- **증여일**: 실제로 증여받은 날

증여세 신고와 납부 방법

수증자는 증여일이 속한 달의 말일로부터 3개월 안에 본인의 주소지 관할 세무서에 증여세를 신고해야 합니다. 그리고 관할 세무서나 한국은행 또는 우체국에 증여세를 납부해야 합니다. 이 기간 내에 신고하면 3%를 공제받을 수 있습니다. 그러나 신고기한까지 신고하지 않거나 과소신고하면 10~40%의 무(과소)신고가산세를 추가로 납부해야 합니다. 그리고 신고기한까지 납부를 하지 아니하거나 적게 납부하면 납부지연가산세를 추가로 납부해야 합니다.

납부세액이 1,000만 원을 초과하면 2회에 걸쳐 나누어 납부할 수 있습니다. 그리고 2회분 금액은 납부기한 경과 후 2개월 이내에 분할하여 납부할 수 있습니다. 납부세액이 2,000만 원을 초과하면 담보를 제공하고 최대 5년에 걸쳐 매년 분할 납부할 수 있습니다.

증여재산공제

거주자(국내에 주소가 있거나 183일 이상 사는 곳이 있는 자)인 수증자가 증여받을 때는 증여재산공제액을 과세가액에서 공제해줍니다. 이렇게 빼주면 증여세가 줄어듭니다.

증여재산 공제한도

증여자	배우자	직계존속	직계비속	혼인·출산	기타 친족
공제 한도액	6억 원	5천만 원	5천만 원 (미성년자 2천만 원)	1억 원	1천만 원

※ 직계존속 : 조부모, 부모, 직계비속 : 아들, 딸, 손자, 손녀
※ 기타친족 : 6촌 이내의 혈족(혈연관계로 맺어진 친족), 4촌 이내의 인척(혼인으로 맺어진 관계)

결혼한 자녀는 혼인일(혼인관계증명서상 신고일) 전후 2년 이내에 증여받으면 1억 5천만 원까지 공제받을 수 있습니다. 그러므로 신혼부부가 양가에서 모두 증여받으면 최대 3억 원까지 공제받을 수 있습니다. 자녀 출산 시에도 자녀의 출생일(출생신고서상 출생일) 또는 입양일(입양신고일)로부터 2년 이내에 증여받으면 1억 5천만 원까지 공제받을 수 있습니다. 그러므로 양가에서 모두 증여받으면 최대 3억 원까지 공제받을 수 있습니다. 결혼 공제와 자녀 출산 공제는 중복 적용이 되지 않습니다.

배우자는 민법상 혼인 관계만 인정되고 사실혼 관계는 인정되지 않습니다. 외국법령에 의해 혼인으로 인정되는 배우자는 공제받을 수 있습니다. 계부·계모로부터 증여받는 경우도 증여재산 공제가 가능합니다.

증여재산 합산과세

동일인(직계존속은 그 배우자 포함)으로부터 증여일 전 10년 이내에 증여받은 재산은 증여분과 함께 신고해야 합니다. 단, 증여재산 합계액이 1,000만 원 미만인 경우엔 합산하지 않습니다.

주택 무상사용에 따른 이익의 증여

다른 사람의 주택을 무상으로 사용하여 이익을 얻었다면 그 이익에 대해

서 증여세를 부과합니다. 단, 소유자와 함께 거주하는 주택은 제외합니다.

여러 해에 걸쳐 주택을 무상으로 사용하였다면 무상사용이익은 무상사용을 시작한 날부터 5년 단위 합계액으로 계산합니다. 단, 증여재산가액이 1억 원 미만이면 과세하지 않습니다. 그리고 5년 이내에 무상사용해 왔던 주택을 상속받거나 증여받아 더 이상 무상사용하지 않게 된 경우엔 사용하지 않은 기간에 해당하는 증여세는 차감하여 부과합니다.

이월과세

증여받은 부동산을 '금방' 다시 팔면 증여자가 매수했던 가격을 취득가액으로 보고 양도차익을 내도록 한 것을 '이월과세'라 합니다. 이 기간이 10년이므로 양도소득세 절감 효과를 보려면 10년을 기다렸다 매도해야 합니다.

증여세 절세 TIP

- 증여세는 시가를 기준으로 계산하나 시가를 모르는 경우엔 토지는 개별공시지가, 주택은 개별(공동)주택가격, 주택 이외의 건물은 국세청 기준시가를 기준으로 증여세를 납부합니다. 이들 가격은 통산 1년에 한 번씩 상승하므로 증여하고자 할 때는 개별공시지가, 개별(공동)주택가격, 기준시가 고시 전에 하는 게 유리합니다.
- 재산을 증여받은 후 당사자가 협의하여 증여받은 재산을 증여세 신고기한(증여일이 속하는 달의 말일부터 3개월 이내) 이내에 반환하는 경우엔 처음부터 증여가 없었던 것으로 보고, 증여한 것이나 반환한 것 모두에 대해 증여

세를 부과하지 않습니다(단, 금전은 제외). 그러니 증여 후 마음이 바뀌어서 증여한 재산을 되돌려 받고 싶다면 서두르세요.

- 상속등기 완료 후 공동상속인 간에 다시 협의하여 상속인 중 한 명이 상속재산의 일부를 더 가져가기로 했다면, 해당 상속인은 상속재산이 감소한 상속인에게 증여받은 것으로 보아 증여세를 납부해야 합니다. 단, 상속개시일이 속한 달의 말일부터 6개월 이내에 다시 분할하여 당초 상속하기로 한 만큼을 초과해 취득한 경우엔 증여세를 납부하지 않아도 됩니다.
- 분할하여 증여하는 것입니다. 예를 들어 3억 원을 자녀에게 증여 시 세금을 4,000만 원(세율 20% 적용)을 낸다고 하면, 부모와 조부모, 외조부모 친족 세 명한테 나눠서 받으면 각각 500만 원씩(세율 10% 적용), 총 1,500만 원만 내면 됩니다.

조금만 침착하게 생각해 보면 합법적으로 세금을 절약할 수 있습니다. 가격 상승이 예상되는 부동산이 있다면 증여세를 납부하고 미리 증여하세요. 증여 후 가격 상승분에 대해서는 증여세를 부과하지 않습니다.

토막상식 | 증여를 받았으면 증거를 남기자

증여 사실을 인정받으려면 반드시 증여재산을 신고해야 합니다. 이때 과세미달로 신고하는 것보단 증여재산공제액보다 약간 많은 금액을 증여하여 납부세액이 나오도록 합니다. 그리고 언제 누구에게서 얼마만큼 증여받았는지 알 수 있게 신고서 및 영수증을 반드시 남겨 놓습니다.

072 임대소득이 있다면 임대소득세

주택임대소득은 주택임대사업을 통한 사업소득이므로 세금을 납부해야 합니다. 주택임대업은 부가가치세 면세사업이므로 부가가치세 신고·납부 의무는 없으나 사업장현황신고 의무는 있습니다.

이럴 땐 임대소득세 납부해야 한다

1주택자라면 월세와 보증금 등에 내세서 세금을 납부하지 않아도 됩니다. 단, 1주택자라도 기준시가 12억 원을 초과하거나 국외 소재 주택에서 받은 월세에 대해서는 세금을 납부해야 합니다.

2주택자라면 월세에 대해서는 세금을 납부해야 하지만 보증금 등의 간주임대료에 대해서 세금을 납부하지 않아도 됩니다. 단, 2주택이 기준시가 12억 원을 초과하는 고가주택이고 전세보증금 합계액이 12억 원을 초과하면 전세보증금 3억 원 초과분의 60%에 대한 이자상당액을 간주임대료로 납부해야 합니다. 3주택자는 월세와 보증금 등의 간주임대료 모두에 대해서 세금을 납부해야 합니다. 단, 2026년 12월 31일까지 주거전용면적 40㎡ 이하이면서 기준시가 2억 원 이하인 소형주택은 간주임대료 과세 대상에서 제외됩니다.

주택임대소득 과세요건

과세요건(보유 주택 수 부부 합산 기준)		
주택 수	월세	보증금 등
1주택	비과세	간주임대료 과세 제외
2주택	과세	
3주택 이상		간주임대료 과세

출처 : 주택과 세금, 국세청·행정안전부

종합소득세 신고·납부

주택임대소득이 있는 자는 이듬해 5월 1일~5월 31일 기간에 직전년도 소득에 대해 종합소득세를 신고·납부해야 합니다. 주택임대소득이 5억 원 이상의 성실신고 확인 대상자라면 성실신고 확인서를 제출하고 6월 30일까지 신고·납부할 수 있습니다.

주택 수 계산은?

다가구주택은 1개의 주택으로 보되, 호실별로 구분등기가 된 경우에는 각각의 호실을 1개의 주택으로 계산합니다.

주택을 공동소유하는 경우엔 지분이 가장 큰 자의 소유로 계산합니다. 단, 해당 주택에서 발생하는 임대소득이 연간 600만 원 이상이거나 기준시가 12억 원을 초과하는 주택의 30%를 초과하는 공유지분을 소유한 경우엔 지분이 작은 자의 주택 수에도 가산합니다.

부부가 각각 주택을 소유한 경우엔 이를 합산합니다. 부부가 공동으로 소유하고 있는 주택은 부부 중 지분이 더 큰 자의 주택으로 계산합니다. 단, 동일 지분인 경우엔 서로의 합의에 따라 자신의 주택 수에 가산하기로 한 자의 주택으로 계산합니다.

임차인이 자신이 임차한 주택을 다시 전대나 전전세로 세를 놓으면 임차인의 주택 수로 계산합니다.

주택과 부가가치세 과세 대상인 사업용 건물이 함께 있는 경우엔 주택 면적이 더 크면 건물 전체를 주택으로 보고, 주택 면적이 사업용 건물 면적과 같거나 적으면 주택 부분만 주택으로 봅니다.

주택임대소득 과세 방법

주택임대소득은 사업소득이므로 다른 소득과 합산하여 6~45%의 세율로 종합소득으로 과세합니다. 단, 임대소득 금액이 2,000만 원 이하이면 다른 소득과 합산하지 않고 14% 세율의 분리과세를 선택할 수 있습니다.

주택임대소득의 총 수입금액은 일반적으로 1년 치의 월세와 보증금 등에 대한 간주임대료를 합하여 계산합니다.

3주택 이상을 소유하고 전세계약 등으로 받은 보증금의 합계액이 3억 원을 초과하는 경우 간주임대료를 총 수입금액에 포함시킵니다.

> 주택임대소득의 총 수입금액 = 월세 + 보증금 등에 대한 간주임대료

간주임대료란 임대인이 임차인에게 보증금을 받아 그것을 은행에 예금했을 때 얻을 수 있는 이익을 임대료로 간주한 것을 말합니다. 간주임대료

계산 방법은 다음과 같습니다.

$$\text{간주임대료} = (\text{보증금} - 3\text{억 원})\text{의 적수} \times 60\% \times \frac{1}{365} \times \text{정기예금이자율}$$

예시 주택 3채를 단독으로 임대하는 경우

구분	보증금	월세	임대기간	전용면적	기준시가
A주택	1억 원	150만 원	01.01~12.31	62m²	3.5억 원
B주택	0.5억 원	-	01.01~12.31	68m²	2억 원
C주택	3.5억 원	120만 원	01.01~12.31	105m²	6억 원

· A주택 : [(1억 원 − 0) × 365] × 60% ÷ 365 × 2.9% = 174만 원
　　　　 : 150만 원 × 12개월 = 1,800만 원
· B주택 : [(0.5억 원 − 0) × 365] × 60% ÷ 365 × 2.9% = 87만 원
· C주택 : [(3.5억 원 − 3억 원) × 365] × 60% ÷ 365 × 2.9% = 87만 원
　　　　 : 120만 원 × 12개월 = 1,440만 원
· 합계 : 3,588만 원

토막상식 | 2026년부터 2주택자도 보증금 등 간주임대료에 대해서 납부

2026년부터는 2주택자도 월세와 보증금 등의 간주임대료 모두에 대해서 세금을 납부해야 합니다.

073 임대소득자가 꼭 알아야 할 세금과 법률상식

임대사업을 하다 보면 월세를 잘 안 낸다든지, 자기 마음대로 주택의 구조를 변경한다든지, 보증금을 덜 주고도 일단 이사한 다음에 주겠다고 우긴다든지, 계약할 땐 착해 보였는데 이사 온 후에는 매일 술을 마시고 고성방가로 이웃에 피해를 준다든지, 음식물 쓰레기를 분리수거하지 않고 그냥 주택 밖에 내놓아 악취를 풍긴다든지 하는 이상한 임차인을 만나는 경우가 있습니다. 이럴 때는 어떻게 대처해야 할까요?

불량 임차인 유형과 대처법

월세를 잘 내지 않는 임차인

임차인이 월세를 내지 않을 때는 우체국에 가서 "월세를 지급하지 않으면 계약을 해지하고 강제집행을 하겠다. 그리고 강제집행 비용과 밀린 월세는 반환받을 보증금에서 제하겠다. 이와 관련된 모든 민·형사상의 책임은 임차인에게 있다."라는 내용증명을 2주 간격을 두고 2~3회 정도 임차인에게 보냅니다. 그러면 대부분이 밀린 월세를 지급합니다. 이렇게 해도 안 된다면? 그때는 명도소송을 진행하는 수밖에 없습니다.

집 구조를 자기 마음대로 변경하는 임차인

주택을 임대하다 보면 자신의 생활방식에 맞지 않는다는 이유로 임대인에게 물어보지도 않고 방문을 떼어버리거나 문턱을 없애버리거나, 거실과 베란다를 터버리는 황당한 임차인이 있습니다. 이럴 때는 즉시 원래대로 해놓을 것을 요구해야 합니다. 그리고 이에 응하지 않으면 계약을 해지하고 원상회복 비용을 제하고 보증금을 돌려줘야 합니다.

모자란 보증금은 이사 온 후에 주겠다고 우기는 임차인

간혹 당장은 보증금이 부족하지만 곧 돈이 생긴다며 이사한 후에 주겠다고 우기는 임차인이 있습니다. 그러나 보증금을 모두 받기 전까지는 짐을 들이도록 허락해서는 안 됩니다. 만약 임차인의 말을 믿고 이사를 허락하면 계약기간이 완료될 때까지 나머지 보증금을 받지 못할 가능성이 큽니다.

이웃 주민에게 피해를 주는 임차인

고성방가, 주차 방해, 복도 내 흡연, 쓰레기 방치 등 이웃 주민들에게 피해를 주는 임차인에 대해서는 시정해 달라고 줄기차게 요구하거나 소송을 해야 합니다. 그러므로 임대차계약을 하기 전에 임차인에 대해서 먼저 파악하고 문제가 없는 자에게 세를 줘야 합니다.

임차인을 구할 때는 이사철에 맞춰서

주택임대사업을 하는 이유는 월세를 받기 위해서입니다. 그런데 임차인을 구하지 못해 월세를 받지 못한다면 경제적으로 큰 타격을 받을 수밖에 없습니다. 임차인이 끊기는 일 없이 계속 월세를 받고 싶다면 어떻게 해야 할까요?

애초에 이사철에 맞추어 세를 놓는 것이 좋습니다. 그래야만 세를 구하는 사람들이 많아 쉽게 임차인을 구할 수 있습니다. 또한 계약기간 만료 3~4개월 전에 임차인에게 계속 거주할 것인지 물어보고, 이사 계획이 있다면 미리 공인중개사사무소에 중개 의뢰를 해야 합니다.

계약서 작성할 때는 특약사항을 잘 적자

계약서를 작성할 때는 임차인이 나중에 딴소리를 하지 않도록 쌍방 간에 약속한 내용을 반드시 특약사항에 기록해야 합니다.

특약사항에 '이러이러할 땐 즉시 집을 비운다'라는 문구를 적어놓으면, 임차인에게 잘못된 행동을 고칠 것을 요구하거나 내보내는 게 수월합니다.

주택임대사업으로 혜택 보는 세금들

주택임대사업등록을 하는 이유는 단지 월세를 받기 위해서만이 아니라 각종 세제 혜택을 받을 수 있어서입니다. 세금별로 각각 얼마나 혜택을 보는지, 혜택을 보려면 어떻게 해야 하는지 다음 표에서 확인해 보세요.

임대사업자 세제 혜택

구분				
취득세	60m² 이하	면제, 세액 200만 원 초과 시 85% 감면	건축한 공동주택 또는 최초 분양받은 공동주택과 오피스텔, 분양의 경우 취득 당시 가액 수도권 6억 원(비수도권 3억 원) 이하	
	60m²~85m² 이하	50% 감면		
재산세	40m² 이하	면제, 세액 50만 원 초과 시 85% 감면 모든 가구당 40m² 이하인 다가구주택도 혜택	매입	건설
			공동주택 2채 이상 수도권 6억 원(비수도권 3억 원) 이하	공동주택 2채 이상 수도권 9억 원(비수도권 3억 원) 이하
	60m² 이하	75% 감면	오피스텔 2채 이상 수도권 4억 원(비수도권 2억 원) 이하	
	85m² 이하	50% 감면		
양도소득세	건설 149m² 매입 제한 없음	중과세 대상 제외	매입	건설
			수도권 6억 원(비수도권 3억 원) 이하	2채 이상 6억 원 이하
	※ 주택 보유기간 중 2년 이상 거주주택 비과세			
임대소득세 감면	※ 2천만 원 이하 임대소득 분리과세 시 임대소득필요경비율 등록업자 60%, 미등록업자 50%, 기본공제 등록업자 400만 원, 미등록업자 200만 원			
종합 부동산세	건설 149m² 매입 제한 없음	합산 배제	매입	건설
			수도권 6억 원(비수도권 3억 원) 이하	2채 이상 9억 원 이하

등록임대사업자를 위한 등록임대주택 제도

2020년 7·10 부동산대책에 따른 후속 조치로 아파트는 건설임대 10년, 아파트 외 주택은 매입임대 10년과 건설임대 10년만 가능했습니다. 그러나 2025년 6월 4일부터 비아파트(연립주택, 다세대주택, 단독주택, 다가구주택, 도시형생활주택, 오피스텔 등)의 6년 단기등록임대주택 사업이 가능합니다. 건설형(공시가격 6억 원 이하), 매입형(4억 원 이하, 비수도권 2억 원 이하) 주택은 종부세 합산배제, 양도세 및 법인세 중과배제 등 세제혜택을 받을 수 있습니다(법인세 중과배제는 건설형만 허용). 또한 6년 단기임대주택을 장기임대주택으로 변경하는 경우 당초 등록한 단기임대주택의 임대기간을 전부 임대의무기간으로 인정받을 수 있습니다(「민간임대주택에 관한 특별법」 제2조 6의2).

등록하는 모든 임대주택은 임대보증금 반환보증에 의무적으로 가입해야 합니다.

임대보증금 반환보증 가입 문의는 보증회사(주택도시보증공사 1566-9009, SGI 서울보증 1670-7000)로 하면 됩니다. 그리고 가입 대상자는 등록임대주택 소재지의 시·군·구청이나 렌트홈에 보증서 사본을 제출해야 합니다. 임대보증금 반환보증 미가입 시 2년 이하의 징역 또는 2천만 원 이하의 벌금에 처합니다. 임대보증금의 10% 이하에 상당하는 금액의 과태료가 부과되고, 3회 이상 가입을 거절하면 임대사업자등록이 말소됩니다.

신규 임대차계약이든 갱신계약(묵시적 갱신 포함)이든 계약이 체결되면 그 날로부터 3개월 이내에 시·군·구청 주택과나 렌트홈에 그 사실을 신고해야 합니다. 그렇지 않으면 1천만 원 이하의 과태료가 부과됩니다.

주택임대사업과 관련된 법률들

- '민간임대주택에 관한 특별법'은 임대사업을 하는 주택의 종류와 특징 및 방법에 대해 알 수 있습니다.
- '조세특례제한법'은 임대사업을 하는 자가 나중에 주택을 매도할 때 양도소득세 혜택을 얼마나 어떻게 볼 수 있는지 알 수 있습니다(「조세특례제한법」 제95조의2~제99조의4).

- '지방세법'은 취득세, 재산세 혜택을 얼마나 어떻게 볼 수 있는지 알 수 있습니다(『지방세법』 제6조~제22조의4(취득세), 제104조~제123조(재산세)).
- '지방세특례제한법'은 임대사업자, 임대주택, 미분양주택, 양도소득분 개인지방소득세 등에서 혜택을 얼마나 어떻게 볼 수 있는지 알 수 있습니다(『지방세특례제한법』 제31조~제36조의5, 제137조의2~제148조).
- '주택임대차보호법'은 임차인을 보호하는 법으로, 임차인이 어떤 조건에서 어떻게 보호받는지 알 수 있습니다.

주택임대사업자 거주주택 양도소득세 합리화

장기임대주택 보유자의 거주주택 양도소득세 비과세 혜택이 기존에는 최초 거주주택에 대해서만 1회에 한해 적용되었으나 2025년부터는 횟수에 제한 없이 비과세 적용을 받을 수 있습니다. 단, 아파트는 제외됩니다.

> **토막상식**
>
> **청소비, 전기료도 임대소득 금액에 포함되나?**
>
> 청소비·난방비 등은 부동산임대업의 총 수입금액에 포함됩니다. 그러나 전기료·수도료 같은 공공요금은 총 수입금액에 포함되지 않습니다. 단, 공공요금 명목으로 받은 전기료·수도료 금액이 납부할 금액보다 더 많을 때는 초과하는 금액은 부동산임대업의 총 수입금액에 포함됩니다.

074 상가 세금의 모든 것

상가를 매수하거나 보유하거나 매도할 때도 주택과 마찬가지로 세금을 납부해야 합니다. 이번 장에서는 상가 관련 세금에 대해 살펴보겠습니다.

취득세

상가를 매수할 때는 취득세를 납부해야 합니다. 상가의 취득세는 4.6%입니다. 참고로 상가주택의 경우엔 주택 부분은 1.1~3.5%, 상가 부분은 4.6%를 적용합니다.

> **예시** **상가의 실제 거래가격 10억 원**
> · **취득세** : 10억 원 × 4.6% = 4천6백만 원

상가의 취득세도 주택과 마찬가지로 잔금을 치른 날이나 등기를 한 날 중 빠른 날로부터 60일 이내에 납부해야 합니다.

재산세

상가의 재산세는 상가건물과 그 건물이 건축된 토지에 각각 부과됩니다. 상가건물에 대한 재산세는 7월 16일~7월 31일까지, 건물이 건축된 토지에 대한 재산세는 9월 16일~9월 30일까지 가까운 은행에 납부하거나 위택스 홈페이지(www.wetax.go.kr)를 통해 납부하면 됩니다.

상가 재산세는 '과세표준×세율' 방식으로 계산하는데, 건축물과 토지를 각각 나누어 산출합니다(아래 공식 참고). 공정시장가액비율은 둘 다 70%이고, 건물에 대한 세율은 0.25%, 토지에 대한 세율은 0.2~0.4%입니다.

> **상가 재산세 산출 공식**
> · 건물분 재산세 = {시가표준액 × 공정시장가액비율(70%)} × 0.25%
> · 토지분 재산세 = {공시지가 × 공정시장가액비율(70%)} × 0.2~0.4%

토지분 재산세의 세율은 과세표준에 따라 달라집니다. 다음 표를 참고하세요.

토지 세율(사무실, 상가 등 일반영업용 건축물의 부속토지)

과세표준	세율
2억 원 이하	0.2%
10억 원 이하	40만 원+2억 원 초과 금액의 0.3%
10억 원 초과	280만 원+10억 원 초과 금액의 0.4%

> **예시** 상가건물 시가표준액 5억 원, 토지 공시가격 7억 원
> - 건물분 : (5억 원 × 70%) × 0.25% = 87만 5,000원
> - 토지분 : (7억 원 × 70%) = 4억 9천만 원
>   40만 원 + {(4억 9천만 원 - 2억 원) × 0.3%} = 127만 원
> - 재산세 : 214만 5천 원

종합부동산세

상가건물은 종합부동산세 과세대상이 아닙니다. 하지만 그 부속토지는 80억 원을 초과하면 종합부동산세 과세대상이 됩니다.

양도소득세

상가를 매도할 때 차익이 발생했다면 양도소득세를 납부해야 합니다. 상가의 양도소득세는 얼마일까요?

> **예시** 2013년 3월 10억 원에 상가 매수, 2022년 5월 15억 원에 상가 매도
> - 양도차익 5억 원
> - 필요경비 6천만 원
> - 장기보유특별공제 7천920만 원(4억 4천만 원 × 18%), 기본공제 250만 원
> - 세율 40%, 누진공제 2천594만 원,
> - [{(5억 원 - 6천만 원) - 7천920만 원} - 250만 원] × 40% - 2,594만 원
>   = 1억 1천738만 원
> - 지방소득세 1천173만 8천 원(1억 1천738만 원 × 10%)
> - 양도소득세 = 1억 2천911만 8천 원

상가는 2년 이상 보유하고 있다가 매도해야 6~45% 일반과세를 적용받을 수 있습니다. 보유기간이 1년 이상 2년 미만인 경우엔 차익의 40%를, 보유기간이 1년 미만인 경우엔 차익의 50%를 세금으로 납부해야 합니다.

참고로 1세대 1상가주택은 주택 면적이 상가 면적보다 크면 건물 전체를 1주택으로 보아 비과세 대상입니다. 그러나 주택 면적이 상가 면적과 같거나 작으면 주택 면적은 비과세, 상가 면적은 과세 대상입니다. 1세대 1상가주택이 아니면 주택 면적과 상가 면적이 각각 과세 대상입니다.

부가가치세

건물

상가나 오피스텔같이 주목적이 사업용인 부동산을 매매할 때는 부가가치세를 납부해야 합니다.

부가가치세는 상가나 오피스텔 매도자가 납부합니다. 그러나 자신 돈으로 납부하는 것이 아니라 매수자에게 받아서 납부합니다.

상가나 오피스텔을 사고팔 때 납부해야 하는 부가가치세는 거래되는 건물가격의 10%입니다.

간혹 부가가치세를 간과했다가 나중에 분쟁이 생기는 경우가 있습니다. 그러므로 반드시 계약서의 특약사항란에 부가가치세는 거래가격과 별도로 매수인이 부담한다는 '부가가치세 별도' 문구를 기재해야 합니다. 이는 월세를 계약할 때도 마찬가지입니다.

매수자와 매도자 모두 임대사업자로 등록되어 있다면 건물뿐만 아니라 임대사업까지 통째로 상대방에게 넘겨주는 포괄양수도 계약을 체결하는 것이 좋습니다.

공인중개사사무소에 '포괄양수도 계약서' 양식이 있으므로 이것으로 상가나 오피스텔 계약을 하면 됩니다. 그리고 상가나 오피스텔 매수자는 임대사업자 등록할 때 이 계약서를 세무서에 제출하면 됩니다.

그럼, 매매계약서는 따로 작성하지 않아도 될까요? 아닙니다. 포괄 양수도 계약서는 세무서에 신고하기 위해 작성하는 것이므로, 이와 별도로 상가나 오피스텔 매매계약서도 반드시 작성해야 합니다.

그리고 이 계약서의 특약사항에 '본 계약은 포괄양수도 계약임'이라는 문구를 넣어주어야 합니다.

참고로 상가주택의 경우엔 상가 면적만 과세 대상입니다.

임대료

부가가치세는 소비자가 내는 세금입니다. 상가는 사업용 건물이라서 주택과 달리 부가가치세를 납부해야 합니다. 부가가치세는 매달 받는 월세에 대해서만이 아니라 보증금에 대해서도 납부해야 합니다. 보증금을 은행에 예금한다고 가정하면 이자가 발생하여 수입이 생기기 때문입니다. 그래서 보증금에도 은행이자율을 적용해 부가가치세를 산출합니다.

부가가치세는 1년에 2번 납부하는데, 1기에는 상반기 6개월치 수입의 10%를 7월 1일~7월 25일까지 납부하고, 2기에는 하반기 6개월치 수입의 10%를 다음 해 1월 1일~1월 25일까지 납부합니다. 관할 세무서에 방문해 납부하거나 국세청 홈택스(www.hometax.go.kr)를 통해 납부하면 됩니다.

> **예시** **부가가치세 계산법**
>
> 월세에 대한 부가가치세 = 월세 × 6개월 × 10%
>
> 보증금에 대한 부가가치세 = (보증금 × 이자율) × $\frac{182일}{365일}$ × 10%
>
> ※ 2025년 부가가치세 산출 시 임대보증금에 적용된 이자율은 3.1%
>
> 보증금 2천만 원, 월세 150만 원
> · 월세에 대한 부가가치세 = 150만 원 × 6개월 × 10% = 90만 원
> · 보증금에 대한 부가가치세 = (2천만 원 × 3.1%) × $\frac{182일}{365일}$ × 10%
>   = 3만 915원
> · 부가가치세 93만 915원

 2025년 부가가치세에 적용된 임대보증금에 대한 이자율은 3.1%입니다. 이 이자율은 매년 달라지며 국세청장이 고시합니다.

 2025년 부가가치세 이자율을 적용한 위 예시의 경우, 부가가치세 총 93만 915원(90만 원+3만 915원)을 납부해야 합니다. 1기와 2기의 부가가치세에 적용된 임대보증금 이자율이 같다면 2기 때도 같은 금액을 납부하면 되고, 만약 변동이 있다면 변동된 이자율로 계산해서 납부하면 됩니다.

토막상식

오피스텔 및 상업용 건물의 기준시가는 어떻게 확인하나?

국세청 홈택스(www.hometax.go.kr) → 상담·불복·제보 → 기타 → 기준시가 조회 → 오피스텔 및 상업용 건물'에서 확인할 수 있습니다.

075 토지 세금의 모든 것

토지를 매수하거나 보유하거나 매도할 때는 주택이나 상가와 마찬가지로 세금을 납부해야 합니다. 이번 장에서는 토지 관련 세금에 대해 살펴보겠습니다.

취득세

토지 역시 매수할 때 취득세를 납부해야 합니다. 토지의 취득세는 실거래가격에 세율을 곱하여 산출합니다.

① 토지(농지 외)를 취득한 경우 4.6%
② 농사를 짓지 않는 외지인이 농지를 취득한 경우 3.4 %
③ 2년 이상 자경인 또는 귀농인이 농지를 취득한 경우 1.6 %
④ 토지(농지 포함)를 증여받은 경우 4.0%
⑤ 일반인이 농지를 상속받은 경우 2.56%
⑥ 2년 이상 자경인이 농지를 상속받은 경우 0.18%

재산세

토지를 보유하고 있다면 재산세를 납부해야 합니다. 토지의 재산세는 얼마일까요?

> 과세표준(개별공시지가 × 공정시장가액비율 70%) × 세율

재산세율(분리과세대상토지)

분류	세율
전, 답, 과수원, 목장용지, 임야	과세표준액의 0.07%
골프장 및 고급오락장용 토지	과세표준액의 4%
그 밖의 토지	과세표준액의 0.2%

재산세율(종합합산과세대상토지)

과세표준	세율
5천만 원 이하	0.2%
1억 원 이하	10만 원 + 5천만 원 초과 금액의 0.3%
1억 원 초과	25만 원 + 1억 원 초과 금액의 0.5%

※ 주요 대상: 무허가 건축물의 토지, 나대지, 잡종지, 가액미달 토지 등

재산세율(별도합산과세대상토지)

과세표준	세율
2억 원 이하	0.2%
10억 원 이하	40만 원 + 2억 원 초과 금액의 0.3%
10억 원 초과	280만 원 + 10억 원 초과 금액의 0.4%

※ 주요 대상: 상가 부속토지, 공장 부속토지, 사업용 건축물의 부속토지 등

> **예시** 개별공시지가 5천만 원인 논(분리과세대상토지)
· 5천만 원 × 70% × 0.07% = 2만 4,500원
 (9월 16일부터 9월 30일까지 납부)

> **예시** 개별공시지가 1억 2천만 원인 나대지(종합합산과세대상토지)
· 10만 원 + {(1억 2천만 원 × 70%) - 5천만 원} × 0.3% = 20만 2,000원
 (9월 16일부터 9월 30일까지 납부)

종합부동산세

토지를 보유하고 있다면 재산세뿐만 아니라 종합부동산세도 납부해야 합니다.

나대지, 잡종지 등의 종합합산과세대상토지는 합산액이 5억 원을 초과하면 과세대상입니다. 그리고 사무실이나 상가 등의 부속토지 같은 별도합산과세대상토지는 합산액이 80억 원을 초과하면 종합부동산세 과세대상입니다. 그리고 토지의 공정시장가액비율은 100%이고 세부담 상한은 150%입니다.

종합부동산세율(종합합산과세대상토지)

과세표준	세율
15억 원 이하	1%
45억 원 이하	1천500만 원 + 15억 원 초과 금액의 2%
45억 원 초과	7천500만 원 + 45억 원 초과 금액의 3%

※ 주요 대상: 무허가 건축물의 토지, 나대지, 잡종지, 가액미달 토지 등

종합부동산세율(별도합산과세대상토지)

과세표준	세율
200억 원 이하	0.5%
400억 원 이하	1억 원 + 200억 원 초과 금액의 0.6%
400억 원 초과	2억 2천만 원 + 400억 원 초과 금액의 0.7%

※ 주요 대상: 상가 부속토지, 공장 부속토지, 사업용 건축물의 부속토지 등

양도소득세

주로 거래되는 토지는 농지입니다. 대지는 비싸고 산지(임야)는 개발에 제약이 따르기 때문입니다. 그러나 농지는 주인이 직접 8년간 농사를 짓지 않는 이상 양도차익의 16~55%를 양도소득세로 납부해야 합니다. 그러나 농지 소재지(농지가 소재하는 시·군·구 안이나 그 지역과 연접한 시·군·구 안의 지역 또는 해당 농지로부터 직선거리 30㎞ 이내의 지역)에 거주하는 자가 8년 이상(농지은행에 2026년 12월 31일까지 양도하는 경우엔 3년 이상) 직접 경작한 토지 중 토지의 양도로 인하여 발생하는 소득에 대해서는 양도소득세의 100%에 상당하는 세액을 감면합니다. 단, 해당 토지가 주거지역에 편입되거나 환지처분 전에 농지 외의 토지로 환지예정지 지정을 받은 경우엔 주거지역에 편입되거나 환지예정지 지정을 받은 날까지 발생한 소득에 대해서만 세액을 100% 감면합니다. 또한, 여러 필지를 양도할 때 1년 단위로 나누어 매도하면 매년 기본공제 250만 원을 적용받아 절세할 수 있습니다.

076 부동산 절세 비법

절세란 세법이 인정하는 범위 내에서 합법적·합리적으로 세금을 줄이는 행위를 말합니다. 불법적인 방법을 통해 세금을 줄이는 탈세와는 다릅니다. 이번 장에서 세금을 합법적·합리적으로 줄일 수 있는 몇 가지 방법에 대해 살펴보겠습니다.

공동명의로 취득하면 부동산 양도소득세 절감

양도소득세는 누진세율을 적용하고 있어 양도차익이 많으면 많을수록 세 부담이 증가합니다. 그러므로 부부가 부동산을 공동명의로 취득하면 단독으로 취득할 때와 양도차익은 같더라도 과세표준은 절반으로 줄어들어 양도소득세를 절감할 수 있습니다.

> **예시** 아파트 2채 중 1채를 2년 보유 후 매도, 양도차익 1억 5천만 원
> · 단독 취득 시 3천600만 원(35% 적용)
> · 공동 취득 시 2천400만 원(24% 적용)

동거하지 않는 부모의 주민등록 주택 양도 전에 정리해야

부모의 건강보험료를 절약하기 위해서 실제로는 함께 살지 않는 부모의 주소를 직장인인 자녀의 주소로 옮겨놓는 경우가 있습니다. 그런데 이런 경우 부모도 1주택자이고 자녀도 1주택자라면 1세대 2주택자가 됩니다. 그리고 이러한 상태에서 부모 또는 자녀의 주택 중 어느 하나를 양도하게 되면 1세대 1주택 비과세 혜택을 적용받을 수 없습니다. 그러므로 부모 또는 자녀의 주택 중 어느 하나를 양도할 계획이라면 양도하기 전에 실제 거주 내용에 맞게 사실대로 주민등록을 정리하여 세대를 분리해야 합니다. 그 뒤에 주택을 양도해야 합니다.

1주택 외에 공부상 주택이나 사실상 상가를 가지고 있다면?

1세대 1주택에서 주택이란 사실상 거주용으로 사용되는 건물을 말합니다. 공부상 내용과는 관계가 없습니다. 그러나 사실상의 용도가 공부상 용도와 다른 경우엔 세무서에서 일일이 확인할 수 없으므로 공부상 내용에 따라 판단합니다. 그러므로 1주택 외에 공부상 주택으로 되어 있는 상가가 있다면 1주택을 매도하기 전에 미리 상가건물로 용도변경을 하고 공부를 정리해 놓아야 합니다. 그런데 만약 용도변경을 미리 하지 못했다면 '임대차계약서 사본', '임차인의 사업자등록증 및 부가가치세신고서 사본', 임대인의 부가가치세신고서 및 부동산임대공급가액명세서', '기타 상가로 임대했음을 증명할 수 있는 서류'를 서둘러 세무서에 제출하여 사실상 용도를 입증해야 합니다.

1세대가 겸용주택 한 채를 양도한다면?

겸용주택이란 한 건물에 주택과 상가가 함께 있는 건물을 의미합니다. 겸용주택의 경우 주택의 연면적이 주택 외의 연면적보다 크면 겸용주택 전체를 주택으로 판단하고, 주택의 연면적이 주택 외의 연면적보다 같거나 작으면 주택 부분만 주택으로 판단합니다. 그러므로 1세대가 실거래가액 12억 원 이하인 겸용주택 한 채를 소유하고 있고 그 기간이 2년 이상이라면 주택의 연면적이 주택 외의 연면적보다 크게 하여 1세대 1주택 비과세 혜택을 볼 수 있습니다.

상가에 딸린 방이 있다면 임대차계약서 사본(계약서 작성 시 주택면적과 상가면적을 구분하여 작성), 임차인의 주민등록표 등본(전입세대열람으로 갈음 가능), 거주사실확인서(인근 주민들에게 받음), 기타 임차인이 거주한 사실을 입증할 수 있는 서류를 준비하여 주택임을 입증해야 합니다. 그리고 건축주라면 겸용주택의 주택 부분을 조금 더 크게 신축해야 합니다. 이것이 겸용주택의 가치를 높이는 방법입니다. 참고로 겸용주택의 실거래가액이 12억 원을 초과하면 주택의 연면적이 주택 외의 연면적보다 크더라도 주택 부분만 주택으로 판단합니다.

1주택자가 폐가인 농가주택이 있다면?

양도소득세는 실질 내용에 따라 과세합니다. 그러므로 1주택 외의 농가주택이 주택으로서 기능을 할 수 없는 폐가 상태이고 그 농가주택이 있는 곳에 새로운 주택을 신축할 계획이 없다면 농가주택을 멸실시킨 다음 건축물관리대장 등 공부를 정리하는 것이 좋습니다. 그러면 거주하고 있는 1주택은 1세대 1주택(실거래가액 12억 원 이하, 2년 보유, 조정대상지역은 2년 거주까지 충족) 비과세 적용을 받을 수 있습니다.

상가 임차인이 전입신고를 했다면?

임대인이 상가건물을 영업용으로 임대했더라도 임차인이 임대인의 승낙을 받아 건물 일부를 주택으로 사용하고 전입신고까지 했다면 주택으로 인정받습니다. 이런 경우 임대인은 자신도 모르게 1주택이 증가하는 것이고 이 같은 사실은 양도세 납부 시 불리하게 적용됩니다. 그러므로 주택을 매도할 계획이라면 상가 임차인의 전입신고 여부도 확인해야 합니다.

2년 이상 보유하지 않아도 1세대 1주택 비과세되는 경우는?

1세대 1주택자가 비과세 혜택을 받으려면 2년 이상 보유해야 합니다. 그러나 다음과 같은 부득이한 경우엔 그러지 않아도 됩니다.

- 1주택만 있는 세대가 양도일 현재 취학, 근무상 형편, 질병의 요양, 기타 부득이한 사유가 발생하여 세대원 전원이 다른 시·군으로 거주 이전을 해야 하는 경우엔 해당 주택에서 1년 이상 거주했다면 1세대 1주택 비과세 적용을 받을 수 있습니다.
- 1주택만 있는 세대가 해외이주로 세대원 전원이 출국하거나, 취학이나 근무상 형편으로 1년 이상 계속해서 국외 거주가 필요하여 세대원 전원이 출국하는 경우엔 출국 후 2년 이내 주택을 양도하면 1세대 1주택 비

과세 적용을 받을 수 있습니다.

- 민간건설임대주택, 공공건설임대주택, 공공매입임대주택을 취득하여 1주택자가 된 자가 그 주택을 양도하는 경우로서 해당 임대주택의 임차일로부터 양도일까지 세대원 전원이 5년 이상 거주했다면 보유기간과 무관하게 1세대 1주택 비과세 적용을 받을 수 있습니다.

- 1주택만 있는 세대가 재개발·재건축사업시행으로 사업시행인가일 이후 다른 주택(대체주택)을 취득하여 1년 이상 거주하다가 재개발·재건축주택이 완공되자 3년 이내에 해당 주택으로 세대원 전원이 이사하고 1년 이상 계속 거주했다면 재개발·재건축주택 완공 전 또는 후 3년 이내에 대체주택을 양도하더라도 1세대 1주택 비과세 적용을 받을 수 있습니다.

- 주택 및 그 부수토지(사업인정고시일 전 취득분에 한정)의 전부 또는 일부가 협의매수·수용되는 경우엔 보유기간이나 거주기간에 관계없이 1세대 1주택 비과세 적용을 받을 수 있습니다. 협의양도·수용일로부터 5년 이내에 양도하는 잔존주택 및 그 부수토지도 마찬가지입니다.

- 1세대 1주택자가 2년 보유기간을 채우기 전에 매매계약을 체결해야 하는데 앞의 예외 사례에 해당하지 않는다면 어떻게 해야 할까요? 이럴 땐 2년 보유기간을 채우기 위한 기간이 얼마나 남았는지 살펴봅니다. 그리고 그 기간이 몇 달 남지 않았다면 매수자와 잔금 지급일을 조정해 보세요.

보유기간 이렇게 적용받아요

주택의 취득일과 양도일은 잔금일을 원칙으로 합니다. 그러나 잔금일 전에 소유권이전등기를 마쳤거나 잔금을 치른 날이 분명하지 않은 경우엔 등기접수일이 주택의 취득일과 양도일입니다.

그럼, 보유기간 적용 사례를 살펴보겠습니다.

- 본등기하기 전에 가등기를 한 기간은 보유기간으로 인정받지 못합니다.
- 주택을 배우자에게 증여한 후 배우자가 그 주택을 양도하면 증여자의 보유기간도 인정받습니다.
- 위자료로 주택을 받은 배우자가 그 주택을 양도하면 배우자의 보유기간만 인정받습니다.
- 재산분할청구권으로 취득한 주택은 소유권을 이전해 준 자의 보유기간도 인정받습니다.
- 증여받은 1주택을 이혼 후 양도하면 증여를 받은 날로부터 보유기간을 인정받습니다.
- 주택을 상속받으면 상속일(피상속인의 사망일)로부터 보유기간을 인정받습니다. 단, 상속인이 피상속인과 동일세대원이었다면 피상속인의 취득일부터 보유기간을 인정받습니다.
- 주택이 거주·보유 중 소실·무너짐·노후 등으로 인해 멸실되어 재건축했다면 멸실된 주택과 재건축한 주택의 보유기간 모두를 인정받습니다. 단, 재건축 과정에서 증가한 주택 면적은 보유기간과 무관하며 증가한 부수토지는 신축일로부터 2년이 경과해야 비과세 적용을 받을 수 있습니다.

- 보유하던 주택이 재개발·재건축 주택으로 완공되었다면 종전 주택의 보유기간, 공사기간, 재개발·재건축 후의 보유기간을 모두 인정받습니다.

부동산 양도 시 취득가액을 알 수 없다면?

부동산을 양도할 때 양도차익이 발생하면 양도소득세를 납부해야 합니다. 양도차익이 얼마인지를 알려면 양도가액에서 취득가액을 빼주면 됩니다. 그런데 양도 시 취득가액을 모른다면 어떻게 할까요? 이럴 땐 다음과 같이 취득가액을 산출합니다.

$$(\text{환산})\text{취득가액} = \text{양도가액} \times \frac{\text{취득당시 기준시가}}{\text{양도당시 기준시가}}$$

그러므로 이 경우 기준시가가 매년 상승한다고 전제할 때 새로운 기준시가(공시지가, 개별주택가격)가 고시되기 전에 부동산을 양도하면 분모 값인 양도당시 기준시가 값이 작아져 취득가액 값이 커지므로 양도차익을 줄일 수 있습니다.

실거래가액으로 거래하는 부동산, 증빙서류 잘 챙기세요!

부동산 양도소득세 계산 시 양도차익에서 필요경비를 공제하므로 공제할 필요경비가 많으면 양도소득세 부담이 줄어듭니다. 따라서 필요경비를 지출했다면 증빙서류를 잘 챙겨두어야 합니다.

필요경비는 취득하는 데 소요된 비용, 취득 후 지출한 비용, 양도비용으로 나누어 볼 수 있습니다.

- 취득하는 데 소요된 비용으로는 취득세, 부동산 중개수수료, 소송비용·인지대 등이 있습니다. 취득세는 영수증이 없더라도 인정받을 수 있지만 다른 비용은 대금 수수 영수증(무통장 거래 시 무통장입금 영수증), 거래 상대방의 거래사실확인서, 기타 대금 지급 사실을 입증할 수 있는 서류 등이 필요합니다.

- 취득 후 지출한 비용으로는 승강기 설치비용, 피난시설 설치비용, 재해 등으로 멸실되거나 훼손된 건물의 복구비용, 토지의 이용편의를 위한 장애물 철거비용, 도로 신설비용, 난방시설 교체비용, 새시 설치비용, 발코니 개조비용 등이 있습니다. 단, 벽지·장판 교체비용, 싱크대·주방기구 교체비용, 외벽 도장비용, 조명기구 교체비용 등은 공제받을 수 없습니다. 증빙서류로는 공사도급 계약서, 세금계산서, 공사대금지급 영수증, 기타 비용 지출사실을 입증할 수 있는 서류가 필요합니다. 참고로 2018년 4월 1일 이후 양도부터는 금융증빙 등 실제 지출이 확인되는 경우엔 필요경비로 인정받을 수 있습니다.

- 양도비용으로는 양도하기 위해 직접 지출한 계약서 작성비용, 공증비용, 인지대, 광고료, 소개비, 양도소득세 신고서 작성비용, 부동산 취득 시 매입한 국민주택채권 매각으로 발생한 매각손실 등이 있습니다. 증빙서류로는 양도비용 지급 영수증, 인지세 납부 영수증, 국민주택채권 등 매각 영수증, 세무대리인에게 지급한 수수료 영수증, 기타 비용 지출사실을 입증할 수 있는 서류가 필요합니다.

이럴 땐 등기 원인을 주의하자!

법원의 확정판결이나 당사자 간의 합의에 의하여 위자료로 일방이 소유하고 있던 부동산의 소유권을 상대방에게 이전해 주는 경우 그 자산을 양도한 것으로 봅니다. 그리고 그 양도한 부동산이 양도소득세 대상이라면 상대방에게 소유권을 이전해 준 자는 양도소득세를 납부해야 합니다. 그러나 재산분할청구로 인하여 부동산의 소유권을 이전해 주는 경우에면 상대방은 부부 공동의 노력으로 이룩한 재산 중 자신의 지분을 돌려받는 것이 되므로 양도 및 증여로 보지 않습니다. 그러므로 양도소득세나 증여세 대상이 아닙니다.

이혼으로 인해 부동산의 소유권이 이전되는 경우 등기 원인에 따라 세금을 납부할 수도 납부하지 않을 수도 있으므로 주의하세요.

주택에서 주택외 용도로 변경 후 양도한 건물

주택에서 상가 등으로 용도변경 후 양도한 건물에 대한 1주택 판정시점은 매매계약일입니다. 그러므로 매수자가 매매계약 후 바로 해당 주택을 상가로 용도변경을 하더라도 매도자는 양도소득세 1세대 1주택 비과세 혜택(요건 충족 시)을 볼 수 있습니다.

> **토막상식**
>
> **세대를 건너뛰어 증여하면 세금을 30% 더 낸다**
>
> 증여자가 자녀가 아닌 손자, 손녀에게 재산을 증여하면 증여세액의 30%(미성년자이며 증여재산가액이 20억 원을 초과하면 40%)에 상당하는 금액을 납부해야 합니다.

넷째 마당

대체 투자에 관한 알짜 상식

Common Sense Dictionary
of Real Estate

077 재개발·재건축 투자의 목적과 과정 완전정복

재건축이나 재개발에 관심을 갖는 투자자가 많습니다. 그들은 왜 재건축이나 재개발을 좋은 투자처로 생각하는 걸까요?

재건축이나 재개발이 되면 주변 시설이 전과는 비교가 안 될 정도로 새로워지고 주변 환경도 쾌적해집니다. 또한 낡은 주택을 새 아파트로 지었기에 많은 시세차익을 볼 수 있습니다.

개발 전부터 살던 원주민에게 주는 조합원 자격

재건축이나 재개발로 인해 새로 지어진 아파트를 분양받는 방법은 두 가지가 있습니다. 첫 번째는 청약통장을 가지고 청약하여 아파트를 분양받는 것입니다. 두 번째는 개발되는 지역 안에 낡은 주택이나 토지를 소유하여 조합원 자격으로 아파트를 분양받는 것입니다.

조합원은 새로 건축한 아파트를 일반인보다 저렴하게 분양받을 수 있습니다. 보통 재개발 지역에 있는 단독주택이나 다세대주택은 층수가 그리 높지 않은데 이러한 주택들이 옹기종기 모여 있는 토지의 면적이 넓은 경우 그런 곳에 20층 이상의 아파트를 건축하면 조합원 수보다 훨씬 많은 아파트를 건축할 수 있습니다. 조합원들은 자신들이 분양받고 남는 아파트를 일반 분양하고 그 이익을 자신들의 분양가에 충당합니다. 이렇게 해서 조합원들은 일반인보다 저렴한 가격에 아파트를 분양받을 수 있는 것입니다. 그리고 저렴하게 분양받은 아파트를 짓는 중이나 완공 후 시세대로 매도하면, 일반 아파트에 투자하는 것보다 더 많은 시세차익을 볼 수 있습니다.

그러나 재건축·재개발에 장점만 있는 것은 아닙니다. 개발 지연 시 소요되는 이자, 인건비 등의 경비를 고스란히 조합원들이 부담해야 합니다. 개발이 오랫동안 지연되면 사업비가 늘어나 일반 아파트에 투자한 것보다 더 많은 돈이 들 수도 있습니다. 그러므로 재건축이나 재개발에 투자하려면 진행 상황을 유심히 살펴본 후에 신중하게 투자해야 합니다.

지분이 있다고 무조건 분양받는 것은 아니다

재개발 지역에 지분이 있다고 해서 무조건 아파트를 분양받을 수 있는 건 아닙니다. 지분 쪼개기로 새로 건축될 아파트 수보다 조합원의 수가 더 많아지면 아파트를 분양받지 못하고 현금청산을 당할 수 있습니다.

재건축과 재개발, 이렇게 달라요!

재건축은 도시를 처음 조성할 때 함께 만들었던 도로, 주차장, 광장, 공원, 상·하수도, 공동구, 학교, 문화시설 등 기반시설은 대부분 그대로 두고 주로 낡은 주택만을 다시 건축하는 것을 말합니다. 반면에 재개발은 낡은 주택뿐만 아니라 기반시설도 함께 다시 조성합니다. 이유는 재건축하는 지역은 개발한지 40~50년 정도밖에 되지 않아 대부분의 기반시설이 양호한 편이지만 재개발하는 지역은 개발한지 오래되어 기반시설 대부분이 매우 불량하기 때문입니다. 그러다 보니 재건축은 기반시설을 위한 비용 부담이 적고 재개발은 기반시설을 위한 비용 부담이 상대적으로 큽니다. 재건축과 재개발의 차이점은 아래 표의 내용을 참조하세요.

재건축과 재개발의 차이점

차이점	재건축	재개발
조합원 자격	조합설립에 동의해야 함 미동의 시 청산대상 (임의가입)거절 가능	조합설립 동의하지 않아도 조합설립과 동시에 조합원됨 (강제가입)거절 불가능
	건물과 토지 모두 소유해야 함	건물과 토지 중 하나만 소유해도 됨
정비기반시설	양호함	열악함
기반시설 기부채납	재개발보다 적음	재건축보다 많음
임차인 이사비 손실보상비 주거이전비	해당 없음	지급, 주거이전비는 주민공람공고일 3개월전부터 사업시행인가일(이주·철거) 까지 거주한 경우 가구원 수에 따라 4개월 분 지급
재건축진단 실시 여부	실시함(단독주택 재건축은 안 함)	실시하지 않음
사업진행속도	재개발보다 원활한 편	재건축보다 원활하지 않은 편
현금청산자 비율	비교적 적음, 2% 미만	재건축보다 많은 편, 10~20%
현금청산 방법	매도청구	수용
현금청산	시세기준(개발이익 포함)	감정평가액 기준(개발이익 배제)
개발부담금	재건축초과이익환수제	해당 없음
실투지금액	재개발보다 많은 편	재건축보다 적은 편

재건축·재개발! 단계에 따라 투자 포인트가 다르다

여건에 맞게 투자하려면 각각의 개발 단계를 알아야 합니다.

1 | 기본계획 수립

특별시장·광역시장·특별자치시장·특별자치도지사 또는 시장이 관할 구역에 대하여 10년 단위로 도시·주거환경정비기본계획을 세우는 단계입니다. 초기 단계라서 개발이익에 대한 프리미엄이 적게 형성되어 투자 금액이 다른 단계보다 적으나 자금이 오랫동안 묶일 수 있습니다. 아예 개발이 무산될 수도 있습니다. 이 단계에서 섣부른 투자는 위험합니다.

2 | 구역 지정

특별시장·광역시장·특별자치시장·특별자치도지사·시장 또는 군수가 기본계획에 적합한 범위에서 노후·불량 건축물 밀집 등 주거환경이 열악한 구역을 정비구역으로 지정하는 단계입니다. 투자 금액은 적게 들어가나 자금이 오랫동안 묶일 수 있으므로 장기적인 안목으로 투자해야 합니다.

3 | 추진위원회 구성

조합이 설립될 때까지 개발을 준비하는 단계로, 조합설립을 위한 추진위원회를 구성하여 시장·군수 등의 승인을 받는 단계입니다. 투기과열지구 내 재건축 단지에 투자하고자 한다면 늦어도 이 단계에서는 투자해야 합니다. 이유는 조합설립 후 투자하면 현금청산 대상이 되기 때문입니다. 투기과열지구가 아니라면 개발 진행 상황을 좀 더 지켜본 후에 다음 단계에서 투자하는 것도 좋습니다.

4 | 조합 설립 인가

추진위원회가 시장·군수 등에게 조합설립인가를 받는 단계입니다. 추진위원회는 조합설립에 필요한 동의를 받기 전에 추정분담금 등 정보를 토지등소유자에게 제공하여야 합니다.

조합원 간에 단결이 잘되고 개발에 대한 의지가 강하다면 이 단계에서 투자해도 괜찮습니다. 단, 조합설립에 대한 동의를 수월하게 받기 위해서 사업비용을 줄이고 일반분양가격을 높게 계산하기도 하므로 반드시 주변 개발단지와 비례율 등을 비교해 봐야 합니다.

5 | 시공사 선정

공사할 건설회사를 선정하는 단계로, 여러 건설회사를 대상으로 경쟁입찰로 시공사를 선정합니다. 시공사를 선정하기 전에는 조합이 '갑', 시공사가 '을' 입장이지만 막상 시공사가 선정되면 시공사가 '갑', 조합이 '을' 입장이 됩니다. 그러므로 시공사를 선정할 때는 선심성 공약에 현혹되지 말고 현실성 있는 공약인지, 추가로 부담해야 할 공사비는 없는지 꼼꼼하게 확인해야 합니다.

6 | 재건축진단 진행

재건축의 재건축진단은 사업시행인가 전까지 통과하면 됩니다.

7 | 사업시행인가

"개발을 이러한 방법으로 진행했으면 합니다"라는 사업시행계획서를 시장·군수 등에게 제출하고 정비사업을 진행해도 좋다는 인가를 받는 단계입니다. 이 단계에 들어서면 건축 세대수, 소형주택 세대수, 임대주택 세대수 등을 알 수 있어 어느 정도 수익성을 예측할 수 있으므로 안정적인 투자를 원하는 수요가 많아지기 시작합니다. 프리미엄이 붙어 투자금액이 많이 필요합니다.

투기과열지구 내 재개발 지역에 투자하고자 한다면 이 단계가 투자 여부를 결정할 마지막 시기입니다. 2018년 1월 15일 이후부터 관리처분계획 인가 단계에서 투자하면 현금청산 대상이 되기 때문입니다.

8 | 조합원 분양신청

조합원들의 분양신청을 받는 단계로 분양신청을 받기 전에 분양대상자별로 종전의 토지 또는 건축물의 명세, 사업시행계획 인가 고시가 있던 날을 기준으로 한 평가금액, 분양대상자별 분담금의 추산액, 분양신청 기간 등을 고지합니다.

9 | 관리처분계획 인가

이 단계에서는 아파트를 분양받을 수 있는 조합원의 조건과 아파트 넌적 등을 정합니다. 구체적인 사업성이 산출되는 시기로 공사비, 기타 사업비, 세입자별 손실보상액, 감정평가액, 일반분양분, 임대주택, 분담금 등을 자세하게 알 수 있습니다. 안전하고 투자 기간이 짧아 투자 수요가 많고, 프리미엄도 많이 붙어 투자금액이 많이 필요합니다.

10 | 이주 및 철거

기존 건물을 헐고 공사하기 위해 주민들이 이주하는 단계입니다.

11 | 착공 및 일반분양

공사에 착수하는 단계로, '조합원 분양신청' 단계에서 조합원에게 분양하고 남은 아파트를 일반인에게 분양합니다. 일반분양가격이 결정됨에 따라 총분양수입 등 모든 것이 확정되어 투자수익을 정확하게 판단할 수 있는 시기입니다. 이 단계는 투자 시기라기보다는 투자한 물건의 수익성 등을 평가한 후 보유할 것인지 매도할 것인지를 결정하는 단계입니다.

12 | 준공 및 입주

설계한 그대로 아파트가 건축됐는지 확인하고 아파트에 입주하는 단계입니다. 준공된 주택이라고 해도 청산 전까지는 미분양 등을 이유로 추가분담금이 발생할 수 있습니다.

13 | 이전 고시

아파트의 소유권을 분양받은 조합원들에게 이전하는 단계입니다.

14 | 청산

앞의 '관리처분계획 인가' 단계에서 결정한 대로 조합원 주택의 감정가격이 분양가격보다 적으면 조합원은 조합에 돈을 지급하고, 반대로 조합원 주택의 감정가격이 분양가격보다 크면 조합원은 조합으로부터 돈을 받습니다. 이로써 재건축이나 재개발의 모든 단계가 끝나고 조합은 해체됩니다.

재건축이나 재개발에 투자하고 싶다면 해당 지역의 공인중개사 사무소와 추진위원회(조합)를 직접 방문해 사업 진행 정도와 조합원들의 화합 여부를 확인해야 합니다. 지역 주민과 대화도 필요합니다.

투자하고 싶은 재건축 지역이나 재개발 지역의 단계별 구체적인 정보를 알고 싶다면 서울특별시는 '정비사업 정보몽땅', 경기도는 경기도 홈페이지 → '정보공개' → '사전정보공표' → '도시/주택'에서 검색해 보세요.

재건축·재개발 입주권도 토지거래허가제 규제 적용

유주택자가 토지거래허가구역 내에 아파트를 추가로 매수할 경우 그 이유를 구체적으로 소명하고 허가를 받아야 합니다. 그리고 기존 주택을 6개월 안에 팔거나 임대해야 합니다. 허가일로부터 4개월 안에 입주하여 2년 이상 실거주해야 합니다. 재건축·재개발 입주권을 살 때도 관할 구청의 허가를 받아야 합니다.

> **토막상식**
>
> **서울시 우리 동네 정비사업 알아보기**
>
> 재개발과 재건축 이외에 도심공공주택복합사업, 자율주택정비사업, 가로주택정비사업, 소규모 재개발사업, 소규모 재건축사업 등 여러 종류의 개발사업이 있습니다. 이들에 대해 좀 더 자세하게 알고 싶다면 '정보몽땅' → '정보 센터' → '자료실'에서 '우리집 우리 동네 정비사업 가이드'를 참조하세요.

재건축·재개발 용어 완전정복!

감정가

재건축이나 재개발 시 시장 또는 군수는 감정평가법인에게 조합원들이 가지고 있는 주택과 대지의 가치가 얼마나 되는지를 평가하도록 하는데, 이때 계산되는 금액을 '감정가'라 합니다.

비례율

개발이 완료되었을 때의 주택과 대지의 총액에서 총사업비용을 뺀 금액을 개발하기 전의 주택과 대지의 총액으로 나눈 금액을 '비례율'이라고 합니다. 각 조합원의 개발 전 주택과 지분의 감정가에 비례율을 곱하면 조합원의 권리가액이 되므로, 비례율이 높을수록 개발 가치가 높다고 판단합니다. 그러나 비례율이 높다고 무조건 좋은 것은 아닙니다. 추진위원회에서 개발을 추진하기 위해 현실성 없는 비례율을 주장하기도 합니다.

$$비례율(\%) = \frac{개발완료\ 후\ 주택과\ 대지의\ 총가액 - 총사업비}{개발\ 전\ 주택과\ 대지의\ 총가액} \times 100$$

권리가액

조합원의 개발 전 주택과 대지의 감정가에 비례율을 곱해 계산한 금액을 '권리가액'이라고 합니다. 조합원 분양가에서 권리가액을 뺀 차액만큼 추가분담금을 부담하면 개발된 아파트에 입주할 수 있습니다. 예를 들어 조합원 분양가가 7억 원이고 권리가액이 4억 원이라면 3억 원을 추가로 부담해야 합니다.

재건축 무상지분율

재건축 단지 조합원이 추가분담금 없이 넓혀서 갈 수 있는 면적비율을 '재건축 무상지분율'이라고 합니다. 어느 가구의 대지지분이 66m²이고, 무상지분율이 200%라면 이 가구는 132m²를 추가분담금 없이 공급받을 수 있습니다. 재건축 무상지분율은 주택의 가치는 고려하지 않고 단순하게 대지지분만 고려합니다. 그러나 재개발의 경우엔 주택과 대지지분을 모두 고려합니다. 재건축 무상지분율을 구하는 방식은 다음과 같습니다.

$$무상지분율 = \frac{전체\ 무상지분면적}{총대지면적} \times 100$$

$$전체\ 무상지분면적 = \frac{총분양수입 - 총사업비}{평균분양가} \times 100$$

추가분담금과 청산금

재개발에서 조합원 분양가가 권리가액보다 크거나 재건축에서 원하는 주택면적이 무상지분면적보다 커서 조합에 추가로 납부해야 하는 금액을 '추가분담금'이라고 합니다. 이와 반대로 권리금액이 조합원 분양가보다 크거나 무상면적이 원하는 주택면적보다 커서 조합으로부터 되돌려 받는 금액을 '청산금'이라고 합니다.

현금청산

재건축이나 재개발에서 조합원이 현금을 받고 조합원 지위를 포기하는 것을 '현금청산'이라고 합니다. 서음부터 분양신청을 하지 않거나 분양신청을 철회한 경우, 아파트를 분양받기에는 권리금액이 너무 적은 경우 현금청산 대상이 됩니다.

재건축초과이익환수제

재건축으로 인해 정상 주택가격 상승분을 초과하는 이익이 생길 경우 국가가 그 이익을 환수하는 제도를 '재건축초과이익환수제'라고 합니다. 재건축 준공 때까지 조합원 1인당 평균 이익이 3천만 원을 초과할 경우 그 초과 금액의 최고 50%를 세금으로 납부해야 합니다. 그러나 2017년 말까지 관리처분계획인가를 신청한 단지는 재건축초과이익환수제 적용을 받지 않습니다.

이주비

재건축이나 재개발에서 조합원에게 지급하는 비용으로, 공사 기간에 거처를 옮길 수 있도록 조합이 알선하여 조합원에게 지급합니다. 대출 규제가 심하면 이주비대출 역시 줄어들어 이주가 지연

되고, 개발이 오랫동안 연기되기도 합니다.

정비예정구역

시장·군수·구청장은 노후된 지역을 계획적으로 정비하기 위해 주민의 의견을 수렴하고 도시계획위원회의 심의를 받아 재건축 재개발을 위한 정비구역을 예정하는데, 이렇게 예정된 정비구역을 '정비예정구역'이라 합니다. 정비예정구역 지정 후 특별시장·광역시장·특별자치시장·특별자치도지사·시장 또는 군수는 노후·불량건축물이 밀집하는 등 요건에 해당하는 구역에 대하여 정비계획을 결정하여 정비구역을 지정할 수 있습니다.

지구단위계획

도시를 좀 더 체계적·효율적으로 개발하기 위해 기반시설의 배치와 규모, 가구의 규모, 건축물의 용도, 건폐율, 용적률, 높이 등을 제한하거나 유도하는 도시관리계획을 말합니다. 다시 말해, 수립된 지구단위계획을 살펴보면 도시가 앞으로 어떻게 개발될 것인지 예상할 수 있습니다. 지구단위계획구역으로 지정되면 3년 안에 해당 구역에 대한 지구단위계획을 세워야 하며, 그렇지 않으면 지구단위계획구역의 효력이 상실됩니다.

2·4 대책 '현금청산'

2021년 2월 5일 이후 공공이 주도하는 사업예정지구에서 취득한 다세대주택 등은 입주권이 나오지 않고 현금청산될 수 있습니다. 또한, 다세대주택을 신축해서 추가로 지분을 쪼개거나 건물 한 채나 한 개 필지를 다수가 공유하더라도 우선공급권은 한 개만 허용됩니다.

'위장 세대 분리' 방지

여러 명의 토지등소유자가 1세대에 속하는 때에는 이들에게 주택 한 채만 분양합니다. 그러나 법원은 실질적으로 주거와 생계를 같이하고 있지 않으면 이들을 '동일한 세대'라 보지 않고 각자의 세대에게 주택을 분양해야 한다고 판시했습니다. 그렇지 않으면 실제로 주거와 생계를 같이하고 있으면서도 형식적으로 주민등록만 달리 두고 있는 '위장 세대 분리' 폐단이 발생할 수 있다고 보았습니다(대법원 2025. 3. 27. 선고 2022두50410 판결).

078 재개발·재건축의 투자 포인트, 토지의 면적과 수익률 계산

재건축과 재개발에 투자하는 이유는 일반분양 가격보다 저렴하게 분양받아 많은 시세차익을 얻을 수 있어서입니다. 그렇다면 재건축과 재개발 지역에 있는 주택을 매수하기만 하면 원하는 면적의 아파트를 분양받을 수 있을까요?

재건축과 재개발 지역에서 원하는 면적의 아파트를 분양받으려면 반드시 살펴봐야 할 것이 있습니다.

재건축, 대지지분과 용적률을 살펴보라!

재건축에 투자하려면 먼저 매수하려는 아파트의 대지지분과 현재 용적률, 개발 가능한 용적률을 살펴봐야 합니다. 대지지분이 크면 평가금액을 많이 받을 수 있어 추가분담금 부담을 줄일 수 있습니다.

용적률이란 대지면적에 대한 건축물의 연면적 비율로, 용적률이 클수록 건축물의 크기를 키워 투자가치를 높일 수 있습니다. 현재 아파트의 용적률은 낮으나 개발 가능한 용적률이 높으면 새롭게 건축되는 세대수가 많아져 사업성이 좋습니다.

용적률은 용도지역에 따라 달라집니다. 용도지역은 경제적·효율적인 토지 이용을 위해 건축물의 용도와 건폐율, 용적률, 높이 등을 제한하는 지역을 말합니다. 용도지역 중 주거지역은 제1종 전용주거지역, 제2종 전용주거지역, 제1종 일반주거지역, 제2종 일반주거지역, 제3종 일반주거지역, 준주거지역으로 나뉩니다. 예를 들어 보겠습니다. 용도지역이 제3종 일반주거지역으로 현재 용적률이 190%인 아파트와 용도지역이 제2종 일반주거지역으로 현재 용적률이 195%인 아파트가 있다고 합시다. 제3종 주거지역은 개발 가능한 용적률이 300%로 현재 190%에 110%를 추가할 수 있습니다. 그러나 제2종 주거지역은 개발 가능한 용적률이 250%라 현재 195%에 55%만 추가할 수 있습니다.

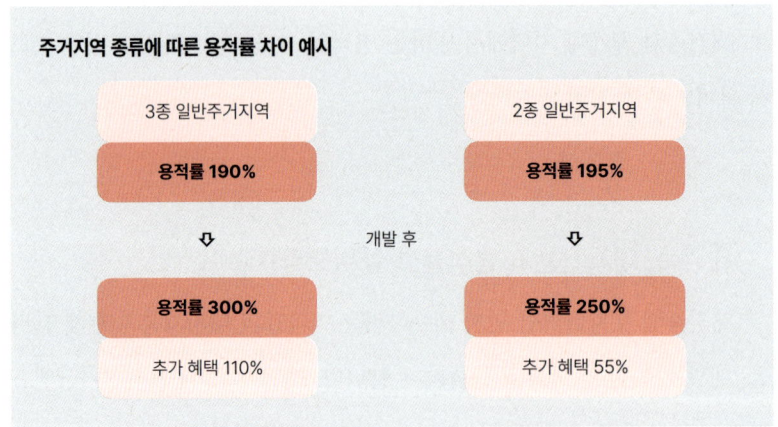

대지면적은 주택을 건축할 수 있는 토지의 넓이

B씨와 K씨는 재개발이 예정된 지역에 투자 목적으로 주택을 각각 한 채

씩 취득했습니다. B씨와 K씨가 투자한 돈은 3억 원 차이가 납니다.

> **예시**
> · **B씨** : 대지 66㎡의 낡은 주택, 8억 원
> · **K씨** : 대지 33㎡의 낡은 주택, 5억 원

3년 후 재개발이 되면서 B씨는 시가 15억 원인 전용면적 85㎡의 아파트를 분양받았고, K씨는 시가 8억 원인 전용면적 59㎡의 아파트를 분양받았습니다. 그 이유는 B씨가 매수한 한옥의 대지면적이 K씨가 매수한 다세대주택의 대지지분보다 넓었기 때문입니다. 그러므로 주택을 취득할 때는 건물 상태도 중요하지만, 토지의 넓이(지분)도 중요합니다. 대지지분이 얼마나 큰지를 등기사항전부증명서에서 꼭 확인하세요.

	(대지권의 표시)		
표시번호	대지권종류	대지권비율	등기원인 및 기타사항
1	1 소유권대지권	67091.9분의 46.5681	2018년10월16일 대지권 2018년10월25일 등기
2			별도등기 있음 1토지(갑구1번 신탁등기, 갑구1-1번 금지사항등기) 2018년10월25일 등기
3			2번 별도등기 말소 2019년1월22일 등기

재개발도 '건물 노후도'를 무시하면 큰코다친다!

재개발 지역의 주택을 취득할 때는 주택의 안과 밖의 상태도 꼼꼼히 살펴봐야 합니다. 주택의 가치를 평가할 때 지분뿐만 아니라 건물도 함께 평

가합니다. 그리고 재개발 지역의 건물들은 대부분 낡고 허름하므로 재개발을 기다리는 중에 수리비가 추가로 들어갈 수 있습니다.

등기사항전부증명서와 건축물대장을 살펴보는 것은 필수!

　재개발과 재건축 지역에 있는 주택을 매수할 때는 등기사항전부증명서와 건축물대장을 잘 살펴봐야 합니다. 재건축과 재개발 투자는 지분을 얼마나 가지고 있는가가 가장 중요한데, 등기사항전부증명서에서 지분이 얼마인지 확인할 수 있습니다. 건축물대장에서는 원래 하나였던 지분이 쪼개졌는지, 쪼개졌다면 언제 쪼개졌는지를 확인할 수 있습니다.

　서울특별시는 2003년 12월 30일 전에 단독 또는 다가구주택을 다세대주택으로 전환하여 구분등기를 완료한 주택에 대해서는 전용면적 60㎡ 이하의 주택을 공급하거나 정비구역 내 임대주택을 공급할 수 있으며, 다세대주택의 주거전용 총면적이 60㎡를 초과하는 경우에는 종전 관련 조례의 규정에 따릅니다. 다만, 하나의 다세대전환주택을 공유지분으로 소유하고 있는 경우에는 주거전용 총면적에 포함시키지 아니하며 전용면적 85㎡ 이하 주택을 분양신청 조합원에게 배정하고 잔여분이 있는 경우, 전용면적 60㎡ 이하 주택 배정조합원의 상향요청이 있을 시에는 권리가액 다액 순으로 추가 배정할 수 있습니다(「서울특별시 도시 및 주거환경정비 조례」 부칙 제26조②항).

주택의 지분을 쪼갠 아파트 공급조건

60㎡(약 18평) 이하	전용면적 60㎡ 이하 아파트나 임대아파트 공급
60㎡(약 18평) 초과	주택과 땅의 가치를 평가한 평가금액에 따라 전용면적 결정

H씨의 재건축·재개발 투자 준비 과정

3억 원의 여유자금을 지닌 H씨는 이 돈을 어디에 투자힐지 고민한 끝에 평소 관심이 많던 재개발에 투자하기로 했습니다. 먼저 서울시의 재건축·재개발 등 정비사업의 정보를 공개하는 '정비사업 정보몽땅' 홈페이지(cleanup.seoul.go.kr)를 방문해 재개발이 이루어지는 지역을 알아본 후 자신의 주택에서 가까운 미아동, 교통이 편리한 왕십리, 한강 조망권이 있는 한남동을 투자 후보지로 골랐습니다.

그런데 세 곳을 직접 방문해 알아보니 왕십리와 한남동은 이미 가격이 많이 올라 3억 원으로는 매수할 수 있는 주택이 없었습니다. 그래서 미아동에 있는 2억 원짜리 빌라를 프리미엄 1억 원을 얹어 3억 원에 매수하기로 했습니다. 재건축이나 재개발에 '묻지 마' 투자를 했다가 손해 본 사람을 주변에서 여럿 보았기 때문에 H씨는 철저하게 수익률을 계산해 보고 투자하기로 마음먹었습니다.

H씨는 자신이 분양받게 될 아파트의 가격을 예상해 보기 위해 주변의 아파트 시세를 알아보았습니다. 또한 조합원이 부담해야 할 추가분담금과 분양가도 최대한 꼼꼼히 알아보고, 수익률을 계산해 보았습니다.

H씨의 재건축·재개발 투자수익률 계산

투자수익률을 계산하려면 부동산 가격 외에도 프리미엄, 사업비, 추가분담금 등과 같은 여러 가지 요소를 고려해야 합니다. 하지만 사업비와 추가분담금은 정해져 있지 않고 계산도 복잡하므로 초보자가 이해하기가 매우 어렵습니다. 따라서 여기서는 프리미엄 하나만을 기준으로 투자수익률을 계산해 보겠습니다.

먼저 그동안 알아본 정보를 기준으로 투자비용을 뽑아보았습니다. H씨가 재개발에 투자한 비용은 다음과 같습니다.

> **예시**
> · **재개발 예정 주택가격** : 2억 원
> · **프리미엄** : 1억 원

※ 프리미엄 : 미래에 가치가 오를 것을 감안하여 현재가치에 얹어주는 웃돈으로, 부동산 업계에서는 프리미엄(premium)의 첫 자를 따서 통상 '피'라고 합니다.

다음은 H씨가 재개발에 투자하여 얻는 수익 계산입니다.

> **예시**
> · **조합원 분양가** : 6억 원
> · **일반분양가** : 7억 원
> · **매매 시세** : 9억 원

H씨는 조합원 분양가 6억 원인 아파트를 분양받을 수 있습니다. 그렇다면 같은 아파트를 일반분양가(7억 원)보다 1억 원, 시세(9억 원)로 매매하는 것보단 3억 원 싸게 분양받을 수 있습니다. 이러한 차익에 프리미엄 1억 원을 제외하면 손익 금액이 나옵니다.

일반분양가와 비교하면 큰 이익은 아닙니다. 그렇지만 시세와 비교하면 2억 원의 이익을 볼 수 있습니다. 5년 이내 투자라면 괜찮으나 그 이상의 시간이 걸린다면 좀 더 세심한 검토가 필요합니다.

참고로 앞에서 제시한 재건축과 재개발 수익률 계산 방법은 여러 산정 방법 중 하나이며 모든 재건축이나 재개발 지역에 적용되는 것은 아닙니다.

토막상식

상가조합원에 아파트 주려면 조합원 전원 동의 받아라?

재건축사업의 경우 상가 소유자에게는 상가를 공급하는 것이 원칙입니다. 그러므로 상가 조합원에게 1주택을 공급할 수 있는 기준에 관한 정관을 개정할 때는 조합원 전원의 동의가 필요합니다(「서울고등법원 2024.5.23. 선고 2023나2027555 판결」). 그러나 재건축 조합이 상가를 건설하지 않아 상가 조합원이 상가를 분양받을 수 없거나, 상가의 전체 규모가 종전보다 많이 감소하여 일부 조합원에게 종전자산가액에 크게 못미치는 상가를 공급할 수밖에 없거나, 상가가 너무나 커서 분양받지 못하고 현금청산을 할 수밖에 없는 경우에는 상가 대신 1주택을 공급할 수 있습니다.

079 헌집도 새집 만드는 리모델링

재건축에 대한 절차나 건축비 부담 등으로 리모델링이 투자의 대안이 될 수 있습니다. 이번 장에서는 리모델링이 무엇이며 리모델링을 하면 어떠한 점이 좋은지에 대해서 살펴보겠습니다.

건축물의 노후 억제와 기능 향상, 리모델링

건축물의 노후 억제 또는 기능 향상 등을 위하여 건축물의 기둥, 보, 내력벽, 주 계단 등의 구조나 외부 형태를 수선·변경하는 대수선을 리모델링이라 합니다. 이미 건축되어 있는 건축물의 일부를 증축하는 것도 마찬가지입니다.

리모델링의 종류

맞춤형 리모델링

실내 인테리어 변경, 벽지·바닥재·욕실타일·세면대·욕조·변기·창호·배관·보일러·조명기구 등의 교체 및 균열 보수, 누수 부위 처치 등 벽이나 바닥의 구조를 변경하지 않는 비교적 단순한 공사를 말합니다.

수평증축 리모델링

기존 아파트 골조에 앞·뒤·옆으로 가구별 면적을 넓히고 구조를 개선하는 것을 말합니다. 단지 내 남는 토지에 별도 동을 증축하여 가구 수를 더 늘리는 것도 마찬가지입니다. 동과 단지 전체에 영향을 미치며 벽을 허물고 기둥을 더 세워야 할 수도 있어 인허가 절차가 필요합니다.

수직증축 리모델링

바닥면적을 넓히는 것과 함께 층수를 높이거나, 또는 바닥면적과 관계없이 층수만 높여 가구 수를 늘리는 것을 말합니다. 층수는 최대 3개 층을 높일 수 있고 기존 가구 수의 15%까지 증축할 수 있습니다. 단, 수직증축을 하려면 안전진단 B등급 이상을 받아야 합니다. 구조의 안전성 때문에 기존 기초의 보강이나 새로운 기초의 증설이 필요하며 각종 인허가 절차가 필요합니다.

지하주차장을 넓히거나 새로 만드는 리모델링

세대당 부족한 주차대수를 늘리기 위해서 좁은 주차장을 넓히거나 없는 주차장을 새로 만드는 것을 말합니다.

재건축과 리모델링, 어떤 점이 다를까?

낡은 주택을 새롭게 정비해 건축물의 기능을 높인다는 점은 재건축과 리모델링 모두 비슷합니다. 하지만 용적률, 공사비, 사업기간 등 여러 측면에서 차이를 보입니다. 자세히 살펴볼까요?

재건축은 평균적으로 8-10년 정도의 긴 시간이 소요됩니다. 철거 및 신축 비용이 크게 발생하며 공사비가 상승하면 부담이 더 커집니다. 조합원 양도 금지, 재건축초과이익환수제 등 다양한 규제가 있습니다. 이에 반해 리모델링은 재건축에 비해 상대적으로 짧은 기간(3~4년)이 소요됩니다. 기존 건물을 활용하므로 재건축보다 비용이 적게 듭니다. 재건축에 비해 규제가 덜 엄격합니다.

리모델링과 재건축의 차이점

구분	리모델링	재건축
근거	주택법	도시 및 주거환경 정비법
재건축진단	수직증축 B등급 이상 수평증축 C등급 이상	최소 D등급 이하(D, E)
건축기준 완화	건폐율, 용적률, 높이제한, 조경 등	없음
용적률/증축	기존 용적률보다 30~40% 증가	2종 주거지역 법적상한 250% 3종 주거지역 법적상한 300%
	14층 이하 2개층/15층 이하 3개층, 15% 이내 세대수 증가 가능	
공사비	대수선형 : 재건축의 50~60% 증축형 : 재건축의 80~90%	1,000~1,500만 원/3.3m²당
사업기간	준공 15년 후 약 2~3년	준공 30년 후 약 8~10년
토지기부채납	없음	있음
임대주택	없음	있음
기반시설	없음	도로, 공원, 녹지 등

일반분양	기존 세대수의 15% 이하	기존 용적률이 180% 이상인 단지에서는 조합원 주택규모를 종전과 같이 재건축하는 경우 거의 없음
	기존 용적률이 180% 이상인 단지에서는 재건축보다 상당히 유리	
분담금	기존 용적률이 180% 이상인 단지에서는 재건축의 40~60%	기존 용적률이 180% 이상인 단지에서는 리모델링의 2배 이상
수익성	기존 용적률이 180% 이상인 단지에서는 재건축보다 상당히 좋음	기존 용적률이 180% 이상인 단지에서는 리모델링보다 상당히 불리

재건축은 임대주택을 정부나 지방자치단체에 무상으로 증여해야 합니다. 그러나 리모델링은 임대주택에 대한 증여 의무가 없습니다.

기존 용적률이 150% 이하일 경우에는 일반분양분이 많은 재건축이 리모델링보다 유리하나 기존 용적률이 180%인 주택단지의 경우에는 리모델링이 유리합니다. 그 밖에 공사비, 사업기간, 정비기반시설 측면에서도 재건축보다 리모델링이 유리합니다. 단, 증축으로 인해 잘못하면 건물 간 간격이 좁아져 사생활 침해가 발생하거나 일조권과 조망권이 저하될 수도 있습니다.

리모델링도 좋은 투자가 될 수 있다!

리모델링을 통해 한 채의 주택을 두 채로 분리하여 각각 임대할 수 있습니다. 하지만 각각 구분등기는 할 수 없습니다. 층간소음 문제도 바닥 두께를 두껍게 하거나 완충재를 사용하여 개선할 수 있으며, 여유 부지가 있다면 앞면과 뒷면뿐만 아니라 측면도 확장하여 채광 및 통풍을 개선할 수 있습니다.

리모델링을 하더라도 시간이 흘러 건물이 다시 노후화되어 재건축진단에서 D등급 이하를 받으면 재건축할 수 있습니다.

토막상식

리모델링도 문의하면 쉬워진다!
시청이나 구청에 리모델링지원센터가 있는지 확인해 보고, 만약 있다면 이곳에 문의해 보세요. 한국리모델링협회(www.remodeling.or.kr) 홈페이지도 참고할 수 있습니다.

080 분양권 투자의 모든 것

적은 금액으로 단기 투자하여 많은 시세차익을 볼 수 있는 투자 방법으로 분양권 투자가 있습니다. 이번 장에서는 분양권 투자에 대한 모든 걸 살펴보겠습니다.

분양권 투자의 개념

분양권 투자는 분양 단계에서 당첨된 분양권을 취득하거나, 청약에 당첨되어 얻은 분양권을 매도하여 시세차익을 보는 방식입니다.

프리미엄이 형성되는 이유

프리미엄이란 분양가와 실제 거래 가격의 차이를 의미합니다. 예를 들어 분양가가 5억 원이고 실제 거래되는 가격이 6억 원이라면 프리미엄은 1억 원입니다. 그럼, 어떤 경우에 프리미엄이 형성되는 것일까요?

주변 시세보다 낮은 분양가

분양가가 인근 시세보다 현저하게 낮을 때 프리미엄이 형성됩니다. 특히 아파트가 분양가상한제가 적용된 분양가로 공급되면 시세차익만큼 프리미엄을 붙습니다.

새 아파트에 대한 선호

새 아파트에 대한 수요가 높을 때 프리미엄이 형성됩니다. 특히 신축 아파트를 선호하나 청약 조건을 갖추지 못한 사람은 분양권에 프리미엄을 주고서라도 새 아파트를 소유하고 싶어 합니다.

수요와 공급의 불균형

주택 수요는 많으나 원자재가격 상승, 대출 규제, 금리 상승 등으로 공급이 부족하면 분양권에 프리미엄이 형성될 수 있습니다.

단지와 주택 특성

대규모 단지는 편의시설이 풍부하고 지역 랜드마크로 인식될 가능성이 높아 프리미엄이 더 크게 형성될 수 있습니다. 전용면적 85m² 미만 아파트는 잠재 수요자가 많으므로 프리미엄이 높게 형성되는 경향이 있습니다. 아파트 브랜드 가치가 높을수록 프리미엄도 높게 형성됩니다.

분양권 투자 시 고려해야 할 요소

투자 비용

분양권은 일반적으로 분양가의 10~20%에 해당하는 계약금만으로도 투자가 가능하여 초기 투자 비용이 상대적으로 적게 듭니다. 그러나 계약 전 반드시 중도금 대출의 승계 가능 여부를 확인해야 합니다. 중도금 대출 승계가 불가능할 경우 계약금을 포기해야 할 수도 있습니다.

규제 정책

부동산 정책에 따른 규제를 반드시 확인해야 합니다. 전매제한기간 안에 분양권을 전매하면 3년 이하의 징역 또는 3천만 원 이하의 벌금에 처합니다. 그 위반행위로 얻은 이익이 3천만 원을 초과하면 3년 이하의 징역 또는 그 이익의 3배에 해당하는 금액 이하의 벌금에 처합니다. 그리고 10년의 범위에서 주택의 입주자자격을 제한받습니다. 그러므로 전매제한기간도 확인해야 합니다. 2021년 1월 1일 이후 취득한 분양권은 주택 수에 포함됩니다.

지역 및 단지 특성

분양 지역의 개발계획, 교통 여건, 학군 등을 고려해야 합니다. 교통 여건이나 학군 등이 기존에 형성되어 있으면 매우 좋지만 그렇지 않더라도 향후 분양 지역에 정부나 지방자치단체에서 발표한 개발계획이 있으면 프리미엄이 형성될 수 있습니다. 단지의 규모가 크고 세대수가 많은지, 세련되고 선호하는 평면 구조인지, 브랜드는 어디인지 등도 확인합니다.

시장 동향

부동산 시장의 전반적인 흐름과 해당 지역의 시세 변동을 주시해야 합니다. 그리고 향후 가격 상승 가능성을 살펴봐야 합니다. 프리미엄을 붙일 땐 시세와 분양가의 차이, 주변 시세 등을 고려하여 적정 프리미엄을 판단해야 합니다.

분양권 거래 방법

1. 매매계약 체결

원본 분양계약서를 꼼꼼히 확인하고, 매도인의 신분증과 일치하는지 확인해야 합니다. 대리인이 나왔다면 대리인 신분증을 반드시 확인하고 관련 서류를 더욱 꼼꼼히 검토해야 합니다. 시행사에 연락하여 매도자의 소유권을 재확인하고, 계약 전 반드시 중도금 대출의 승계 가능 여부를 확인해야 합니다. 명의변경 절차와 일정을 확인해야 합니다. 계약 시 필요한 특약사항(예: 주택포기서약 관련)을 반드시 포함해야 합니다. 모든 확인을 마쳤다면 매도인과 매수인이 분양권 매매계약서를 작성합니다.

2. 계약금 지급

계약금 송금 시 예금주가 매도인과 일치하는지 확인해야 합니다. 확인 후 매수인은 매도인에게 계약금을 지급합니다.

3. 명의 변경 절차

매도인이 은행에서 중도금 대출 승계 서류를 먼저 작성합니다. 매수인은 필요 서류를 작성한 후 분양사무소로 이동합니다.

4. 잔금 지급 및 소유권 이전

잔금 지급 후 분양사무소에서 명의변경 절차를 완료합니다. 거래세(수입인지 약 15만 원)는 일반적으로 매도인이 부담합니다. 보증보험료의 경우 매도인이 기납부한 금액은 그대로 유지되는 경우가 많습니다.

분양권 투자는 복잡한 세법과 규제로 인해 거래 시 사기 피해 가능성이 있으므로 각별한 주의가 필요합니다. 그러므로 가능하다면 전문가의 도움을 받아 진행하는 것이 안전합니다. 또한, 모든 거래 과정에서 관련 서류를 꼼꼼히 확인하고 법적 절차를 정확히 따르는 것이 중요합니다.

토막상식

사전청약 당첨자 지위 유지 중 다른 주택 청약 가능할까?

사전청약 당첨자 및 그 세대원은 사전청약 당첨자 지위를 유지한 상태에서도 다른 주택에 청약할 수 있습니다. 단, 다른 사전청약 주택에는 청약할 수 없습니다. 그리고 다른 주택에 청약하여 당첨되면 사전청약 당첨자 지위를 상실합니다.

081 상가 투자의 절차와 상식

상가에 투자하는 목적은 상가 소유주가 직접 영업하기 위한 경우와 임차인에게 세를 주기 위한 경우로 나누어 볼 수 있습니다. 직접 영업하든 세를 주든 영업이 잘되는 상가를 골라야 돈을 많이 벌 수 있겠죠.

상가 투자 절차를 간략하게 살펴보면 다음과 같습니다.

step 1 마련할 수 있는 자금 확인하기
- 자신이 보유 중인 자금 확인하기
- 세금, 등기 비용, 중개수수료 등 소요 비용 산정하기

▼

step 2 투자할 지역과 상가의 종류 결정하기
- 거주지역에 가깝고, 상권 분석이 수월한 곳
- 상권이나 업종에 맞는 면적과 구조를 갖춘 상가

▼

step 3 인터넷을 통해 시세 및 물건 검색하기
- 네이버 부동산, 다방, 직방, 한방, 호갱노노, KB부동산 등 공인된 부동산정보 서비스 앱 이용
- 국토교통부 실거래가 공개시스템, 토지이음, 인터넷등기소, 씨:리얼 부동산 정보 포털 등 부동산정보 사이트 이용

▼

step 4 공인중개사 사무소 방문하기

- 체크리스트 활용하기
- 상가 상태 및 상권 분석하기
- 바로 계약은 금물, 구경한 상가 서로 비교한 다음 결정

step 5 대출 및 월세 가능 여부 확인하기

- 대출 조건 및 대출 상품 비교하기
- 월세 조건 및 월세 금액 확인하기

step 6 공부서류 확인 후 계약하기

- 주민등록증, 운전면허증 진위 확인으로 소유자 확인
- 공부서류들 상의 내용이 서로 일치하는지 확인
- 포괄근저당, 미납세금 등 확인

step 7 중도금, 잔금 치르고 소유권이전등기 하기

- 대출 실행하기, 잔금 치르기
- 소유권이전등기 신청하기
- 중개수수료, 등기 비용 등 지급
- 취득세 납부하기

step 8 세 놓기

- 상권에 적합하고 지속 가능한 업종인지 확인하기
- 임차인의 재정 능력 확인하기

"사장님!" 하며 치켜세우는 말에 속지 마세요

임대인은 매달 월세를 받을 수 있다는 기대감에 상가를 매매합니다. 공인중개사가 "사장님, 사장님!" 하면서 치켜세우면, 이성적으로 판단하지 못하고 자신의 경제적 능력보다 과한 비용이 들어하는 상가를 선택하는 경우

가 종종 있습니다.

자신의 경제적 능력으로 감당할 수 없는 상가를 계약했다가 잔금을 치르지 못하게 되면, 단순히 기분만 나빠지는 것으로 끝나는 게 아니라 계약금을 되돌려 받지 못하는 등 금전적으로 큰 손해를 볼 수 있습니다. 그러므로 상가를 고를 때는 반드시 자신이 가진 돈과 대출 금액을 정확히 파악한 뒤 예산 내에서 선택해야 합니다.

상가 투자에서 중요한 건 막연한 시세차익보다 당장의 월세

은행에서 대출받아 상가를 취득했는데 상가에서 받는 월세가 적거나 월세를 못 받는다면 수익은커녕 상가를 매도할 때까지 계속 손해가 쌓일 수밖에 없습니다. 나중에라도 상가 가격이 올라 시세차익이라도 볼 수 있으면 다행이지만, 상가 가격이 더 내려가기라도 하면 손해가 이만저만이 아닙니다. 그러므로 상가를 취득할 때는 '당장 받을 수 있는 월세'에 목적을 두어야 합니다.

월세는 금액보다 수익률로 비교해야 한다

다음과 같은 조건의 상가가 매물로 나와 있다면, 언뜻 보기에 A상가가 월세를 10만 원 더 받으니 더 좋다고 생각할 수 있습니다.

> **예시**
> - **A상가** : 매매가격 3억 원, 월세 130만 원
> - **B상가** : 매매가격 2억 원, 월세 120만 원

그러나 투자 금액 대비 수익률을 계산해 보면 A상가는 8.85%이고, B상가는 12.15%로 B상가의 수익률이 3.3% 더 높습니다. 매매가격이 3억 원인 A상가의 수익률이 왜 이렇게 낮은지 직접 계산해 보겠습니다.

> **예시**
> - A상가 매매가격 3억 원, 보증금 5천만 원, 월세 130만 원 은행대출 1억 5천만 원(이율 4.5%)
> - 은행이자 675만 원(= 1억 5천만 원 × 4.5%)
> - 상가 수익률 계산식 $\dfrac{(\text{월세} \times 12\text{개월}) - \text{은행이자}}{\text{매매가격} - (\text{보증금} + \text{은행대출금})} \times 100$
> - A상가 수익률 $\dfrac{(130\text{만 원} \times 12\text{개월}) - 675\text{만 원}}{3\text{억 원} - (5\text{천만 원} + 1\text{억 5천만 원})} \times 100 = 8.85\%$

상가의 수익률을 구하려면 상가의 가격과 보증금, 월세를 알아야 합니다. 만약 상가를 취득하기 위해 은행에서 대출받았다면 그 돈의 액수와 이자율도 알아야 합니다. 매달에 나가는 은행 이자도 계산에 넣어야 하니까요.

돈 되는 상가는 이런 곳이다!

현재가치는 필수, 미래가치도 있는 상가를 노려라!

상가 투자에서는 시세차익보다 월세를 얼마 받는지가 더 중요하다고 했습니다. 한편으로는 지금 당장 세를 얼마나 받는지에만 급급해서 앞으로 얼마나 시세차익을 볼 수 있는지를 놓쳐서는 안 됩니다. 그러므로 상가를 매수할 때는 현재가치와 더불어 미래가치도 있는지 꼼꼼하게 따져봐야 합니다.

유동인구가 많은 지하철역이나 버스정류장 근처 상가를 노려라

상가를 취득할 때는 유동인구가 많은 지하철역이나 버스정류장 인근의 상가가 좋습니다. 아무리 지하철역이나 버스정류장 인근이라 하더라도 사람들이 잘 모이지 않고 활기가 없는 곳의 상가는 피해야 합니다.

눈에 잘 띄는 상가를 노려라

상가를 취득할 때는 손님의 눈에 쉽게 띄는 상가를 선택해야 합니다. 건물 뒷편에 있어서 찾기 어렵거나 유동인구의 동선에서 멀어서 손님이 찾아오기 힘든 상가는 피해야 합니다.

단지 내 상가를 예로 들면, 아파트 단지 안에 깊숙이 묻혀 있는 상가는 아파트 단지 주민만 상대하므로 주민들이 놀러 나가는 주말에는 썰렁합니다. 같은 단지 내 상가라도 4차선 도로와 접해 있다면 단지 내 주민과 도로를 지나가는 사람들을 모두 상대할 수 있어서 밤이나 주말에도 영업할 수 있습니다.

자신이 거주하는 곳에서 가깝거나 잘 아는 지역의 상가

상가를 취득할 때는 가능하면 자신이 현재 거주하는 주택이나 직장에서 가까운 지역에 있는 상가를 선택해야 합니다. 평소에 자주 다니던 지역이어야 영업이 어느 정도 되는지, 어떤 업종이 잘되는지 등을 쉽게 알 수 있습니다. 거리가 멀면 관리하기도 어렵습니다.

절대 사면 안 되는 상가는 이런 곳이다!

아무리 싸더라도 공실이 많은 곳의 상가는 피해라

길을 걷다 보면 '임대'라고 쓴 현수막이 붙어 있는 상가를 보게 됩니다. 시세보다 저렴하다고 해서 오랫동안 비어 있는 상가를 매수하면 안 됩니다. 이러한 상가는 교통이 불편하다거나, 주변 환경이 좋지 않다던가, 건물 상태가 좋지 않다던가, 월세가 비싸다던가 등의 이유로 세가 잘 나가지 않는 곳이기 때문입니다. 때로는 교통은 좋은데 건물 구조가 좋지 않아 공실이 발생할 수도 있으므로 주의해야 합니다.

유동인구가 적은 상가

무조건 그러한 것은 아니지만 지나다니는 사람이 많아야 장사가 잘될 확률이 높습니다. 지나다니는 사람이 많지 않으면 영업이 잘 안되고, 월세는 줄어들고, 수익률은 떨어져 결국 상가의 가치도 떨어집니다.

주변에 대형할인매장이나 백화점이 있는 상가

유동인구도 많고 눈에 잘 띄는 상가라도 주변에 대형할인매장이나 백화점 등이 있으면 고객을 빼앗겨 영업하기 힘들 수 있습니다. 작은 상가는 날씨의 영향도 많이 받으므로 대형할인매장이나 백화점에 비해 불리합니다.

월세가 적고 권리금이 지나치게 싼 상가

상가 가격이 저렴하더라도 월세가 적고 권리금이 지나치게 싼 상가는 피하는 것이 좋습니다. 월세가 지나치게 적은 곳은 나중에 쉽게 매도할 수 없고, 설사 매도한다고 하더라도 제값을 받기 어렵습니다.

급한 오르막이나 내리막에 위치한 상가

경사가 심해 길을 오르고 내릴 갈 때 신경을 써야 하는 길가의 상가는 사람들 눈에 잘 들어오지 않습니다. 당연히 영업도 잘되기 어렵습니다.

임차인이나 소유자가 자주 바뀌는 상가

영업이 잘되는 상가라면 임차인이나 소유자가 자주 바뀌지 않습니다.

수익률이 지나치게 좋은 신규 분양 상가

새로 분양하는 상가는 분양을 수월하게 할 목적으로 수익률을 부풀려서 홍보하는 경향이 있습니다. 그러므로 새로 건축된 상가를 분양받을 때는 주변 상가의 수익률이 어느 정도인지 먼저 확인해 보고, 터무니없이 높은 수익률을 강조하는 상가는 피해야 합니다.

상가자치규약이 있다면 내용 살펴봐야

상가를 취득할 때는 상가자치규약이 있는지 확인해 보고, 만약에 있다면 내용을 반드시 확인해야 합니다. 상가자치규약이 있다고 해서 취득해서는 안 되는 건 아닙니다. 그러나 상가자치규약의 제한 사항에 걸려 임대하는 데 어려움을 겪을 수 있습니다.

M씨는 전 임차인이 나간 후 1년 가까이 세가 나가지 않아 답답해하던 차에 공인중개사의 소개로 새로운 임차인과 계약했습니다. 그런데 1주쯤 후에 공인중개사에게 연락이 왔습니다. 해당 상가에서는 임차인이 원하는 영업을 할 수 없으므로 계약을 해지하고 계약금을 돌려달라는 것이었습니

다. M씨 상가는 상가자치규약에 따라 벽을 쌓을 수 없고, 물건을 진열하는 업종도 안되며, 2층에 분식집이 있어서 분식점도 하지 못했던 것입니다.

화장실, 수도 등 편의시설도 확인

상가가 있는 층에 화장실은 몇 개인지, 환기는 잘되는지, 상가 안에서도 수도 사용이 가능한지, 짐을 옮기기 쉬운지, 주차가 편리한지 등을 꼼꼼히 살펴봐야 합니다. 임차인들이 편리하게 영업할 수 있는 상가가 월세를 많이 받을 수 있습니다.

토막상식

손해배상을 받으려면 계약서에 위약금의 약정이 기재되어 있어야 한다

계약 파기 시 손해배상을 받으려면 "매수인이 계약을 위반했을 때는 계약금을 포기하고, 매도인이 계약을 위반했을 때는 계약금의 두 배를 배상한다."라는 약정이 계약서에 기재되어 있어야 합니다. 참고로 손해배상 금액은 당사자 간 합의로 정할 수 있습니다.

082 상가 투자 시 반드시 알아야 하는 정보

여러 상가를 구경한 후 마음에 드는 상가를 찾았다면 바로 계약하지 말고 대출가능금액을 자세히 알아봐야 합니다. 상가가 아무리 마음에 들어도 돈이 없으면 취득할 수 없습니다. 이번 장에서는 상가 투자 시 반드시 알아야 할 것들에 대해서 살펴보겠습니다.

상가 감정에는 일주일 이상 걸린다

상가는 은행에서 감정하는 데 일주일 이상 소요될 수 있습니다. 그러므로 대출가능금액을 빠르고 정확하게 알고 싶다면 공인중개사사무소에 방문하기 전에 먼저 전화부터 해야 합니다. 그리고 자신이 가지고 있는 돈이 얼마인지, 찾는 상가는 어떤 상가인지 등을 공인중개사에게 자세히 말해야 합니다. 그리고 대출가능금액과 상가에 관한 모든 내용을 상가를 구경하는 날 모두 알 수 있게 해달라고 부탁해야 합니다. 이렇게 하면 마음에 드는 상가를 봤을 때 결정을 빨리 내릴 수 있습니다.

환산보증금을 넘어도 보호받는 권리가 있다?

「상가건물 임대차보호법」은 약자의 지위에 놓인 상가 임차인을 보호하기 위하여 2001년 12월 29일 제정되었습니다(2002.11.1. 시행). 임대료 상한선, 보증금 우선변제, 권리금보호 등의 내용이 있습니다.

환산보증금이란 월세×100에 보증금을 더한 것으로, 2013년 8월 13일과 2015년 5월 13일 2번의 개정을 거치면서 환산보증금이 '적용 범위'를 넘는 임차인도 대항력(사업자 등록신청일이 근저당권, 가압류보다 빠른 경우), 계약갱신청구권, 권리금 회수를 인정받게 되었습니다. 단, 경매나 공매 시 환가대금에서 후순위 권리자나 그 밖의 채권자보다 우선하여 보증금을 변제받을 권리는 없습니다.

임대차 기간을 최대 10년간 보장받을 수 있고 임차인의 권리금도 보호해 줍니다.

초보자가 알아두어야 할 권리금

상가를 임차하면 상가의 위치, 영업 비법, 시설물, 영업허가 등 해당 상가만이 갖는 특수한 이익을 볼 수 있습니다. 그리고 이러한 이익의 대가로 새로운 임차인이 기존 임차인에게 주는 돈을 권리금이라고 합니다. 상가와 관련된 권리금의 종류는 다음과 같습니다.

바닥권리금

상권과 입지에 대한 권리금입니다. 위치가 좋아 하루 내내 지나다니는 사람이 많고 독점적으로 영업할 수 있는 상가에 붙는 권리금입니다. 상가 내부가 아무런 시설 없이 텅 비어 있는 상태라도 주는 권리금으로, 임차인이 가장 받아들이기 어려운 권리금입니다. 위치가 아주 좋은 경우에는 상가 주인이 먼저 임차인에게 바닥권리금을 요구하기도 합니다.

영업권리금

영업이 잘되어 매월 일정한 수입이 들어오는 업종을 그대로 인수해 영업하고자 한다면 6~12개월 순수입에 해당하는 돈을 기존 임차인에게 주어야 하는데, 이를 '영업권리금'이라고 합니다. 영업허가가 필요한 동종업종을 그대로 인수한다면 반드시 기존 임차인이 받아둔 영업허가도 함께 인수해야 합니다. 그러나 기존 영업과 다른 영업허가가 필요한 경우에는 반드시 기존 임차인에게 폐업신고를 하고 영업허가를 취소해 달라고 요구해야 합니다. 같은 상가에 2개 이상의 영업허가는 나지 않기 때문입니다.

시설권리금

현재 업종과 똑같은 영업을 하고자 하는 경우 기존 임차인이 사용하던 시설을 그대로 인수해 사용하기도 하는데, 이때 기존 임차인에게 주는 시설값이 '시설권리금'입니다. 새로운 임차인이 다른 업종의 영업을 하고자 한다면 기존 임차인은 자신이 설치한 시설을 모두 철거해야 합니다. 참고로 시설권리금을 계산할 때는 포크 하나까지 꼼꼼하게 확인하고 노래방처럼 전자기기를 인수하는 경우엔 기기의 상태도 확인해야 합니다.

허가권리금

관청의 인허가를 받아야 할 수 있는 영업을 인수할 때 주는 권리금을 말합니다. 예를 들면 같은 지역에서 더 이상 신규 영업허가가 나지 않는 담배

판매권, 복권 판매권, 여관, 호텔, 목욕탕, 주유소, 세차장 등이 있습니다.

임차보장 권리금

임대차계약의 존속기간을 상당 기간 보장한다는 약속을 전제로 임차인이 임대인에게 지급하는 권리금을 말합니다. 참고로 2018년 10월 16일 상가건물 임대차보호법의 개정으로 임차인의 계약갱신요구권은 최초의 계약일을 포함하여 전체 임대차기간이 10년까지로 연장되었습니다.

권리금보호에 대해 더 자세히 알고 싶다면 법제처 홈페이지(www.moleg.go.kr)에서 「상가건물 임대차보호법」을 검색한 후 제10조의3부터 제10조의7까지의 내용을 참고하세요.

악덕 영업사원들의 상가분양 속임수

상가를 분양받을 때 가장 큰 걱정은 '임차인을 구하지 못하면 어쩌나' 하는 것입니다. 상권이 아직 발달하지 못한 곳은 더욱 불안합니다. 투자자들의 이런 불안심리를 이용하는 악덕 영업사원들이 있으니 주의해야 합니다.

임대를 보장하는 선임대

선임대란, 분양계약을 하기도 전에 임대차계약을 체결하고 임차인을 확보해 놓은 것으로, 공실 기간 없이 바로 임차인으로부터 월세를 받을 수 있어 인기가 높습니다. 문제는 상가를 분양할 욕심에 영업사원이 임대차계약서를 거짓으로 작성하는 경우입니다. 영업사원이 지인을 시켜 약간의 계약금을 걸고 임대차계약을 체결한 후, 분양계약 시 임대차계약서를 보여주면서 투자자를 안심시킵니다. 그런데 정작 입주날이 되면 임대차계약을 했던 자는 계약금을 포기하고 임대차계약을 해지합니다. 임차인으로부터 받을 보증금과 월세에 관한 기대감으로 가득 차 있던 임대인은 눈앞이 캄캄해집니다.

이런 일이 일어나는 까닭은 영업사원이 상가를 분양해서 받는 수당이 허위계약 때 지불하는 계약금보다 많기 때문입니다. 그러므로 선임대 조건이 붙은 상가를 분양받을 때는 임대차계약의 진위를 꼭 확인해야 합니다. 예컨대 분양계약을 할 때 임대차계약을 한 임차인을 직접 만나 실제로 영업할 생각이 있는지 확인하고, 자격증이 필요한 업종이라면 자격증이 있는지 등도 꼼꼼하게 확인해야 합니다.

임대수익률을 보장해준다는 '상가임대확약'

상가임대확약이란, 분양계약을 할 때 임대확약서를 통해 시행사가 짧게는 1~3년, 길게는 5년 이상 연 ○○% 임대수익률을 보장해 주겠다는 약속입니다. 이런 경우엔 보장해 준다는 임대수입이 상가의 분양가에 포함되어 결국 자신이 낸 분양대금의 일부를 임대수입 명목으로 되돌려 받는 것은 아닌지, 임대확약기간 만료 후에는 어떻게 되는지 등을 꼼꼼하게 확인해야 합니다. 확인 결과 임대확약을 하는 시행사의 규모가 크고 안정적이며, 자신이 보장받는 임대수입이 주변 상가들의 임대수입과 비슷하고, 상권이 안정되어 있어 임대확약기간이 끝난 후에도 꾸준한 임대수입을 얻을 수 있다고 판단되어야만 분양받아야 합니다.

시세차익(프리미엄)을 붙여준다는 '전매'

상가를 쉽게 팔기 위해 일부 악덕 영업사원의 경우 계약금만 준비할 수 있으면 망설이지 말고 계약하라고 부추깁니다. 계약만 하면 당장이라도 프리미엄을 붙여 다시 매도할 수 있다고 말입니다. 일명 '전매'가 가능하다는 이야기입니다. 그러나 여러 상가를 계약했다가 중도금을 제때 치르지 못해 계약 해지를 당하거나 이미 치른 계약금과 일부 중도금마저 날리는 사례가 종종 발생하곤 합니다.

그러므로 상가를 분양받을 때 절대로 '전매 가능'이라는 말에 현혹되어서는 안 됩니다.

> **토막상식**
>
> **'상가 딱지'를 소개받았을 때는 신중하세요**
>
> 택지개발을 할 때 해당 지역의 원주민에게 생활대책보상 차원에서 상가용지를 우선적으로 분양받을 수 있는 권리를 주는데, 이를 흔히 '상가 딱지'라고 합니다. 문제는 이 권리가 잠재적인 권리에 불과해 법적 등기가 불가능하다는 것입니다. 이 점을 악용해 상가 딱지의 소유자나 악덕 공인중개사가 1개의 상가 딱지를 이중, 삼중으로 매도하기도 합니다. 그러므로 상가 딱지를 소개받았을 때는 함부로 거래하지 않는 것이 좋습니다.

083 임대수익 나는 오피스텔 투자하는 법

1~2인 가구 증가로 오피스텔에 대한 수요가 많습니다. 일부 오피스텔은 아파트 단지 안에 함께 건축되어 아파트의 공원, 놀이터, 스포츠센터 같은 부대시설과 서비스를 이용할 수도 있습니다.

오피스텔의 특징

- 업무용 오피스텔은 주택이 아니라 상가이므로 주택 수에 포함되지 않습니다. 그러나 주거용 오피스텔은 주택으로 간주하므로 기존 주택을 소유하고 있는 세대는 1세대 다주택자가 될 수 있습니다. 그리고 오피스텔의 취득세는 어떤 용도로 사용하든 상가(4.6%)의 세율을 적용받습니다.
- 매달 안정적으로 월세를 받을 수 있습니다.
- 수요자보다 공급이 부족한 경우, 가격이 오를 가능성이 높습니다.
- 전용면적 120㎡ 이하인 주거용 오피스텔은 바닥난방이 가능하고 욕실의 면적제한도 풀렸습니다. 오피스텔의 규제가 완화될수록 오피스텔에 대한 투자 수요는 증가합니다.

오피스텔 규제 완화 변천사

구분	2006.12	2009.1	2009.9	2010.6	2021.11	2024.2	2024.11
바닥난방	전용 60m²	전용 60m²	전용 85m²	전용 85m²	전용 120m²	전용 120m²	제한 폐지
욕실설치	3m² 이하	5m² 이하	5m² 이하	제한 폐지			
발코니	금지	금지	금지	금지	금지	제한 폐지	

- 주택은 전매제한 강화, 1순위 제한, 재당첨 제한 등의 규제가 많지만 오피스텔은 규제가 적습니다. 그리고 경우에 따라선 은행에 예금하는 것보다 높은 수익률을 올릴 수 있습니다.

오피스텔 취득세율은 4.6%로 주택의 1.1~3.5%보다 높지만 여러 채를 취득하더라도 주택처럼 세율이 8% 또는 12%로 중과되지 않습니다. 그리고 2년 이상 보유한 후에 매도하면 6~45%의 일반과세를 적용받습니다. 오피스텔을 매수할 때 유의할 점은 다음과 같습니다.

- 오피스텔은 역세권에 위치해야 좋습니다.
- 새로 건축한 오피스텔보다는 건축한 지 3년 정도 지나 분양 거품이 빠진 오피스텔을 취득하는 것이 좋습니다.
- 새로 건축한 오피스텔은 분양받기 전에 반드시 주변 오피스텔의 수익률을 확인해야 합니다.
- 공실이 빈번하다면 임대수익률은 낮을 수밖에 없으므로 취득하기 전에 반드시 오피스텔 전체의 공실률을 확인해야 합니다. 공실률은 오피스텔 인근 공인중개사사무소를 통해 확인할 수 있습니다. 그러나 거래를 성

사시키려고 공실률을 의도적으로 낮출 수도 있으니 여러 공인중개사사무소를 방문해 보는 것이 좋습니다.

- 시행사가 분양을 시작하려면 대지소유권을 확보하고 신탁계약과 분양보증을 받아 관할 시·군·구청에 분양신고를 해야 합니다. 그런데 사전예약금을 받고 동·호수를 지정해주는 사전분양을 하는 경우가 있습니다. 이런 경우는 시행사가 부도나거나 분양신청금을 다른 용도로 유용하게 되면 투자자들이 정식 분양계약서를 받지 못해 손해를 볼 수 있으니 주의해야 합니다.

- 8·2 대책으로 조정대상지역이나 투기과열지구 내 100실 이상의 오피스텔은 사용승인일부터 소유권이전등기일까지 전매할 수 없습니다(「건축물의 분양에 관한 법률」 제6조의3 ①항). 100실 미만은 계약금 납입 후 즉시 전매가 가능합니다.

- 조정대상지역이나 투기과열지구 내 100실 이상 오피스텔은 분양 물량의 10~20% 이하, 100실 미만은 분양 물량의 10% 이하를 해당 지역 거주자에게 우선 분양합니다(「건축물의 분양에 관한 법률 시행령」 제9조의2 ②항).

- 조정대상지역이나 투기과열지구 내에서 우선 분양받는 해당 지역 거주자에 관한 판단 기준일은 분양신고일입니다.

- 300실 이상의 오피스텔이나 생활형숙박시설은 청약홈을 통해 분양받을 자를 공개모집해야 합니다.

- 계약금이나 중도금 및 잔금은 분양광고(공고) 및 분양계약서에 기재된 지정 계좌로만 입금해야 합니다.

주상복합·오피스텔 상가

주로 지하철역 근처에 건축되는 주상복합아파트(주거 기능과 상업 기능이 하나의 건물 안에 복합적으로 구성된 건축물)나 오피스텔 안에 있는 상가를 '주상복합·오피스텔 상가'라고 합니다. 이들 상가는 주로 건물의 지하나 지상 1~3층에 있는 것이 특징입니다.

장점

주상복합·오피스텔 상가는 주로 지하철역 근처에 건축되므로 지하철역을 이용하는 사람들을 대상으로 일정 수준의 안정적인 수익을 기대할 수 있습니다. 특히 오피스텔에 거주하는 사람들은 건물 내에서 모든 일을 해결하고 싶어 하므로 편의점이나 세탁소, 카페 같은 업종이 잘되는 특징이 있습니다.

단점

지하철역 근처에 건축되다 보니 다른 상가보다 매매가격이 높습니다. 그러나 오피스텔 상가 안에서도 주변 상가에서 하는 피아노교습소나 피부관리, 네일숍, 아로마테라피 등과 같은 영업을 할 수 있어 업종 간의 경쟁이 치열해져 수익률이 낮을 수 있습니다.

084 임장 노하우, 알고 모르고 천지 차이

아파트나 상가를 취득하고자 한다면 해당 부동산을 직접 구경해야 합니다. 아파트나 상가를 분양받을 땐 모델하우스와 공사 현장을 방문해야 합니다. 이러한 활동을 임장이라 합니다. 이번 장에서는 아파트나 상가의 임장 노하우에 대해서 자세하게 살펴보겠습니다.

아파트

아파트 임장에 대한 주요 노하우와 체크리스트는 다음과 같습니다.

임장 전 사전 준비

임장은 시간과 비용이 많이 듭니다. 효율적으로 임장하기 위해서는 사전 준비가 철저해야 합니다.

- **목적 명확화** : 투자인지 실거주인지 목적을 명확히 해야 합니다. 목적에 따라 면적, 가격, 지역 등이 달라질 수 있습니다.
- **개발계획 및 정책 변화 확인** : 해당 지역의 도시계획, 교통계획 등 장기 개발계획을 확인합니다. 정부나 지자체의 부동산 정책 변화 가능성을

고려해야 합니다.

- **재건축·재개발·리모델링 관련 사항** : 재건축·재개발·리모델링 가능성을 확인해야 합니다. 재개발·재건축 시 추가 분담금 여부도 고려해야 합니다.
- **분양 현황 확인** : 분양받는 경우엔 청약 접수 일정, 당첨자 발표 일정, 계약 일정 등 전체적인 분양 일정을 정확히 파악해야 합니다. 계약금, 중도금, 잔금, 납부 시기 등을 확인해야 합니다. 분양권 전매에 대한 제한사항이 있는지 반드시 확인해야 합니다. 실제 입주 가능 시기를 정확히 파악하고, 지연 가능성도 고려해야 합니다.
- **각종 규제 확인** : 해당 지역의 각종 부동산 규제 사항을 확인해야 합니다. 투기과열지구, 조정대상지역, 대출, 세금, 용도지역, 용도지구, 저당권 등을 명확히 파악해야 합니다.
- **재정 상태 확인** : 자신이 준비할 수 있는 예산을 확정하고 대출 가능 금액을 확인해야 합니다. 무리한 투자는 손해로 직결됩니다.
- **지역 시세 파악** : 해당 지역의 시세를 정확히 파악해야 합니다.
- **건설업체 평가** : 시행사 및 시공사에 대한 객관적 평가를 해야 합니다. 시공사만 중요시 하지 말고 시행사의 규모, 경력, 자금 등도 확인해야 합니다.
- **후보군 선정** : 앞서 열거한 내용들을 파악한 후 3~4개의 매물 후보군을 정합니다.

아파트 임장 체크리스트

분류	체크 항목	평가		
		상	중	하
주변 환경	대중교통 접근성			
	출퇴근 시 교통체증 여부			
	대형할인점, 백화점 등 쇼핑시설			
	병원			
	공원			
	학교와의 거리(학군)			
	학원과의 거리(명문대 합격률)			
	치안 상태			
	범죄율			
	녹지공간			
	혐오시설, 오염원			
단지 내부	세대당 주차 대수			
	주차 편의성			
	헬스장			
	도서관			
	조경, 녹지 공간			
	주민 연령대			
	단지 분위기			
세대 내부	공간 활용도			
	동선 효율성			
	일조량			
	조망권			
	층간 소음			
	외부 소음			
	재건축, 재개발 여부			

세대 내부	리모델링 여부		
	관리비, 공과금		

이러한 항목들을 꼼꼼히 체크하면서 임장하면 좀 더 정확하고 객관적인 평가를 할 수 있습니다. '아파트 임장 체크리스트'는 상황에 따라 체크 항목을 변경하여 활용하세요. 필요하면 임장 전 사전 준비 내용도 체크리스트로 만들어 체크하면 아주 효율적입니다.

임장 노하우

- **다양한 시간대 방문**: 아침, 저녁, 주말 등 다양한 시간대에 방문하여 실제 생활 모습과 치안 상태, 연령대 등을 관찰해야 합니다.
- **주민 대화** : 가능하다면 현 거주민들과 대화하여 실제 거주 경험을 들어봐야 합니다.
- **온라인·오프라인 정보 결합** : 인터넷 정보와 실제 임장 정보를 종합적으로 분석해야 합니다.
- **객관적 시각 유지** : 감정에 휘둘리지 않고 객관적인 시각으로 평가해야 합니다.
- **전문가 조언** : 필요시 부동산 전문가의 조언을 구해야 합니다.

상가

상가 임장에 대한 주요 노하우와 체크리스트는 다음과 같습니다.

임장 전 사전 준비

임장 전 사전 준비를 통해 현장 방문 시 효과적으로 임장할 수 있습니다.

- **재정 상태 확인** : 자신이 준비할 수 있는 예산을 확정하고 대출 가능 여부를 확인해야 합니다. 무리한 투자는 손해로 직결됩니다.
- **분양 현황 확인** : 분양받는 경우엔 청약 접수, 당첨자 발표, 계약 일정, 분양가 및 납부 조건, 분양권 전매 여부 등을 파악해야 합니다.
- **지도 출력 및 지역 사전 공부** : 대중교통 노선, 주차 시설 등 교통 인프라를 조사해야 합니다. 해당 지역의 주거 밀집 지역, 인구 구성, 유동 인구 등을 확인해야 합니다. 주요 상권의 위치, 업종 구성, 집객시설 등을 사전에 파악해야 합니다. 유사업종의 분포와 영업 현황 역시 파악해야 합니다. 지자체 홈페이지 등을 통해 해당 지역의 향후 개발계획을 파악해야 합니다.
- **네이버부동산 등을 통한 상가 임차 조건 및 권리금 조사** : 네이버부동산 등을 통해 주변 상가의 시세를 사전에 파악해야 합니다. 권리금을 시설권리금, 바닥권리금, 영업권리금 등으로 구분하여 각각의 적정성을 검토해야 합니다. 시설물에 대해서는 원가나 주변 거래 사례를 적용합니다. 영업권리금은 보통 6~12개월의 매출 또는 순수익을 기준으로 계산합니다.
- **공인중개사와 사전 연락하여 현장 약속 잡기** : 현지 공인중개사 사무소와 연락하여 주변 상권이나 유동 인구 등 기본적인 시장 정보와 해당 상

가의 기본 정보(면적, 임대료, 권리금, 건물 상태 등)를 수집해야 합니다. 해당 지역의 개발계획이나 규제 사항을 확인해야 합니다.

상가 임장 체크리스트

분류	체크 항목	평가		
		상	중	하
주변 환경	대중교통 접근성			
	주차 시설			
	보행자 통행량			
	차량 통행량			
	상권 활성화 정도			
	경쟁업종 현황			
	보완업종 현황			
	주변 개발계획			
건물 및 상가 내부	노후도			
	리모델링 여부			
	공간 활용도			
	동선 효율성			
	전기 시설 상태			
	수도 시설 상태			
	냉난방 시설 상태			
	화장실 위치			
	가시성			
	접근성			
계약 관련 사항	임대료			
	관리비			
	권리금			
	계약기간			

분류	체크 항목	평가		
		상	중	하
계약 관련 사항	갱신조건			
	업종제한 여부			
	건축물 용도, 용도지역			
	불법 증축 여부			
	인허가 사항			

이러한 항목들을 꼼꼼히 체크하면서 임장하면 좀 더 정확하고 객관적인 평가를 할 수 있습니다. '상가 임장 체크리스트'는 상황에 따라 체크 항목을 변경하여 활용하세요. 필요하면 임장 전 사전 준비 내용도 체크리스트로 만들어 체크하면 아주 효율적입니다.

임장 노하우

- **다양한 시간대 방문** : 아침, 저녁, 주말 등 다양한 시간대에 방문하여 시간대별 유동인구가 얼마나 되는지 관찰해야 합니다.
- **주변 상인들과 대화** : 현재 영업 중인 상인들과 대화하여 실제 영업 상황을 파악해야 합니다.
- **기록하기** : 상가 체크리스트에 상가의 장단점 등을 꼼꼼히 기록해야 합니다.
- **개관적 시각 유지** : 감정에 휘둘리지 않고 객관적인 시각으로 평가해야 합니다.
- **전문가 조언** : 필요시 부동산 전문가의 조언을 구해야 합니다.

임장은 부동산을 매수할 때 반드시 거쳐야 하는 핵심 과정입니다. 이러한 체크리스트와 노하우를 활용하여 꼼꼼하게 임장하고, 신중하게 결정하세요.

> **토막상식**
>
> **상가 중개수수료는 얼마?**
>
> 상가의 중개수수료는 매매든 임대차든 거래금액의 0.9% 이내에서 공인중개사가 정한 요율로 지급해야 합니다. 그러므로 공인중개사가 0.9%로 요율을 정했다면 거래금액의 0.9%를 중개수수료로 내야 합니다. 월세의 경우 거래금액을 산정할 때 '보증금 + (월세 × 100)'으로 하되, 거래금액이 5,000만 원 미만일 때는 주택과 마찬가지로 '보증금 + (월세 × 70)'으로 다시 산정해 중개수수료를 계산합니다. 예를 들어 보증금 1,000만 원에 월세가 30만 원이라면 거래금액이 5,000만 원 미만[1,000만 원 + (30만 원 × 100) = 4,000만 원]이므로 이 경우엔 '1,000만 원 + (30만 원 × 70)'으로 거래금액을 다시 계산한 후에 여기에 0.9%를 곱한 금액인 27만 9,000원(3,100만원 × 0.9%)을 중개수수료로 지급하면 됩니다.

085 토지 투자 일반 상식

주택을 장만하고 나면 사람들은 또 다른 재테크 대상으로 토지를 찾습니다. 하지만 토지를 취득하는 것은 주택이나 상가를 취득하는 것보다 훨씬 어렵습니다. 토지를 취득하기 위해 알아야 하고 따져봐야 할 것들은 주택이나 상가보다 훨씬 더 많습니다.

토지 투자 절차를 간략하게 살펴보면 다음과 같습니다.

step 1 마련할 수 있는 자금 확인하기
- 자신이 보유 중인 자금 확인하기
- 세금, 등기 비용, 중개수수료 등 소요 비용 산정하기

▼

step 2 투자할 지역과 토지의 종류 결정하기
- 자신이 잘 알고 있고, 정보 수집이 수월한 곳
- 거래가 잘 되는 면적과 형태를 갖춘 토지

▼

step 3 인터넷을 통해 시세 및 물건 검색하기
- 네이버 부동산, 다방, 직방, 한방, 호갱노노, KB부동산 등 공인된 부동산정보 서비스 앱 이용
- 국토교통부 실거래가 공개시스템, 토지이음, 인터넷등기소, 씨:리얼 부동산 정보 포털 등 부동산정보 사이트 이용

▼

step 4 공인중개사 사무소 방문하기

- 체크리스트 활용하기
- 토지 위치, 면적, 경계, 경사도, 도로 등 현황 분석하기
- 바로 계약은 금물, 구경한 토지 서로 비교한 다음 결정

step 5 대출 및 개발 가능 여부 확인하기

- 대출 조건 및 대출 상품 비교하기
- 확정된 개발계획 확인 및 토지에 대한 영향력 분석하기

step 6 공부서류 확인 후 계약하기

- 주민등록증, 운전면허증 진위 확인으로 소유자 확인
- 공부서류들 상의 내용이 서로 일치하는지 확인
- 포괄근저당, 미납세금 등 확인

step 7 중도금, 잔금 치르고 소유권이전등기 하기

- 대출 실행하기, 잔금 치르기
- 소유권이전등기 신청하기
- 중개수수료, 등기 비용 등 지급
- 취득세 납부하기

step 8 활용하기

- 전원주택 짓기, 농사 짓기 등 활용하기
- 농지은행에 위탁하기

토지는 대출받을 수 있는 금액이 적다

일반적으로 취득하는 토지는 대도시 근처 시골에 있는 밭(전)이나 논(답)입니다. 가격이 상대적으로 저렴하기 때문입니다. 그럼, 시골에 있는 밭과 논으로 대출을 얼마나 받을 수 있을까요?

토지는 위치, 면적, 용도, 형태 등 토지 조건에 따라 대출한도가 다릅니다. 대출 광고나 안내문 등에서 임야는 70%까지, 농지는 80%까지 대출이 가능하다고 광고합니다. 그러나 실제로는 시세의 70~80%까지가 아닌 감정가의 60~70% 사이입니다.

이 땅으로 무엇을 할 것인가?

토지에 투자할 때는 시세차익으로 얼마를 남기겠다는 생각보다는 어떤 용도로 사용할 것인지를 먼저 생각해야 합니다. 다양한 용도로 개발할 수 있는 토지는 쓰임새가 제한적인 토지보다 가치가 높아 향후 시세차익을 볼 수 있습니다.

이 땅을 얼마 동안 가지고 있을 것인가?

투자 기간을 중·단기(5~8년)로 할 것인지, 아니면 중·장기(8~10년 이상)로 할 것인지를 정해야 합니다. 투자 기간에 따라 매수해야 할 토지의 종류가 달라지기 때문입니다.

중·단기로 투자하려면 도시에서 가깝고 도로변에 붙어 있는 990㎡(약 300평)~1,650㎡(약 500평) 사이의 그리 넓지 않은 토지가 좋습니다. 그래야 매도하고 싶을 때 비교적 빠르게 매도할 수 있습니다. 그러나 중·장기로 투자하려면 개발 가능성을 보고 더 싸고 넓은 토지를 취득하는 것이 좋습니다.

초보자는 소액, 소규모로 금방 팔릴만한 토지부터 시작

초보 투자자라면 처음부터 대박을 꿈꾸며 큰 돈을 투자하기보다는 2~3억 원 정도로 소액 투자를 하는 것이 좋습니다. 또한 좀 비싸더라도 내놓으면 금방 매도할 수 있는 토지를 취득하는 것이 좋습니다.

가격 면에서나 면적 면에서 규모가 작은 토지를 여러 번 거래해 보면 토지를 보는 안목이 생깁니다. 그런 뒤에 장기적으로 개발이익을 볼 수 있는 토지에 투자하세요.

5년 이상 묶어둘 수 있는 여윳돈으로 시작

초보 투자자들은 "1~2년만 지나면 가격이 2~3배 오른다"는 말만 믿고 토지를 취득해서 손해를 보는 경우가 많습니다. 단언하건대, 그런 토지는 없습니다. 초보 투자자들이 손해를 보는 진짜 이유는 2~3배의 시세차익을 볼 수 있다는 말에 속아서가 아니라 '1~2년 안에' 시세차익을 볼 수 있다는 말을 믿기 때문입니다. 즉, 여윳돈이 아니라 1~2년 후에 써야 할 돈으로 투자하기 때문에 손해를 보는 것입니다.

개발할 수 있는 토지가 많지 않은 우리나라에서 토지는 대개 시간이 지나면 가격이 상승합니다. 그러나 장기적으로 봐서 그렇다는 것이지, 1년이나 2년 후에 갑자기 토지가격이 2~3배가 뛴다는 뜻은 아닙니다. 그러므로 토지 투자는 여윳돈으로, 적어도 5년 이상 내다보고 해야 합니다.

소액으로 토지 주인이 될 수 있는 지분투자, 괜찮은가?

지분투자란 여러 명이 공동으로 토지의 소유권을 나누어 갖는 투자 방식은 말합니다. 예를 들어 경매로 나온 1억 원의 토지를 A는 5천만 원, B는 3천만 원, C는 2천만 원씩을 보태서 취득했다면 A, B, C는 각각 해당 토지에 50%, 30%, 20%씩 지분투자를 한 것입니다.

장점

한 필지의 토지를 여러 명이 공동으로 투자하므로 소액으로도 고가의 토지를 소유할 수 있습니다. 그리고 자신이 소유하고 있는 지분에 한해서는 자유롭게 매도할 수 있습니다. 해당 토지가 수용되어 보상받을 때 분할된 토지는 각자의 위치에 따라 보상가격이 달라지지만 공유지분으로 된 토지는 하나의 토지로 인정되어 공평하게 보상받을 수 있습니다.

단점

자신의 지분은 마음대로 매도할 수 있지만 토지 일부분만 개발하기는 어렵고, 공동소유다 보니 매수하려는 사람이 많지 않아 제값을 받기가 어려울 수 있습니다. 그래서 투자자들끼리 의견을 모아 매도와 개발을 함께 하곤 하는데, 공동투자자의 변심이나 자격 미달로 개발 허가를 받지 못하거나 공유자들 간의 의견 불일치로 적절한 매도 시기를 놓쳐 손해를 볼 수 있습니다.

"부모 자식 간에도 동업은 하지 않는다"라는 말이 있듯이 공동으로 하는 지분투자는 신중하게 생각한 후에 해야 합니다. 첫맛은 꿀처럼 단데 끝맛은 쓸개즙처럼 씁쓸한 것이 동업입니다.

부동산 비밀과외

헷갈리는 용도지역, 용도지구, 용도구역 완벽 해설!

토지를 거래할 때 매번 헷갈리는 개념이 있는데 그것은 바로 용도지역, 용도지구, 용도구역입니다. 토지의 가치를 결정짓는 개념으로 토지 투자 시 매우 중요합니다.「국토의 계획 및 이용에 관한 법률」에서 관련 내용을 확인할 수 있습니다.

1. 용도지역

국가가 국토를 경제적이고 효율적으로 사용하기 위해 토지의 이용이나 건폐율, 용적률, 높이 등을 제한하는데, 전국의 모든 토지는 사용 용도에 따라 모두 용도지역이 정해져 있습니다.

용도지역은 도시지역, 관리지역, 농림지역, 자연환경보전지역으로 나누어집니다. 건물을 건축할 때는「국토의 계획 및 이용에 관한 법률」시행령 제84조와 제85조에서 규정한 범위 안에서 각 시·군의 도시계획조례로 정한 건폐율과 용적률에 따릅니다.

예를 들면「국토의 계획 및 이용에 관한 법률」시행령 제85소에서 정한 제2종일반주거지역의 용적률은 250%입니다. 그러나 서울특별시의 용적률은 200%, 인천광역시와 경기도 포천시는 250%입니다. 그러므로 토지를 취득할 때는 시·군 도시계획조례에서 해당 용도지역의 정확한 건폐율과 용적률을 확인해야 합니다.

2. 용도지구

용도지역에서 제한하는 도시의 미관이나 안전 등을 더욱 강화하기 위해 지방자치단체는 용도지역이 지정된 곳에 중복하여 용도지구를 지정할 수 있습니다. 그러므로 토지를 취득할 때는 반드시 토지이용계획확인서를 확인해 봐야 합니다. 그리고 궁금한 점이 있으면 반드시 건축사나 시·군·구청 담당 공무원에게 물어봐야 합니다.

· 경관지구 : 경관의 보전·관리 및 형성을 위하여 필요한 지구
· 고도지구 : 쾌적한 환경 조성 및 토지의 효율적 이용을 위하여 건축물 높이의 최고한도를 규제할

필요가 있는 지구
· 방화지구 : 화재의 위험을 예방하기 위한 지구
· 방재지구 : 풍수해, 산사태, 지반의 붕괴, 그 밖의 재해를 예방하기 위한 지구
· 보호지구 : 「국가유산기본법」 제3조에 따른 국가유산, 중요 시설물(항만, 공항 등), 문화적·생태적으로 보존 가치가 큰 지역의 보호와 보존을 위하여 필요한 지구
· 취락지구 : 녹지지역·관리지역·농림지역·자연환경보전지역·개발제한구역 또는 도시자연공원구역의 취락을 정비하기 위한 지구
· 개발진흥지구 : 주거 기능, 상업 기능, 공업 기능, 유통물류 기능, 관광 기능, 휴양 기능 등을 집중적으로 개발·정비할 필요가 있는 지구
· 특정용도제한지구 : 주거 및 교육환경 보호나 청소년 보호 등의 목적으로 오염물질 배출시설, 청소년 유해시설 등 특정시설의 입지를 제한할 필요가 있는 지구
· 복합용도지구 : 지역의 토지이용 상황, 개발 수요 및 주변 여건 등을 고려하여 효율적이고 복합적인 토지이용을 도모하기 위하여 특정시설의 입지를 완화할 필요가 있는 지구
· 그 밖에 대통령령으로 정하는 지구

3. 용도구역

토지의 이용이나 건물의 용도·건폐율·용적률·높이 등에 대한 기존의 제한을 강화하기 위해 용도지역 및 용도지구가 정해진 곳에 시·도·군이 추가로 지정하는 지역을 말합니다. 그러므로 용도구역은 전국 모든 토지에 적용되는 것이 아니라 필요한 지역에만 적용됩니다. 「국토의 계획 및 이용에 관한 법률」에서 정하고 있는 용도구역은 다음의 네 가지인데, 대부분이 제한을 강화하는 내용입니다.

① 개발제한구역 「국토의 계획 및 이용에 관한 법률」 제38조 및 「개발제한구역의 지정 및 관리에 관한 특별조치법」
개발제한구역이란, 도시의 무질서한 확산 방지와 도시 주변의 자연환경 보전을 위하여 도시의 개발을 제한하는 구역을 말합니다.
② 도시자연공원구역 「국토의 계획 및 이용에 관한 법률」 제38조의2 및 「도시공원 및 녹지 등에 관한 법률」
도시자연공원구역이란, 도시의 자연환경 보호와 도시민의 건전한 휴식공간 제공을 위하여 도시지역 안의 산지(山地) 개발을 제한하는 구역을 말합니다.
③ 시가화조정구역 「국토의 계획 및 이용에 관한 법률」 제39조
시가화조정구역이란, 도시지역과 그 주변 지역의 무질서한 시가화를 방지하고 계획적이고 단계적

인 개발을 하기 위해 5~20년 동안 시가화를 유보하는 구역을 말합니다.
④ 수산자원보호구역 「국토의 계획 및 이용에 관한 법률」 제40조
수산자원보호구역이란, 수산자원을 보호·육성하기 위하여 공유수면이나 그에 인접한 토지에 지정하는 구역을 말합니다.

자신이 관심 있는 토지가 어떤 용도지역, 용도지구, 용도구역에 속하는지 그리고 각각 어떠한 규제 사항이 있는지 정확한 내용을 확인하고 싶다면, 반드시 건축사나 시·군·구청 담당 공무원에게 물어봐야 합니다.

086 돈 되는 토지 잘 고르는 핵심 노하우

토지를 취득하는 목적은 전원주택을 짓기 위해, 주말농장을 하기 위해, 농사를 짓기 위해 등 다양합니다. 그러나 결국엔 취득한 토지가 가치가 있어 돈이 되어야 합니다. 이번 장에서는 돈 되는 토지를 잘 고르는 핵심 노하우에 대해 살펴보겠습니다.

토지를 보는 중요 포인트 12

① 토지로 들어가는 길, 진입로가 있는가?

진입로가 있는 토지인지 확인해야 합니다. 토지 모양이 아무리 좋아도 토지로 들어가는 길이 없다면 그 토지는 이용할 수 없습니다. 그리고 이러한 토지를 '맹지'라고 합니다. 물론 맹지라고 해서 전혀 길을 낼 수 없는 건 아닙니다. 그러나 길을 내는 과정이 복잡하고 비용이 많이 들어갈 수 있으므로 해당 토지가 넓은 도로에 접해 있는지, 주택 등 건축물을 건축할 수 있는지를 관할 시·군·구청에 확인해 봐야 합니다.

② 토지의 용도를 파악하자

토지를 매수했다가 그냥 매도하는 것보단 토지에 건물을 건축하여 매도하면 더 많은 시세차익을 볼 수도 있습니다. 하지만 토지를 개발할 때는 신중해야 합니다. 여러 용도로 사용할 수 있는 좋은 토지에는 굳이 돈을 들여 건물을 건축할 필요가 없습니다. 오히려 토지의 용도를 제한하여 토지의 가치를 떨어뜨릴 수 있습니다. 그러나 기찻길 옆이나 송전탑 밑처럼 위치가 나빠서 주택이나 상가를 건축하기에도, 그렇다고 농사를 짓기에도 마땅치 않은 토지는 돈을 들여 개발하는 것이 좋습니다. 이런 곳에는 소음이 문제되지 않는 창고를 건축하면 좋습니다.

참고로 건축하기 좋은 토질은 자갈이 너무 많지 않고, 단단하면서 물 빠짐이 좋은 모래흙(마사토)입니다.

③ 밭이나 논을 대지로 바꿀 수 있는가? 지목변경

토지를 취득하는 목적 중 하나는 해당 토지에 주택이나 상가 같은 건물을 건축하기 위해서입니다. 그러므로 매수한 토지를 주택이나 상가 등을 건축할 수 있는 대지로 지목변경을 할 수 없다면 큰 낭패가 아닐 수 없습니다.

그럼, 지목변경은 어떻게 하는 걸까요? 답, 전, 산지인 지목을 대지나 공장용지, 창고용지로 변경하려면 먼저 농지(산지)를 다른 용도로 사용하겠다는 농지(산지) 전용허가를 받아야 합니다. 그리고 해당 토지에 건물을 건축할 수 있도록 토지를 개발(형질 변경)한 다음, 실제로 건물을 건축하여 사용승인을 받아야 합니다. 이 과정을 거치지 않으면 답, 전, 임야의 지목을 대지, 공장용지, 창고용지로 변경할 수 없습니다.

공공자산으로 간주하는 산지는 농지나 대지로 지목변경하기가 쉽지 않습니다. 산지의 지목변경이 가능한 것처럼 하여 산지를 330㎡(100평)나 660㎡(200평)씩 가분할(실제 법적인 분할 절차를 거치지 않고 임시로 토지를 나누는 것)하여 파는 기획부동산의 사기에 주의해야 합니다. 그리고 산지의 취득 목적이 농지나 대지로의 지목변경이라면, 반드시 해당 관청과 설계사무소 등을 방문하여 지목변경 가능성을 확인해야 합니다.

투자가치가 높은 지목은 지목변경 없이 주택이나 상가와 같은 건물을 건축할 수 있는 대지, 산·자갈땅·모래땅·황무지인 산지(임야), 옥수수·콩·인삼·뽕나무·묘목 등을 재배하는 전(밭), 물을 이용해 벼·미나리·연뿌리 등을 재배하는 답(논), 귤·사과·배 등 과일나무를 집단으로 재배하는 과수원, 소·돼지·닭·말·양·염소 등의 가축을 집단으로 모아놓고 기르는 목장용지, 27가지 지목에 해당하지 않는 잡종지, 공장을 건축할 수 있는 공장용지, 창고를 건축할 수 있는 창고용지입니다.

④ 현재 사용 용도가 공부상 지목과 일치하는가?

현장에 가보면 지적도나 토지이용계획확인서의 지목과 다르게 토지를 이용하고 있는 경우가 종종 있습니다. 현재의 이용 상태가 공부상 지목과 다르면 실제 지목은 현재 이용 상태에 따라 결정될 가능성이 높습니다. 그러므로 공부상 지목만 확인하지 말고 현장답사를 통해 실제 어떤 용도로 이용하고 있는지 반드시 확인해야 합니다.

⑤ 토지의 모양이 예쁜가?

토지의 모양도 매우 중요합니다. 예를 들어 토지의 모양이 삼각형, 역삼각형, 자루형이라면 활용할 수 있는 면적이 작습니다. 토지의 모양은 정방형(직사각형), 가장형(가로로 긴 직사각형), 세장형(세로로 긴 직사각형), 사다리형에 가까운 게 좋습니다.

⑥ 묘는 없는가?

토지에 묘가 있는지 반드시 확인해야 합니다. 타인의 토지에 묘를 쓴 사람이 자신의 묘를 관리하기 위해 해당 토지를 이용할 수 있는 권리를 '분묘기지권'이라고 하는데, 이러한 권리가 있는 묘는 토지주의 마음대로 사용하거나 옮길 수 없습니다. 그러므로 현장답사를 통해 마을 어르신이나 토박이에게 해당 토지에 묘를 쓴 적이 있는지 물어봐야 합니다. 그리고 관할 시·군·구청에서 묘적부를 발급받아 묘가 있는지 확인해야 합니다. 확인 결과 취득하고자 하는 토지에 묘가 있으면 매도자에게 잔금 치르기 전까지 묘를 다른 곳으로 옮겨달라고 요구하고, 그렇게 하지 않으면 본 계약을 무효로 한다는 내용을 계약서의 특약사항란에 반드시 기재해야 합니다.

⑦ 토지의 경사도는 완만한가?

주택을 건축할 때는 10도 정도 완만하게 경사진 토지가 그렇지 않은 토지보다 햇빛도 많이 받고 전망도 좋습니다. 하지만 경사가 심하면 진입이 어렵고 주택을 건축하기 어려울 뿐만 아니라 건축 허가를 받지 못할 수도 있습니다. 주택을 건축할 수 있는 경사도는 지방자치단체마다 다르므로 매매계약을 하기 전에 해당 토지의 관할 시·군·구청의 건축과에 건축 가능 여부를 반드시 확인해야 합니다.

⑧ 토지의 방향은 어느 쪽인가?

일반적으로 주택을 건축했을 때 거실의 창을 남쪽으로, 출입문을 동쪽으로 낼 수 있는 토지가 좋습니다. 그러나 개인적인 취향이나 사정에 따라 거실의 방향이 남쪽이 아니어도 괜찮습니다.

⑨ 현재 거주지에서 얼마나 걸리는가?

아무리 전망이 좋은 토지라 하더라도 거리가 멀어서 이동하는 시간이 오래 걸리면 해당 토지를 자주 이용하기 어렵습니다. 토지는 대도시에서 40km 이내에 있는 것이 좋습니다. 도시 인근의 토지는 주 5일 근무나 전원주택의 수요로 인해 향후 주거 단지로 형성될 수 있습니다.

⑩ 토지의 경계는 정확한가?

시골 토지는 경계가 모호한 경우가 많습니다. 농사를 짓다 보면 자기도 모르게 남의 밭까지 넘어가기도 하고, 오랫동안 농사를 짓지 않고 내버려두면 이웃 토지와의 경계가 불분명해지기도 합니다. 그러므로 토지를 매수할 때는 토지의 경계를 정확히 확인해야 합니다. 만약 확인하기 어렵다면 한국국토정보공사(www.lx.or.kr)에 '지적측량'을 신청(전화 신청 1588-7704)하세요.

⑪ 토지 주변에 혐오시설이 없는가?

2km 이내에 공동묘지, 하수종말처리장, 축사, 쓰레기매립장, 염색공장 등 혐오시설이 있는 토지는 매수하지 않는 것이 좋습니다. 이러한 시설들은 산 뒤편이나 마을 구석 등 잘 보이지 않는 곳에 있으므로 반드시 현장답사를 통해 꼼꼼히 확인해 봐야 합니다. 스마트폰의 지도검색 앱을 이용하면

편리합니다.

⑫ 지하수 개발이 가능한가?

지하수를 개발할 수 있는 토지와 그렇지 않은 토지는 가치가 크게 차이 납니다. 지하수를 개발할 수 있는지는 지하수 개발업체에 물어보면 알 수 있습니다. 참고로 지하수를 개발하는 데 드는 비용은 소공(시추공 지름 25mm, 시추 깊이 30m 이하)은 230~370만 원, 중공(시추공 지름 25~32mm, 시추 깊이 70~80m)은 300~500만 원, 대공(시추공 지름 32~60mm, 시추 깊이 100m 이상)은 800~1,000만 원 선입니다. 식수를 원한다면 시추 깊이가 100m 이상 되는 대공을 파야 합니다. 상수도 연결 비용은 m당 10만 원 정도입니다. 상수원이 가깝다면 지하수 개발보다는 수도를 설치하는 것이 더 경제적일 수 있습니다.

토지이용계획확인서를 확인하자!

토지를 취득하고자 할 때 반드시 해당 토지의 '토지이용계획확인서를 발급받아 제한사항이 없는지, 있다면 어떠한 내용인지 확인해야 합니다. 확인한 결과 잘 모르겠거나 궁금한 점이 있으면 현지의 담당 공무원, 건축사, 법무사, 공인중개사 등에게 물어봐야 합니다. 특히 공무원이 안 된다고 하는 제한사항은 하기 힘든 것이니 반드시 확인합니다.

미래의 도시지역 성격을 지닌 '계획관리지역'

관리지역은 보전관리지역과 생산관리지역, 계획관리지역으로 나뉘는데, 이 중에서 미래의 도시지역 성격을 가진 계획관리지역이 가장 인기가 많고 토지가격도 높습니다. 개발규제가 풀리면 이 지역 안에 있는 산지(임야) 가격이 2배 이상 상승할 수 있습니다. 해당 토지가 어떤 종류의 관리지역인지는 토지이용계획확인서에서 확인할 수 있습니다.

농업진흥구역, 농업보호구역

농업진흥구역과 농업보호구역의 건축 조건은 다릅니다. 현지에서 농사를 짓는 농민이라면 농업진흥구역이든 농업보호구역이든 아무 곳에나 농가주택을 건축할 수 있습니다. 그러나 현지에서 농사를 짓지 않는 사람이라면 농업보호구역에만 농가주택을 지을 수 있습니다.

상수원보호구역은 지목변경 원천 불가? 예외는 있다!

상수원보호구역이란 상수도를 확보하고 상수원이 유해물질로 오염되는 것을 막고자 지정한 법정 지역을 말합니다. 상수원보호구역에서는 원칙적으로 건물을 새로 건축하거나, 개발하거나, 숲을 마음대로 가꾸는 등의 행위를 할 수 없습니다. 그러나 원거주민 또는 보호구역에 6개월 이상 실제 거주하는 주민은 지목이 대(垈)인 토지에 연면적 100㎡ 이하의 농가주택을 신축할 수 있습니다. 또한, 보호구역 지정 당시부터 계속하여 무주택자인 원거주민인 혼인으로 세대주가 된 경우엔 지목이 대(垈)인 토지에 연면적 132㎡ 이하의 농가주택을 신축할 수 있습니다. 보호구역에 거주하는 주민은 기존 주택의 면적을 포함하여 100㎡ 이하까지 증축할 수 있습니다. 또한, 원거주민은 기존 주택의 면적을 포함하여 연면적 132㎡ 이하까지 증축할 수 있습니다(「상수원관리규칙」 제12조 2호 가목, 나목).

개발제한구역

개발제한구역이란 흔히 그린벨트(GB, greenbelt)라고 불리는 지역을 말합니다. 이 구역 내에서는 건축물의 신축, 증축, 용도변경, 토지의 형질변경, 토지 분할 등을 마음대로 할 수 없습니다. 그러나 필요한 경우에는 개발할 수 있습니다. 그렇다면 개인이 그린벨트 안에 주택이나 다른 건물을 건축하는 방법은 무엇일까요?

GB 안에 단독주택, 다가구주택 건축하는 방법

- 개발제한구역 안에서는 개발제한구역 지정 당시부터 지목이 대(垈)인 토지이거나, 아니면 개발제한구역 지정 당시부터 있던 기존 주택(개발 제한 구역 건축물관리대장에 등재된 주택)이 있는 토지에만 새로 주택을 건축할 수 있습니다.

- 개발제한구역에 기존 주택을 소유하고 그 주택에 거주하는 농업인은 농사에 필요한 경우, 자신 소유의 기존 주택을 철거하고 자신 소유이 농장 또는 과수원에 주택을 신축할 수 있습니다. 단, 생산에 직접 이용되는 토지의 면적이 1만㎡ 이상으로서 진입로 설치를 위한 형질변경을 수반하지 않는 지역에만 주택을 신축할 수 있습니다. 또한 신축한 주택은 농림·수산업을 위한 시설 외로는 용도변경할 수 없습니다.

- 기존 주택이 공익사업 시행으로 인해 철거될 때는 기존 주택의 소유자가 자신 소유의 토지(철거일 당시 소유권을 확보한 토지)에 새로운 주택을 건축할 수 있습니다.

- 재해 때문에 기존 주택에 거주할 수 없게 된 경우에는 그 주택의 소유자는 자신 소유의 토지(재해를 입은 날부터 6개월 이내에 소유권을 확보한 토지)에 새로

운 주택을 건축할 수 있습니다.

- 개발제한구역 지정 이전부터 이미 건축된 주택 또는 개발제한구역 지정 이전부터 다른 사람 소유의 토지에 건축된 주택으로서 토지 소유자의 동의를 받지 못해 증축 또는 개축할 수 없을 때는 취락지구(사람들이 집단으로 모여 사는 곳으로 정비가 필요한 지구)에 새로운 주택을 신축할 수 있습니다(『개발제한구역의 지정 및 관리에 관한 특별조치법 시행령』[별표1]).

근린생활시설을 증축 및 신축할 수 있는 경우는?

- 주택을 용도 변경한 근린생활시설 또는 1999년 6월 24일 이후에 신축된 근린생활시설은 증축할 수 있습니다.
- 개발제한구역 지정 당시부터 지목이 대(垈)인 토지와 개발제한구역 지정 당시부터 있던 기존 주택(개발제한구역건축물관리대장에 등재된 주택)이 있는 토지에는 근린생활시설을 새로 건축할 수 있습니다. 단, 상수원 상류 하천의 양쪽 기슭 중 그 하천의 경계로부터 직선거리 1km 이내 지역에서는 오염물질 배출이 심한 시설을 신축할 수 없습니다.
- 기존 근린생활시설이 공익사업의 시행으로 철거되는 경우 그 기존 근린생활시설의 소유자는 자신 소유의 토지(철거일 당시 소유권을 확보한 토지)에 근린생활시설을 신축할 수 있습니다(『개발제한구역의 지정 및 관리에 관한 특별조치법 시행령』[별표1]).

휴게음식점·제과점 및 일반음식점을 건축할 수 있는 조건은?

개발제한구역 지정 당시 거주자, 개발제한구역 안에서 5년 이상 거주자는 그린벨트 안에 휴게음식점·제과점 또는 일반음식점을 건축할 수 있습니다. 또한 해당 휴게음식점·제과점 또는 일반음식점의 소유자는 해당 시설 부지와 맞닿은 토지(폭 12m 미만의 도로, 도랑, 소하천으로 분리된 토지 포함)를 이용하여 300㎡ 이하의 주차장을 설치할 수 있습니다. 단, 차후에 휴게음식점 또는 일반음식점을 다른 용도로 변경하면 주차장 부지를 원래의 지목으로 환원해야 합니다(『개발제한구역의 지정 및 관리에 관한 특별조치법 시행령』 [별표1]).

토지거래허가구역

국토교통부장관 또는 시·도지사는 토지의 투기적인 거래가 성행하거나 지가(地價)가 급격히 상승하는 지역, 그러한 우려가 있는 지역을 최장 5년까지 토지거래허가구역으로 지정할 수 있습니다.

토지거래허가구역으로 지정된 지역의 토지를 취득하고자 하는 자는 매매예약서를 작성한 다음 이를 해당 토지의 관할 시장·군수·구청장에게 토지거래에 대한 허가를 받아야 합니다.

신청 후 14일 이내에 거래할 수 있는지 결정

토지거래허가 신청이 있으면 시장·군수·구청장은 신청서를 받은 날로부터 14일 이내에 신청인에게 허가증을 교부하거나 불허가 처분을 한 이유를 알려줘야 합니다.

토지거래허가를 수월하게 받으려면?

관심 있는 토지가 토지거래허가구역 내에 있다면 현실적으로 개인이 허가받기 어렵습니다. 돈이 들더라도 현지에 있는 법무사에게 맡기는 것이 시간과 경비를 절약하는 방법입니다.

일정 면적 이하나 경매로 낙찰받으면 허가받지 않아도 된다

허가를 받은 토지는 2~5년간 허가 목적대로 사용해야 합니다. 허가 목적이 자기 거주용 주택용지로 이용하려는 경우, 허가구역에 거주하는 농업인·임업인·어업인이 그 허가구역에서 농업·축산업·임업·어업을 경영하기 위하여 필요한 경우, 대체토지를 취득하기 위하여 허가를 받은 경우엔 토지 취득일부터 2년 이내에 허가 목적대로 이용해야 합니다(「부동산 거래신고 등에 관한 법률 시행령」 제14조 ②항).

도시지역 내 주거지역 60㎡ 이하, 상업지역 150㎡ 이하, 공업지역 150㎡ 이하, 녹지지역 200㎡ 이하, 도시지역 외 지역 250㎡ 이하(농지 500㎡ 이하, 임야 1,000㎡ 이하), 용도지역 지정이 안 된 구역 60㎡ 이하는 토지거래허가를 받지 않아도 됩니다(「부동산 거래신고 등에 관한 법률」 제11조 ②항 1호). 또한, 경매로 낙찰받거나 건축물(아파트)을 분양받으면 허가를 받지 않아도 됩니다(「부동산 거래신고 등에 관한 법률」 제14조②항 2호, 3호).

토지거래허가구역은 '토지이음' 홈페이지에서 확인

토지거래허가구역은 수시로 변경됩니다. 토지이음 홈페이지(www.eum.go.kr)에서 변경된 토지거래허가구역을 확인할 수 있습니다. 홈페이지 상단 중앙 '고시 정보' → '결정고시' → '고시제목란'에 '토지거래허가구역'을 입력하고 '검색'을 클릭하면 됩니다.

토지도 분산투자를 하자!

토지는 한 지역에 몰아서 취득하지 마세요. 나중에 해당 지역이 토지거래허가구역 등으로 규제받으면 모든 토지를 매도하기 어렵습니다.

토막상식

주인을 모르는 분묘도 이장할 수 있다

분묘의 주인을 모르면 '해당 토지 등의 사용에 관해 당해 분묘 연고자의 권리가 없음'을 증명하는 서류를 첨부하여 시장·군수·구청장에게 개장(이장) 허가를 신청해야 합니다. 개장허가증을 받은 후 개장하고, 중앙 일간신문을 포함한 2개 이상의 일간신문(관할 시·도 또는 시·군·구 인터넷 홈페이지와 하나 이상의 일간신문)에 40일 간격으로 묘지 또는 분묘의 위치, 장소, 개장 사유, 개장 후 안치한 장소와 기간, 공설 묘지 또는 사설묘지 설치자의 성명과 주소, 연락방법을 2회 이상 공고합니다. 이렇게 하면 개장한 사람은 무단으로 분묘를 개장한 책임을 면할 수 있습니다.

087 프로처럼 토지 현장답사하는 법

가치가 높은 토지를 안전하게 취득하려면 현장답사가 중요합니다. 이번 장에서는 현장답사 잘하는 방법에 대해 살펴보겠습니다.

현장답사

토지 현장답사를 할 땐 스마트폰, 등산복, 등산화, 장갑, 모자, 물통, 간식 등이 필요합니다.

초보 투자자는 토지 전문가와 동행해야

현지 공인중개사는 매도인 편에서 토지의 단점보다는 장점만 이야기할 수 있습니다. 그러므로 초보 투자자라면 토지 투자 경험이 많은 전문가와 동행하는 것이 좋습니다.

현장답사를 갈 때는 등산화에 편한 복장으로

현장답사를 갈 때는 발목을 감싸고 접지력이 좋은 등산화에 활동하기 편하고 몸을 보호할 수 있는 등산복 종류가 좋습니다.

겨울이나 봄에는 토지 민낯을, 비 오는 날에는 토질을 보기 좋다

겨울이나 초봄에는 나무나 풀들이 무성하지 않아 현장을 잘 확인할 수 있습니다. 또한 비가 억수같이 오는 날에 물이 잘 빠진다면 모래가 많은 것이고, 비가 조금 왔는데도 물이 빠지지 않고 땅이 질척거린다면 진흙이 많은 땅입니다.

현장을 찾기 힘들면 지역 공인중개사에게 질문!

초보 투자자들이 현장답사할 때 가장 많이 하는 실수가 구경하려는 토지를 현장에서 못 찾고 헤매는 것입니다. 특히 오랜 기간 이용하지 않은 토지는 장마로 인해 토지 일부가 깎이거나 중간에 물길이 생겨 원래의 형체를 알아보기 어려운 경우가 많습니다. 이때는 해당 토지가 있는 지역에서 오랫동안 중개를 한 공인중개사에게 물어보세요.

건물이 있는 토지는 골칫거리

매수하려는 토지에 건물이 있으면 자신이 매수한 토지라도 사용하지 못할 수 있습니다. 그러므로 현장답사할 때는 토지에 건물이 있는지 꼼꼼히 살펴보아야 합니다. 만약 있다면 토지 소유자에게 잔금을 치르기 전까지 건물에 대해 아무런 문제가 없도록 해달라고 요구해야 합니다. 가령 건물이 토지 소유자가 허가받아 건축하였고 쓸모가 있다면 건물의 소유권을 매수자 자신에게 넘겨달라고 하면 되고, 무허가 건물로 허름하고 쓸모가 없다면 철거해 달라고 요구하면 됩니다. 만약에 건물이 토지 소유자의 것이 아니라면 소유자를 찾아 해결해 달라고 요구해야 합니다.

공인중개사에게 시세 파악하기

토지에 투자하려면 토지 시세를 정확히 파악해야 합니다. 토지는 거래가 자주 일어나지 않기 때문에 공시지가만으로 시세를 가늠하기 어렵습니다. 따라서 적정한 시세는 공인중개사를 통해서 알아내야 합니다.

1~2년 안에 몇 배 오른다고 장담하는 공인중개사는 피하라

1~2년 만에 2~3배로 오르는 토지는 없습니다. 전혀 없다고는 할 수 없지만, 그런 토지를 차는 것은 로또에 당첨되는 것보다 더 어렵습니다. 그러니 1~2년만 있으면 가격이 몇 배 뛸 거라고 말하는 공인중개사가 있다면 피하는 것이 좋습니다.

토지 가격에 스스로 프리미엄을 붙이는 공인중개사도 있다

토지에 투자하려고 도시 외곽으로 나가보면 주로 토지만 거래하는 공인중개사사무소가 종종 눈에 띕니다. 그런 공인중개사사무소를 보면 '1년 동안 몇 건이나 할까? 저러다 굶어 죽겠다'라는 생각이 듭니다.

그런데 과연 굶어 죽을까요? 대답은 '그렇지 않다.'입니다. 토지만 거래하는 공인중개사들 모두 다 그런 것은 아니지만, 토지 소유자가 내놓은 매도 가격에 m^2당 3,000~9,000원(평당 1~3만 원)까지 프리미엄을 붙이고, 거래가 성사되면 그 프리미엄을 챙기는 경우가 있습니다. 이렇게 하면 3,300m^2(약 1,000평)만 거래해도 중개수수료를 빼고도 추가로 1,000만 원에서 3,000만 원까지 벌 수 있습니다.

중개업소 3곳 이상 방문해서 가격 문의

그렇다면 어떻게 해야 이런 프리미엄을 제거하고 토지 소유자가 내놓은 원래 가격대로 토지를 매수할 수 있을까요? 그 비결은 토지 시세를 확인하러 공인중개사무소를 돌아다닐 때 한 곳만 방문하지 말고 3곳 이상 방문하는 것입니다. 여러 공인중개사무소에서 제시한 가격의 평균을 내면 비교적 정확한 토지가격을 파악할 수 있습니다.

성심껏 중개해 준 공인중개사에게는 웃돈을 줄 수도 있다

공인중개사가 법정 중개수수료 이외에 다른 이득을 챙기는 것은 불법입니다. 그러나 공인중개사가 이루어지기 힘든 거래를 성공시켰다거나, 매수자의 손해를 막아줬다면 법정 중개수수료만 주기보다는 어느 정도 웃돈을 주는 지혜도 필요합니다. 그래야 나중에 아쉬운 일이 있을 때 공인중개사의 도움을 받을 수 있습니다. 그것이 시간과 경비를 절약하는 방법이 될 수 있습니다.

토막상식

편리하게 조상땅 찾는 방법, K-Geo플랫폼

K-Geo플랫폼(kgeop.go.kr) → '토지찾기' → '조상땅 찾기'를 통해 사망한 조상의 토지를 찾아 보세요. 먼저 '대법원 전자가족관계등록시스템'에서 조회대상자인 조상의 기본증명서와 가족관계증명서를 PDF로 내려받습니다. 그리고 공인인증을 통해 신청인 본인 확인을 거칩니다. 그다음엔 조회대상자 정보를 입력한 후 신청인의 거주지 관할 지자체를 지정하여 기본증명서, 가족관계증명서와 함께 신청 합니다. 3일 이내에 조회결과를 인터넷으로 확인할 수 있습니다.

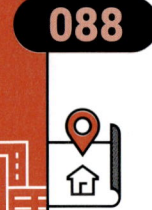

088 경매의 개념과 절차 한눈에 살펴보기

주택이나 상가 또는 토지를 저렴하게 취득하는 방법은 무엇일까요? 여러 가지 방법이 있지만 가장 대표적인 방법은 경매입니다. 경매로 자신이 원하는 부동산을 취득하려면 경매가 어떤 순서로 진행되는지부터 알아야 합니다.

step 1 마련할 수 있는 자금 확인하기
- 자신이 보유 중인 자금 확인하기
- 세금, 등기 비용 등 소요 비용 산정하기
- 대출 조건 및 대출 상품 검색하기

▼

step 2 투자하고 싶은 지역과 투자종목 결정하기
- 거주지와 가까워 관리가 편리하고 정보 수집이 수월한 지역
- 주택, 상가, 토지 등 투자종목 선택

▼

step 3 물건검색과 공부서류 확
- 경매사이트에서 물건 검색하고 공부서류 확인
- 배당분석·권리분석·임차인분석

▼

step 4 현장답사
- 경매물건을 답사하여 시세 조사, 입지, 사실관계 등 확인
- 공부서류 재확인하기

▼

step 5 대출과 전월세 시세 알아보기
- 은행을 방문하여 대출 가능 금액 알아보기
- 공인중개사사무소를 방문하여 전월세 시세 알아보기

▼

step 6 경매 참여하기
- 취하, 취소, 변경, 연기 확인하기
- 사건기록 열람하기
- 경매 입찰하기

▼

step 7 잔금 치르고 소유권이전등기하기
- 잔금 치르기
- 소유권이전등기 신청하기
- 취득세 납부하기

▼

step 7 이사 또는 세 놓기
- 인도명령이나 명도소송을 통해 점유자 내보내기
- 손 없는 날 등 이사가 많은 날 피해서 이사하기
- 공인중개사사무소를 통해 임차인 구하기

경매는 경제의 막힌 흐름을 뚫어주는 역할

경매란 무엇일까요? 망한 사람의 재산을 뺏는 비정한 행위일까요? 자신의 실수가 아닌 다른 사람의 실수로 전 재산을 뺏기는 억울한 사람도 있을 겁니다. 그러나 경제적인 측면에서 볼 때 채무자의 채무불이행으로 경제의 흐름이 막힐 때 그 부분을 뚫어주는 것이 바로 경매입니다.

감정평가액과 시세와의 차이

감정평가는 재산의 경제적 가치를 판정하고 그 결과를 금액으로 표시하는 과정을 말합니다. 그런데 이 감정평가액을 100% 신뢰해서는 안 됩니다. 경매물건에 대한 법원의 감정 시기와 매각 시기 간에 기간 차이로 감정평가액에 시세가 적절하게 반영되지 않을 수 있습니다. 그러므로 주변 시세와 수익률을 잘 따져본 후에 입찰가격을 결정해야 합니다.

경매 투자의 목적은 돈 벌기! 쉬운 책부터 시작하자

경매 공부를 하는 목적은 좋은 부동산을 시세보다 저렴하게 취득하기 위해서이지 논문을 쓰기 위해서가 아닙니다. 그러므로 경매를 처음 공부할 때는 쉬운 책부터 보고, 좀 부족하다 싶을 때 조금 더 어려운 책을 보세요.

기본적인 지식이 쌓였으면 다음으로는 실제 경매 순서대로 연습을 해봅니다. 사이트에서 경매로 나온 물건을 검색해 보고, 서류도 직접 떼어 확인해 보고, 현장 조사도 해봅니다. 나중에는 연습 삼아 입찰봉투를 제출하지 않은 채 경매에 참여도 해봅니다. 이렇게 여러 번 해보면 경매에 관한 두려움이 줄어들고 막연했던 경매 지식이 실제로 와닿게 됩니다.

> **토막상식**
>
> **안전하고 간편한 경매보증보험증권**
>
> 경매에 참여하려면 최저매각가격의 10%를 입찰보증금으로 내야 합니다. 그런데 매각가격의 10%라도 그 많은 금액을 현금으로 가지고 다니면 불편할 뿐만 아니라 위험합니다. 이에 보증보험회사에 일정액의 보증료를 내고 경매보증보험증권을 발급받아 그것을 입찰보증금 대신 법원에 낼 수 있습니다.

부동산 경매 필수 용어 10가지

채권자

돈을 빌려준 사람을 말합니다. 경매에서 채권자는 금융기관, 임차인, 개인적으로 돈을 빌려준 사람 등입니다.

채무자

부동산을 담보로 돈을 빌린 사람이나 임차인에게 보증금을 돌려줘야 하는 임대인 등입니다.

임차인

말 그대로 임대인에게 보증금을 주고 주택이나 상가에 거주하거나 영업하는 사람을 말합니다. 임차인은 임대인에게 주었던 보증금을 되돌려 받을 권리가 있으므로 임대인에게 있어서 채권자입니다. 당연히 임대인은 임차인에게 있어서 보증금을 돌려줘야 할 의무가 있는 채무자입니다.

대항력

임차한 주택의 소유자가 변경되더라도 임차인이 계약한 임대차 기간 동안 계속 거주할 수 있고 계약 종료 시 임차보증금을 돌려받을 수 있는 권리를 말합니다. 대항력은 임차인이 임차한 주택에 이사하고 전입신고를 마치면 그다음 날 0시부터 발생합니다.

우선변제권

대항력을 갖추고 임대차계약서에 확정일자를 마친 임차인이 경매 또는 공매 시 임차한 주택(대지 포함)의 환가대금에서 후순위권리자나 그 밖의 채권자보다 우선하여 보증금을 돌려받을 수 있는 권리를 말합니다.

대위변제

제3자 또는 공동채무자의 한 사람이 채무자를 대신하여 채무자의 빚을 갚는 행위를 의미합니다. 근저당권 다음 순위에 있는 임차인이 부동산 소유자를 대신해 빚을 갚고 근저당을 말소함으로써 자신이 대항력을 갖춘 선순위 임차인이 될 수 있습니다.

입찰자

경매로 나온 부동산이 매각되려면 누군가 매수하겠다고 가격을 제시하는 사람이 있어야 하는데, 이런 사람을 '입찰자'라고 합니다. 경매로 나온 부동산이 입찰자에게 매각되면 '낙찰되었다'라고 하고, 매수하겠다고 가격을 제시하는 사람이 없으면 '유찰되었다'라고 합니다.

최저매각가격

감정평가법인이 평가한 감정평가금액을 기준으로 최소한 이 정도 가격에는 매각해야 한다고 법원이 결정한 경매물건의 가격을 말합니다. 매수하겠다고 가격을 제시하는 사람이 없는 경우엔 통상 20%(법원에 따라서는 30%) 정도 할인된 가격에 최저매각가격이 다시 결정됩니다.

새매각

경매를 진행했으나 매수하겠다고 가격을 제시하는 사람이 없어 다시 날을 잡아서 진행하는 경매를 말합니다.

재매각

경매로 나온 부동산을 낙찰받은 사람이 잔금을 내지 않아 다시 날을 정하여 진행하는 경매를 말합니다.

089 경매를 시작한다면 이것부터

실전 같은 연습을 여러 번 해서 경매 과정을 충분히 익혔다면 자신이 취득하고 싶은 부동산을 낙찰받기 위해 실제로 경매에 참여합니다. 그런데 경매에 참여하기 전에 먼저 할 일이 있으니, 그것은 바로 '자신이 가지고 있는 돈이 얼마인지 정확하게 아는 것'입니다.

정확한 자금 파악이 안 되면 돈과 시간만 낭비한다

대출금액을 포함하여 자금을 얼마까지 준비할 수 있는지를 정확하게 파악하고 있어야 어느 지역에 있는 부동산을 취득할 것인지를 결정할 수 있습니다. 그리고 아파트, 다세대주택, 오피스텔 중 어느 것을 취득할 것인지 결정할 수 있습니다. 취득비용을 계산할 때는 세금, 등기비용, 명도비용 등도 함께 생각해야 동분서주하지 않고 차질 없이 경매를 진행할 수 있습니다.

자신이 준비할 수 있는 자금이 얼마인지 정확히 모르고 무작정 경매에 참여하면 자신의 조건에 맞지도 않는 부동산을 찾아다니고, 또 그 부동산을 연구하느라 시간과 돈을 낭비하게 됩니다.

지역을 고를 땐 관리하기 쉬운 곳이 1순위

경매에 투자할 금액을 결정했다면 다음으로 어느 지역에 있는 부동산을 취득할 것인지 결정해야 합니다. 가능하면 자신이 현재 거주하는 곳과 가까워 정보 수집이 수월하고 부동산을 관리하기 편리한 지역이어야 합니다. 자신이 거주하는 곳에서 너무나 멀리 떨어진 지역은 정보 수집과 관리가 어려워 나중에는 이익보다 손해가 더 클 수 있습니다.

예를 들어 서울시민이 지방 상가에 투자했다면 정보 수집도 어렵고 일이 있을 때마다 왕래하기가 힘듭니다.

투자 종목을 결정하자

어느 지역에 투자할지를 결정했다면 다음으로 주택을 취득할 것인지, 상가를 취득할 것인지, 토지를 취득할 것인지를 결정해야 합니다.

마음 같아서는 모두 소유하고 싶지만 현재 자신이 준비할 수 있는 자금에 따라 취득할 수 있는 부동산을 선택해야 합니다. 그리고 잘 관리할 수 있는 부동산을 선택해야 합니다. 시간적인 여유가 없는 사람이 덜컥 밭을 취득한 후 관리하지 못해 황무지로 만들어버린다면 아까운 돈만 꽁꽁 묶어두는 꼴이 됩니다. 그리고 매도할 때 비사업용토지로 판정받아 양도소득세도 중과세됩니다.

경매사이트 샅샅이 뒤지면 원하는 물건 반드시 있다!

어느 지역에 있는 어떤 부동산을 취득할 것인지 정해했으면 이제 원하는 부동산이 경매로 나왔는지 확인해야 합니다. 경매물건을 확인하는 방법은 여러 가지가 있습니다. 경매지에서 찾아볼 수도 있고, 경매 사이트에서 찾아볼 수도 있습니다.

대법원 법원경매정보 홈페이지(www.courtauction.go.kr)를 이용하면 경매 정보를 무료로 확인할 수 있습니다. 그러나 등기사항전부증명서 등 공부서류는 개인이 유료로 발급받아야 하고 권리분석, 임차인분석, 배당분석 등도 자신이 직접 해야 합니다.

반면 유료 경매사이트에서는 공부서류 발급은 물론, 초보자가 힘들어하는 모든 분석을 사이트 내에서 자동으로 해줄 뿐만 아니라 경매에 관한 기초지식과 상담, 교육 등 다양한 서비스를 제공합니다.

주요 유료 경매사이트는 다음과 같습니다.

- 옥션원 www.auction1.co.kr
- 지지옥션 www.ggi.co.kr
- 한국부동산경매정보 www.auction119.co.kr
- 한국경매 www.hkauction.co.kr
- 스피드옥션 new.speedauction.co.kr
- 태인경매정보 www.taein.co.kr

스피드옥션(www.speedauction.co.kr)을 이용해서 원하는 경매물건을 찾아보겠습니다. 이 사이트는 회원가입 후 결제해야 이용할 수 있는 유료 사이트입니다.

스피드옥션 홈페이지 메인화면 상단의 '경매검색'을 클릭하여 원하는 지역의 ❶ 소재지와 ❷ 물건의 종류를 선택한 후 검색을 클릭합니다. ❸ 주소를 클릭하면 해당 주택에 대한 상세 내용을 확인할 수 있습니다.

경매분석, 최소한 이 정도는 해야!

경매에 나오는 부동산은 이해관계자가 여럿 얽혀 있는 경우가 많습니다. 시세보다 저렴하다고 덥썩 입찰하기 전에 낙찰받은 후 골치 아플 일은 없는지 꼼꼼하게 따져봐야 합니다. 경매 초보자라면 권리관계가 복잡한 부동산은 피하는 것이 좋습니다.

권리분석
경매로 취득한 부동산을 다른 사람에게 빼앗길 수 있는 권리들이 있는지 확인하는 것이 '권리분석'입니다. 경험 많은 투자자 중에는 오히려 권리관계가 복잡한 부동산을 선호하는 사람도 있는데, 이런 부동산은 인기가 없어서 저렴한 가격에 낙찰받을 수 있기 때문입니다. 물론 해당 부동산을 낙찰받은 사람은 복잡한 권리관계를 해결할 능력이 있어야 합니다.

임차인분석
경매를 통해 취득하려는 부동산의 임차인에 관한 내용을 파악하는 것이 '임차인분석'입니다. 주로 임차인의 점유기간, 보증금, 차임, 전입신고일, 확정일자 등을 분석합니다. 경매로 낙찰받은 주택으로 이사 가려는데 생각지도 않은 임차인이 나타나 보증금을 되돌려달라고 하면 정말 난감할 것입니다.

배당분석
채권자가 배당신청을 했는지, 했다면 얼마나 배당받는지를 확인하는 것을 '배당분석'이라고 합니다. 경매물건의 낙찰자와 채권자는 서로 아무 관련이 없어 보입니다. 그러나 자신의 보증금을 모두 배당받지 못한 선순위 임차인이나 배당신청을 하지 않은 임차인이 있는 경우, 낙찰자가 이런 임차인의 보증금을 부담해야 하므로 비용이 추가로 들어가게 됩니다. 그러면 오히려 시세보다 비싸게 취득한 꼴이 될 수 있습니다.

참고로 주택 경매에서 임차인의 확정일자(또는 전세권설정일) 이후 법정기일이 설정된 당해세의 배당 예정액을 임차인의 주택임차보증금에 배당하도록 법률이 개정되었습니다(「국세기본법」 제35조 ⑦항).

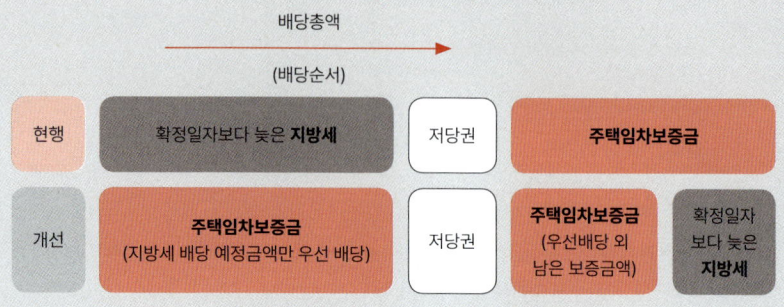

출처 : 행정안전부

090 손해 안 보는 경매물건 고르는 핵심 노하우

원하는 경매물건을 찾았다면 이제 경매 사이트에서 제공하는 자료를 살펴봐야 합니다. 경매로 이 부동산을 취득했을 때 손해 볼 일은 없는지, 경매 대상 부동산의 주변 시세는 얼만지, 경매물건의 위치, 교통시설, 편의시설, 개발계획 등은 어떤지 등을 파악해야 합니다. 그리고 경매물건들을 비교하기 편하도록 '물건 비교표'를 작성해야 합니다.

경매사이트 확인 후 현장답사는 필수

유료 경매 사이트에서 점찍은 경매물건의 주소를 클릭하면 다음과 같은 내용을 볼 수 있는데 해당 부동산의 신상명세서라 할 수 있습니다. 단, 경매 사이트에서 제공하는 자료를 참고로 경매물건을 파악하되 반드시 실제 현장답사를 통해 그 내용이 맞는지 재차 확인해야 합니다.

제주지방법원 2022 타경 25273(임의)			경매3계 064-729-2153 법원정보보기 관할법원안내		매각기일 (화) 2024-09-24 10:00:00 ~	① 등기(집합)
(631-09) 제주특별자치도 제주시 이호이동 837, 4층502호 [도로명주소] 제주특별자치도 제주시 오도길 19-1, 4층502호						② 감정평가서 ③ 현황조사서 ④ 물건명세서 ⑤ 사건내역 ⑥ 기일내역 ⑦ 문건접수/송달 ⑧ 부동산표시
용도	다세대(빌라)	채권자	한샘파이낸셜○○	감정가	117,000,000원	
대장용도	다세대주택	채무자	이○○	최저가	(70%) 81,900,000원	
대지권	62㎡ (18.75평)	소유자	이○○	보증금	(10%) 8,190,000원	
건물면적	71.13㎡ (21.52평)	매각대상	토지/건물일괄매각	청구금액	85,784,801원	
사건접수	2022-08-12	배당종기일	2022-11-21	개시결정	2022-08-18	

① 등기사항전부증명서

등기사항전부증명서에는 경매가 완료되더라도 소멸하지 않고 낙찰자가 인수하는 권리가 있는지, 나중에 다른 사람이 해당 부동산을 빼앗아 갈 수도 있는지, 채권자가 모두 배당받을 수 있는지 등을 확인할 수 있습니다. 이러한 내용들은 변경될 수 있으므로 경매에 참여하기 전에 직접 발급받아 경매 사이트의 내용과 일치하는지 확인해야 합니다.

【 갑 구 】 (소유권에 관한 사항)				
순위번호	등 기 목 적	접 수	등 기 원 인	권리자 및 기타사항
1	소유권보존	2006년6월30일 제48160호		소유자 문○○ 5○○○-******* 북제주군 조천읍 교래리
1-1	1번등기명의인표시 변경	2008년6월27일 제46851호	2006년10월20일 전거	문○○의 주소 제주특별자치도 제주시 조천읍 교래리
1-2	1번등기명의인표시 변경		2009년2월11일 전거	문○○의 주소 제주특별자치도 제주시 이도이동 2009년12월29일 부기
2	소유권이전청구권가 등기	2008년6월27일 제46852호	2008년5월29일 매매예약	가등기권자 이○○ 4○○○-******* 서울특별시 용산구 이촌동

② 감정평가서

감정평가서를 열람해 건물의 위치, 교통상황, 건물의 구조, 이용 상태, 설비내역, 토지의 형상 및 이용 상태, 토지의 이용계획 및 제한 상태, 인접한 도로의 상태 등을 꼼꼼하게 살펴봐야 합니다. 경매물건의 가치를 가늠해 볼 수 있는 객관적인 자료입니다.

(구분건물)감정평가표

Page : 1

이 감정평가서는 감정평가에 관한 법규를 준수하고 감정평가이론에 따라 성실하고 공정하게 작성하였기에 서명날인합니다.

감 정 평 가 사
이 은 경
(인)

감정평가액 **일억일천칠백만원정(₩117,000,000.-)**

❸ 현황조사서

경매물건의 거주자가 채무자(소유자)인지, 임차인인지 확인할 수 있습니다. 임차인이라면 점유기간, 보증금, 차임, 전입일자, 확정일자 등을 확인할 수 있습니다.

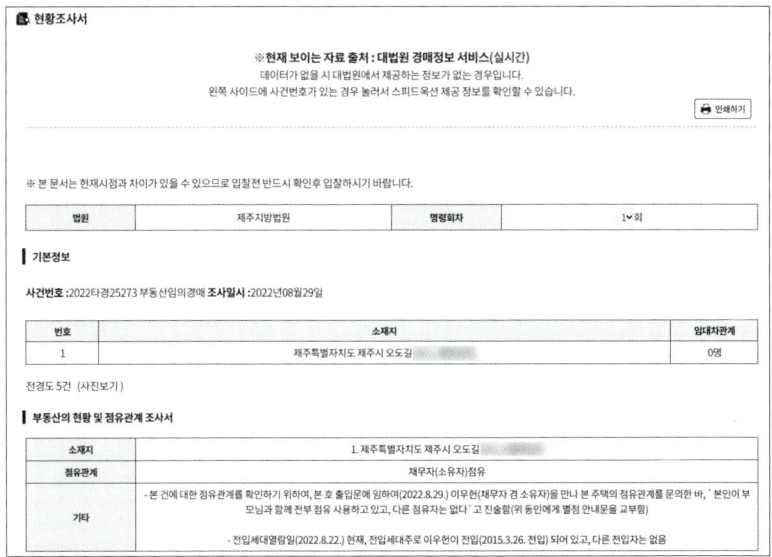

❹ 매각물건명세서

임차인에 관한 정보 외에 경매물건의 매각물건번호, 최선순위 권리와 설정일, 배당요구종기일과 배당요구 여부 등도 확인할 수 있습니다. 말소되지 않은 선순위 임차인이 배당요구를 하지 않으면 낙찰자가 해당 임차인의 보증금을 부담해야 합니다. 그러므로 배당요구 여부를 반드시 확인해야 합니다.

\multicolumn{8}{c}{제주지방법원}							
\multicolumn{8}{c}{매각물건명세서 2022타경25273}							
사건	2022타경25273 부동산임의경매	매각물건번호	1	작성일자	2024.08.27	담임법관(사법보좌관)	김
부동산 및 감정평가액 최저매각가격의 표시	별지기재와 같음		최선순위 설정	2021.04.01.근저당권		배당요구종기	2022.11.21

부동산의 점유자와 점유의 권원, 점유할 수 있는 기간, 차임 또는 보증금에 관한 관계인의 진술 및 임차인이 있는 경우 배당요구 여부와 그 일자, 전입신고일자 또는 사업자등록신청일자와 확정일자의 유무와 그 일자

점유자 성명	점유 부분	정보출처 구분	점유의 권원	임대차기간 (점유기간)	보증금	차임	전입신고 일자·외국인 등록(체류지 변경신고)일자·사업자등 록신청일자	확정일자	배당요구여부 (배당요구일자)
주식회사한샘파이낸셜대부	주거용 건물전부	등기사항 전부증명서	주거 전세권자	2023년 3월 31일까지	5,000,000				

❺ 사건 내역

경매물건의 사건번호, 법원에서 경매 진행을 결정한 경매개시 결정일자, 채권자의 청구금액, 항고내역, 감정평가액 등을 확인할 수 있습니다. 만약 경매물건의 감정평가금액 대비 채권자의 청구금액이 터무니없이 적으면 경매는 취하될 가능성이 높습니다. 얼마 안 되는 빚 때문에 자신의 소중한 부동산을 경매로 잃어버리는 채권자는 별로 없으니까요.

사건기본내역

사건번호	2022타경25273 [전자]	사건명	부동산임의경매
접수일자	2022.08.12	개시결정일자	2022.08.18
담당계	경매3계 전화: 064-729-2153, 부동산인도명령 064-729-2169, 추가배당 064-729-2227 (경매절차 관련 문의) 집행관사무소 전화: 064-724-3111 (입찰 관련 문의) (민사집행법 제90조, 제268조 및 부동산등에 대한 경매절차 처리지침 제53조제1항에 따라, 경매절차의 이해관계인이 아닌 일반인에게는 법원경매정보 홈페이지에 기재된 내용 외에는 정보의 제공이 제한될 수 있습니다.)		
청구금액	85,784,801원	사건항고/정지여부	
종국결과	미종국	종국일자	

배당요구종기내역

목록번호	소재지	배당요구종기일
1	제주특별자치도 제주시 오도길 ██████	2022.11.21

항고내역

물건번호	항고제기자	항고접수일자		항고		재항고		확정여부
		접수결과	사건번호	항고결과	사건번호	재항고결과		
1	이OO	2023.07.11 상소법원으로 송부	제주지방법원 2023라1061	항고기각 (2024.03.06)	대법원 2024마5891	기각 (2024.07.01)	확정

❻ 기일내역

경매가 진행되는 날인 매각기일, 경매가 진행되는 장소인 기일장소, 해당 부동산을 얼마에 매각하겠다는 최저매각가격 등을 확인할 수 있습니다.

기일내역

물건번호	감정평가액	기일	기일종류	기일장소	최저매각가격	기일결과
1	117,000,000원	2023.04.25(10:00)	매각기일	제101호법정	117,000,000원	유찰
		2023.05.30(10:00)	매각기일	제101호법정	81,900,000원	매각
		2023.06.13(16:00)	매각결정기일	제101호법정		변경
		2023.07.04(16:00)	매각결정기일	제101호법정		최고가매각허가결정
		2024.08.23(16:00)	대금지급기한	민사신청과 경매3계		미납
		2024.09.24(10:00)	매각기일	제101호법정	81,900,000원	
		2024.10.01(16:00)	매각결정기일	제101호법정		

❼ 기일내역

해당 경매물건의 문건처리내역과 송달내역을 확인할 수 있습니다. 문건이 별 차질 없이 처리되고 채무자에게 잘 전달되었다면 나중에 해당 부동산을 낙찰받은 후 인도받기가 수월하겠지만, 그 반대라면 낙찰 후 인도받기가 까다로울 수 있습니다.

송달내역

송달일	송달내역	송달결과
2022.08.18	채권자 주OOO OOOOOOOO 보정명령등본 발송	2022.08.18 도달
2022.08.22	근저당권자 주OOOOOOOOOOO 최고서 발송	2022.08.22 송달간주
2022.08.22	근저당권부질권자 김OO 최고서 발송	2022.08.22 송달간주
2022.08.22	주무관서 제OOOOOO(OOO) 최고서 발송	2022.08.22 송달간주
2022.08.22	주무관서 제OOOO 최고서 발송	2022.08.22 송달간주
2022.08.22	채무자겸소유자 이OO 개시결정정본 발송	2022.08.24 도달
2022.08.22	집행관 제OOO OOO 조사명령 발송	2022.08.22 도달

❽ 부동산표시

해당 경매물건의 소재지, 동호수, 구조, 전유면적, 대지권의 종류, 대지권비율 등을 확인할 수 있습니다. 어느 정도 경매물의 가치를 가늠해 볼 수 있습니다.

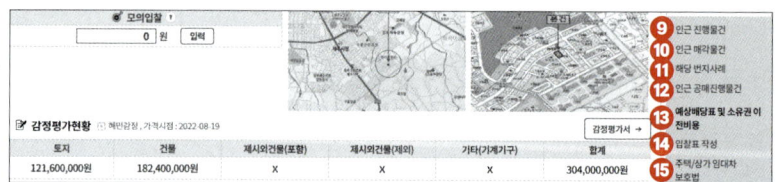

❾ 인근 진행물건

해당 경매물건 인근에 있는 다른 경매물건의 경매 진행 상태를 확인할 수 있습니다. 이를 바탕으로 해당 경매물건의 가치와 입찰가격을 가늠할 수 있습니다.

선택	사건번호 물건번호 담당계	소재지	용도	감정가 최저가	매각기일 [입찰인원]	결과 유찰수 %	조회수
☐	2024-23141[1] 경매1계	제주특별자치도 제주시 이호이동 (이호이동,) [대지권 31.1평] [전용 17.4평] [선순위전세권,대항력있는임차인]	다세대 (빌라)	200,000,000 98,000,000	2024-10-15	유찰 2회 49%	119
☐	2024-551[1] 경매1계	제주특별자치도 제주시 이호이동 [토지 686.1평] [공동담보]	과수원	1,601,208,000 784,592,000	2024-10-15	유찰 2회 49%	144

❿ 인근 매각물건

해당 경매물건과 비슷한 경매물건들이 몇 회에 걸쳐 얼마에 매각되었는지 확인할 수 있습니다. 인근 진행물건과 더불어 해당 경매물건의 입찰가격을 가늠할 수 있습니다.

선택	사건번호 물건번호 담당계	소재지	용도	감정가 최저가	매각기일 [입찰인원]	결과 유찰수 %	조회수
☐	2023-5917[1] 경매5계	제주특별자치도 제주시 이호이동 (이호이동,) [대지권 27.3평] [전용 18.8평]	다세대 (빌라)	265,000,000 185,500,000 매각 212,510,000	2023-12-26	배당종결 70% 80%	95
☐	2023-23410[1] 경매7계	제주특별자치도 제주시 이호이동 [대지권 15.6평] [전용 19.8평]	다세대 (빌라)	101,000,000 70,700,000 매각 82,600,000	2023-11-07	배당종결 70% 82%	140
☐	2022-27460[1] 경매6계	제주특별자치도 제주시 이호이동 [대지권 31.1평] [전용 17.4평] [대항력있는임차인,선순위임차권, 관련사건]	다세대 (빌라)	219,000,000 153,300,000 매각 162,520,000	2023-08-29	배당종결 70% 74%	76

⑪ 해당번지사례

해당 경매물건과 같은 번지에 있는 다른 경매물건의 최저매각가격, 매각기일, 유찰 횟수 등을 확인할 수 있습니다. 이를 통해 인근 진행물건, 인근 매각물건과 더불어 해당 경매물건의 입찰가격을 가늠해 볼 수 있습니다.

선택	사건번호 물건번호 담당계	소재지	용도	감정가 최저가	매각기일 [입찰인원]	결과 유찰수 %	조회수
☐	2020-20298[1] 경매5계	제주특별자치도 제주시 이호이동 [대지권 18.8평] [전용 21.5평] [공동담보]	다세대 (빌라)	121,000,000 59,290,000	2021-03-22	기각 2회 49%	374
☐	2018-31[1] 경매4계	제주특별자치도 제주시 이호이동 [대지권 18.8평] [전용 21.5평]	다세대 (빌라)	128,000,000 62,720,000	2019-05-20	취하 2회 49%	5
☐	2016-20192[1] 경매4계	제주특별자치도 제주시 이호이동 [대지권 18.8평] [전용 21.5평] [중복사건]	다세대 (빌라)	94,000,000 94,000,000	2016-11-07	취하 0회 100%	4

⑫ 인근 공매진행물건

해당 경매물건 인근에 공매물건 진행 상태를 확인할 수 있습니다. 이를 바탕으로 해당 경매물건의 가치와 입찰가격을 가늠해 볼 수 있습니다.

⑬ 예상배당표 및 소유권이전비용

⑬-❶에선 경매 결과 경락인이 인수해야 하는 권리가 무엇이며, 반면 소멸하는 권리는 무엇인지를 확인할 수 있습니다. 대항력 있는 선순위 임차인이 배당신청을 하지 않으면 낙찰자가 해당 임차인의 보증금을 부담해야 합니다. ⑬-❷에선 채권들의 배당순서를 확인할 수 있는 곳입니다. ⑬-❸에선 어떤 권리가 얼마를 받고 소멸하는지 예상 배당 내역을 확인할 수 있습니다. ⑬-❹에선 해당 경매물건의 소유권을 낙찰자에게 이전하는데 들어

가는 비용을 확인할 수 있습니다. ⑬-❺에선 자신이 정한 입찰가로 입찰했을 때 들어가는 총비용을 확인할 수 있습니다. 입찰가격이 낮을수록 총 매입가액 및 비용은 낮아지겠지만 너무 낮으면 낙찰받기 힘듭니다.

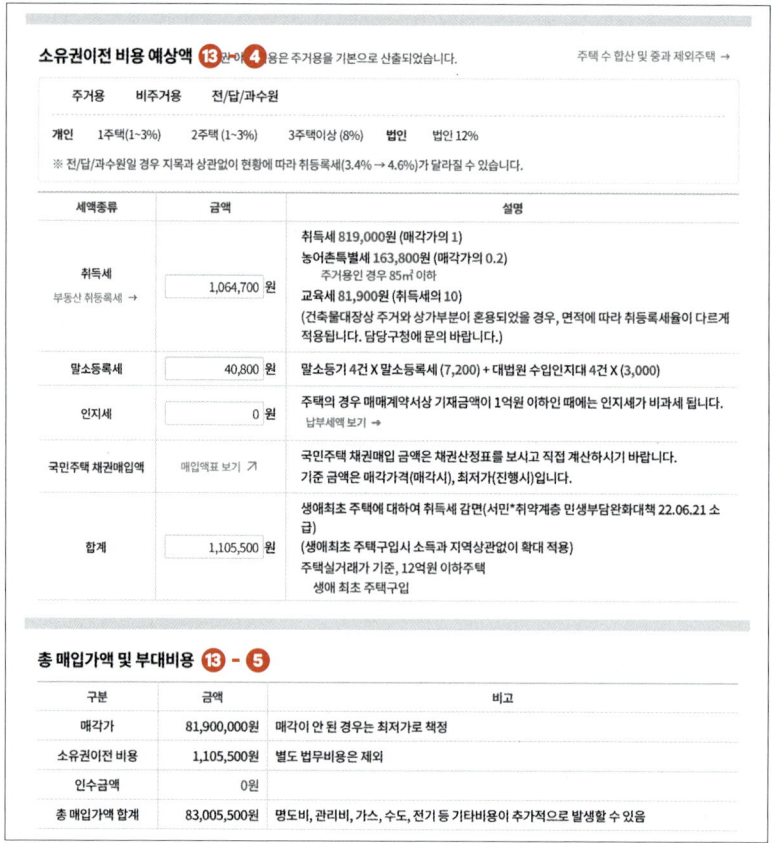

⓮ 입찰표 작성

입찰표, 매수신청보증봉투, 입찰봉투의 작성 요령과 입찰 시 준비 서류 등 입찰에 관한 많은 정보를 확인할 수 있습니다.

⓯ 주택/상가임대차보호법

최우선변제를 받을 수 있는 주택의 보증금 범위와 상가의 적용범위 및 보증금 범위를 확인할 수 있습니다. 그리고 여러 가지 조건을 확인할 수 있습니다.

❶❻과 ❶❼에선 해당 경매물건의 외관이며 위치, 주변 분위기를 파악할 수 있습니다. ❶❻에서는 해당 경매물건의 현장과 내부구조를 확인할 수 있는 추가사진, 위치를 확인할 수 있는 전자지도, 주변 경계와 도로를 확인할 수 있는 이음지도 등을 볼 수 있습니다.

▲ 현장사진

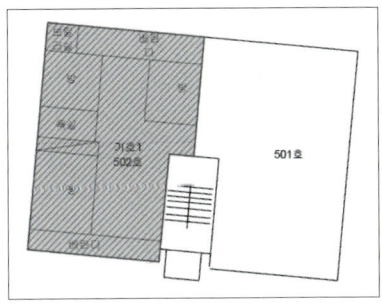
▲ 내부구조

▲ 전자지도

▲ 이음지도

⑰에서는 해당 경매물건의 인근 개발계획을 확인할 수 있습니다.

계획고시공고 ⑰
- [2024-09-04] [변경] 도시관리계획(지구단위계획구역 및 계획) 결정(변경)및 지형도면 고시
- [2024-07-30] [폐지] 초지 지역지구 등의 지형도면 해제고시
- [2024-07-26] [변경] 신창, 함덕, 한동초등학교, 한림중학교 도시관리계획 (도시계획시설:학교) 결정(변경) 및 지형도면 고시
- [2024-07-10] [변경] 제주시 성장관리계획구역 ? 성장관리계획 결정(변경) 및 지형도면 고시
- [2024-07-03] [변경] 도시관리계획(도시계획시설:체육시설) 결정(변경) 및 지형도면 고시
- [2024-04-08] [변경] 도시관리계획(도시계획시설:종합의료시설) 결정(변경) 및 지형도면 고시
- [2024-02-21] [변경] 제주시 성장관리계획구역 및 성장관리계획(변경) 수립 고시
- [2023-12-29] [신규] 제주 광령~도평 우회도로 건설공사 도로구역 결정 및 지형도면 고시
- [2023-12-29] [변경] 도시계획시설(도로)사업 실시계획(변경) 작성 및 고시
- [2023-12-22] [신규] 보천산지 지정해제 고시(타용도 전용)
- [2023-12-20] [변경] 화북삼업지역 도시개발사업 개발계획(4차변경), 실시계획(3차변경) 인가 및 지형도면 고시

경매 물건 비교표

구분	은평구 ○○동	오정구 ○○동	서구 ○○동
입주년도	2018년 11월	2000년 7월	2010년 4월
세대수	700세대	1,200세대	900세대
복도구조	계단식	복도식	계단식
난방방식	개별난방	지역난방	개별난방
점유자	임차인	소유자	임차인
방/욕실 수	방3/욕실2	방2/욕실1	방2/욕실1
관리비체납 여부	없음	체납	없음
수리 여부	방수리	방수리	없음
시세	9억 원	4억 원	7억 원
주변도로	연서로	원종로	검단로
버스노선	4개	6개	3개
지하철역	연신내역 도보 10분	까치울역 도보 30분	검단역 도보 10분
교육시설	고1	초2·중2·고1	초1·중1
편의시설	대형할인마트	대형할인마트	대형할인마트
혐오시설	없음	없음	없음
관공서	○○동 행정복지센터	○○동 행정복지센터	○○동 행정복지센터
평가	A	C	B
기타사항	은평구 ○○동에 있는 아파트는 세대수가 적지만, 주거환경이 좋아 투자가치가 충분한 것으로 판단됨		

'물건 비교표'를 작성하여 관심 있는 경매물건들을 서로 비교해 봅니다. 그리고 입찰할 최종 경매물건을 결정합니다.

경매 사이트의 내용이 맞는지 재확인하기

입찰하기로 결정한 경매물건의 등기사항전부증명서와 건축물대장, 토지대장 등을 다시 발급받아 현황조사서, 매각물건명세서의 내용과 일치하는지 확인해야 합니다.

경매가 진행되는 동안 집은 노후화된다

경매가 결정되고 낙찰이 이루어지기까지는 상당히 오랜 시간이 걸리므로 주택이 많이 훼손될 수 있습니다. 보일러가 동파되어도 수리하지 않거나 쓰레기가 방치된다거나 각종 공과금이 연체되기 일쑤입니다. 그러므로 경매물건은 반드시 현장을 방문해서 현재 상태와 공과금 연체 여부 등을 꼼꼼히 확인해야 합니다.

> **토막상식**
>
> **잘못 낙찰받았다면?**
>
> 권리분석을 잘못해서 예상치 못한 권리를 인수해야 하는 경우, 때로는 입찰보증금을 포기하는 것이 더 유리할 수 있습니다. 일단 낙찰이 되면 입찰보증금은 돌려받지 못하므로 경매할 때는 꼼꼼한 분석과 신중한 판단이 필요합니다.

091 실전 경매의 모든 것, 입찰부터 명도까지

앞 장에서 '손해 안 보는 경매물건 고르는 핵심 노하우'에 대해서 살펴보았습니다. 이번 장에서는 입찰부터 명도까지 실전 경매의 모든 과정에 대해서 살펴보겠습니다.

1. 입찰게시판 확인

입찰하러 경매장에 가기 전에 대법원 '법원경매정보(www.courtauction.go.kr)' → '경매공고' → '부동산매각공고'에서 경매가 취하, 취소, 변경, 연기되지 않았는지 확인해야 합니다. 경매장에 갔는데 해당 경매물건이 취하, 취소, 변경, 연기되었다면 시간과 경비를 낭비한 셈이니까요.

2. 사건기록 열람

경매장에 비치된 매각물건명세서, 현황조사서, 감정평가서 등의 서류를 살펴보면서 입찰하려는 경매물건에 변경 사항이 없는지 확인해야 합니다.

3. 입찰표 작성

입찰표를 작성합니다.

```
                    기 일 입 찰 표

인천지방법원 집행관 귀하              입찰기일: 20 25 년 01 월 06 일

❶ 사건번호   2025  타경 116849 호  ❷ 물건번호   1
                                    ※ 물건번호가 여러개 있는 경우에는 꼭 기재

         성  명     나정매        (인)   전화번호  010.1234.5678
    본인 주민(사업자)등록번호  123056-1234567   법인등록번호
입                                          
          주  소    서울특별시 마포구 123-1
찰        
         성  명                    (인)   본인과의 관계
    대리인 주민등록번호                    전화번호   -
자                                          
          주  소

❹ 입찰가격  9 1 0 0 0 0 0 0 0 원   ❺ 보증금액  9 1 0 0 0 0 0 0 원

❻ 보증의 제공방법  ☐ 현금·자기앞수표     ❼ 보증을 반환 받았습니다.
                  ☐ 보증서                   입찰자  나정매 (인)
```

❶ 사건번호

입찰하려는 경매물건의 사건번호를 기재합니다. 사건번호는 매각물건명세서에서 확인할 수 있습니다.

❷ 물건번호

물건번호가 있는 경우에만 기재합니다. 물건번호 역시 매각물건명세서에서 확인할 수 있습니다.

				제 주 지 방 법 원			2022타경25273

매 각 물 건 명 세 서

사 건	2022타경25273 부동산임의경매	매각물건번호	1	작성일자	2024.08.27	담임법관(사법보좌관)	김⬛
부동산 및 감정평가액 최저매각가격의 표시	별지기재와 같음	최선순위 설정		2021.04.01.근저당권		배당요구종기	2022.11.21

부동산의 점유자와 점유의 권원, 점유할 수 있는 기간, 차임 또는 보증금에 관한 관계인의 진술 및 임차인이 있는 경우 배당요구 여부와 그 일자, 전입신고일자 또는 사업자등록신청일자와 확정일자의 유무와 그 일자

점유자 성명	점유부분	정보출처 구분	점유의 권원	임대차기간 (점유기간)	보증금	차임	전입신고 일자·외국인 등록(체류지 변경신고)일자·사업자등록신청일자	확정일자	배당요구여부 (배당요구일자)
주식회사한샘파이낸셜대부	주거용건물전부	등기사항전부증명서	주거전세권자	2023년 3월 31일까지	5,000,000				

❸ 입찰자

경매에 참여하는 사람의 성명, 주민등록번호, 주소, 전화번호를 기재합니다. 이때 주소는 입찰자의 현재 거주지 주소가 아니라 주민등록상 주소를 기재합니다. 만약 대리인이 대신 입찰한다면 대리인의 성명, 주민등록번호, 주소, 전화번호, 의뢰인과의 관계도 기재합니다.

❹ 입찰가격

생각해 둔 희망 입찰가격을 기재합니다. 입찰가격을 잘못 기재하여 '0'을 하나라도 더 붙이면 10배나 비싼 가격으로 낙찰받든지 아니면 입찰보증금을 포기해야 합니다.

❺ 보증금액

법원에서 정한 최저매각가격의 10%를 입찰보증금으로 기재합니다. 이때 금액을 잘못 적어넣으면 고쳐 쓸 수 없고 새 용지에 다시 기재해야 합니다.

❻ 보증의 제공방법

입찰보증금을 현금이나 수표로 내는지, 아니면 서울보증보험의 보증서로 내는지를 체크합니다.

❼ 보증금 반환 칸

이 칸은 경매에 참여할 때 기재하는 것이 아니라, 입찰한 경매물건을 낙찰받지 못해서 보증금을 반환받을 때 작성합니다.

4. 매수신청보증금봉투 작성

입찰표를 작성했으면 입찰보증금을 넣을 매수신청보증금봉투를 작성합니다. 이때 봉투 뒷면의 '인' 표시가 있는 부분에 하나도 빠짐없이 도장을 날인해야 합니다.

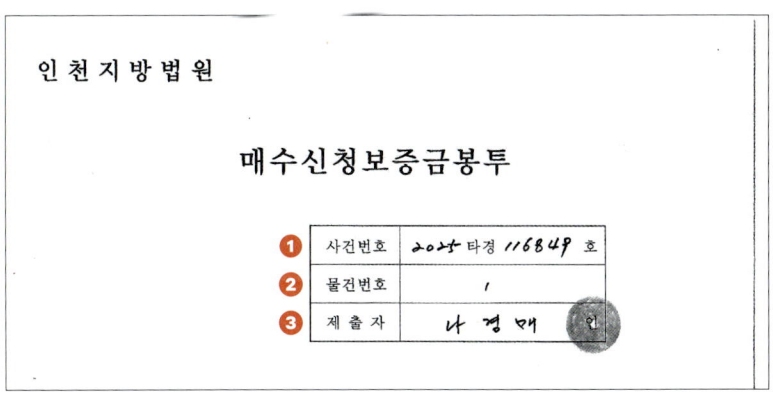

1. 입찰보증금을 넣고 봉한후 날인의 표시가 있는 부분에 꼭 날인 하시기 바랍니다.
2. 입찰표와 함께 입찰봉투(황색 큰 봉투)에 넣으십시오.

❶ 매각물건명세의 사건번호를 기재합니다.

❷ 매각물건명세에 물건번호가 있으면 그대로 기재합니다.

❸ 입찰자의 이름을 기재합니다. 입찰자가 대리인이면 대리인의 이름을 기재합니다.

❹ 입찰자의 도장을 '인' 표시가 있는 부분에 빠짐없이 날인합니다.

5. 입찰봉투 작성

마지막으로, 앞에서 작성한 매수신청보증금봉투와 입찰표를 넣을 황색 입찰봉투를 작성합니다.

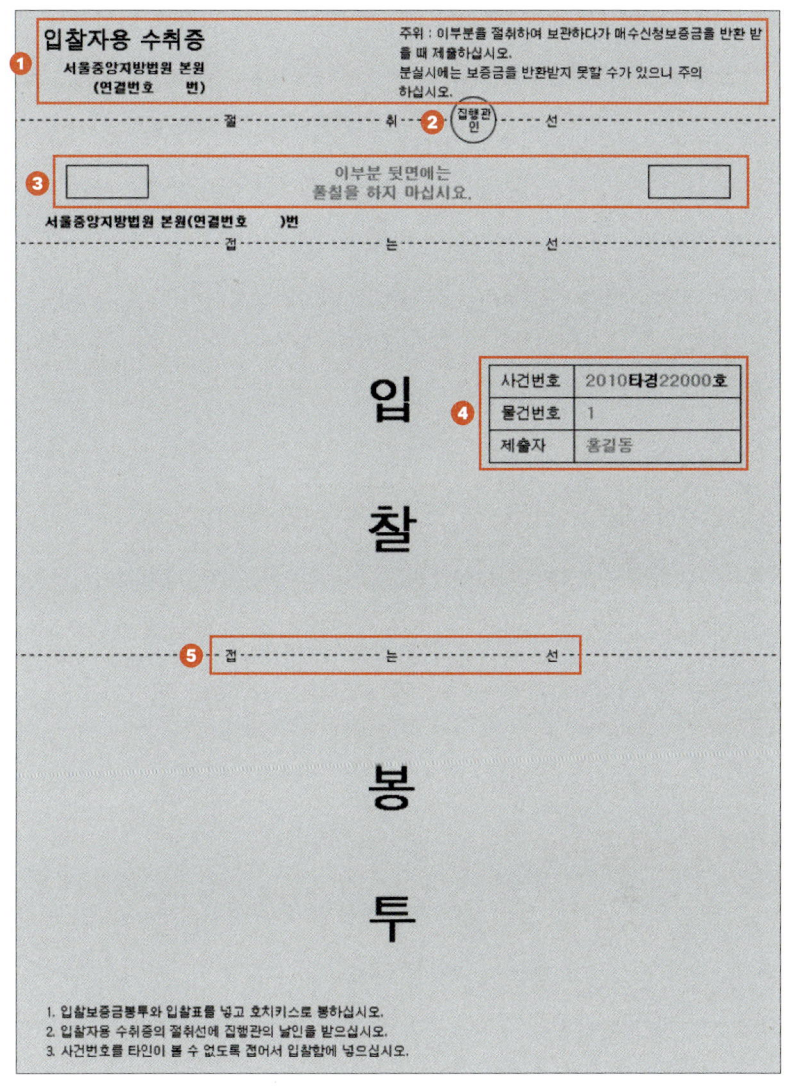

① **입찰자용 수취증** : 입찰봉투에 입찰표와 매수신청보증금봉투를 넣고 난 후, 이 부분을 오려서 보관해 두어야 합니다. 그래야 낙찰받지 못했을 때 보증금을 되돌려 받을 수 있습니다.

❷ 절취선 위에 반드시 집행관의 도장을 받아놓아야 진정한 '입찰자용 수취증'으로 인정받습니다.

❸ 이 부분에 스테이플러를 찍어 입찰봉투를 봉합니다.

❹ 사건번호, 물건번호, 제출자 이름을 기재합니다. 본인이라면 본인 이름을 기재하고 대리인이면 대리인 이름을 기재합니다.

❺ 사건번호를 다른 사람이 볼 수 없도록 입찰봉투를 접어서 입찰함에 넣습니다.

이렇게 한 후 한 시간 정도 흐르면 해당 경매물건의 사건번호와 함께 낙찰자의 성명을 부릅니다. 경매장에서 가장 먼저 호명되는 사람이 낙찰자입니다. 그다음으로 불리는 사람은 2등(차순위 매수 신고인)으로, 낙찰자가 잔금을 준비하지 못해 낙찰을 포기하거나 결격사유가 있을 때 해당 경매물건을 낙찰받을 수 있습니다.

잔금 준비를 하자

낙찰받으면 법원은 경매 과정에서 잘못된 것은 없는지, 낙찰자에게 결격사유가 없는지 등을 일주일 동안 조사합니다. 조사해서 아무런 문제가 없으면 낙찰자는 낙찰받은 경매물건의 진정한 주인으로 인정받습니다(낙찰허가결정). 낙찰자는 그동안 잔금을 준비해야 합니다. 일단 잔금을 치르면 다른 사람이 훼방 놓으려고 아무리 이의신청을 해도 소용없습니다. 그러므로 법원으로부터 대금지급기한 통지서를 받으면 준비해 둔 잔금을 바로 납부해야 합니다.

소유권이전등기와 함께 인도명령, 점유이전금지가처분도 신청

잔금을 납부하면 소유권이전등기 신청을 해야 합니다. 또한 소유권이전등기를 한 경매물건의 점유자가 해당 부동산을 비워주지 않을 것을 대비해 인도명령과 점유이전금지가처분도 함께 신청해야 합니다.

'인도명령'은 잔금을 치른 날로부터 6개월 이내에 신청해야 합니다. 낙찰받은 경매물건의 점유자가 채무자이거나 소유자이거나, 이들의 권리와 의무를 넘겨받은 승계인이면 인도명령으로 해당 부동산에서 내보낼 수 있습니다. 통상 인도명령은 배당표가 확정된 임차인에게는 배당기일(통상 잔금일로부터 1달 후) 후에나 인용되므로 너무 빨리 신청할 필요는 없지만, 채무자 겸 소유자는 특별한 쟁점이 없으면 신청일 다음 날 바로 인용되므로 빨리 신청할수록 좋습니다.

'점유이전금지 가처분'은 경매물건의 점유자가 해당 부동산을 낙찰자에게 인도하지 않으려고 본인 대신 다른 사람이 점유하도록 할 수 있는데, 이를 막는 조치입니다. 인도명령은 인도명령 신청 당시 점유자에게만 효력이 있습니다.

경락인은 합법적인 절차를 거쳐 해당 부동산을 취득한 자

잔금을 납부하고 소유권이전등기, 인도명령, 점유이전금지가처분 신청을 마쳤다면 해당 부동산의 점유자를 찾아가 언제까지(보통 한 달) 비워달라고 요구합니다. 해당 부동산의 점유자가 자신의 보증금을 모두 배당받을 수 있는 임차인이라면 공략하기가 매우 수월합니다. 만약에 채무자가 점유자라 하더라도 경락인은 합법적인 절차를 거쳐 해당 부동산을 취득한 것인 만큼

정중하면서도 당당하게 부동산 인도를 요구하면 됩니다.

방문하는 날 우체국에 가서 내용증명 보내기

부동산 인도를 좀 더 수월하게 진행하기 위해 해당 부동산의 점유자를 방문하기 전에 우체국에 가서 '○○○○년 ○○월 ○○일까지 부동산을 인도해 주지 않으면 모든 민·형사상의 책임을 묻겠다'라는 취지의 내용이 담긴 내용증명을 보내는 방법도 있습니다. 낙찰받은 부동산의 점유자를 방문한 다음 날 도착할 수 있도록 말입니다.

소유권이전등기를 마친 해당 부동산의 점유자를 방문해서는 싸우기보다는 인간적으로 이야기하는 것이 좋습니다. "사장님 사정은 딱하지만, 저도 내 집 하나 장만해 보려고 있는 돈 없는 돈 끌어모아서 매수한 것입니다. 사장님이 집을 비워주지 않으면 제 가족은 어디에서 살라는 말입니까? 전세보증금까지 뺐는데요"라고 말입니다. 물론 이렇게 사정한다고 해서 해당 부동산의 점유자가 처음부터 협조적이지는 않습니다. 그래도 처음부터 감정싸움을 할 필요는 없으므로 정중하면서도 차분하게 다가가야 합니다.

또 다른 방법, 명도소송

'명도(明渡)'는 부동산을 내주는 것을 의미합니다. '명도소송'은 인도명령의 대상이 아닌 점유자를 해당 부동산에서 내보낼 때 이용하는 방법입니다. 그리고 인도명령을 통해 내보낼 수 있었던 점유자인데 인도명령의 제한기간인 6개월을 넘어버린 경우에도 명도소송을 진행합니다.

마음이 약한 사람이라면

피 같은 보증금을 한 푼도 되돌려 받지 못하는 임차인을 상대하기가 힘들 수 있습니다. 다른 사람에게 모질지 못한 성격이라면 애초에 권리분석을 할 때 자신의 성향을 고려해 적합한 물건을 고르는 게 좋습니다.

토막상식

경매보증보험증권으로 입찰보증금 대신할 때는 이렇게 하세요!

경매보증보험증권 매수신청보증금 봉투(흰색 봉투)에 넣지 않고, 기일입찰표와 함께 입찰봉투(황색 봉투)에 함께 넣고 봉합니다. 그리고 날인한 후, 입찰자용 수취증 절취선 상에 집행관의 도장을 받습니다. 그리고 집행관이 보는 앞에서 입찰자용 수취증을 떼어내 따로 보관한 후 입찰봉투를 입찰함에 투입하면 됩니다.

입찰서류, 혹시 잘못 작성했다면?

입찰서류를 잘못 작성하는 경우가 많습니다. 그럴 때는 어떻게 처리될까요? 아래 표로 알아봅시다.

잘못 작성한 내용	처리기준
입찰기일을 적지 않거나 잘못 적은 경우	입찰봉투의 기재에 의해 그 매각기일의 것임을 특정할 수 있으면 개찰에 포함시킨다.
사건번호를 적지 않은 경우	입찰봉투, 매수신청보증금봉투, 위임장 등 첨부 서류의 기재에 의해 사건번호를 특정할 수 있으면 개찰에 포함시킨다.
매각물건이 여러 개인데, 물건번호를 적지 않은 경우	개찰에서 제외한다. 다만, 물건의 지번건물의 호수 등을 적거나 입찰봉투에 기재가 있어 매수신청 목적물을 특정할 수 있으면 개찰에 포함시킨다.
입찰자 본인 또는 대리인의 이름을 적지 아니한 경우	개찰에서 제외한다. 다만, 고무인·인장 등이 선명해 쉽게 판독할 수 있거나, 대리인의 이름만 기재되어 있지만 위임장·인감증명서에 본인의 기재가 있는 경우에는 개찰에 포함시킨다.
입찰자 본인과 대리인의 주소·이름이 함께 적혀 있지만(이름 아래 날인한 경우 포함) 위임장이 붙어 있지 않은 경우	개찰에서 제외한다.
입찰자 본인의 주소·이름이 적혀 있고 위임장이 붙어 있지만, 대리인의 주소·이름이 적혀 있지 않은 경우	개찰에서 제외한다.
위임장이 붙어 있고 대리인의 주소·이름이 적혀 있지만 입찰자 본인의 주소·이름이 적혀있지 않은 경우	개찰에서 제외한다.

한 사건에서 동일인이 본인인 동시에 다른 사람의 대리인이거나 동일인이 2인 이상의 대리인을 겸하는 경우	쌍방의 입찰을 개찰에서 제외한다.
입찰자 본인 또는 대리인의 주소나 이름이 위임장 기재와 다른 경우	이름이 다른 경우에는 개찰에서 제외한다. 이름이 같고 주소만 다른 경우에는 개찰에 포함시킨다.
입찰자가 법인인 경우 대표자의 이름을 적지 않은 경우(날인만 있는 경우도 포함)	개찰에서 제외한다. 다만, 법인등기사항전부증명서로 그 자리에서 자격을 확인할 수 있거나 고무인·인장 등이 선명해 용이하게 판독할 수 있는 경우에는 개찰에 포함시킨다.
본인 또는 대리인의 이름 다음에 날인이 없는 경우	본인의 입찰로서 개찰에 포함시킨다.
입찰가격의 기재를 정정한 경우	개찰에서 제외한다.
입찰가격의 기재가 불명확한 경우 예컨대 5와 8, 7과 9, 0과 6 등	개찰에서 제외한다.
보증금액의 기재가 없거나 그 기재된 보증금액이 매수신청보증과 다른 경우	매수신청보증봉투 또는 보증서에 의해 정해진 매수신청보증 이상의 보증제공이 확인되는 경우에는 개찰에 포함시킨다.
보증금액을 정정하고 정정인이 없는 경우	
하나의 물건에 대해 같은 사람이 여러 장의 입찰표를 제출한 경우	입찰표 모두를 개찰에서 제외한다.
보증의 제공방법에 관한 기재 없이 입찰표를 작성·제출한 경우	개찰에 포함시킨다.
위임장은 붙어 있지만 위임장이 사문서로서 인감증명서가 붙어 있지 아니한 경우, 위임장과 인감증명서의 인영이 틀린 경우	개찰에서 제외한다. 다만, 변호사·법무사가 임의 대리인으로 입찰하는 경우 인감증명서가 붙어 있지 않더라도 개찰에 포함시킨다.

092 인터넷으로 하는 공매, 간편하지만 더 꼼꼼하게!

경매 못지않게 사람들의 관심을 끄는 것이 바로 '공매'입니다. 공매가 무엇이고, 공매를 통해 매각되는 재산에는 어떠한 것들이 있는지 자세히 살펴보겠습니다.

공매란 무엇인가요?

국가의 재산, 세금을 내지 않아 압류된 부동산, 기업 또는 금융기관이 매각을 의뢰한 비업무용 부동산, 개인이 양도소득세 비과세 또는 중과 제외 혜택을 받기 위해 매각을 의뢰한 1세대 2주택자의 주택이나 비사업용토지 등을 국가기관에서 공개적으로 매각하는 것을 말합니다.

공매는 한국자산관리공사가 지정한 장소나 한국자산관리공사가 운영하는 온비드(www.onbid.co.kr)에서 이루어집니다.

공매로 매각되는 재산에는 어떠한 것들이 있나요?

공매를 통해 매각되는 재산에는 '압류재산, 국유재산, 수탁재산, 유입자산' 등이 있습니다.

❶ 압류재산

국세, 지방세 및 각종 공과금 등의 체납 때문에 세무서 또는 지방자치단체 등에서 압류한 후 한국자산관리공사에 매각을 의뢰한 재산입니다.

❷ 국유재산

국가 소유의 재산 중 공용재산(국가가 직접 사무·사업용 또는 공무원의 거주용으로 사용하거나 사용하기로 결정한 재산), 공공용재산(국가가 직접 공공용으로 사용하는 재산), 기업용재산(정부기업이 직접 사무용·사업용 또는 그 기업에 종사하는 직원의 주거용으로 사용하는 재산), 보존용재산을 제외한 모든 재산입니다. 매매도 되고 임대도 가능합니다.

❸ 수탁재산

금융기관 또는 기업이 한국자산관리공사에 대신 매각해 달라고 의뢰한 비업무용 부동산, 1세대 2주택자 또는 비사업용토지의 소유자가 양도소득세 비과세 또는 중과세 제외 혜택을 받기 위해 한국자산관리공사에 대신 매각해 달라고 의뢰한 부동산입니다.

❹ 유입자산

한국자산관리공사가 금융회사 등의 자산유동성과 건전성을 향상시키기 위하여 경매로 취득하여 다시 공매로 매각하는 재산입니다.

공매에서는 재산의 종류에 따라 잔금 치르는 방법, 잔금 전에 다른 사람에게 매각할 수 있는지 여부, 잔금 전에 사용할 수 있는지 여부 등이 각기 다르므로 자신에게 맞는 부동산을 취득하려면 이들의 차이점을 잘 파악하고 있어야 합니다.

공매를 통해 매각되는 재산

구분	압류재산	국유재산	수탁재산	유입자산
소유자	체납자	기획재정부	금융기관 공기업	KAMCO
매각대금 결정기준	감정가격	감정가격	감정가격	KAMCO의 유입가격
명도책임	매수자	매수자	금융기관 공기업	KAMCO
대금납부 방법 및 기한	1천만 원 미만 7일 이내, 1천만 원 이상 60일 이내	매매계약체결일로부터 60일 이내	금융기관 공기업 제시조건	일시급, 최장 5년간 할부
유찰계약	불가능	2회차 유찰 후 차기공고까지 가능	다음 공매공고 전일까지 가능	다음 공매공고 전일까지 가능
계약체결	별도계약 없음	매각 후 5일 이내	매각 후 5일 이내	매각 후 5일 이내
매수자 명의변경	불가능	불가능	가능	가능
대금선납시 이자감면	없음	없음	있음	있음
권리분석	매수자	불필요	불필요	불필요
대금완납전 점유사용	불가능	불가능	가능	가능
계약조건 변경	불가능	불가능	가능	가능

출처 : 온비드

공매의 장점

공매는 재산의 종류에 따라 차이는 있지만, 경매와 다르게 잔금을 나누어 할부로 납부할 수도 있고, 잔금을 납부하기 전에 사용하거나 다른 사람에게 매도할 수도 있습니다. 그러므로 자금이 부족하여 부동산을 매수하지 못하는 사람에게 좋은 기회가 될 수 있습니다.

또한 공매는 경매처럼 법원이 아닌 온비드라는 인터넷 사이트를 통해 진행하므로 시간과 비용을 절약할 수 있습니다.

공매의 단점

공매는 재산의 종류에 따라 매각조건이 각각 다르므로 자신에게 맞는 부동산을 취득하려면 이들의 차이점을 먼저 잘 파악해야 합니다. 그렇지 않으면 큰 낭패를 볼 수 있습니다.

신탁공매란 무엇인가?

부동산 소유자가 자신 또는 다른 사람의 채무 이행을 보장하기 위해 자기 소유의 부동산을 신탁회사에 담보로 제공하는 경우가 있습니다. 신탁회사는 담보로 제공받은 부동산을 유지·관리하다가 채무가 제때 변제되면 신탁계약을 해지하고 신탁부동산을 위탁자(소유자)에게 반환합니다. 그러나 채무가 제때 변제되지 못하면 신탁회사는 신탁부동산을 처분해 그 대금으로 금융기관의 대출금을 상환합니다. 이때 신탁회사가 금융기관의 대출금을 상환하기 위해 해당 부동산을 공매로 넘기는데 이것을 신탁공매라 합니다.

신탁공매의 특별한 점은?

신탁공매는 온비드에서 진행하기도 하지만 현장에서 진행되기도 합니다. 이는 번거로운 점이지만 경쟁률이 낮아지는 요인이 되기도 합니다. 매수자가 명도책임과 권리분석 책임을 질 수 있습니다.

신탁공매 절차

- 신탁회사 홈페이지에서 공매물건정보를 검색합니다. 일간신문 광고란에서도 확인할 수 있습니다.
- 물건 공고문을 분석합니다. 물건 주소, 용도, 면적, 대지지분, 공매 진행일자 및 시간, 공매예정가격, 제출서류, 유의사항 등을 꼼꼼하게 확인해야 합니다.
- 물건 관련 공부서류인 등기사항전부증명서, 건축물대장, 토지대장, 지적도, 토지이용계획확인서 등을 발급받아 권리관계, 제한사항, 위법사실 등을 분석해야 합니다.
- 공매물건이 있는 현장을 직접 방문합니다. 물건 공고문과 공부서류 등의 내용을 확인해야 합니다. 임차인분석은 전입세대열람을 합니다.
- 신탁회사에 연락해서 특별매각조건이나 궁금한 사항을 확인합니다.
- 온비드나 공매 현장을 방문하여 공매에 참여합니다. 입찰보증금은 입찰금액의 10%입니다. 경매처럼 최저매각가격의 10%가 아닙니다.

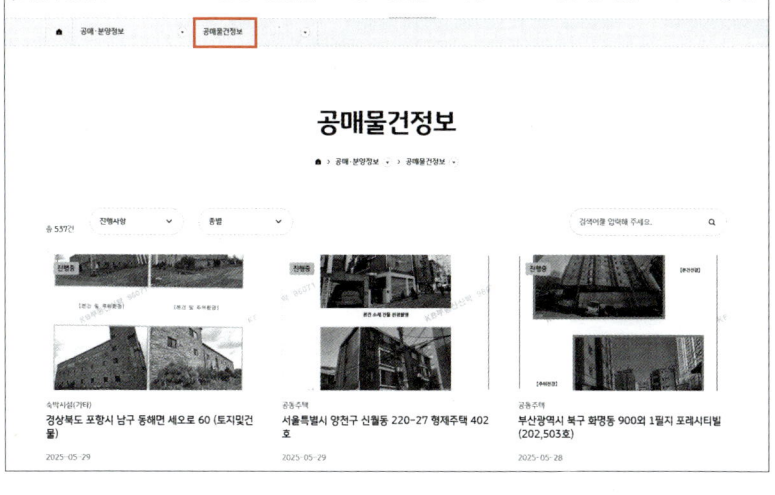

> **토막상식**
>
> **하나의 부동산이 경매와 공매로 동시에 진행된다면?**
>
> 공매는 국세징수법이나 국유재산법, 경매는 민사집행법을 근거로 하고 있어 상호 불간섭의 원칙이 적용됩니다. 만약 하나의 부동산에 경매와 공매가 동시에 진행된다면 먼저 낙찰대금을 납부하여 종료된 것이 우선입니다. 공매가 우선 종료되면 경매개시결정이 말소되고, 경매가 우선 종료되면 공매가 해제됩니다.

093 소액으로도 가능한 부동산 간접투자, 리츠

일반적으로 부동산 투자에는 많은 자금이 필요합니다. 그렇다 보니 자금이 많지 않은 사람들에게 부동산 투자는 멀게만 느껴집니다. 그러나 리츠를 이용하면 소액으로도 부동산 투자가 가능합니다.

부동산 간접 투자상품, 리츠

리츠(REITs: Real Estate Investment Trusts)는 투자자로부터 받은 자금으로 부동산에 재투자하는 부동산투자신탁을 말합니다.

리츠의 기본 개념은 개인 간 거래하는 직접 투자가 아닌, 투자 전문기관이 다수의 투자자로부터 자금을 모아 부동산에 투자하고 운용하여 수익을 배분한다는 것입니다.

리츠가 필요한 이유?

개인이 빌딩이나 창고 등 고가인 부동산을 직접 취득하고 보유하고 관리하고 처분하는 건 처분하는 건 매우 어렵습니다. 큰돈을 벌 거라는 일반적인 생각과 달리 수익률이 3~4% 정도로 낮습니다. 그러나 리츠는 2019년 6월까지 40년간 평균 수익률이 8~12%로 매우 높았습니다. 그래서 실물자산인 빌딩을 소유한 사람도 분산투자 차원에서 리츠에 투자하기도 합니다. 리츠는 편안한 노후와 안정된 삶을 위해 청년기부터 투자하기 좋은 상품입니다.

리츠의 수익 구조는?

리츠는 기존 빌딩을 잘 관리하거나 취득하거나 매도하거나 건축하거나 하여 발생한 수익을 배당하는 구조입니다. 국내·외 리츠의 전통적인 섹터는 오피스, 호텔, 주택, 쇼핑몰, 병원 등이며 장래에 성장 가치가 있는 섹터로는 물류센터, 데이터센터, 차세대 통신시설(셀타워), 셀프스토리지 등입니다.

부동산 리츠의 강점은 수익성과 유동성

리츠 투자에는 몇 가지 강점이 있습니다. 첫째, 종합부동산세나 종합소득세 부담이 적어 직접 부동산에 투자하는 것보다 수익성이 좋습니다. 둘째, 자산관리 회사에서 운용하므로 관리가 편합니다. 셋째, 부동산을 증권화하여 증권거래소에 상장하므로 유동성이 우수합니다. 넷째, 비교적 소액으로도 대형 부동산에 투자할 수 있습니다. 다섯째, 개발사업에 필요한 자금을 자본시장에서 개인투자자 또는 기관투자자로부터 직접 조달할 수 있어 자금조달이 쉬운편입니다.

직접투자와 리츠 비교

구분		직접투자(개인)	리츠
취득	취득세	최대 12%	4%
	자금출처조사	있음	없음
	인지세	최대 35만원	
	농어촌특별세	0.2%	
	지방교육세	최대 0.4%	
	중개수수료	최대 0.7%	
보유	종합부동산세	최대 5%	토지 제외
	재산세	최대 0.4%	0.4%
	임대수익	종합소득세 반영	14% 분리과세
	관리비	협의	대부분 임차인 부담
	보험료	필요시 자비 부담	
매각	양도소득세	최대 70%	20%
운용 수수료	운용수수료	없음	있음
	매입보수		공모액의 1%와 매입가의 0.4%
	매각보수		매각금액의 1%

정부는 리츠의 활성화를 원한다

　정부는 자기관리 리츠의 경우 설립자본금을 5억 원에서 10억 원으로 상향 조정하고, 설립 당시부터 지속적으로 관리·감독하여 시장 진입을 강하게 규제해 왔습니다.

　그러나 리츠가 부동산에 쏠린 유동자금을 끌어와 부동산 투기를 억제하고, 기업의 구조조정을 원활하게 하므로 일반인(근로소득자, 개인사업자 등)도 리츠에 쉽게 투자할 수 있도록 하는 등 상장 리츠에 대한 규제를 완화했습니다. 정부는 2020년 5월 18일부터 한국부동산원에 수익률, 자산 현황 등 리츠 관련 정보를 제공하는 리츠정보시스템(reits.molit.go.kr)를 공개했습니다. 이곳에서 리츠 청약 방법과 절차, 상장과 공모 현황 등 다양한 정보를 확인할 수 있습니다.

수익률, 자산 현황 등 리츠 관련 정보를 제공하는 리츠정보시스템(reits.molit.go.kr)를 신설하여 이곳에서 리츠 청약 방법과 절차, 상장과 공모 현황 등 다양한 정보를 얻을 수 있습니다.

2022년 1월 12일 정부는 리츠의 공모·상장 활성화를 위한 개선방안을 발표했습니다. 개선방안에 따르면 공모리츠 인가 절차를 간소화하고, 우량 리츠의 상장이 증가하도록 지원하며, 연금저축펀드 등 리츠 투자수단을 다양화했습니다.

2024년 말 시장 규모는 395개 리츠, 총 100조 7,000억 원으로 커졌습니다. 그중 48%가 주택 리츠, 29%가 오피스 리츠, 8%가 소매점(리테일) 리츠입니다. 리츠별로 배당수익률은 큰 차이가 납니다. 단, 리츠 투자 시 배당수익률만 보기보다는 경기둔화를 대비하여 경기 민감도가 낮고 안정적인 수요로 실적 성장성이 높은 투자 대상을 선택하는 것이 좋습니다.

토막상식

공시된 리츠가 궁금하다면 한국리츠협회

리츠의 인가 공고, 투자보고서 공시, 영업보고서 공시에 대한 정보가 필요하거나 교육에 관심이 있다면 한국리츠협회(www.kareit.or.kr) 홈페이지를 방문해 보세요.

094 소액으로 가능한 부동산 지분투자, 조각투자

아주 적은 금액으로도 투자할 수 있다는 장점 때문에 전통적인 투자 방식에 접근하기 어려웠던 젊은 층이나 소액 투자자들을 중심으로 조각투자에 대한 인기가 높습니다. 이번 장에서는 조각투자란 무엇인지, 리츠와 부동산 조각투자로는 어떠한 차이가 있는지, 조각투자는 과연 안전한지 등에 대해서 살펴보겠습니다.

조각투자란?

부동산, 미술품, 와인 등과 같은 고가의 자산을 여러 조각으로 나누어 다수의 투자자가 공동출자하고 이익도 공동배분하는 방식을 말합니다.

조각투자의 거래 구조

조각투자의 거래 구조는 다양합니다. 그중에서 '채권적 청구권', '소유권 지분', '신탁 수익권' 구조에 대해서 살펴보겠습니다.

채권적 청구권 구조

투자자는 자산으로부터 발생하는 수익에 대한 청구권을 가집니다. 예를 들면 음악 저작권 조각투자에서 투자자는 음악이 사용될 때마다 저작권료를 청구할 권리를 가집니다. 그러나 이는 단순한 채권자의 지위를 의미하는 것입니다. 이 경우 투자자는 사업자의 자산에 대한 직접적인 권리를 갖지 못하므로 사업자가 재정적으로 어렵거나 파산하게 되면 사업자에게서 약속받은 수익이나 원금을 못 받을 수 있습니다.

소유권 지분 구조

투자자는 직접 자산의 지분을 가집니다. 예를 들면 부동산 조각투자에서 투자자는 여러 조각으로 나눈 부동산의 지분을 소유하고 있으므로 부동산의 임대수익이나 매도 차익을 배당받을 권리가 있습니다. 이 경우 사업자가 파산하더라도 투자물을 반환받을 수 있습니다.

신탁 수익권 구조

투자자는 신탁한 자산으로부터 발생하는 수익을 받을 권리(수익권)를 가집니다. 예를 들면 부동산 조각투자에서 사업자는 부동산을 신탁회사에 위탁하고, 투자자는 자신의 지분에 따라 신탁회사로부터 부동산의 임대수익이나 매도 차익을 배당받습니다. 이 경우 투자자는 신탁법상 다양한 권리를 가지며, 사업자가 파산하더라도 보호받을 수 있습니다.

부동산 조각투자

부동산 조각투자는 사업자가 위탁한 부동산에서 발생한 수익을 자신의 지분에 따라 배당받는 방식입니다. 이는 고가의 부동산에 소액으로도 투자할 수 있어 다양한 투자자에게 기회를 제공합니다. 여러 투자자가 참여함으로써 개별 투자자의 리스크가 분산됩니다.

리츠와 조각투자의 차이점

리츠(REITs, 부동산투자회사)나 조각투자 모두 부동산에 간접적으로 투자하는 방법이지만 몇 가지 차이점이 있습니다.

조각투자

투자자가 원하는 단일 건물이나 특정 부동산에 투자합니다. 대부분 중소형 도심 빌딩을 대상으로 합니다. 단일 자산에 투자하므로 투자위험이 리츠에 비해 상대적으로 높습니다. 일반적으로 리츠보다 유동성이 높아 필요시 쉽게 매각할 수 있습니다.

리츠

개별 부동산 선택이 제한적입니다. 주로 대형 빌딩을 포함한 다양한 부동산 포트폴리오를 구성합니다. 그래서 투자위험이 조각투자에 비해 상대적으로 낮습니다. 상장 리츠의 경우 주식시장에서 거래되지만, 국내 상장 리츠 비율이 낮아 접근성이 제한적일 수 있습니다.

리츠가 조각투자보다 더 안정적인 이유

리츠는 전문 운용사가 관리하며, 대형 빌딩을 포함한 다양한 부동산 포트폴리오를 구성합니다. 이는 개별 투자자가 접근하기 어려운 전문성과 규모의 경제를 제공합니다.

리츠는 조각투자보다 더 엄격한 규제와 공시 요구사항을 가지고 있어 투자자 보호 측면에서 더 안전할 수 있습니다.

리츠는 오랫동안 관리되고 검증된 제도지만 조각투자는 아직 초기 단계인 만큼 유사수신행위 사업체가 난립할 수 있습니다. 그러므로 투자 시 플랫폼이나 전문 운용사의 전문성과 신뢰성, 법적 보호 장치 등을 반드시 확인해야 합니다.

> **토막상식**
>
> **리츠의 여러 가지 유형**
> - 오피스 리츠는 사무실을 소유 및 관리합니다. 고층 프라임 빌딩부터 사무실 건물이 부대시설 등까지를 자산으로 보유합니다.
> - 리테일 리츠는 상가 등 소매 부동산을 소유 및 관리합니다. 대형 쇼핑몰, 아울렛, 백화점 등으로 자산이 구성됩니다.
> - 호텔 리츠는 호텔과 리조트 등 숙박시설을 소유 및 관리하며 운영합니다. 다양한 등급의 호텔을 자산으로 보유합니다.
> - 주거 리츠는 다양한 형태의 주거를 소유 및 관리합니다. 아파트, 기숙사, 고급 주택 등 주거 목적으로 지어진 부동산을 보유합니다.
> - 물류·산업 리츠는 산업 시설을 소유 및 관리합니다. 창고 및 유통센터와 같은 특정 유형의 부동산을 자산으로 보유합니다. 빠른 배송의 베이스가 되어 줍니다.
> - 헬스케어 리츠는 다양한 헬스케어 관련 부동산을 소유하고 관리합니다. 노인 생활 시설, 병원, 의료 관련 건물, 요양원 등을 자산으로 보유합니다.
> - 복합 리츠는 다양한 유형의 부동산을 소유 및 관리합니다. 다양화된 리츠는 물류센터와 주거용 부동산 등으로 자산을 구성할 수 있습니다.

MEMO

MEMO

MEMO